Jetzt oder nie – Demokratie!

Neues Forum Leipzig

Jetzt oder nie –
Demokratie!

Leipziger Herbst '89

Zeugnisse, Gespräche, Dokumente
Mit einem Vorwort von Rolf Henrich

Forum Verlag Leipzig

Die Herausgeber danken den vielen Leipzigern
für ihre Mitarbeit.
Herausgeber: Reinhard Bohse, Grit Hartmann, Ulla Heise,
Matthias Hoch (Bild), Dr. Josef Kurz, Ameli Möbius, Rolf Sprink

1. Auflage
© 1989 Forum Verlag Leipzig
Satz: IBV Satz- und Datentechnik GmbH, Berlin
Druck: Mohndruck, Gütersloh
Printed in Germany · ISBN 3-86151-001-4

Gewidmet denen,
die am 9. Oktober in Leipzig
demonstrierten

Inhalt

Die DDR zwischen Ausbruch und Aufbruch

Woran jahrzehntelang keiner mehr richtig glauben wollte, genau das geschah 1989 in der zweiten Jahreshälfte zwischen Elbe und Oder allerorts: Hin- und hergerissen zwischen Ausbruch – aus der »Wohnhaft« – und politischem Aufbruch rüttelten Menschen in immer größerer Zahl an den Grundpfeilern des vormundschaftlichen Staates. Ein Gespenst ging um im deutschen Staatssozialismus – das Gespenst der Mündigkeit!

Erinnern wir uns noch einmal an die Ursachen jener explosiven Sozialatmosphäre, welche die Experten für »Ordnung und Sicherheit« erstmalig ausgerechnet am Vorabend der Feierlichkeiten zum 40. Jahrestag der DDR registrieren mußten. Zunächst war es wohl rein äußerlich gesehen der seit dem 10. September d. J. stattfindende Bürgerexodus über Ungarn gen Westen, der bei vielen den letzten Anstoß gegeben hatte, ihr eigenes Staatsbürgerverhalten neu zu überdenken. Und nicht wenige »Hierbleiber« gerieten bei solchem Überdenken in echte Gewissensnöte. Denn die ganze Verlogenheit der politischen Kultur des DDR-Sozialismus konnte in dem Maße immer weniger verdrängt werden, wie der in kurzer Zeit dramatisch anschwellende Flüchtlingsstrom die fehlende Akzeptanz der SED-Parteiherrschaft für jedermann deutlich machte. Erst wenige Monate vorher hatten die Kommunalwahlen am 7. Mai den DDR-Wahlbürger noch daran erinnert, daß das politische System hierzulande, unberührt vom Geist der Perestroika, sich weiterhin durch seine stalinistischen Strukturen auszeichnete. Im Sommer dann mußten die Menschen mitansehen, wie unbelehrbar und unfähig die Gerontokraten im Politbüro der SED gegenüber der Staatskrise reagierten. Wieder mal waren es nicht die inneren Konflikte der DDR, sondern wie gehabt der altböse Klassenfeind in Gestalt westlicher Fernsehstationen, Rundfunkanstalten usw., der die Massenflucht bewerkstelligt hatte und den DDR-Staat als Organ des Zusammenhalts in Frage stellte.

Mit einem derartigen Selbstbetrug wollten sich viele Menschen nicht

länger zufriedengeben. Und nicht nur das: Es fand eine Bewußt-
werdung darüber statt, daß das Tun aller in einer Gesellschaft bestimmend ist für die Freiheit des einzelnen und umgekehrt. Je kla-
rer dabei die bestehenden Wechselwirkungen zwischen Individual-
und Massenverhalten sowie Freiheitsbeschränkungen wurden, de-
sto mehr breitete sich die Ahnung aus, daß man auch im Staatssozialismus nicht unbedingt durch Schweigen und Unterlassen schuldig werden mußte. Man konnte das Land samt seinen Zumutungen
verlassen, man konnte aber ebensogut politischen Widerstand leisten. Und eben weil man all das tun konnte, so dachten nicht wenige Menschen in jenen Tagen, daß man sich durch bloßes Gehor-
samsein und die übliche Pflichtmäßigkeit schuldig machen würde.
Äußerlich drückte sich ein solcher Bewußtwerdungsprozeß in einer
schillernden Symptomatik aus. Symptomatisch waren beispielsweise:

Die parallel zum Bürgerexodus anschwellenden
Massendemonstrationen

Seitdem in Leipzig am 9. Oktober 1989 nach dem traditionellen Friedensgebet in der Nikolaikirche und nach Andachten in drei weiteren
Krichen rund 80 000 Menschen an einer nicht genehmigten Straßen-
demonstration teilnahmen, galt das alte Stereotyp »In der DDR herrschen Ruhe und kollektive Trägheit« nicht mehr. Überhaupt klingen
die alten Erklärungsschemata über die politischen Bedingungen im
deutschen Staatssozialismus rückblickend nicht mehr allzu überzeu-
gend. Hatte es nicht jahrelang immer wieder geheißen, der perfekt
organisierte Apparat der Staatssicherheit würde letztendlich Massendemonstrationen entweder zu verhindern wissen oder aber in den ersten Anfängen ersticken können. Und sah es nicht selbst noch in den
Abendstunden des 7. Oktober danach aus, als ob – vielleicht mit Ausnahme von Dresden und Leipzig – diese Rechnung mit der Angst
noch einmal aufgehen würde? Kampfgruppen, Wasserwerfer, Hundestaffeln, knüppelnde und tretende Polizei, nichts blieb unversucht,
um die Menschen einzuschüchtern.
Heute können wir sagen: Die alten Stereotype waren zu keiner Zeit
richtig! Soziale Lernprozesse konnten auch in der DDR durch das
Schüren der bestehenden Angst und durch die gezielte Anwendung
materieller Gewalt immer nur verzögert werden. Gänzlich verhindern konnte die SED-Politbürokratie solche Lernprozesse niemals.
Der Posaunenchor in der Dresdener Versöhnungskirche, der dort am
Abend des 9. Oktober das aus dem Jahre 1561 stammende Lied
»Wach auf, wach auf, du deutsches Land, du hast genug geschlafen«

intonierte, er jedenfalls wurde bis in die entferntesten Winkel des Vogtlandes vernommen. Die simple Soziallehre, daß es der Belehrung der Herrschenden durch »die Straße« braucht, will man etwas Grundsätzliches in der Politik bewegen, die hatte das Volk der DDR endgültig begriffen.

Hochrangige Befürworter des alten Systems schwenkten um

Die Front der ehemaligen Befürworter des alten Herrschaftssystems, die in den Wochen vor und nach dem 40. Jahrestag der DDR ihre Bereitschaft zur politischen Neuorientierung anzeigte, reichte von Vertretern der CDU über den Exspionagechef »Mischa« Wolf und dem gewesenen Oberzensor Klaus Höpcke, dem stellvertretenden Minister für Kultur und Leiter der Hauptverwaltung Verlage und Buchhandel, bis hin zum Dresdener SED-Sekretär Hans Modrow, Oberbürgermeister Berghofer und Sekretären der Leipziger Bezirksleitung der SED. In ähnlicher Weise wie sich der Vorsitzende der Liberal-Demokratischen Partei Manfred Gerlach auf einer Feierstunde seiner Partei anläßlich des 40. Jahrestages äußerte, meldeten sich noch weitere Funktionäre zu Wort.
»Widerspruch ist nicht Opposition«, hatte Gerlach in seiner Festrede gesagt, »und der persönliche Standpunkt zu politischen Entscheidungen keinesfalls Ausfluß bürgerlicher Ideologie, sondern Erziehungs- und Bildungsziel im Sozialismus.« Die DDR-Gesellschaft brauche »Fragende, Ungeduldige, Neugierige«. »Sie braucht jeden, der sich an der Normalität reibt und so hilft, Neues zu entdecken.« Vorsichtige Reden solchen Zuschnitts hatten im Prozeß der demokratischen Revolution in der DDR politisch ihre Bedeutung nicht wegen ihres Aussagegehaltes. Der war ja eher dürftig. Bedeutung kam Reden dieser Art zu, weil sie den Ängstlichen ihren Übergang zu oppositionellem Verhalten erleichterten. Und: Gerlachs Vorsprechen signalisierte natürlich vor aller Welt den Zerfall des Meinungs- und Machtkartells der Ära Honecker.

Reaktionen auf den Gründungsaufruf des Neuen Forum

Nachdem die am 9. September 1989 erfolgte Gründung der oppositionellen Plattform Neues Forum bekannt wurde, solidarisierten sich mit ihren Gründern zuerst 54 Vertreter der Pop- und Rockszene, unter ihnen der Altstar Frank Schöbel, die DDR-Rocklady Tamara Danz von der Gruppe Silly und der Liedermacher Gerhard Schöne. Sie meldeten sich mit einer dem Forum-Aufruf beipflichtenden mutigen Resolution zu Wort, in der sie sagten: »Wir wollen in diesem Land leben, und es macht uns krank, tatenlos mitansehen zu müssen, wie Versuche einer Demokratisierung, Versuche der gesellschaftlichen Analyse kriminalisiert bzw. ignoriert werden. Wir fordern jetzt und hier sofort den öffentlichen Dialog mit allen Kräften. Wir fordern eine Öffnung der Medien für diese Probleme. Wir fordern die Änderung der unaushaltbaren Zustände.«

Die Berliner Schriftsteller schrieben in demselben Sinne: »Angesichts der massenhaften Abwanderung von DDR-Bürgern können wir offizielle Verlautbarungen nicht hinnehmen, die behaupten, nichts spreche für die Notwendigkeit einer Kurskorrektur. Es ist uns unerträglich, wie die Verantwortung für diese Situation abgeschoben wird, obwohl die Ursachen in nicht ausgetragenen Widersprüchen im eigenen Land liegen... Der Exodus ist nur ein Zeichen für angestaute grundsätzliche Probleme in allen Bereichen der Gesellschaft. Es fehlt inzwischen nicht an Analysen und Ideen, sondern an Möglichkeiten, sich öffentlich über sie zu verständigen und sie wirksam zu machen. Aus Sorge um die weitere Entwicklung fordern wir, daß dieser demokratische Dialog auf allen Ebenen beginnt.« Sehr schnell bekundeten nach dem Erscheinen des Forum-Gründungsaufrufs »Aufbruch 89« auch die Theaterschaffenden der DDR ihren Veränderungswillen; Grundorganisationen der FDJ wandten sich an den Zentralrat; Arbeitskollektive in Groß- und Kleinbetrieben, so die Gewerkschafter bei Bergmann-Borsig Berlin, protestierten gegenüber den Leitungen der Massenorganisationen wegen der Unhaltbarkeit der politischen Verhältnisse.

Besondere Bedeutung für die Erneuerung der politischen Kultur in der DDR erlangte in diesem Zusammenhang der »Dialog am Karl-Marx-Platz« in Leipzig, zu dem am 22. Oktober 1989 Gewandhauskapellmeister Prof. Kurt Masur zusammen mit den Sekretären der Bezirksleitung der SED Dr. Kurt Meyer, Jochen Pommert, Dr. Roland Wötzel sowie dem Theologen Dr. Peter Zimmermann und dem Kabarettisten Bernd-Lutz Lange erstmalig eingeladen hatten. Schon im ersten der »Dialoge« verständigte man sich darauf, daß neue Mechanismen der Machtausübung geschaffen werden müßten, damit nicht weiterhin am Volk vorbeiregiert werden konnte.

Wie die Opposition ihre gegenwärtige Gestalt annahm

Bis in die »Wende«-Zeit hinein hat die politische Führung der SED krampfhaft an der Kriminalisierung oppositionellen Handelns festgehalten. Schon der Begriff »Opposition« galt ihr bis dahin als suspekt. Noch Mitte Oktober 1989 hieß es in einem an alle Parteiorganisationen verschickten internen Informationsmaterial:
»Seit längerem unternehmen äußere und innere sozialismusfeindliche Kräfte intensive Versuche, in der DDR oppositionelle Gruppierungen und Strukturen zu schaffen und sie zu legalisieren. Unter Bruch der Verfassung und des geltenden Rechts, zum Beispiel der Verordnung über die Gründung und Tätigkeit von Vereinigungen vom 6. November 1975, wurden in jüngster Zeit mehrere oppositionelle personelle Zusammenschlüsse illegal gegründet. Bekannt wurden u. a. das ›Neue Forum‹, die sogenannte Sammelbewegung ›Demokratischer Aufbruch‹, die ›Bürgerbewegung Demokratie jetzt‹ und die ›Sozialdemokratische Partei‹. Das geschieht nicht zufällig zur gleichen Zeit, da maßgebliche imperialistische Kräfte mit einer haßerfüllten Kampagne gegen die DDR den Sozialismus diffamieren und Zweifel an seiner Perspektive verbreiten. Eine zentrale Rolle ist dem ›Neuen Forum‹ zugedacht, das sich illegal in Berlin sowie in den Bezirken Leipzig, Halle, Gera, Karl-Marx-Stadt und Frankfurt/Oder konstituiert hat und in allen anderen Bezirken über sogenannte Kontaktstellen bzw. Kontaktadressen verfügt. Die Autoren dieses ›Neuen Forum‹ betreiben die Geschäfte der Feinde des Sozialismus. Ihnen ist es gelungen – anknüpfend an reale Probleme und Widersprüche unserer sozialistischen Entwicklung – bei nicht wenigen Bürgern der DDR, darunter auch jungen Menschen, Gehör zu finden und Verwirrung zu stiften.«
So sehr sich die Staatspartei auch abmühte, alternatives Handeln als staatsfeindliche Tätigkeit zu kriminalisieren, die Organisation der Opposition konnte sie nicht mehr verhindern. Allerdings mit programmatischen Erklärungen und richtigen Gedanken allein, so erkannten immer mehr Menschen, würde sich keine Demokratisierung des gesellschaftlichen Lebens in der DDR erreichen lassen. Schon gar nicht, wenn, wie die SED forderte, der politische Wille dazu nur in den herkömmlichen Parteien und Massenorganisationen formuliert werden durfte. Diese konnten zwar, wie die Ereignisse in anderen sozialistischen Ländern gezeigt hatten, durchaus im Prozeß einer demokratischen Revolution Bedeutung erlangen. Möglich war ihnen das jedoch nur im konkurrierenden Wechselspiel mit glaubwürdigen und gut organisierten Oppositionsgruppierungen. Allein das Entstehen und die Wirksamkeit unabhängiger politischer Gruppierungen konnte das leichenblasse System der bestehenden Organisationen

und Institutionen in der DDR wieder Farbe gewinnen lassen und verhindern, daß dasselbe nach einer kurzen Dialogphase und hektischem Krisenmanagement wieder in die alte ignorante Haltung zurückfällt. Entsprechend hatte das »Neue Forum« in seiner Erklärung vom 23. 10. 89 formuliert:

»Die neue Führung hat eine große Wende ausgerufen und unternimmt Anstrengungen, dafür Glaubwürdigkeit zu erwerben. Wir begrüßen diesen Wechsel. Es bleiben kritische Fragen. Auch sie müssen beantwortet werden, wenn wir Vertrauen in die Wende gewinnen sollen. Die erste Frage: Glasnost auf Knopfdruck? Innerhalb von 24 Stunden? Wie viele Wetterfahnen sind da umgeschwenkt? Wie konnten so viele im Apparat, in der Regierung, in der Volkskammer, in den ›bewährten Formen und Foren‹ so lange sprachlos sein und wie durch eine Wunderheilung die flüssige Rede wiederfinden? Wer garantiert, daß nicht mit dem nächsten Knopfdruck dieser Schweigechor erneut einsetzt?«

Die Mitarbeit im Neuen Forum ebenso wie in den anderen oppositionellen Gruppierungen und Parteien mochte in diesem Sommer unterschiedlich motiviert sein. In einem aber waren sich die politisch aktiv gewordenen Menschen weitestgehend einig. Sie trauten dem bestehenden System der Blockparteien unter der Führung der SED so lange nicht den Mut zur durchgreifenden Erneuerung zu, wie diese Parteien nicht die organisierte Konkurrenz unabhängiger Oppositionsgruppierungen zu spüren bekamen.

Das Neue Forum

Das Neue Forum will die politische Apathie in der DDR beenden helfen. Wie in seiner Gründungsurkunde »Aufbruch 89« nachzulesen ist, will es eine politische Plattform für die ganze DDR bilden, »die es Menschen aus allen Berufen, Lebenskreisen, Parteien und Gruppen möglich macht, sich an der Diskussion und Bearbeitung lebenswichtiger Gesellschaftsprobleme in diesem Land zu beteiligen«.

Im politischen Alltag der DDR war das Volk der wichtigste Akteur. Das Volk gab auf den großen Kundgebungen in Leipzig und anderen Städten den Worten »Freiheit, Demokratie, Gerechtigkeit« ihre ursprüngliche Würde zurück. Und unerschrocken verordnete das Volk der DDR-Staatsmacht seine Radikalkur, um den Krebsschaden der staatssozialistischen Ordnung zu heilen: Rechtssicherheit statt Staatssicherheit – konnte man von den Spruchbändern ablesen, hallte es vielstimmig und mit unüberhörbarem Nachdruck über die Plätze und Straßen des Landes.

Nachdem die letzte Gallionsfigur der alten Wandlitz-Connection namens Krenz die politische Bühne verlassen mußte, ist der demokratische Kampf erkennbar in eine zweite Phase getreten: Nunmehr geht es um die Neugliederung des politischen Oberbaues, um soziale Programmatik, und es geht um die Besetzung der Ämter und die Verwaltung der Macht. Freiheit »von oben« oder Mitbestimmung der menschlichen Basis – das wird die in der nächsten Zeit zu beantwortende Frage sein. Denn das Bild der DDR-Wirklichkeit bestimmen in diesen Tagen und Wochen natürlich nicht nur die, welche demokratisches Handeln praktizieren. Statt die erkämpften Möglichkeiten eines selbstverantwortlichen, kritischen Verhältnisses gegenüber dem Gemeinwesen und dem Staat hier und heute wahrzunehmen, zeigt sich das vormundschaftliche Bewußtsein auch in diesen Tagen erneut in der gewohnten Passivgebärde, indem es sich erwartungsvoll zum Gegenstand einer Befreiung »von oben« erklärt.

Das Neue Forum versteht sich bisher noch in großen Teilen als eine politische Vereinigung, die bewußt unterhalb der »Parteiebene« veranlagt ist, wenngleich dieses Verständnis immer mehr durch Kräfte in Frage gestellt wird, die aus dem Forum eine Partei machen wollen. Ob das Neue Forum Teil einer Kraft »von unten« bleiben wird, wie es sich zu diesem Zweck organisiert, welche Bündnisbeziehungen es auf diesem Weg eingeht – alle diese Fragen wird das Neue Forum durch sein Handeln in der Praxis beantworten müssen.

Rolf Henrich

Volksfest

1. Akt
Laß uns sterben für eine saure Gurke
und die Weltrevolution

> »Aber am vierten Tag verschlief Andrijan Niko-
> lajew um zehn Minuten, und er erwachte nicht,
> wie vorgesehen, über der Sowjetunion, sondern
> über Nordamerika.«
>
> *(»Kosmonautenchronik«,*
> *Kinderbuchverlag, 1966)*

Schließlich haben wir nicht einmal mehr Witze über die Regierung
gemacht. Wir haben abgewunken, Urlaub genommen – Ostsee. Die
Welt war klein geworden und wir genügsam. Stundenlange Spazier-
gänge am Strand... H. sagt: »Und ich hab' immer dieses Buch mit mir
herumgeschleppt –«
»Welches Buch?«
»Die Kosmonautenchronik, in die Schule hab' ich sie mitgenommen
und nachts unters Kopfkissen gelegt, meine Bibel – *eigentlich wollten*
wir doch alle Kosmonauten werden.«
Wir saßen im »Inselparadies«, einer schäbigen SB-Gaststätte, dreisei-
tig verglast mit aufs Meer, die kaputten Scheiben durch Pappen er-
setzt, wir tranken Goldkrone, im Rücken zwei westlich aufgemotzte
Hochhäuser, Ferienhäuser des ZK.
»Die haben sich in ihrem privaten Kommunismus eingerichtet.« Wir
dagegen hocken in einer »Quetsche« unterm Schilfdach, hören auf
die Stimme aus dem Radio: »DDR-Bürger über Ungarn... 400, 800,
1000... Verhaftungen in Leipzig.«
Wir lachten über den cleveren Busfahrer, der »zerstreut« das Fahr-
geld kassiert, »vergißt«, uns dafür einen Fahrschein zu geben, seine
»vergeßliche Tour« zahlt sich aus, für ihn.

»Was regst du dich auf?«

»Ist doch sinnlos.«

Unsere Lieblingssätze.

Wir machten eine Boddenrundfahrt. Die »Silbermöwe« sticht in See, an Deck zwei Dutzend Urlauber, Sachsen und Preußen, der Mann mit Kapitänsmütze und Bierbäuchlein schaltet einen Kassettenrecorder ein, die Stimme von Hans Albers: »Auf Matrosen, ohé, einmal muß es vorbei sein…«

Ein Lächeln macht die Runde, löst unsere erstarrten Gesichter, die Zungen: »Einmal noch nach Bombay oder nach Shanghai…« Die »Silbermöwe« glitt übers Wasser.

Es war der September '89, und unser Sputnik war abgestürzt.

Messestadt Leipzig

Postkartenglanz

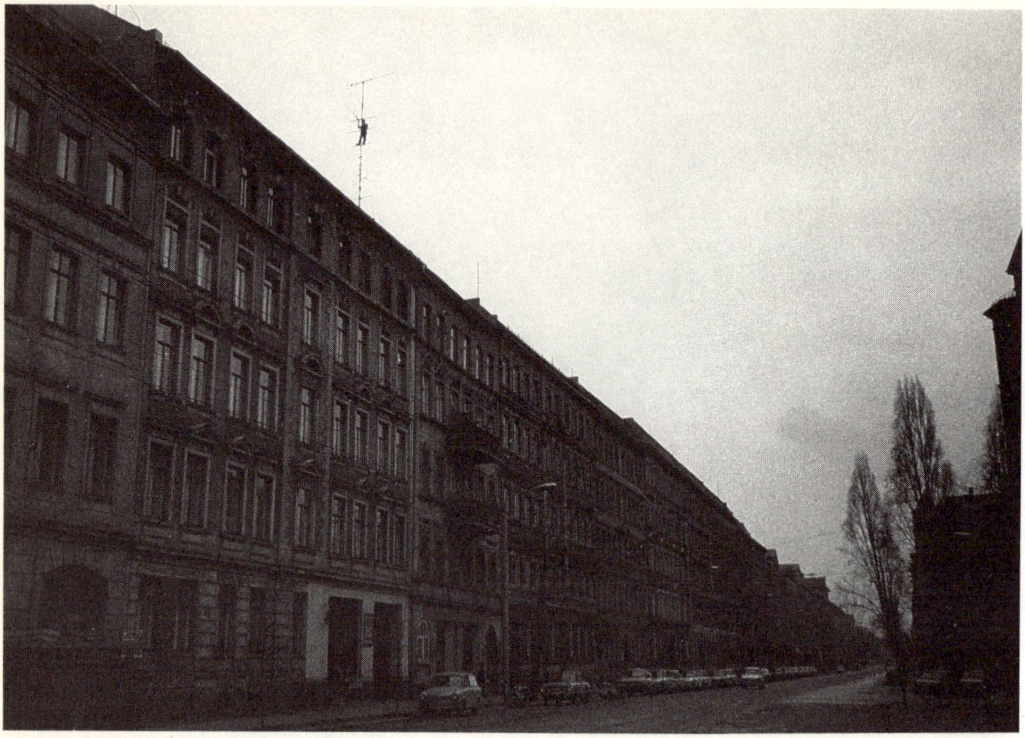

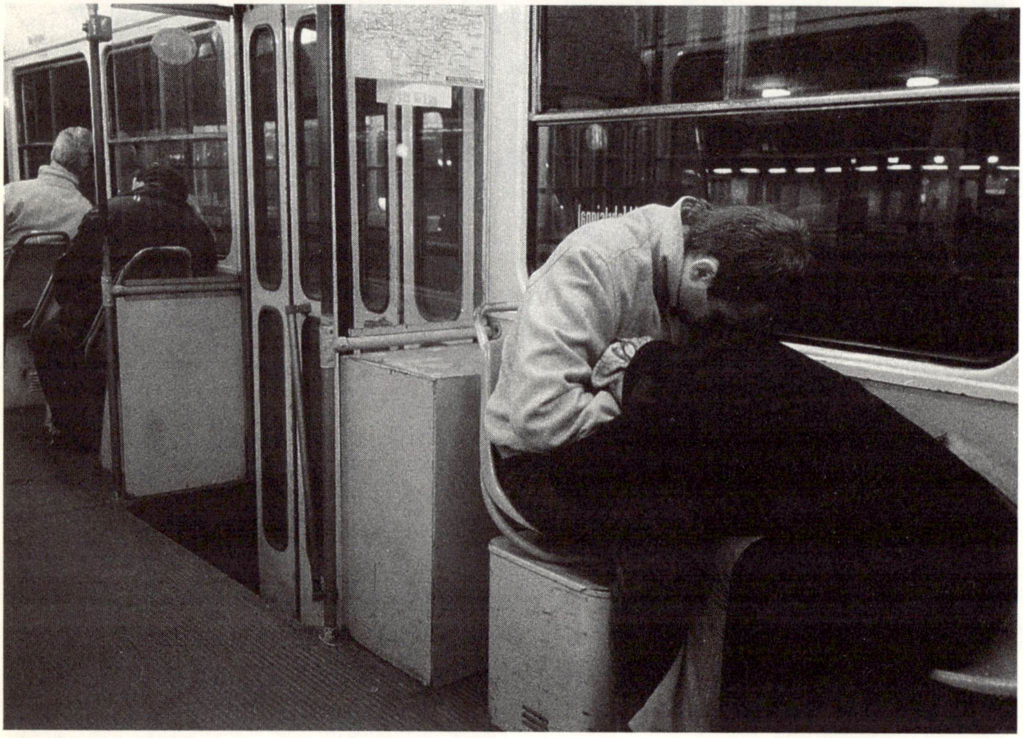

1. Mai in Leipzig ▷

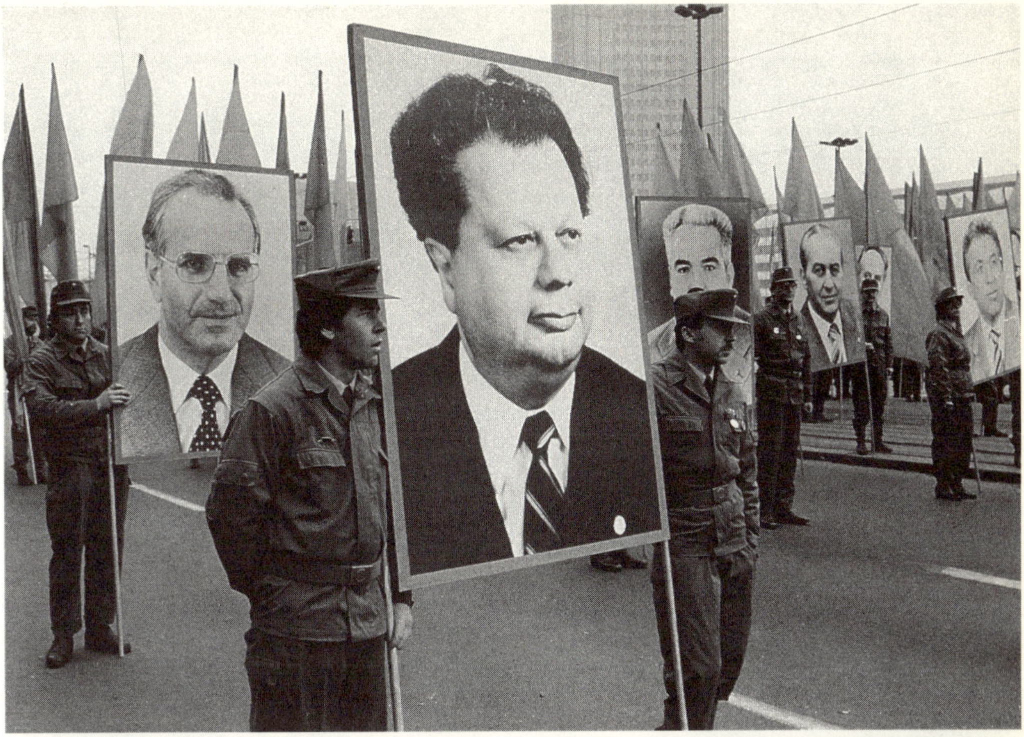

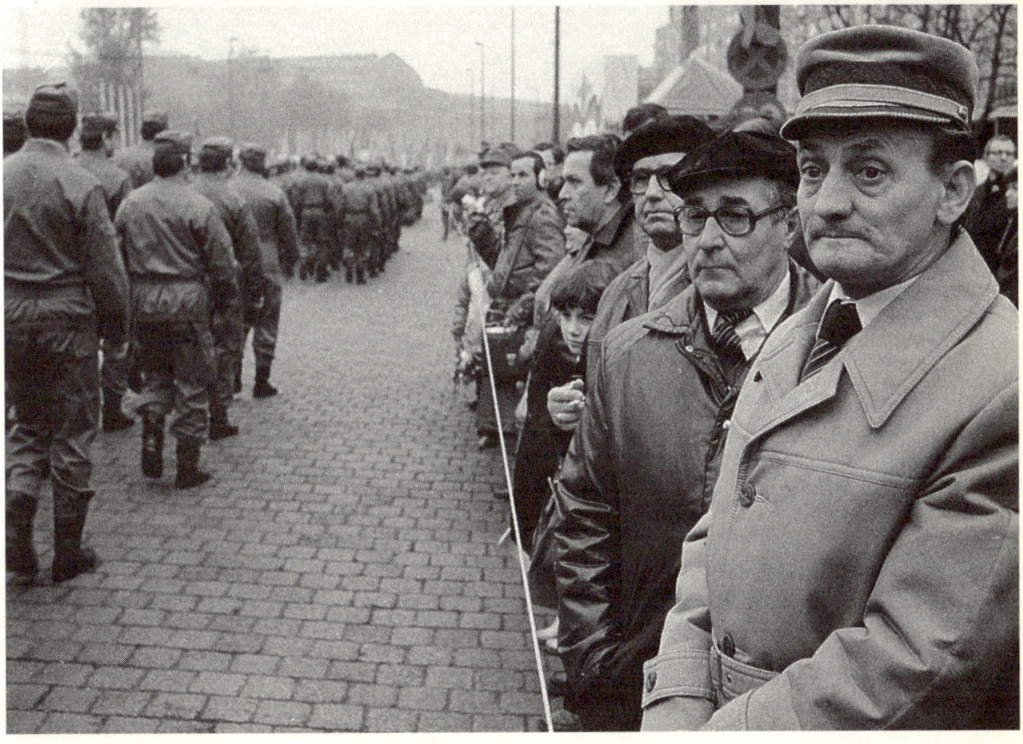

...das DDR sind wir!

Unser Land
lebt auf durch seine Menschen.
Die Menschen
leben auf in ihrem Land.
Mit Genugtuung
schauen wir zurück auf den Weg
40jähriger Geschichte der DDR.
Was wir erreichten,
kann sich sehen lassen.
Wir leben in einem Staat, in dem
es kontinuierlich vorangeht,
jeder eine Perspektive hat,
in dem Bürgerwohl obenan steht.

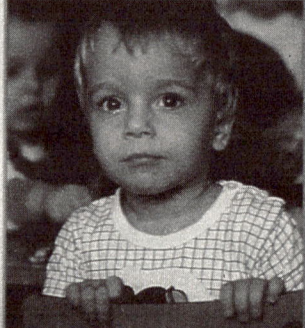

2. Akt
Wir sind das Volk – aber wer sind wir?

Am Schluß war das ganze Land nichts als ein einziger, langweiliger Sonntagnachmittag. Die alte Woche war zu Ende, die neue aber wollte und wollte nicht beginnen. Wer es sich aufregend vorstellt, unter einem Regime von Geheimpolizisten zu leben, täuscht sich. *Am Schluß waren wir zu müde, Witze über die Regierung zu machen. Es war alles gesagt.* In Wirklichkeit war es entsetzlich langweilig. Die in den Westen gingen, gingen vor der Langeweile davon, und gegen nichts als Langeweile wurde der Kampf geführt, der am 9. Oktober auf der Straße begann. *Wir haben erfahren, daß wir in der Lage sind, eine Regierung zu stürzen.* Aber wer jetzt sagt, wir seien mutig gewesen – »Helden« –, der weiß nichts von uns. In Wirklichkeit kannten wir nur einen lächerlichen Bruchteil der Gefahr, und in Wirklichkeit – laßt uns das nicht vergessen – war es einfach schön, in dieser Menge von Menschen zu sein, zu lachen unter der Anspannung, den Nachbarn zu spüren, mit ihm einverstanden zu sein. Zum erstenmal im Leben an einem öffentlichen Ort nicht allein, zum erstenmal ohne Langeweile. Die neue Woche begann – ich liebe die Banalitäten des Lebens – an einem Montag. Ich sah einen alten Mann in festlichen Kleidern –, eierschalfarbenes Jackett und blankgeputzte Schuhe –, gekleidet wie die Leute in den Kneipen des Leipziger Ostens, wenn es was Familiäres zu feiern gibt, *Hochzeit oder Begräbnis...* Ich sah diesen alten Mann, dessen Erscheinung mir vertraut war, und ich sah, daß irgendwas an seinem Anzug nicht stimmte. Er trug, trotz der Wärme, eine Pelzmütze »halbrussischer« Machart, an der mit einer Büroklammer ein Gorbatschow-Foto befestigt war. Eine Szene wie bei Isaac Babel: ein alter Mann mit einer Ikone am Hut, Schutzanflehung gegen eine sehr reale Macht. Ich sah, wie die Menge Wohlgefallen an dem Alten fand, wie ihn zwei Jungs auf einen Stromkasten der LVB stellten, wie er den Jubel, der ihm und seiner Ikone galt, mit schüchterner Hand beschwichtigen wollte, wie er lächelte vor Verlegenheit. Und in mein Entzücken über dieses »Arbeiterdenkmal« mischte sich die plötzliche Erkenntnis, daß dies die Revolution ist, die süße, die lange herbeigesehnte, die in Gedanken schon aufgegebene. *Wir haben erfahren, daß wir in der Lage sind, eine Regierung zu stürzen* und ich habe beschlossen, das nicht mehr zu vergessen. Es wird das erste Anliegen jeder neuen Regierung sein, uns das wieder vergessen zu machen, im Namen von Stabilität und Vaterland, in Wahrheit aber, weil es unbequem und mühselig ist, ein Volk zu regieren, das diese Erinnerung hat: *Ohne Anstrengung haben wir die Regierung gestürzt. Es war schön und sehr leicht.* Es war leicht, weil diese

Regierung morbid und wacklig bis in die Knochen war, aber nicht, weil wir gut organisiert gewesen wären. *Seit dem Tod von Lieb-knecht und Luxemburg sind die deutschen Arbeiter ohne Führung.* Wir waren nicht organisiert. Jede Organisation wäre nur Futter gewesen für eine Geheimpolizei, die trotz ihrer Perfektion schließlich doch überfordert war: Ein ganzes Volk in der Illegalität, unkenntlich und nicht greifbar. Das Gesicht des Volkes war verhüllt auch vor sich selbst. Jetzt gehe ich jeden Montag umher, um – und das ist das Gegenteil von Langeweile – unser Gesicht zu suchen. Ich suche den Alten mit der Ikone und ich habe Angst, ihn wiederzufinden – jetzt, wo keine Ikonen mehr nötig sind – unter einer gestrickten Bommelmütze in den deutschen Farben, nicht verlegen lächelnd, sondern lauthals rufend. Aber in welchem Zustand ich ihn auch finde – was jetzt an den Tag kommt, ist nur unser wahres, unverhülltes Gesicht. Wie wird es aussehen und wie schlimm wird es gezeichnet sein von dieser Vergangenheit: zwölf Jahre Hitler und über vierzig Jahre Stalin? Die fleißigen Totengräber des deutschen Sozialismus – welche Verwüstungen haben sie hinterlassen in unserem Gesicht? Manches haben wir geahnt. Jetzt haben wir endlich die Möglichkeit, Gewißheit zu erlangen, und wir haben die Pflicht, genau hinzusehen, erbarmungslos gegen die eigenen Illusionen. HOCHZEIT ODER BEGRÄBNIS – zu fortgeschrittener Stunde, wenn man die Feste nicht mehr auseinanderhalten kann, werden die Gesichter der Gäste kenntlich.

Gudula Ziemer, Holger Jackisch
17. Dezember 89

18. September, Nikolaikirche

Leipziger Herbst '89

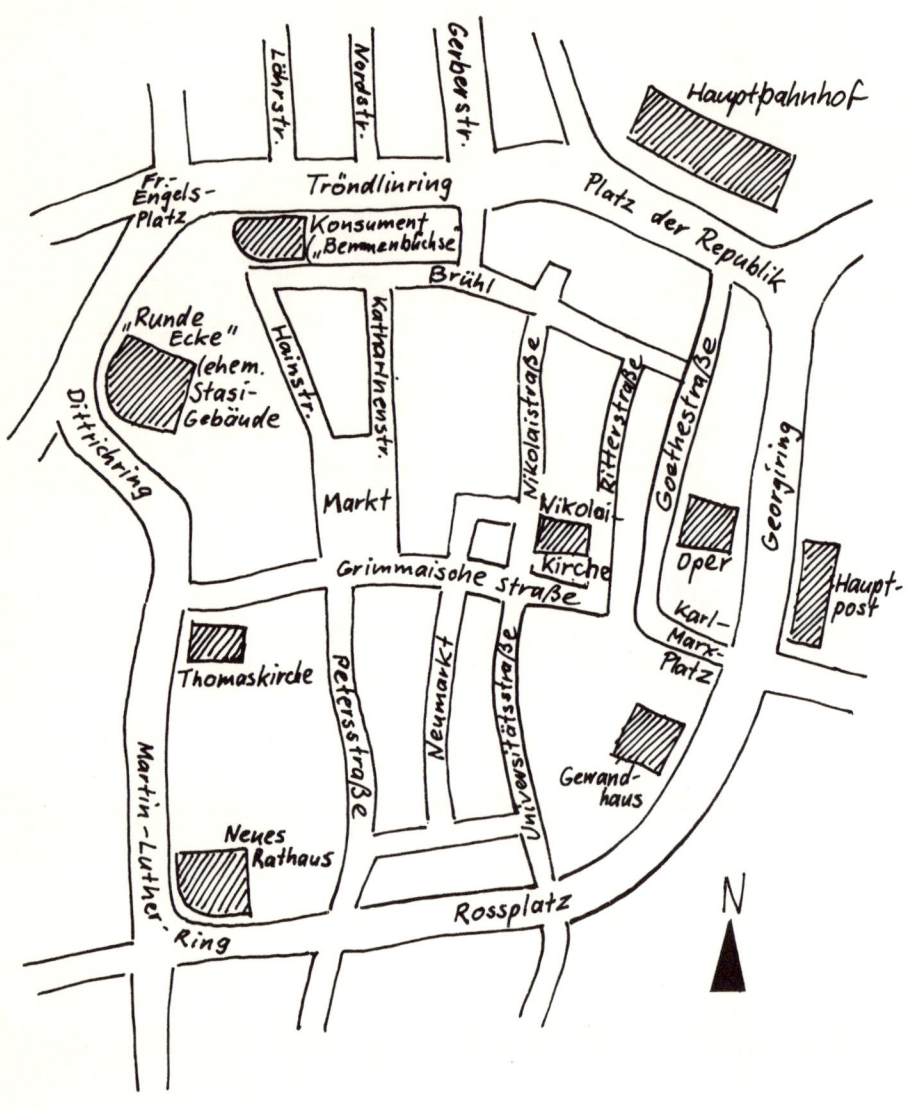

25. September bis 1. Oktober

»Ich bin parteilos und 56 Jahre alt... Seit 1970 (Arbeitsunfall) stehe ich im Konflikt mit ca. 1000 persönlichen und schriftlichen Bemühungen beim Ministerrat, Staatsratsvorsitzenden, FDGB, Ministerium für Gesundheit, Kreis, Bezirk, ohne zu einem Erfolg zu kommen...
Als ich am 25. 9. mit Bekannten und den Demonstranten das amerikanische Bürgerrechtslied sang, standen mir die Tränen in den Augen, ich fühlte mich nicht alleingelassen, wir lernten den aufrechten Gang. Es war wunderschön, als wir sahen, daß viele Leute aus den Straßenbahnen und Bussen ausstiegen und sich uns anschlossen. Der Bann, die Angst vor dem Stasi, war gebrochen. Wie oft wurde doch das Wort Sozialismus von SED und Regierung mißbraucht, noch nie sind soviel Sonderprivilegien, Klassen und Schichten, Korruption und dergleichen in einem Land entstanden wie in der DDR.«

Günther Müller, 56 Jahre, Invalidenrentner

»Ich verließ gegen 17.50 Uhr die Nikolaikirche, um zum Markus-Gemeindehaus zu fahren, da ich dort ab 18.00 Uhr Telefondienst am Kontakttelefon (eingerichtet seit 4. 9. von der Koordinierungsgruppe für Fürbittandachten) hatte. Der Nikolaikirchhof war durch die Bereitschaftspolizei schon abgeriegelt. Ich kam ohne Schwierigkeiten durch die Polizeikette auf die Grimmaische Straße. Dort hatten sich schon mehrere hundert Schau- und Demonstrations(?)lustige versammelt. Ich mußte mich durch die eng stehende Menschenmenge drängeln und habe mich kurz mit einem Freund unterhalten, dem ich ein Informationsblatt gab, welches ich für das Kontaktbüro mitgenommen hatte. Dann ging ich weiter in Richtung Karl-Marx-Platz, doch gleich darauf griffen mich drei Männer zwischen 30 und 40 Jahren und wollten mich wegschleifen (Kommentar: »Kommen Sie mit«, »Machen Sie keine Probleme«). Ich wehrte mich und schrie: »Row-

dys.« Darauf versuchten sie, meine Beine zu greifen, um mich weg-
tragen zu können, doch dazu kamen sie nicht. Die Schaulustigen kamen und stellten sich um uns. Die Herren ließen mich los, und ich
stieg auf das nächste Blumenbeet. Dort mußte ich feststellen, daß
man mir den Stapel Papiere (Information über die Verhaftungen seit
dem 11. 9. und vom polnischen Informationszentrum) abgenommen
hatte. Die Herren verlangten jetzt von mir den Ausweis, den ich aber
verweigerte, da sie sich nicht ausgewiesen hatten. Passanten wiesen
mich auf die Beschmutzung meines Hemdes hin und forderten mich
auf, zu gehen, sie seien zu meinem Schutz da. Die Herren wagten
mich nicht mehr anzufassen, da sie von der Menge gewarnt wurden
(die Stimmung war so, daß es zu einer Prügelei geführt hätte). Einer
der Herren rief einen Polizeistreifenwagen, zu dem man mich dann
brachte und dort meine Personalien aufnahm. Ich forderte meine Papiere zurück; sie wurden mir – nach einer Prüfung – versprochen (ich
habe sie bis heute, 24. 11. 89, noch nicht zurückerhalten). Dann verlangte ich von einem der Herren (in Zivil), zu versprechen, daß ich
ungehindert in das Markus-Gemeindehaus gelangen kann. Dieses
Versprechen wurde für die Umstehenden laut vernehmlich (nach er-
neuter Aufforderung) gegeben. Ich wurde danach nicht weiter behel-
ligt, jedoch die Kirchenleitung.«

Christian Dietrich

»In der Zeitung stand ›Zusammenrottungen‹ – aber ich wollte mir
eine eigene Meinung bilden über das, was dort in und vor der Nikolaikirche passierte. Ich ging Anfang September das erste Mal. Es war
keine Zusammenrottung, da waren Leute, die forderten, was die
Mehrheit der Menschen in unserem Land wollte. Wir waren nicht
mehr zufrieden mit der Politik, wie man die Ausreiser behandelte.
Ich war gegen den Machtanspruch der SED. Bei uns in der Gewerkschaft gab es beispielsweise eine Parteigruppe, die immer vor Entscheidungen zusammengerufen wurde. Wir übrigen sollten dann nur
noch dem zustimmen, was die Parteimitglieder schon beschlossen
hatten.
Angst hatte ich eigentlich nicht. Ich hab' zwar gesehen, wie die Sicherheitskräfte abgeriegelt haben und daß es sich zuspitzte von Woche zu Woche. Am 25. 9. war, glaube ich, dann die erste größere Demonstration, die über den Karl-Marx-Platz ging. Ich hab' überlegt, ob
ich da mitgehe. Ich bin mitgegangen – auch aus persönlichen Gründen. Ich bin Vater von drei Kindern, und ich möchte, daß sie in der
DDR bleiben und ich sie am Wochenende besuchen kann. Mein Sohn

wollte ausreisen; nur, weil er ein kleines Kind hat, ist er geblieben. Sonst wäre er gegangen. Jetzt würde er das vielleicht nicht mehr tun.«

Wolfgang Hentzschel, 45 Jahre, Meister

»Meine Schwester hatte mir von der Demonstration erzählt. Ich wollte dann einfach mal mit hingehen und hab' mir das angeschaut – von der Seite. Da standen unheimlich viel Schaulustige. Der eigentliche Kern war vor der Nikolaikirche. Bis dahin war's ja immer so gewesen, daß die Ausreisewilligen riefen: Wir wollen raus! Das hatte sich aber gewandelt. Einige riefen: Wir bleiben hier. Ich stand bei den Schaulustigen. Ich muß sagen, ich hab' Angst gehabt und viele um mich herum auch. Man wußte ja nicht, wer neben einem steht, ob das einer von der Staatssicherheit war oder wer? Und wie sich die Polizeiketten darum herum gebildet hatten und Zivilisten kleine Plakate herunterrissen.«

Thomas, 16 Jahre

*25. September: Erste große Demonstration
vom Karl-Marx-Platz zum Tröndlinring*

DIE WOCHE IN LEIPZIG

Ordnung gestört

Am Montagabend kam es im Leipziger Zentrum zu nicht genehmigten, ungesetzlichen Zusammenrottungen, die die öffentliche Ordnung störten und den Verkehr zeitweise beeinträchtigten. Durch das
besonnene und zurückhaltende Verhalten der Sicherheitskräfte blieb
diese neuerliche Zusammenrottung mit eindeutig antisozialistischer
Tendenz begrenzt.

Leipziger Volkszeitung, 26. 9., S. 8

26. September

Bürger zur BRD-Hetzkampagne:
DDR ist unsre Heimat

Wir sorgen für uns selbst.
Wir sind fest entschlossen, durch unsere Arbeit dazu beizutragen,
daß sich unser Staat kontinuierlich weiterentwickelt.
Wir selbst werden dafür sorgen, daß nach und nach alles, womit wir
heute noch unzufrieden sind, was uns am noch schnelleren Voran-
kommen hindert, überwunden wird. Dazu benötigen wir weder de-
magogische Hilfestellung aus der BRD noch eine Opposition in unserem Land.

Kollektiv »Völkerfreundschaft«, Hauptpostamt 18
Leipziger Volkszeitung, 26. 9., S. 3

Am 26. 9. informiert das Neue Forum Leipzig:

Hiermit geben wir bekannt, daß uns vom stellvertretenden Vorsitzenden des Rates des Bezirkes Leipzig, Abteilung Inneres, und dem
Leiter der Abteilung Inneres des Rates des Bezirkes Leipzig mitge-
teilt wurde, daß dem Antrag auf Anmeldung der Vereinigung Neues
Forum nicht stattgegeben wurde. Für die Zielstellung dieser Vereini-
gung gebe es in der DDR keine gesellschaftliche Notwendigkeit. Alle
Handlungen bezüglich des Neuen Forum seien sofort einzustellen.
Dennoch wollen wir weiterhin an der Inanspruchnahme des Artikels
29 der Verfassung der DDR festhalten: »Die Bürger der Deutschen
Demokratischen Republik haben das Recht auf Vereinigung, um

durch gemeinsames Handeln in politischen Parteien, gesellschaftlichen Organisationen, Vereinigungen und Kollektiven ihre Interessen in Übereinstimmung mit den Grundsätzen der Verfassung zu verwirklichen.« Die gesellschaftliche Notwendigkeit der Vereinigung Neues Forum zu beweisen, ist uns allein nicht möglich. Deshalb bitten wir jede Bürgerin/jeden Bürger, die/der von einer gesellschaftlichen Notwendigkeit der Vereinigung Neues Forum überzeugt sind, sich per Eingabe an das Ministerium des Inneren, Mauerstraße 29, Berlin 1086, zu wenden. Einen Durchschlag ihrer Eingabe würden wir gern entgegennehmen.

Michael Arnold, Edgar Dusdal

28. September

Einheit von Partei und Volk – Grundlage unserer Entwicklung
Gerhard Schürer bei Polygraph Leipzig: Automatisierung braucht das Mitdenken aller

Neues Deutschland, 28. 9., S. 5, Schlagzeile

29. September

Dank für die Erfüllung des Klassenauftrages
Am Vorabend des 40. Jahrestages der DDR wurden durch das Sekretariat der SED-Stadtleitung Leipzig in einer Veranstaltung verdienstvolle Kampfgruppenangehörige und weitere Genossen mit staatlichen Auszeichnungen geehrt.

Leipziger Volkszeitung, 29. 9., S. 2, Auszug

Hohe Leistung von Kollektiven geehrt
Willi Stoph verlieh Titel »Betrieb der sozialistischen Arbeit«. VEB »Otto Grotewohl« Böhlen gehört zu den Geehrten

Leipziger Volkszeitung, 29. 9., S. 1., Schlagzeile

Wartezeit 90 Tage

Zu unserem Telefon-Interview »Defekte Geräte« fragt Leserin Hildegard M. (77 Jahre!) an, wie lange die Wartezeit für ein Bügeleisen eigentlich dauert. Sie hat, wie sie uns mitteilt, am 26. 6. 89 ihr Gerät am Coppiplatz abgegeben, aber bis heute nichts gehört. Ein Vierteljahr Wartezeit schien auch uns doch etwas zu lang zu sein. Was sagt der VEB Haushaltelektrik Halle – Kooperationspartner des DLK – dazu? Bügeleisen stehen zwar nicht auf der Liste der Geräte, für die kurze Wartezeiten avisiert sind. Man sollte aber unserer betagten Leserin – und auch anderen Bügeleisen-Kunden – ein längere Lauferei ersparen…

Sächsisches Tageblatt, 29. 9., S. 6

Wir lassen uns nicht verunglimpfen

Was sich da nach dem sogenannten »Friedensgebet« abspielte, war empörend. Das hatte antisozialistischen Charakter. Wer sich dort zusammenrottete, wollte dem Sozialismus in den Farben der DDR ans Leder. Gegen solche Tendenzen muß man, und da bin ich sicher mit der Mehrzahl unserer Bürger einer Meinung, mit aller gebotenen Härte ins Feld ziehen!

Lothar Vogel
Leipziger Volkszeitung, 29. 9., S. 2

Leipziger Bürger zur antisozialistischen Hetzkampagne:
Ich verurteile solcherart Aktionen

Mit Bestürzung nahm ich bei meiner Rückkehr aus dem Urlaub die Mitteilung meiner Freunde entgegen, daß es im Leipziger Stadtzentrum zu »Demonstrationen« antisozialistischer Gruppierungen kam. Es ist meiner Meinung nach an der Zeit, daß alle Glaubensrichtungen, Vereinigungen und Organisationen zu den Ereignissen unserer Tage, insbesondere in Leipzig, Farbe bekennen, damit nicht einige weiter im zwiespältigen Licht von Wort und Tat erscheinen. Selbst verurteile ich solcherart Aktionen, weil sie nichts vorwärtsbewegen. Den Genossen der Partei und des Ministeriums des Inneren gelten meine volle Unterstützung und mein Dank für die Wiederherstellung von Ruhe, Ordnung.

Jens Hartig
Leipziger Volkszeitung, 29. 9., S. 2

Da packt uns die Wut

Als Rentner freuen wir uns, beim Spaziergang die vielen jungen Ehe-paare mit ihren Kindern zu sehen. Auch das Bauen im Stadtzentrum, die neuen Wohngebiete und die vielen Instandsetzungen betrachten wir mit Genugtuung. Wir lieben unsere Stadt und sehen: Es geht voran. Um so mehr packt uns die Wut, wenn dieser Frieden durch an-tisozialistische Kräfte gestört wird.

Manfred Martin
Leipziger Volkszeitung, 29. 9., S. 2

Das Verständnis fehlt

30. September   Durch unsere Presse wurden wir von den Vorfällen in der Leipziger Innenstadt informiert.
Wir distanzieren uns davon und sind dafür, daß diese Unruhestifter mit aller Härte unserer Gesetze bestraft werden. Wir wollen in Ruhe und Frieden unserer Arbeit nachgehen und uns und unseren Kindern eine gesicherte Zukunft schaffen. Wir verstehen nicht, daß einige Vertreter der Kirche solche Aktionen zulassen, wo in unserem sozia-listischen Staat jedem Bürger Glaubensfreiheit zugesichert ist. Glaubt man etwa, daß man durch solche Zusammenrottungen Ziele erreichen kann, die gegen unseren Staat und unsere Politik gerichtet sind? Wir sagen dazu ein klares Nein!

Mitarbeiter des Industriekraftwerkes
des VEB Leipziger Wollkämmerei
Leipziger Volkszeitung, 30. 9., S. 2

Das SED-Blatt »Leipziger Volkszeitung« versucht immer noch das Schlagwort »Bürgernähe« zu illustrieren und eine positive Bilanz zu suggerieren:

Hautnah dran am Thema Nr. 1 für die Bürger dieser Stadt

»Arbeits- und Lebensbedingungen« mag auf den ersten Blick wie jedes andere Thema einer Stadtverordnetenversammlung erscheinen. Doch in der Natur der Sache liegt, daß nahezu alle Nuancen des Alltags das Lebensgefühl der Menschen beeinflussen und mitbestimmen, wie sie sich im Betrieb oder im Wohngebiet engagieren. Es ist sozusagen Thema Nr. 1 für die Leipziger. Deshalb berieten Stadtverordnete gemeinsam mit dem FDGB-Stadtvorstand. Deshalb berührte der Bericht von Dr. Utta Gießner, Stadträtin für Arbeit, das Bauen in unserer Stadt ebenso wie den Handel und die Dienstleistungen, die Arbeiterversorgung, die medizinische und soziale Betreuung der Werktätigen (und man hätte auch noch über Kulturelles, Sportliches u. a. m. sprechen können).

Daß bisher in diesem Jahr 3010 Wohnungen gebaut und 3543 modernisiert wurden, seit 1985 immerhin 393 Unterrichtsräume entstanden, sieben Kaufhallen, 120 Geschäfte und 46 Gaststätten eröffnet wurden, nahm positiv Einfluß auf das Arbeiten und Leben in unserer Stadt.

Ebenso erfreulich ist, daß 113 Betriebsärzte und 298 Betriebsschwestern in drei Betriebspolikliniken, 21 -ambulatorien und 79 Arztstationen sich unmittelbar der arbeitsmedizinischen Betreuung annehmen. Über 90 000 Werktätige werden vorbeugend untersucht. Die Zahl derjenigen, die unter erschwerten Bedingungen arbeiten müssen, sank seit 1985 um 5000. Dennoch haben 29 550 Arbeiter unserer Stadt mit körperlich schwerster, lauter und anderer ungesunder Arbeit zu tun. Ihnen muß das Augenmerk gelten. Und da kann es eben nicht sein, daß wie im Excelsiorwerk oder bei Sachsenbräu der Abbau von Arbeitserschwernissen ausgewiesen, aber bei einer ABI-Kontrolle nicht zu finden war. »Es geht uns doch nicht um Prozente, sondern um die Menschen«, sagte Utta Gießner. Dem Gedanken nützlich sind Beispiele wie aus dem VEB Sachsenguß, wo durch die neue Gußputzerei tatsächlich Lärm und Staub zurückgingen.

Vor der gestrigen Tagung gingen die Ständigen Kommissionen Gesellschaftliches Arbeitsvermögen und Handel und Versorgung auch vielen Fragen der Arbeiterversorgung nach. Gut ist, daß die Teilnahme am Mittagessen seit 1985 stieg. Negativ hingegen ist die Tendenz bei der Nachtschichtversorgung. Gerade für Klein- und Mittelbetriebe liegen Lösungen in der Bildung von Interessengemeinschaften, wie in Nordost und Südost erfolgreich, in Südwest noch gar nicht praktiziert. Zahlreiche Betriebe taten in jüngster Zeit viel für die Verbesserung ihrer Küchen. Statt 13 (1985) sind es heute 27 Küchen, die in die höchste Kategorie eingestuft werden können. In der niedrigsten sank die Zahl von 35 auf 13. Kritisiert wurde von den Abgeordneten aber, daß Neubau und Rekonstruktion gerade von Küchen oft zu lange dauern. Im Kombinat Pakuwa begann ein solcher Neubau in diesem Jahr, der aber erst 1995 wirksam werden kann.

Insgesamt gibt es in unserer Stadt eine positive Entwicklung der Arbeits- und Lebensbedingungen für die Menschen. Dabei bleibt aber noch genügend Raum, der im Interesse weiterer Fortschritte mit klugen Gedanken und Taten auszufüllen ist.

Leipziger Volkszeitung, 30. 9./1. 10., S. 8

1. Oktober Im Neuen Rathaus der Stadt Leipzig findet aus Anlaß des 40. Jahres-
tages der Gründung der VR China eine Festveranstaltung des Rates der Stadt und des Stadtausschusses der Nationalen Front statt. Oberbürgermeister Dr. Seidel würdigt die Revolution und die Gemeinsamkeiten der gesellschaftlichen Entwicklung.

2. Oktober bis 8. Oktober

»Am 2. 10. 89 war ich in der Stadt einkaufen und wunderte mich, als ich zu einer kurzen Andacht in die Nikolaikirche gehen wollte, über die vielen Polizisten auf der Straße zur Nikolaikirche. Da ich in die Kirche nicht mehr hineinkam, habe ich mich auf eine Bank gesetzt. Ich kann es nicht mit Worten wiedergeben, was mich bewegte, als ich die Hundertschaften der Bereitschaftspolizei sah, welche hinter den Bauzäunen gegenüber der Uni warteten. Es erinnerte mich als Kind in Halle, nur hatten die Uniformen eine andere Farbe. Betroffen war ich, als sie dann aufmarschierten, als die Kirche zu Ende war und ich in die jungen Gesichter blickte. Sie waren doch alle nur ihre 18 Monate dabei. Auf dem Nachhauseweg habe ich nur geweint und habe die ganze Nacht kein Auge zugetan...«

Brigitte Giebler, Rentnerin

**Montag,
2. Oktober**

»Seit dem 19. 9. lief das Studium wieder, und in den sogenannten roten Einführungsveranstaltungen wurde innerhalb der Seminargruppen viel diskutiert, und eine Hauptfrage war: Wieso wird das Neue Forum nicht zugelassen...
Das erste Mal war ich am 2. 10. zur Demo, vorher zum Friedensgebet in der Reformierten Kirche. Ich habe diese Friedensgebete immer als einzige realistische Informationsquelle betrachtet, also keine Sensationslust... Montags am Nachmittag ist eine gewisse Unruhe unter den Menschen zu spüren, so ein Fiebern... ich habe mich dann miteingereiht oder besser, ich bin immer an der Seite gelaufen, denn ich hatte Angst, da ich auch wußte, was für mich auf dem Spiel stehen würde, wenn ich in die Fänge der Polizei komme. Am Bahnhof die erste Polizeikette, der Bahnhof wurde geschlossen, die Trapo stand im Mittelgang bereits hinter dem Fenster. Aber irgendwie ging es weiter bis zur Fußgängerbrücke, und plötzlich kam es mir vor, als hätte man

uns in einen Kessel getrieben, und als ich versuchte, an der Seite irgendwie durchzukommen, war alles dicht, Polizeiketten. So blieb mir nichts anderes übrig, als in Richtung Bahnhof zurückzulaufen, alles ging gut...
Sprechchöre hießen: Gorbi! Wir blieben hier! Neues Forum zulassen! Reiht euch ein! Die Internationale wurde gesungen...«

Dirk Barthel, 24 Jahre, Student

»Nach dem Friedensgebet (Reformierte Kirche) laufen wir hastig zur Nikolaikirche. Das Schuhmachergäßchen ist mit Menschen vollgestopft, wir recken die Hälse – hoffnungslos. Eine Sperrkette der Bereitschaftspolizei öffnet sich... und wir schlüpfen durch. An der Uni stehen viele wartende Menschen, einzelne Rufe werden laut, und zögernd beginnen einzelne langsam in Richtung Karl-Marx-Platz zu laufen. Andere schließen sich an. Plötzlich steht ein Arbeitskollege vor uns: Wir bleiben hier und du? Ich auch. Wir sind überrascht, mißtrauisch, drehen uns noch öfter um, ›den‹ hätten wir hier nicht erwartet. Jetzt sind wir schon an der Hauptpost, noch fahren die Straßenbahnen. Wir biegen auf den Georgiring ein und beginnen mit einer Mischung von Entschlossenheit, Mut und Verzweiflung loszulaufen. Flankiert werden wir beiderseits von einem starken Polizeiaufgebot, ich habe jetzt Angst. Am Wintergartenhochhaus riskieren wir einen Blick nach hinten, und unser Erstaunen schlägt fast in Jubel um. Bis hoch zur Hauptpost bietet sich uns eine mutige Menschenmenge. Rufe – Freiheit, Gleichheit, Brüderlichkeit – werden hundertfach laut, und die Internationale wird gesungen. Ein Jugendfreund stürzt auf uns zu: Daß ich das noch erleben durfte! Eine bewaffnete Sperrkette der Polizei versucht am Hauptbahnhof den Demonstrationszug zu stoppen. »Reiht euch ein!« wird gerufen. Wir haken uns ein und marschieren auf die Polizisten zu. Ihnen steht die Angst genauso wie uns im Gesicht, einer greift verunsichert und hastig an seine Pistolentasche. Ich ziehe meinen Mann zur Seite, wir umlaufen die Sperrung, sehen Polizistenmützen in der Luft und laufen weiter... Auf dem gegenüberliegenden Wohnhaus schwenkt eine elektrische Kamera. Auf einem LKW sitzt ein Mann mit Kamera und schießt pausenlos Fotos in die Demonstranten über die Polizeisperrung. »Keine Gewalt!« rufen die Demonstranten und »Setzen!« Viele kommen dieser Aufforderung nach, setzen sich auf die Straße. Die Situation wird aus unserer Sicht kritisch, spitzt sich zu. Plötzlich erheben sich viele Demonstranten wieder, im Sog werden wir über die Grünanlagen auf die Richard-Wagner-Straße mitgerissen... eine endlose Polizeikette ent-

lang der R.-W.-Straße sperrt das Stadtzentrum ab... Die jungen
wehrpflichtigen Polizisten haben fast einen verzweifelten, verunsi-
cherten Gesichtsausdruck. Ich lasse mich mitreißen, trete auf sie zu:
»Ihr werdet doch niemals auf uns schießen?« »Aber wir haben doch
nur Gummiknüppel!« Und dann rufen sie durcheinander: »Das
glaubt uns in der Kaserne keiner!« – »Ich hab' nur noch ein paar Tage,
dann bin ich auch dabei!«

S. Gradt

»Ich bin seit 11 Jahren in der Kampfgruppe und erst in der letzten
Zeit Gruppenführer. Da hat man 10 Mann unter sich. Wir haben unsere Aufgaben immer ernst genommen, haben auch weitergemacht,
obwohl nach dem 7. 5. große Diskussionen um Wahlfälschungen los-
gingen. Und da haben wir uns bei der Parteileitung auch über die Medien beschwert: Wir wollten eine ordentliche Berichterstattung,
keine Lobhudelei. Mehr nicht. Und auch nicht weniger. Wir haben
schon bemerkt, was ab September hier los war. Am 25. 9. kamen ja
zum erstenmal die Menschen aus dem Kirchhof – für den 2. 10. wurden noch mehr erwartet. Und um 13.00 Uhr gab's dann Alarm, d. h.
wir hatten uns zu den Stützpunkten zu begeben und Uniformen in
Empfang zu nehmen. Zwischen 15.00 und 15.30 Uhr kamen unser
Kommandeur und zwei andere zu uns, erzählten uns von den Anfragen an Berlin. Zuerst erhielt die Bezirksleitung der SED die Antwort,
das zu tun, was sie wolle. Später aber den Befehl, mit *allen* Mitteln gegen die Demonstranten vorzugehen. Dazu gehörten meiner Meinung
nach auch Waffen. Unser Kampfgruppenkommandeur hatte sich ge-
weigert, Waffen in Empfang zu nehmen – ebenso der Leiter der Be-
zirksbehörde der VP. Da waren wir schon etwas erleichtert. Wir sollten Aufstellung nehmen am Schwanenteich, gegenüber vom Delikat.
In einer Reihe, im Abstand von drei Metern, ohne Waffen, nur in Uniform. Wenn dann die Demonstranten kämen, würden sich wehr-
pflichtige Polizisten aus den VP-Kasernen vor uns stellen – wir wären
dann zwar präsent, aber nicht mehr zu sehen. Das hat uns etwas stut-
zig gemacht. Unsere Aufgaben waren erstens, die Demonstranten
nicht wieder in die Innenstadt hineinzulassen, damit sie dort die
Markttage nicht stören könnten. Zweitens sollten wir sie nicht zum
Hauptbahnhof kommen lassen, sondern zum Milchhof abdrängen.
Wir paar Hanseln sollten das tun.
Uns wurde gesagt, daß da nur Chaoten kämen, und wir sollten die
Bürger vor den Ausschreitungen chaotischer Leute und Gruppierungen schützen. Gegen 18.20 Uhr hörten wir es vom Karl-Marx-Platz
her rumoren. Und es kam zwar eine Polizeistaffel – aber die rannten

vorbei, und wir standen nun da, im Blickfeld, Aug' in Aug'. Mit wem? Ich habe keine Chaoten gesehen! Zugegeben, was sie mir zuriefen, war nicht eben schmeichelhaft, sondern eher richtig. Meine Gruppe fühlte sich ganz schön angeschmiert. Wir sind dann zurück in die Unterkunft und haben mitbekommen, daß es am Konsument und an der Thomaskirche später zu Übergriffen kam. Dort waren auch Wasserwerfer, standen Einheiten mit Helmen und Schilden und Hundestaffeln. Die haben dann die Leute durch die Stadt gejagt. Darunter wohl auch viele, die gar nichts mit der Demonstration zu tun hatten, die eben nur auf der Straße waren.

Später haben wir gehört, daß wir die Leute durch unser bloßes Dastehen provozieren sollten, damit man dazwischengehen kann. Heinz Fröhlich, der 1. Sekretär der Stadtbezirksleitung der SED, soll am lautesten dafür gestimmt haben, daß wir uns dorthin stellen.

Als wir dann am nächsten Tag in der Zeitung lasen, daß wir die Stadt vor Rowdies und Chaoten geschützt hätten, haben wir in der Hundertschaft gesagt: Wenn noch einmal ein Befehl zum Ausrücken kommt, werden wir ihn verweigern. Wir wären nicht noch einmal rausgegangen.«

Gerald Pilz, Staatlicher Leiter, Kampfgruppenmitglied

Franz: »Wir hatten uns getroffen und sind so durch die Straßen in Gohlis gelaufen. Wir zweifelten, gehen wir hin oder nicht. Auch in unserer Klasse, da wären bestimmt viele hingegangen, aber allgemein aus Angst eben nicht.

Thomas: Na ja, wenn man hörte, was schon los war in den ersten Wochen davor. Wenn man so viel von der Stasi hört. Ich habe Angst vor der Gewalt, die mir hätte entgegenkommen können, daß sie mich verprügelt hätten oder »Zuführung«. Daß sie mich von der Schule schmeißen, damit habe ich wirklich nicht gerechnet.

Franz: In der Schule gab es viele, die sich raushielten, einfach so aus diesen Dingen, die alles nur mit Mißtrauen betrachteten und die überhaupt nicht den Mut hatten, etwas Eigenes zu sagen, tausend Gründe und die anderen, die Polizisten aufklatschen wollten und überhaupt keinen Sinn sahen.

Thomas: Und so zweifelten wir, gehen wir oder gehen wir nicht. Dann habe ich gesagt: Komm wir gehen mit, wozu sind wir eigentlich hier, habe ich gesagt.

Franz: Dann haben wir einen Trabbi angehalten, denn die Straßenbahnen fuhren nicht mehr in die Stadt. Dann waren wir auch schon am Bahnhof, und die Demonstranten kamen. Ein wahnsinniges Bild,

wie die Massen anrollten. Wir standen am Bahnhof im Mittelteil, dort
wo normalerweise die Straßenbahnen fahren. Da zogen sie an uns
vorbei, und in diesem Moment war mein Gehirn wie ausgeschaltet,
weil ich Angst hatte, aber auch mitwollte. Und da tauchte man plötzlich mit ein und war drin. Ich gehörte zu diesem Strom und fühlte
mich irgendwie stark.
Thomas: Aber wir sind dann gleich dort, wo die Polizeisperre war,
wieder heraus, herumgerannt und von vorn wieder heran. Da haben
sie in Abschnitten durchgelassen, damit sich der Demonstrationszug
zerstreuen sollte.
Franz: Was mich auch noch beeindruckte, waren die Menschenmas-
sen auf der Stahlbrücke an der Blechbüchse. Das war ja Wahnsinn,
und alle schrien sie immer: Schließt euch an, schließt euch an! Und
die Straßenbahnen, die nicht weiter konnten, die Menschen ausge-
stiegen, und wir schrien: Schließt euch an, und dann sprangen die
Leute über die Straßenbegrenzungen und kamen dazu, einfach so ...
Franz: Was mich auch erstaunt hat, war die Solidarität untereinan-
der. Also wenn mir jemand hinten auf den Fuß latschte, hatte ich noch
nie erlebt, daß sich dann irgendein Mann oder eine Frau bei mir entschuldigt hat, hier aber plötzlich: Entschuldigung oder so. Irgend jemand hatte einen Schuh verloren. Er war 50 Meter weit weg. Wo ist
mein Schuh, schrie er, und plötzlich reichten die alle den Schuh durch
die Masse. Also eine wahnsinnige Solidarität, und das hat mich eigentlich im Herz erfreut, muß ich sagen. Weil im Fernsehen immer
Propaganda dagegen getrieben wurde: Rowdytum und so weiter.
Aber das war überhaupt nicht der Fall. Ich hatte den Eindruck, als
hätte ich es nur mit netten Menschen zu tun.
Thomas: Das fand ich schön, daß sich das so solidarisch auswirkte. So
soll es ja allgemein im Sozialismus sein, wie er definiert ist. Ja, es waren vor allem Arbeiter, die fast nichts zu verlieren hatten als ihre Ar-
beitsstelle ... Das habe ich ganz deutlich gesehen, wenn man so neben
den Menschen gestanden hat, das waren einfache Arbeiter, das Volk
eben.«

Thomas und Franz, 16 Jahre

»Während der o. g. Demonstration war ich mit Kamera unterwegs,
um einige Fotos zu machen. Gegen 18.55 Uhr wurde ich auf dem
parkseitigen Fußweg des Georgiringes, nachdem ich den Demonstrationszug fotografiert hatte, plötzlich von drei oder vier jungen Männern in Zivil niedergeschlagen und in den Park am Schwanenteich in
die Dunkelheit geschleift. Dort riß man an meiner Umhängetasche

und an meiner Kamera, die ich um den Hals hängen hatte, mit dem offensichtlichen Ziel, mir meine Kamera zu entwenden. Das gelang, nachdem der Tragegurt der Kamera riß. Sobald die Männer die Kamera in ihrem Besitz hatten, rannten sie mit der Kamera davon. Als ich wieder aufstand, waren die Männer bereits in der Dunkelheit verschwunden. Ich hatte um Hilfe gerufen, es kamen jedoch nur Passanten – die Polizei hingegen, die wesentlich näher, nämlich am Rand des Parks stand, ließ sich nicht sehen. Außer einer Prellung der Nase kam es zu keinen Verletzungen. Es entstand Sachschaden, da meine Umhängetasche völlig zerrissen war und die Bereitschaftstasche der Kamera beschädigt wurde. Bei diesem Zwischenfall wurde mir meine Kamera PRAKTICA BC1 (Nr. 6511123) mit Objektiv PRAKTICA 1,8/50 K (Nr. 4950225), die dazugehörende Bereitschaftstasche sowie ein Schwarzweiß-Kleinbildfilm, 36 Aufn., 36 DIN der Marke KODAK P 3200, entwendet.«

(Auszug aus Anzeige bei der Staatsanwaltschaft wegen: Raub meiner Kamera während der Demonstration in Leipzig am 2. 10. 89 durch Mitarbeiter des Ministeriums für Staatssicherheit)

Johannes Beleites

»Wenn wir uns heute als Familie nach dem Friedensgebet montags in die Reihen der Leipziger einreihen, dann hat das seinen Ursprung in den Ereignissen vom 2. 10. 89. Bis dahin hatten wir keinerlei Beziehungen zu den Ereignissen um die Nikolaikirche, doch das sollte sich an diesem Abend alles ändern.

Anläßlich des 17. Geburtstages unserer Tochter hatten wir am 2. 10. von 18 bis 20 Uhr im Stadtpfeifer einen Tisch bestellt. Um wegen der gespannten Verkehrsverhältnisse nicht zu spät am Karl-Marx-Platz einzutreffen, waren wir bereits gegen 17.30 Uhr im Stadtzentrum, und was man da sehen konnte, ließ einem den reinen Angstschweiß ausbrechen. In den Straßen Menschen, teils beobachtend, teils an den Ereignissen aktiven Anteil nehmend, und das alles eingeschlossen von Sicherheitskräften der verschiedensten Art. Der technische Aufwand bei letzteren war enorm, auch Hundestaffeln fehlten nicht.

Unser Geburtstagsessen stand ganz unter diesen Eindrücken, doch als wir gegen 20.00 Uhr das Lokal verließen, schienen wieder Ruhe und Ordnung in Leipzigs Straßen eingekehrt zu sein. Ein abendlicher Bummel durch die Stadt schien uns angebracht, doch sollte dieser zu einem furchtbaren Erlebnis für uns werden. Schon die verlassenen Fahrräder im Bereich Karl-Marx-Platz/Grimmaische Straße boten einen trostlosen Anblick. Noch bis in die Nähe des Marktes hörte man nichts von Randalierern oder Krawallen, doch plötzlich begann, wie in einem Film vergangener Zeiten, der Einsatz der Sicherheitskräfte, den wir nur fassungslos im Gedränge, Schreien, Laufen, Festhalten, Einkreisen, Treiben und Verfolgen beobachten konnten. Die nackte Gewalt war da in Aktion, mit Schlagstöcken, scharfen Hunden, Sprechfunkgeräten, und wir waren schockiert, wie flink unsere Einsatzkräfte Ketten bildeten bzw. Menschen verfolgten. Manch einen der Fliehenden kannten wir, und wir sahen auch die Angst und das Entsetzen in ihren Augen. Bis zum Kaufhaus ›Konsument‹ waren wir Zeugen dieser Aktionen, und unsere Tochter erlebte Geschichtsunterricht anderer Art…«

Petra Seela

Wer folgt denn dort wem?

Der 2. Oktober in Leipzig / Ein Augenzeugenbericht von Achim Schöbel und Andreas Kurtz [am 10. 10. erst veröffentlicht]

Am Schwarzen Brett von St. Nikolai hängt eine Einladung, hiesige Journalisten mögen sich doch überzeugen, was *tatsächlich* dort in der und um die Kirche vor sich geht. Wir haben das getan.
Tritt man ein in die Nikolaikirche, findet der Besucher gleich rechts neben dem Eingang eine Ausstellung über das Leben von behinderten Menschen bei uns. Da werden Schwierigkeiten aufgezeigt, die sie haben, beispielsweise mit öffentlichen Verkehrsmitteln. Der nachdenklich gewordene Besucher sieht zwischen den Fotos die leuchtend rot einem ins Gesicht knallenden Worte: Bevormundung, Entmündigung, Erpreßbarkeit durch Abhängigkeit. Und geht weiter.
Den Neugierigen nach, zu einem Schwarzen Brett. Dort hängt ein freundlicher Brief. Gerichtet an alle jungen Leute, die nun bald zur NVA einberufen werden. Wer den Wehrdienst verweigern wolle, wende sich bitte an Steffen Kührt. Adresse folgt. Vier weitere dazu. Wohlgemerkt: Hier geht es nicht um die Beratung, wie christliche Bürger als Bausoldaten an Schwerpunkten der Volkswirtschaft mithelfen können, sondern um einen Aufruf, sich gegen unsere Verfassung zu stellen. An jenem Brett findet man auch »die Wahrheit über die Ereignisse in China«. In einem Brief an die örtlichen Behörden zu der »friedlichen Demonstration« in Leipzig am 18. September wird mitgeteilt, man habe die Beobachtung gemacht, jene Demonstranten seien nicht mit den Gottesdienstbesuchern identisch gewesen. Nun, an diesem 2. Oktober haben wir ganz andere Beobachtungen gemacht. Weiter heißt es in dem Schreiben, die Rufe »Die Mauer muß weg!« habe man überhaupt nicht gehört. Aber wir hörten sie. In der

Predigt beispielsweise. Von Jugend- und Studentenpfarrer Kaden nur spärlich verpackt. (»Es soll ja noch welche geben, die die Mauer als Wohltat für die Menschen hinstellen.«) In der Predigt werden den »Schlüsselverwaltern der geschlossenen Gesellschaft« die Leviten gelesen. Die Worte »Zorn« und »Haß« fallen in bezug zur DDR. Von »überkommenen Machtstrukturen« ist die Rede. Jahrzehntelang habe man auf »Freiheit gewartet«, vieles »geduldet«. Doch damit »ist jetzt Schluß«. Wer da weiß, Gutes zu tun und tut es nicht, ist ebenso ein Kandidat für den letzten Platz in der Hölle wie der, der wegsieht, wenn Polizei eingreift und die, die nichts Böses getan haben, zu Verbrechern stempelt.

So wird die Stimmung angeheizt. Draußen proben diejenigen, die in der Kirche keinen Platz mehr fanden, Pfeifkonzerte und Sprechchöre.

Was nützt es da, daß Pfarrer Kaden kundtut, Demonstrationen halte er bei den »*derzeitigen* Machtverhältnissen *gegenwärtig* nicht für sinnvoll«. Der Beifall an dieser Stelle ist spärlich – so was will man nun doch nicht hören. Aber war es überhaupt ernst gemeint?

Der Segen, der nun gesprochen wird, soll allen denen Mut geben, die aufrecht gehen und sich wehren wollen.

Die Menge drängt zum Ausgang. Kein Wort, man möge sich ruhig verhalten, vielleicht sogar nach Hause gehen (angeblich habe man aber gerade das bei vorangegangenen Veranstaltungen immer wieder gesagt).

Dann wird marschiert. Geschrieen. Diejenigen, die eben noch für Umweltschutz plädierten, zertrampeln Leipzigs Grün. Wie der Stier aufs rote Tuch wird immer die Richtung anvisiert, in der noch Polizisten stehen, die versuchen zu ermöglichen, daß Straßenbahnen und Autos fahren können. Ein Genosse der Kampfgruppe fragt leise, besorgt: »Wie werden meine Kinder bloß von der Sportschule nach Hause finden?«

Etwa sechs junge Leute gehen eingehakt vornweg. Ein Mädel und ein Junge mit Fahrrädern folgen. Ein junger Kerl dirigiert die Menge mit »langsamer« oder »schneller«. Wieder werden Sprechchöre angezettelt. Ein junger Mann im blauen Pullover mit Rucksack, an dem ein Riesen-Mercedes-Stern baumelt, gibt den Rhythmus vor. Nur einmal hat man den Eindruck, hier gehe es friedlich zu – als man die Aufforderung der Rädelsführer befolgte, sich auf die Straße zu setzen. Nur dauerte das eben bloß Sekunden. Rufe »Weg mit den Kommunisten!« sind nicht zu hören. Statt dessen trampelt man sie nieder – unter dem Gesang der Internationale fliegen grüne Schirmmützen über den Asphalt. Unsere Genossen müssen sich übel beschimpfen lassen. Für Tritte und Faustschläge, die sie selber einstecken mußten. Verletzte Demonstranten bleiben liegen. Von den eigenen Leuten an

die Polizeikette und an Wände gedrängt und schließlich über den
Haufen getrampelt. Einer wird von der Schnellen Medizinischen
Hilfe abgeholt. Er trägt eine Prothese, die nun hinüber ist. (Wir erinnern uns – man muß sich stärker um Behinderte kümmern!) Immer
weiter wird provoziert. Ein Mann in Lederjacke, kurzes Haar und
Nickelbrille, schreit und rempelt noch Polizisten an. Offensichtlich
legen es einige darauf an, daß die Polizei reagiert. Mit westmedien-
wirksamen Verhaftungen beispielsweise. Dadurch soll für das eigene
Tun Verständnis bei den Schaulustigen geweckt werden. Und wieder
die Rufe »Schließt euch an!«
Angehörige der Volkspolizei werden immer weiter von der Menge
getrieben. Die Genossen müssen sich wieder und wieder neu und im-
mer weiter hinten formieren.
Ja, so ist es gewesen. Auch wenn die Westjournaille, wie in solchen
Fällen üblich, Täter zu Opfern macht.
Wer trägt Schuld, wer Verantwortung?
So hatte man in der Kirche gefragt.

Junge Welt, 10. 10., S. 6

Die Presse informiert weiterhin:

Bewegendes Treffen vor dem 40. Jahrestag der DDR

Der Sozialismus in unserem Vaterland ist unwiderruflich

*Begegnung des Sekretariats der SED-Bezirksleitung mit Wider-
standskämpfern, Aktivisten der ersten Stunde und FDJ-Mitgliedern /
Helmut Hackenberg dankte verdienten Kommunisten*

Leipziger Volkszeitung, 2. 10., S. 1, Schlagzeile

2. Oktober, Nachmittag:
Polizei rund um die Nikolaikirche

Auf dem Georgiring und Polizeisperre ▷
am Tröndlinring

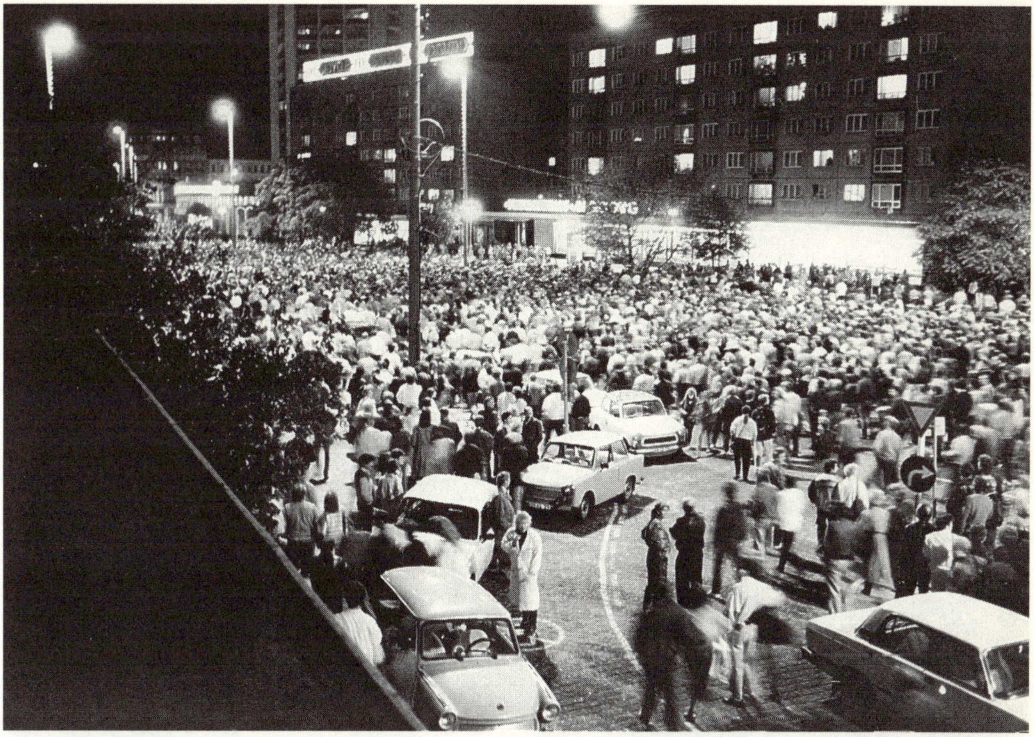

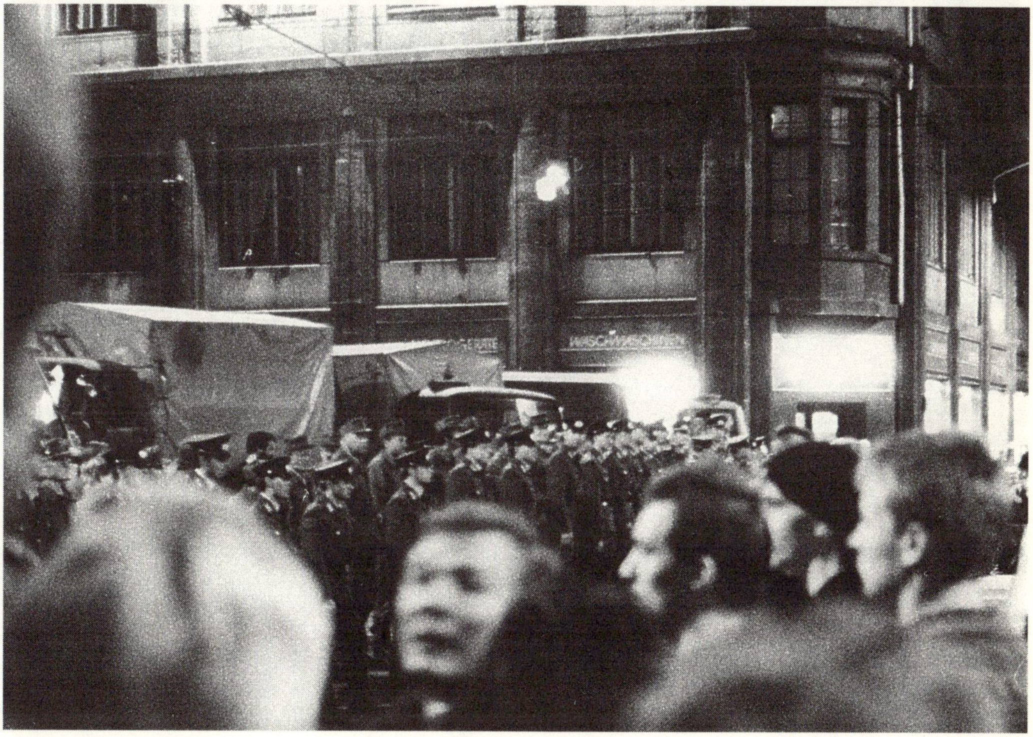

DIE WOCHE IN LEIPZIG

Ordnung und Sicherheit gestört

Am Montagabend kam es in der Leipziger Innenstadt erneut zu einer ungesetzlichen *Zusammenrottung größerer Personengruppen*, die die öffentliche Ordnung und Sicherheit störten und den Straßenverkehr der Innenstadt beeinträchtigten.

Den Maßnahmen der Deutschen Volkspolizei zur Aufrechterhaltung der Ordnung und Sicherheit wurde aktiver Widerstand entgegengesetzt, Volkspolizisten angegriffen und Einsatzfahrzeuge beschädigt.

Durch das besonnene und entsprechend der Lage konsequente Handeln der Deutschen Volkspolizei *mit Unterstützung von Kampfgruppen der Arbeiterklasse* wurde die Zusammenrottung aufgelöst und die Ordnung und Sicherheit wiederhergestellt.

Der Einsatz von Hilfsmitteln der Deutschen Volkspolizei war unumgänglich. Es waren Zuführungen erforderlich. Die strafrechtlichen Konsequenzen werden geprüft.

Leipziger Volkszeitung, 3. 10., S. 8

3. Oktober

Werktätige des Bezirks zur Hetzkampagne gegen die DDR: Bekenntnisse zur Heimat für uns Herzenssache

Wir bereiten uns darauf vor, am Vorabend des 40. Jahrestages der Gründung der DDR zum traditionellen Fackelzug der FDJ unser Bekenntnis zu unserer sozialistischen Heimat zu erneuern. Das soll unsere Antwort auf die wütenden Attacken des Klassengegners, besonders des BRD-Imperialismus, gegen die sozialistische Entwicklung in unserem Land sein. Wir sehen in der bewußt verzerrenden und diskriminierenden westlichen Medienpolitik den offenen Versuch, sich in unsere Angelegenheiten zu mischen, und in den Aktivitäten solcher Kräfte, die sich montags in unserer Innenstadt unter dem Deckmantel revolutionärer Losungen zusammenrotten, einen Angriff auf unsere sozialistischen Errungenschaften. Wir haben nachgedacht und uns ist klar: Die Klassengegner wollen unseren sozialistischen Aufbau stören, wollen das Vertrauen der Menschen in unsere Politik zerstören, wollen Unruhe stiften, und vor allem wollen sie die Partei der Arbeiterklasse isolieren.

Wir lehnen solche Reformen, die uns der Klassengegner offeriert, ab.

Wir brauchen keine »Demokratie«, in der Neonazismus gedeiht, keine ökonomischen Bedingungen, die Arbeitslosigkeit und Zukunftsangst in sich bergen. *Wir wollen keine antisozialistischen Kräfte, wie das Neue Forum in Leitungsgremien unserer Gesellschaft.* Wir unterstützen die Maßnahmen der Sicherheitsorgane, gegen diese Leute entschieden vorzugehen. Wir wollen durch unsere tägliche Arbeit mithelfen, daß unsere Republik auf Grund ihrer ökonomischen Leistungsfähigkeit unerpreßbar bleibt...

Fackelzugteilnehmer aus der FDJ-Stadtbezirksorganisation
Leipzig-Nordost
Leipziger Volkszeitung, 3. 10., S. 2

Probleme meistern wir in eigener Regie

Herr Kohl hat nicht das Recht, für die Bürger unseres Landes zu sprechen, und die BRD hat auch keine Obhutspflicht für die DDR-Bürger, kann sie deshalb in keiner Weise vertreten. Mit diesen Machenschaften unserer Feinde, besonders der BRD, will man die Konterrevolution vorbereiten und wie in Polen Unruhe und Feindseligkeit in der DDR schüren. Deshalb muß das »Neue Forum« abgelehnt werden.
Natürlich gefallen auch mir die vielen kleinen Dinge nicht, die uns im Alltag vor manches Problem stellen, ein fehlendes Ersatzteil oder manches andere, was man nicht sofort bekommt. Da gibt es noch viel für uns zu tun. Manches nutzt der Feind aus und beeinflußt so viele junge Menschen, damit sie ihr Vaterland verraten.
Ich bin von ganzem Herzen sowie mit meiner ganzen Kraft für unseren sozialistischen Staat. Die kleinen Mängel werden wir abstellen, davon bin ich überzeugt. Und ebenso von der Richtigkeit unserer Politik, die unser Land seit Jahrzehnten betreibt.

Helga Rössler, Vorsitzende der DFD-Gruppe
Wildschütz Eilenburg
Leipziger Volkszeitung, 3. 10., S. 2

Sich selbst aus unserer Gesellschaft ausgegrenzt

Sprecher des Außenministeriums der DDR

Berlin (ADN). Wie der Sprecher des Ministeriums für Auswärtige Angelegenheiten mitteilte, sind die ehemaligen Bürger der DDR, die

sich rechtswidrig in den Botschaften der BRD in Prag und Warschau aufhielten, über die Deutsche Demokratische Republik in Zügen der Deutschen Reichsbahn in die BRD abgeschoben worden.
Sie alle haben durch ihr Verhalten die moralischen Werte mit Füßen getreten und sich selbst aus unserer Gesellschaft ausgegrenzt. Man sollte ihnen deshalb keine Träne nachweinen...

Mitteldeutsche Neueste Nachrichten, 3. 10., S. 2, Auszug

Am 4. Oktober findet eine Koordinationsversammlung des Neuen Forum statt, auf der diskutiert wird, wie die Gewaltlosigkeit der Demonstrationen erhalten werden kann. Es wird ein Aufruf zur Gewaltlosigkeit formuliert und an verschiedene Zeitungen verteilt, die aber alle die Veröffentlichung ablehnen. Parallel dazu entsteht ein Flugblatt, welches am 9. und 16. Oktober auf der Straße verteilt wird: Das Neue Forum wendet sich an alle, die mit ihm sympathisieren: Gewalt ist kein Mittel der politischen Auseinandersetzung! Laßt euch nicht provozieren! Wir haben nichts zu tun mit rechtsradikalen und antikommunistischen Tendenzen! Wir wollen den besonnenen Dialog, ernstes Nachdenken über unsere Zukunft, keine blinden Aktionen.
Angesichts der gegenwärtigen kritischen Situation rufen wir alle Menschen der DDR zu verantwortungsvollem, solidarischem Denken und Handeln auf.

4. Oktober

Nicht nur zusehen

Die Genossen meiner Einheit verurteilen die konterrevolutionären Machenschaften jeden Monat in Leipzig. Wir können nicht tatenlos zusehen, wie Feinde unserer DDR nichtgenehmigte Demonstrationen durchführen und unsere öffentliche Ordnung und Sicherheit gefährden. Diese Unruhestifter versuchen im 40. Jahr unserer Republik den Aufbau und die Errungenschaften mit organisiertem Krawall zu schmälern und die Menschen zu verunsichern.

Kampfgruppenhundertschaft »Gerhard Amm«
Leipziger Volkszeitung, 5. 10., S. 2

5. Oktober

Festveranstaltung zum 40. Jahrestag der DDR in der Leipziger Oper

Die DDR ist das gemeinsame große Werk vieler Millionen

Verdienstvolle Werktätige und ausländische Gäste begrüßt / Helmut Hackenberg hielt die Festansprache / Leipziger Künstler gestalten die bunte Geburtstagsestrade / Festlicher Empfang

Leipzig (LVZ/J. K.). Die Errichtung des ersten sozialistischen Staates der Arbeiter und Bauern auf deutschem Boden gehört zu den gewaltigen Umwälzungen im Nachkriegseuropa und hatte in der Gründung der DDR vor 40 Jahren einen bedeutenden Höhepunkt. In vier Jahrzehnten wurde ein Weg tiefgreifender revolutionärer Veränderungen zurückgelegt als gemeinsames Werk vieler Millionen...

Leipziger Volkszeitung, 5. 10., S. 1, Aufmacher und Auszug

Verdiente Würdigung fleißigen Arbeitens

Beispielhafte Leistungen von Persönlichkeiten und Kollektiven zur Stärkung der Republik und zur Sicherung des Friedens geehrt

6. Oktober

Berlin (ADN). Anläßlich des 40. Jahrestages der DDR wurden am Donnerstag in Berlin verdienstvolle Persönlichkeiten und Kollektive aus allen Bereichen des gesellschaftlichen Lebens mit höchsten staatlichen Auszeichnungen geehrt. Im Auftrag des Generalsekretärs des ZK der SED und Vorsitzenden des Staatsrates der DDR, Erich Honecker, überreichte der Stellvertreter des Vorsitzenden des Staatsrates Willi Stoph, Mitglied des Politbüros des ZK der SED und Vorsitzender des Ministerrates, den Karl-Marx-Orden, den Orden »Großer Stern der Völkerfreundschaft«, den Ehrentitel »Hervorragender Wissenschaftler des Volkes«, den Ehrentitel »Held der Arbeit« und den Nationalpreis der DDR 1989...

Leipziger Volkszeitung, 6. 10., Aufmacher und Auszug

Aus festlichem Anlaß an schweren Beginn erinnert

Eine festliche Veranstaltung anläßlich des 40. Jahrestages der Gründung der DDR vereinte gestern im Neuen Rathaus die Stadtverord-

neten und Mitglieder des Stadtausschusses der Nationalen Front.
Oberbürgermeister Dr. Bernd Seidel würdigte den erfolgreichen
Weg unseres Landes in den vergangenen vierzig Jahren, der sich auch
vielfältig in Leipzig widerspiegele...

Leipziger Volkszeitung, 6. 10., S. 12, Auszug

Die Drohungen der Partei- und Staatsführung werden immer massiver. Mittels eines »Leserbriefes« wird in der Bezirkszeitung der SED
der mögliche Waffeneinsatz bei Demonstrationen angekündigt:

Werktätige des Bezirkes fordern: Staatsfeindlichkeit nicht länger dulden

Die Angehörigen der Kampfgruppenhundertschaft »Hans Geiffert«
verurteilen, was gewissenlose Elemente seit einiger Zeit in der Stadt
Leipzig veranstalten. Wir sind dafür, daß die Bürger christlichen
Glaubens in der Nikolaikirche ihre Andacht und ihr Gebet verrich-
ten. Das garantiert ihnen unsere Verfassung und die Staatsmacht unserer sozialistischen DDR. Wir sind dagegen, daß diese kirchliche
Veranstaltung mißbraucht wird, um staatsfeindliche Provokationen
gegen die DDR durchzuführen. Wir fühlen uns belästigt, wenn wir
nach getaner Arbeit mit diesen Dingen konfrontiert werden. Deshalb
erwarten wir, daß alles getan wird, um die öffentliche Ordnung und
Sicherheit zu gewährleisten, um die in 40 Jahren harter Arbeit ge-
schaffenen Werte und Errungenschaften des Sozialismus in der DDR
zu schützen, und daß unser Aufbauwerk zielstrebig und planmäßig
zum Wohle aller Bürger fortgesetzt wird. Wir sind bereit und Willens, das von uns mit unserer Hände Arbeit Geschaffene wirksam zu
schützen, um diese konterrevolutionären Aktionen endgültig und
wirksam zu unterbinden.
Wenn es sein muß, mit der Waffe in der Hand!
Wir sprechen diesen Elementen das Recht ab, für ihre Zwecke Lieder
und Losungen der Arbeiterklasse zu nutzen. Letztlich versuchen sie
damit nur, ihre wahren Ziele zu verbergen.

Kommandeur Günter Lutz
im Auftrag der Kampfgruppenhundertschaft »Hans Geiffert«
Leipziger Volkszeitung, 6. 10., S. 2

40. JAHRESTAG DER DEUTSCHEN
DEMOKRATISCHEN REPUBLIK

Bilanz der Jugend beim Fackelzug

**Sonnabend,
7. Oktober**

Die Mitglieder des Jugendverbandes der DDR leisteten im »FDJ-Aufgebot DDR 40« ihren Beitrag zur Vorbereitung des Jubiläums der Republik. Ausgehend vom Ruf des XI. Parteitages der SED an die Jugend stand im Mittelpunkt der Tätigkeit, das sozialistische Klassenbewußtsein zu vertiefen und mit konkreten Taten zur allseitigen Stärkung und zum zuverlässigen Schutz der DDR beizutragen. Das wird in der Dokumentation festgestellt, die Erich Honecker beim Fackelzug der FDJ übergeben wurde.

In ihre Kampfprogramme übernahmen FDJ-Kollektive anspruchsvolle ökonomische Initiativen zur Erfüllung der Volkswirtschaftspläne 1988/89. Sie setzten 11 583 Industrieroboter ein, sparten 27 132 Arbeitsplätze und 175,8 Millionen Arbeitsstunden ein. Es wurden 80 212 junge Werktätige für die Mehrschichtarbeit gewonnen. 5230 Millionen Mark in den FDJ-Aktionen »Materialökonomie« abgerechnet. FDJler lieferten 871 561 Tonnen Schrott und 227 241 Tonnen Altpapier ab, rationalisierten und rekonstruierten 102 397 Hektar landwirtschaftliche Nutzfläche für die Bewässerung und erwirtschafteten 155 Millionen Mark in der Aktion »Futterökonomie«. In der FDJ-Aktion »Max braucht Schrott – wir bringen 100 000 Tonnen mehr« wurden bis zum 40. Jahrestag der DDR 105 271 Tonnen abgeliefert. Dadurch konnten Reserven bei der Bergung von Sekundärrohstoffen erschlossen, 30 Millionen Valuta-Mark eingespart und die Umwelt verschönert werden.

In der MMM-Bewegung wurden im FDJ-Aufgebot von über 1,1 Millionen Jungendlichen 240 700 Aufgaben gelöst...

Mitteldeutsche Neueste Nachrichten, 9. 10., S. 2

Der Nationalfeiertag soll in Leipzig mit einem Volksfest gefeiert werden. Ein Bauernmarkt ist aufgebaut. Polizei und Sicherheitskräfte befinden sich in erhöhter Alarmbereitschaft und befinden sich seit Mittag deutlich präsent in der Stadt.

»Es war am 7. Oktober – ich werde es nicht vergessen –, gegen 16.00 Uhr war ich mit meiner Frau in der Grimmaischen Straße angekommen, als gerade eine kleine Musikgruppe vor uns lief. Plötzlich waren wir mitten in einer flüchtenden Menschenmenge, hinter uns Polizei mit Schild und erhobenen Gummiknüppeln. Gerade noch konnte ich mich mit meiner Frau in Richtung Gewandhaus flüchten, mußte aber mit ansehen, wie Menschen auf dem Karl-Marx-Platz von den Einsatzkräften der VP zusammengeschlagen und mit LKW abtransportiert wurden.«

Ferdinand Steurer, 58 Jahre

»Gegen 16.00 Uhr kamen die ersten. Der eine, jung, leicht betrunken, von der Transportpolizei in Dresden zusammengeschlagen und von Bürgern bewußtlos im Zug aufgefunden. Die zweite war eine Mittfünfzigerin, die unter schwerem Schock stand, in der innerstädtischen Menschenmasse gestürzt war und dabei zusätzlich noch Verletzungen davontrug. Als drittes Opfer konnte man die Bereitschaftsärztin der SMH ansehen, die uns schockiert und verstört von den Zuständen rund um Oper und Nikolaikirche berichtete. Unser Stationsarzt, jung, Parteimitglied, unverbesserlicher Optimist, verfinsterte zunehmend Stimmung und Gesichtsausdruck. Noch beim Frühstück, zu Beginn unseres zwölfstündigen Dienstes an diesem denkwürdigen Nationalfeiertag, hatte er uns davon zu überzeugen versucht, daß ein gewaltsames Vorgehen von staatlicher Seite eine Sache der Unmöglichkeit sei. Diese Unmöglichkeit hatte er plötzlich, wenige Stunden später, auf seiner Station gleich dreifach vor sich.«

Guido Weißbach, Arzt

Bericht von Carola B., zugeführt in Leipzig am 7. Oktober 1989

Carola B. kam am frühen Nachmittag am Leipziger Hauptbahnhof an, um ihre frisch operierte Mutter in einem Leipziger Krankenhaus zu besuchen. Auf dem Weg durch die Innenstadt wurde sie von Bereitschaftspolizisten gepackt und auf einen LKW gestoßen, auf dem sich bereits andere Leute befanden. Die Menschen wurden in dunkle Pferdeställe gesperrt. Es war sehr kalt dort. Dann begannen die Verhöre. Die Frauen mußten dabei die überwiegende Zeit mit weit gespreizten Beinen und Armen an der Wand stehen. Carola B. selbst wurde wiederholt geschlagen, andere ebenfalls. Nach 20 Stunden gab es eine Pause, ein Brötchen und eine halbe Bockwurst. Die Verhöre gingen danach weiter. Aussagen wurden unter massiven Drohungen erpreßt. Nach 27 Stunden wurde Carola B. entlassen, mit einer Ordnungsstrafe von 200 Mark und einem Beleg zur Einzahlung von 75 Pfennigen für die halbe Bockwurst.

NEUES FORUM LEIPZIG, Informationsblatt Nr. 4, 7. 11.

»Ich hatte mir mit noch zwei Kolleginnen für den 7. Oktober vorgenommen, auf den Bauernmarkt zu gehen und anschließend einen kleinen Stadtbummel zu machen. Gegen 10.00 Uhr waren wir in der Innenstadt und gingen zielstrebig zum Bauernmarkt. Dort kaufte ich mir einen Blumenstrauß, den ich später vor der Nikolaikirche niederlegte. Gegen 13.00 Uhr trafen wir einen Kollegen auf dem Platz vor der Nikolaikirche an. Wir blieben stehen und wechselten ein paar Worte. Außer uns waren noch mehrere Bürger dort, und sie waren ebenfalls ins Gespräch vertieft. Einige von den Sicherheitskräften liefen auf dem Platz auf und ab, kein ungewöhnliches Bild. Alles war ruhig und friedlich, nichts deutete auf Unruhen hin. Die von den Sicherheitskräften schlossen sich in einer Gruppe zusammen und traten an den Rand des Platzes. Plötzlich schrie einer von ihnen: »Handeln!« Panik brach aus. In Sekundenschnelle war der Platz voller Polizisten, die mit Schlagstöcken bewaffnet waren. Militärlaster fuhren auf (Mannschaftswagen). Dann schlugen die Polizisten wild und ziellos auf die Bürger ein. Zogen sie an den Haaren über den Platz zu den Lastern. Beim Aufsteigen zog ein zivilgekleideter Beamter uns vom Laster aus auf den Laster. Sie schrien uns an. An den Kleidungsstücken wurden wir auf die in dem Laster befindliche Bank gezogen. Wir wurden nur mit »Schwein« und »Sau« von ihnen betitelt. Genau 13.33 Uhr fuhr der Laster mit 8 Bürgern und 3 von den Sicherheitskräften los. Dann hielt der Laster erst wieder in einem Innenhof, der von Gebäuden umgeben war, wer weiß, wo das war. Beim Absteigen zog man uns wieder an der Kleidung, und es kam auch vor, daß sie wieder den Schlagstock zum Einsatz brachten. Erst nach den Schlägen wurden wir gefragt, ob man männlich oder weiblich sei. Danach mußten wir in ein Gebäude gehen, Treppen steigen. Es kam der Befehl, stehenzubleiben, Hände an die Seite, ja nicht an die Wand anlehnen, denn das wurde bestraft. Dann wurden wir einzeln in einen Gang gebracht, dort wurden unsere Personalien festgehalten. Mit einer Begleitperson brachte man uns zu einem Raum, der sich am Ende des Ganges befand. Dieser wurde von mehreren Polizisten außen und innen bewacht. Dort hinein mußten wir uns setzen. Stunden vergingen, als ein zivilgekleideter Beamter meinen Namen rief. Ich mußte mit

ihm mitgehen, wieder Treppen steigen, halt. Er schloß ein Zimmer
auf, und als wir beide uns hingesetzt hatten, begann das Verhör, oder
auch Vernehmung genannt. Danach mußte ich ein Protokoll unterschreiben. Wir gingen raus, die Treppen runter. Endstation war ein
Kellergang, wo sich eine sogenannte Massenzelle befand. Darin befanden sich schon mehrere männliche Bürger. Vor der verschlosse-
nen Gittertür mußte ich stehenbleiben und meine Taschen leeren.
Die Zigaretten und das Feuerzeug hatte man mir abgenommen. Die
Gittertür wurde aufgeschlossen, und man warf mich hinein, wie ein
Tier zum Fraß. Sekunden waren bloß vergangen, als die Tür wieder
aufgeschlossen wurde. Ein Polizist kam rein und zog mich an der
Jacke wieder raus. Man gab mir mein Eigentum zurück. Eine Polizistin führte mich durch einen furchtbaren und nur notbeleuchteten
Kellergang. Tausend Gedanken gingen mir in diesem Augenblick
durch meinen Kopf, die Ungewißheit machte sich in mir breit, wer
weiß, was nun passiert. Dann kam mir ein kalter, frischer Luftzug entgegen. Wir kamen am Innenhof an. Wieder ein Gebäude, die Treppen
erneut steigen. Ich weiß nicht, in welcher Etage ich den Befehl erhielt,
stehenzubleiben. Auf dem Flur befanden sich 7 Polizisten, und ich
mußte wieder in einen Raum gehen. Drinnen waren noch 3 Polizisten
zur Bewachung, und es saßen schon mehrere Bürger da, die vom gleichen Schicksal betroffen waren wie ich. Stunden vergingen wieder.
Menschliche Bedürfnisse mußten angemeldet werden. Dann wartete
man auf eine Entscheidung, wenn es hieß »ja«, dann nur in Begleitung. Einer von uns fragte nach etwas zu Essen und zu Trinken. Für
die Frage wurde er auf den Flur gebracht und mußte die Hände an die
Wand stützen und sich breitbeinig von der Wand wegstellen. Da in
meinem Familienkreis eine Verlobung angesagt war, fragte ich einen
Polizisten, ob man den Angehörigen Bescheid gibt, wo man sich befindet. Dies wurde mir zugesichert. Doch nach meiner Entlassung
mußte ich feststellen, daß das nicht der Fall war.
Es war 21.30 Uhr, als wir wieder aufgerufen wurden. Wieder mußten
wir die Treppen runtergehen, erneut ging es auf den Innenhof. Die
gleichen Mannschaftswagen standen wieder bereit, wie die bei dem
Hintransport. In jenem Hof erwarteten uns eine ganze Menge Polizisten, die Helme trugen, das Visier verdeckte ihr Gesicht, mit Schlagstöcken bewaffnet, und einige von ihnen trugen ein Maschinenge-
wehr mit sich, so wie ich es aus Kriegsfilmen kenne, trieben sie uns
auf die Laster. In der Schulzeit lehrte man mich, wie die Nazis waren.
In Friedenszeiten zeigte man mir die Praxis, denn diese Polizisten
führten sich ebenso uns gegenüber auf. Auf den Lastern saßen wir be-
engt, Schulter an Schulter. Dann traten die Polizisten einige Bürger,
damit sie das Gitter an den Laster anbringen konnten. Von uns abge-
schirmt saßen noch 4 Polizisten zur Bewachung mit Maschinenge-

wehren. Dann ging die Fahrt los. Es regnete, so als würde der Himmel mit uns Betroffenen weinen und ebenso wenig verstehen wie wir, was sich eigentlich die ganze Zeit abspielt.

Endstation war auf dem agra-Gelände. Die Laster hielten, die Absperrung wurde abgebaut. Zuerst mußten die Männer absteigen. Wie wir rasch bemerkten, hatten auch dort schlaglustige Polizisten auf uns gewartet. An den Kleidungsstücken wurde beim Absteigen nachgeholfen. Dann mußte jeder seine Jacke ausziehen. Feuerzeuge wurden weggenommen und die Hände an die Wand. Manchmal traten die Polizisten gegen die Füße eines Bürgers, so daß er jeglichen Halt verlor. Dann schrien sie ihn an: »Du Schwein, laß die Pfoten an der Wand!« Das war eine Art, wie die Polizisten versuchten, uns zu provozieren, in der Hoffnung, daß jemand die Nerven verliert, und sie hätten einen Grund zum Schlagen. Nach den Untersuchungen wurden die Männer in Pferdeställe eingesperrt, ca. 20 Männer. Dann mußten wir Frauen absteigen. Auch wie die Männer mußten wir die Jacke ausziehen und uns genauso an die Wand stellen. Eine Polizistin nahm die Untersuchung vor. Ich sagte ihr, daß ich meine Periode habe, daraufhin meldete sich ein Polizist zu Wort und sagte: »Na und, du Sau!« Dann packte mich ein Polizist an meinem Pullover an und schaffte mich ebenfalls in einen Pferdestall, die anderen Frauen auch. Jener Polizist war direkt scharf darauf, daß er die Bürger in den Pferdestall reinbringen konnte. Man konnte es in seinem Gesicht sehen. Mit mir bzw. mit uns war noch eine ältere Bürgerin (längst schon in Rente) eingesperrt. Sie weinte und zitterte am ganzen Leib. Angst zeigte ihr Gesicht, und sie schien nervlich am Boden. Daraufhin riefen wir Frauen einen Polizisten und baten ihn, wenigstens die alte Dame freizulassen. Er lachte uns an und lief dann weg, als hätte er nichts gehört. Keine Achtung vor unseren älteren Bürgern.

Jene Polizisten hätten gut und gerne ihr Sohn sein können. Vergessen ist, daß unsere älteren Bürger unser Land aufgebaut hatten.

Auch dort mußten wir unsere menschlichen Bedürfnisse anmelden, wieder nur mit Zustimmung und Begleitung.

Sonntagmorgen 1.00 Uhr erhielten wir eine Bockwurst, ein hartes Brötchen und einen Schluck Tee. Unsere Beine waren schwer, wie Blei durch stundenlanges Stehen. Übermüdet und durchgefroren waren wir, beinahe unbeschreibbar. Gegen 6.30 Uhr kam erneut solch ein Laster an, darauf waren ältere Männer, die etwas Alkohol getrunken hatten. Ein schreckliches Bild, wie sie an uns vorbeiliefen, dann hatten einige von ihnen ein blutiges Gesicht, vermutlich wurden sie auch geschlagen. Uns schien es so, als hätte man den Polizisten eine Kopfprämie versprochen.

Ca. 12.00 Uhr wurden wir aufgerufen, erhielten unser Eigentum zurück. Mußten dann wieder auf den Laster steigen. Dann ging die

Fahrt wieder los. Irgendwo wurden immer 3 Bürger abgesetzt. Dann fuhr der Laster weiter. Ich suchte die Straßenbahn auf und fuhr heim. Ca. 13.00 Uhr kam ich völlig erschöpft zu Hause an. Ich aß und trank noch etwas und ging dann zu Bett. Ich schlief durch bis zum Montagmorgen, ca. 9.00 Uhr.«

Gabriele Schmidt, Schichtarbeiterin,
protokolliert am 28. 10.

Fünf ehemalige Bereitschaftspolizisten

Ich habe sie – das sind Uwe Chemnitz (26), Jens Illing (24), Silvio Rösler (26), Jens Dommaschk (25) und Peter Dietze (25) – nach den letzten Woche ihres anderthalbjährigen Wehrdienstes gefragt. Die fünf jungen Männer waren bis Ende Oktober 1989 in Leipzig stationiert. In der 21. Volkspolizei-Bereitschaft »Arthur Hoffmann« in der Essener Straße. Als Bereitschaftspolizisten oder »Bepos« hatten sie an den Montagen seit der Frühjahrsmesse in der Innenstadt für »Ruhe und Ordnung« zu sorgen. Einige auch an den kritischen Oktobertagen, am 7. und 9.

Das gehört nun für die fünf, wieder in Zivil, der Vergangenheit an. Jens I. erzählt, daß die Politoffiziere um den 3./4. 10. sogenannte freie Gespräche anboten. Wie frei sie wirklich waren, zeigte sich in der Abkanzelung freimütig Diskutierender. Sie wurden als »politisch untragbar« für Montagseinsätze eingestuft. Silvio R. wurde so für den 7. Oktober »ausgemustert«, wie ca. zehn Prozent der Bereitschaft. Uwe Ch. hat sich beim Einsatz an diesem Tag unbeliebt gemacht. Das wachsame Auge der Offiziere und das der Videokamera registrierten einen Bepo, der an der Apotheke in der Grimmaischen Straße diskutierte – friedlich und darum bemüht, den Demonstranten die Mißliebigkeit des Zwangseinsatzes zu erklären. Das zur Ausrüstung gehörende Schild lehnte an der Hauswand. Daß die Stimmung in der Kaserne bis zum Zerreißen gespannt war, deuten auch zahlreiche Befehlsverweigerungen an den darauffolgenden Tagen an. Bepos, die schriftlich die Anwendung des Schlagstockes verweigerten, wurden unter Druck gesetzt. Nach Androhung eines Militärstrafverfahrens zogen sie ihre Erklärung zurück.

Zusätzlich, berichtet Jens I., wurden für den 7. und 9. Schutzmasken verteilt. »Im Bedarfsfall« sollte Tränengas eingesetzt werden. Schilde und Visiere gehörten zur Ausrüstung. Letztere empfand ich als Demonstrantin als besonders bedrohlich: Menschen, die mir nicht

mehr in die Augen blicken müssen, wenn sie mich auf Befehl niederknüppeln sollen. Die ehemaligen Bepos wollen mir die Relativität
meiner Sicht deutlich machen. Sie hatten, entgegnen sie, ebenfalls
Angst: vor Steinen, die sie an den Kopf geworfen bekommen könnten. Silvio K. bestätigt, daß noch andere Kampfmittel zur »Befrie-
dung« aufgefahren wurden. Wasserwerfer der VP-Bereitschaft fuhren schon jeweils in der Nacht vor dem 7. und 9. hinter das Stasi-Gebäude in der Fleischergasse. Laut Befehl des Ministers hatten die Einsatzkräfte alte Kampfanzüge zu tragen. Denn in die Wasserwerfer
wurde ein Farbzusatz gegeben; bei Anwendung hätte man die flüchtenden Demonstranten problemlos kenntlich und dingfest machen
können. Die neuen Kampfanzüge wären dafür zu schade gewesen.
Am 7. Oktober beschränkte man sich auf den Einsatz von purem
Wasser. So am Karl-Marx-Platz und in der Petersstraße. Dort hatte
ein Bepo, der für seine pazifistische Gesinnung bekannt war, den
Wasserwerfer zu bedienen. Er sollte damit, wie es militärisch heißt,
scharf schießen. Er ließ das Wasser nur über die Demonstranten rie-
seln. Danach sprach er 14 Tage lang kein Wort, als hätte er einen
Schock erlitten. Die ehemaligen Bepos verwundert das nicht: Ein
Wasserwerfer, sagen sie, ist nicht harmlos. Mit seinen 8 at Druck wirft
er auf 25 Meter Entfernung einen Menschen um, eingesetzt auf
20 Meter Entfernung, kann sein Strahl tödlich sein.
Dennoch gab es am 7. Oktober knüppelnde Polizisten. Die jungen
Männer dazu: Natürlich gäbe es auch »minderbemittelte« Bepos.
Aber sie wollen zwischen sich und den Schupos sowie den als »Spezialeinheiten des Ministeriums des Inneren« bezeichneten Antiter-
rortruppen eine klare Grenze gezogen wissen. Sie »schrubbten« nur
ihren Wehrdienst ab. Die anderen dagegen seien Berufssoldaten.
Viele von denen wären regelrecht »heiß« auf eine Schlägerei gewesen. Gerade sie hätten am 7. Oktober mit aller Brutalität losgeknüp-
pelt. Peter D. stand am Hallischen Tor, hinter einer Absperrkette der
Schupos, die die Innenstadt in Höhe des Tröndlinrings abriegelten. Er
sah, wie die Schupos die zurückflutende Menge provozierten: »Jetzt
habt ihr wohl Schiß, ihr Fixer!« Und dabei ließen sie ihre Knüppel
tanzen. Als dann die Demonstranten nach vorn brandeten, war das
für diese Provokateure ein gefundenes Fressen. Einem etwa 40jähri-
gen Mann schlugen sie derart die Zähne ein, daß man in dem blutver-
krusteten Gesicht nur noch eine schwarze Mundhöhle sah. Zwei
Schupos zerrten ihn an den Haaren zum nächsten LKW. Auf den
wurde er wie ein Mehlsack geworfen.

Mit den fünf Bereitschaftspolizisten
sprach Eleonore Sladeck
(Fortsetzung am 9. 10.)

Die Presse informiert:

Rowdys beeinträchtigen ein normales Leben

Während des Sonnabends (7. 10., d. Hrsg.) störten Gruppen von zumeist jugendlichen Rowdys, organisiert aufgetreten und beeinflußt von westlichen Massenmedien, im Leipziger Zentrum die Markttage, beeinträchtigten zeitweise das normale Leben und den innerstädtischen Verkehr. Die Deutsche Volkspolizei verhinderte durch besonnene Handlungen größere Ausschreitungen und sicherte einen geordneten Ablauf der Markttage. Auffallend war, daß unter den Unruhestiftern, die von der Volkspolizei belehrt werden mußten, viele nicht aus Leipzig und aus unserem Bezirk waren. Gegen einige Personen, Rädelsführer und Störer, wurde ein Ermittlungsverfahren eingeleitet.

In Anrufen an die staatlichen Organe unserer Stadt und an die Redaktion der LVZ zeigten sich die Bürger über das Rowdytum und die Störung des Zusammenlebens beunruhigt und verlangten, den Unruhestiftern entschieden zu begegnen.

Leipziger Volkszeitung, 9. 10., S. 8

7. Oktober: Polizeieinsatz in der Innenstadt

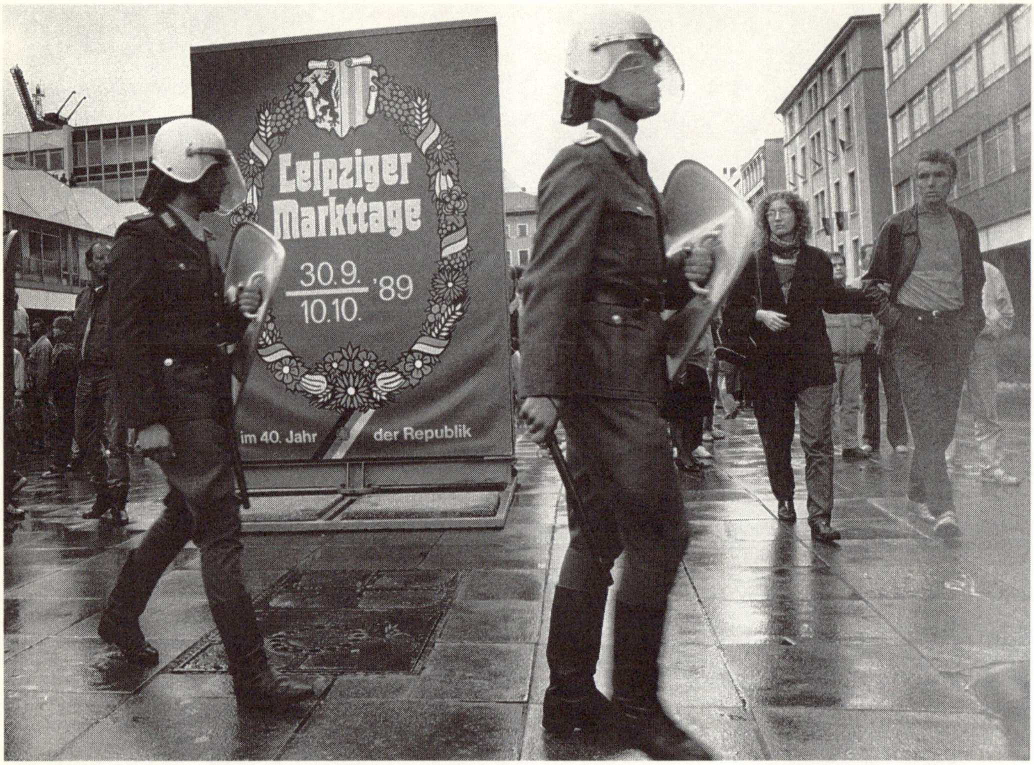
Leipziger
Markttage
30.9.
10.10.
'89
im 40. Jahr
der Republik

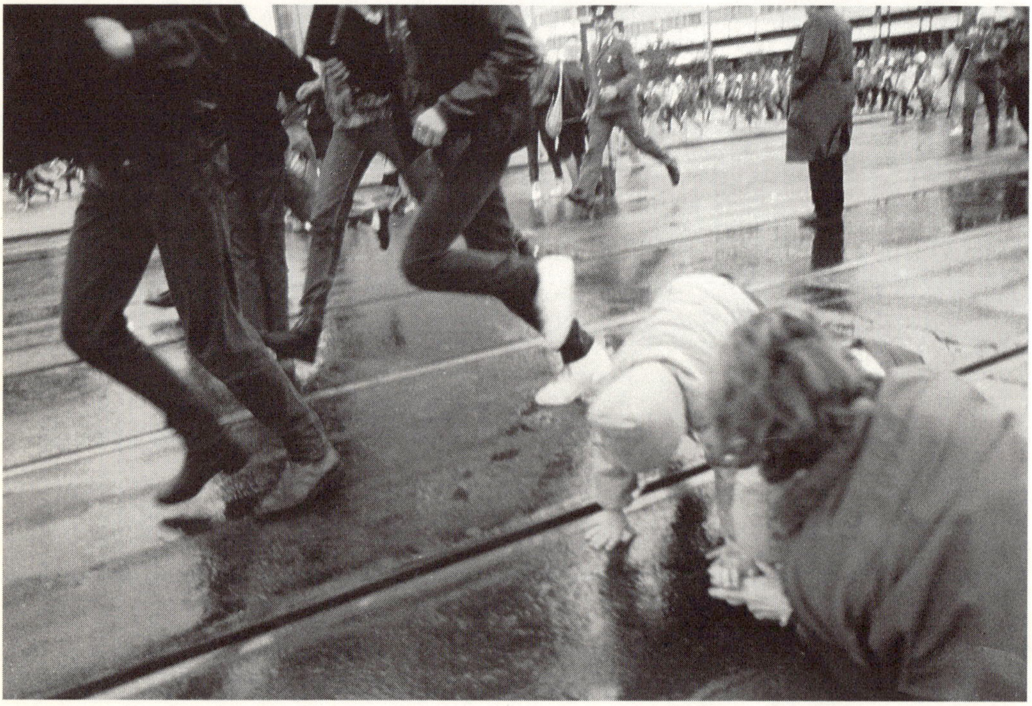

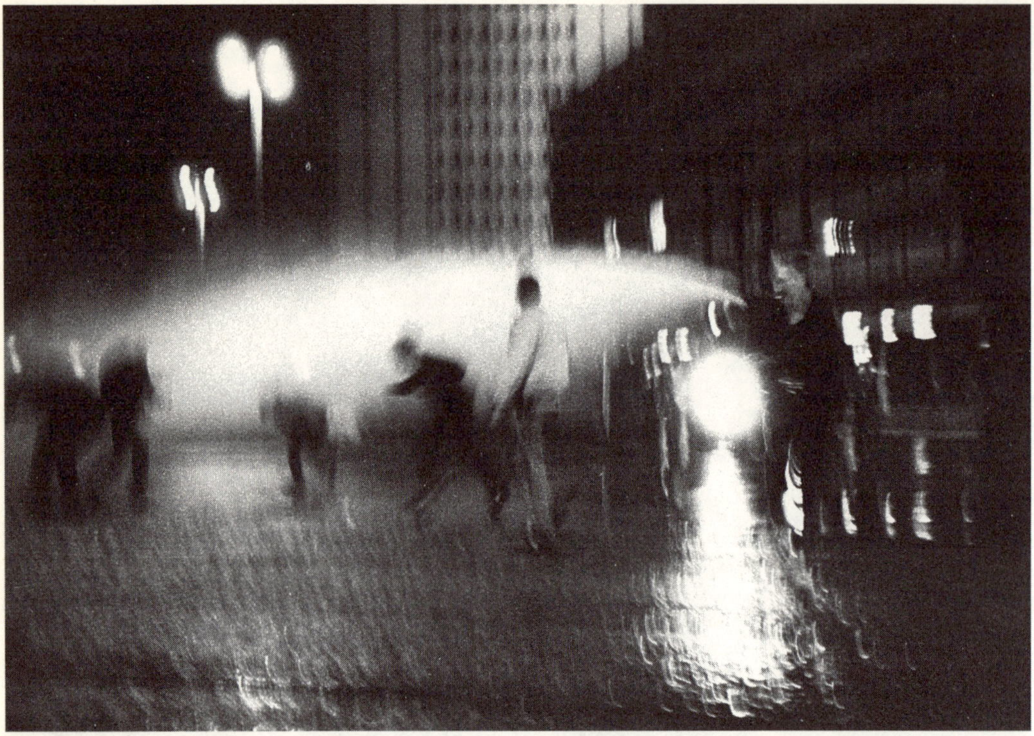

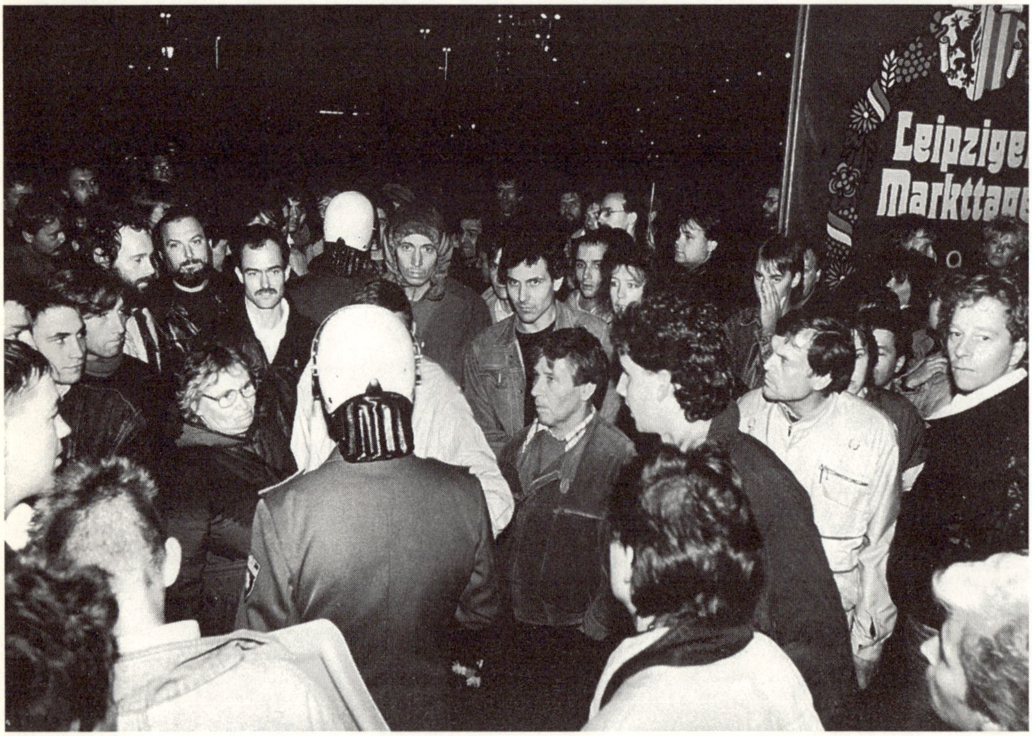
Leipziger
Markttage

Nikolaikirche – Zeichen des Protests:
Täglich Blumen und Kerzen für die Inhaftierten

◁ *7. Oktober: Wasserwerfer auf dem Karl-Marx-Platz*
und Gesprächsversuche

8. Oktober
========

Um 14.00 Uhr lädt das »Café Michaelis« in der Michaeliskirche am Nordplatz zur Diskussion über gesellschaftspolitische Aspekte der Bundessynode der Evangelischen Kirche in der DDR ein. In einem zweiten Teil der Veranstaltung stellt sich das Neue Forum Leipzig erstmals öffentlich vor. Es kommen weit über 1000 Menschen, die die Kapazität des Kirchencafés von etwa 100 Plätzen überfordern. Man zieht in die Kirche um. Die Sicherheitsorgane in Uniform halten sich zurück, ungehinderter Zugang zur Kirche ist möglich. Das Informationsbedürfnis über Struktur, Inhalte und Ziele des Neuen Forum ist groß. Wesentliche Positionen des Neuen Forum in der Diskussion sind:

1. Gewaltfreiheit ist und bleibt für den Demokratisierungsprozeß notwendig.
2. Die Straße ist, trotz mancher Ängste und Befürchtungen, der legitime Ort der Demokratiebewegung.
3. Das Neue Forum versteht sich als landesweite Bürgerinitiative mit basisdemokratischen Strukturen.

19.30 Uhr gibt es eine Wiederholung der Veranstaltung, denn ca. 400 Interessenten haben um 14.00 Uhr keinen Platz gefunden.

9. Oktober bis 15. Oktober

Am Morgen des 9. Oktober bringt die *Leipziger Volkszeitung* eine innenpolitische Seite mit Stellungnahmen von Bürgern:

Wir wollen sachlichen Dialog führen

Falls die Zusammenrottungen im Stadtzentrum weiter eskalieren und sich weiter kriminalisieren, falls die sozialistische Staatsmacht weiterhin verunglimpft wird, kann das kein gutes Ende nehmen. Wir wollen in Ruhe und Sicherheit unserer Arbeit nachgehen, die friedlichen Zwecken dient. Ich bin für sachlichen Dialog, aber der ist auf der Straße, unter dem Druck und Zwang solcher Ausuferungen, nicht zu führen. Ich kann nur hoffen, daß die Uneinsichtigen zur Einsicht kommen und daß dann mit den Einsichtigen – freilich nur mit ihnen, nicht mit notorischen Feinden unseres Staates – ein Konsens gefunden wird.

Norbert Molkenbur, Verlagsdirektor, Edition Peters

Wir wirken gemeinsam weiter für unser Leipzig

Seit Monaten wird von BRD-Massenmedien versucht, die Stadt Leipzig in den Blickpunkt zu rücken. Es standen ja Jubiläen ins Haus. Aber da wird nicht etwa gezeigt, was Bauarbeiterfleiß zuwege brachte, wie erstaunenswert schön um die Kolonnadenstraße, den Nikischplatz rekonstruiert wurde. Gerade die uralten historischen Bauten erfordern einen hohen Aufwand und brauchen deshalb auch etwas längere Bauzeit. Im Zentrum rund um den Sachsenplatz gibt es jetzt viele solcher Baustellen, und wer im Zentrum wohnt, weiß, wie sensibel das Gelände in vieler Hinsicht geworden ist. Wir Anwohner haben begriffen, daß es eine Zeit größerer Belastungen geben wird, aber wir sind sicher, daß auch das vorübergeht und am Ende eine neue Qualität steht.

Um so mehr sind wir aber besorgt, auch empört über die nun schon seit Wochen andauernden Zusammenrottungen; Provokationen gegen uns und unseren Staat, sie stören vorsätzlich den Straßenverkehr, die Ordnung und Sicherheit in der Stadt Leipzig.

Wir haben kein Verständnis dafür, daß man seinen Willen »Wir bleiben hier!« auf diese Art und Weise zum Ausdruck bringt. Falls alle vernünftigen Leipziger so ihren Willen bekunden würden, daß wir »hier bleiben«, wären alle Grünanlagen aus Platzmangel am Ende restlos zertrampelt. Wir lehnen diese Art »Demokratie« ab.

Wir Bewohner des Zentrums der Stadt sind unseren Sicherheitskräften dankbar, daß sie durch ihr Handeln die Ordnung und Sicherheit wiederherstellten.

50 Mitglieder der DFD-Gruppe »Anna Schumann«

Wie oft noch sollen sich diese Störungen der Ordnung und Sicherheit wiederholen? Weshalb bringt man diese Handlanger, die von der BRD aufgefordert werden, die innere Ruhe zu stören, nicht hinter Gitter, denn dort gehören sie hin? Unsere 40jährige stolze Republik hat diese Machenschaften nicht verdient. Wenn diese Elemente, denn anders kann man diese Leute nicht bezeichnen, nicht begreifen wollen, wessen Brot sie essen, dann muß man es ihnen beibringen.

Ursula Marschner

Mit Recht und Gesetz für Ruhe und Ordnung

Fragen an Karl Heinz Matheiowetz, amtierender Vorsitzender des Zivilsenates des Bezirksgerichtes Leipzig

Wie sind die Ereignisse am 2. Oktober 1989 im Leipziger Stadtzentrum unter rechtlichen Aspekten zu beurteilen?
Veranstaltungen bzw. Versammlungen aller Art sind anmeldepflichtig. Die Modalitäten der Genehmigung sind in der Veranstaltungsverordnung aus dem Jahre 1980 geregelt. Für die Veranstaltung am 2. Oktober lag keine Genehmigung vor, so daß sie ungesetzlich war.

Welche Konsequenzen hat es, wenn Menschen an solchen unange-
meldeten, nicht genehmigten Demonstrationen teilnehmen?
Zunächst ist darauf hinzuweisen, daß Veranstaltungen dieser Art
durch die Ordnungskräfte der VP aufgelöst werden können. Es ist
darüber hinaus nicht auszuschließen, daß die mit der Demonstration
verbundenen Aktivitäten strafrechtliche Tatbestände erfüllen, z. B.
Rowdytum, Körperverletzung, Sachbeschädigung, Zusammenrottung, so daß mit strafrechtlichen Konsequenzen zu rechnen ist.
Darüber hinaus haften selbstverständlich die an der Demonstration
Teilnehmenden nach den Grundsätzen des Zivilrechtes voll für alle
von ihnen angerichteten Schäden.
Eine besonders hohe Verantwortung kommt in diesem Zusammenhang den erziehungsberechtigten Eltern zu. Die Verletzung ihrer gesetzlichen Aufsichtspflicht kann dazu führen, daß sie für schadens-
verursachende Handlungen ihrer Kinder schadenersatzpflichtig gemacht werden.
Abschließend ist zu bemerken, daß die Bürger, die beim persönlichen
Einsatz zur Gewährleistung von Ordnung und Sicherheit anläßlich
solcher Ereignisse einen Schaden erleiden, den vollen Rechtsschutz
des Gesetzes genießen.

Aus dem Gerichtssaal:
Krimineller wollte Menge zur Gewalt aufwiegeln

Am 3. Oktober hatte die LVZ informiert, daß es Montagabend
[2. Oktober] in der Leipziger Innenstadt zu einer ungesetzlichen Zusammenrottung kam, bei der auch Volkspolizisten angegriffen wurden. Neun Genossen wurden von Rowdys niedergeschlagen und mußten ambulant behandelt werden. Auch fünf PKW völlig unbeteiligter
Bürger wurden von Rowdys demoliert. Einer der Rädelsführer, der
die Menge zu feindseligen Handlungen gegen Staat und Gesetz auf-
wiegeln wollte, war Holger T. aus Taucha. Er mußte sich am vergangenen Freitag vor dem Kreisgericht Leipzig/Mitte verantworten.
Was ist das für ein Mann, der sich mit an die Spitze eines gegen die
verfassungsmäßigen Grundlagen gerichteten Demonstrationszuges
stellte und dem vorgeworfen wird, die staatliche Ordnung durch
Rowdytum im schweren Fall und öffentliche Herabwürdigung verletzt zu haben? Welche Absichten verfolgte der Angeklagte, als er am
Gebäude der Bezirksverwaltung des Ministeriums für Staatssicherheit als einer der ersten die Treppen hinaufstürmte, mit Händen und
Füßen gegen die Eingangstür hämmerte und brüllte: »Wir stürmen

das Gebäude!«? Wer hat Volkpolizisten mit Steinen und einem Verkehrskegel beworfen und sie als »Nazis« beschimpft?

Holger T. ging es weder um Demokratie noch um die Lösung bestehender Probleme hier bei uns. Dieser sechsmal (!) vorbestrafte Kriminelle, der am 19. Mai 1989 den Antrag auf Ausreise in die BRD stellte, wollte Gewalttätigkeit auslösen. Daß er bei einem Teil der Leute Anklang fand, zeigt, daß die Ansammlungen rund um die Nikolaikirche während und nach dem »Friedensgebet« mehr und mehr auch auf Kriminelle und Krawallmacher Anziehungskraft ausüben. Ihr persönliches Scheitern in unserer Gesellschaft, die ihnen ausreichend Entwicklungsmöglichkeiten und Bewährungschancen eingeräumt hat, versuchen sie nun in der Anonymität der Masse und solchen Ausschreitungen abzureagieren. Sollte dies nicht endlich jenen zu denken geben, die vielleicht etwas Gutes wollen, nur die untauglichen Mittel wählen?

A. L.
Leipziger Volkszeitung, 9. 10., S. 8

»Im Rahmen der üblichen organisatorischen Ärztebesprechung jeden Montag in der Städtischen Orthopädischen Klinik »Georg Sacke« wurde dem Ärztekollegium am 9. Oktober eine besondere Mitteilung gemacht. Der Chefarzt Prof. Uibe bat uns mit besorgniserregenden Worten, an diesem Montag nicht an der Demonstration teilzunehmen. Er begründete diese Bitte damit, daß ihm aus nicht genannter Quelle eine Information zugekommen sei. Diese bestand inhaltlich darin, daß eine gewalttätige Konfrontation mit Schießbefehl seitens der staatlichen Sicherheitsorgane zu befürchten wäre.«

Dr. Anna Rädler, Ärztin

Aufruf (Erklärung) im Leipziger Stadtfunk am 9. Oktober 1989 ab 18 Uhr

Bürger! Professor Kurt Masur, Pfarrer Dr. Zimmermann, der Kabarettist Bernd-Lutz Lange und die Sekretäre der SED-Bezirksleitung Dr. Kurt Meyer, Jochen Pommert und Dr. Roland Wötzel wenden sich mit folgendem Aufruf an alle Leipziger:

Unsere gemeinsame Sorge und Verantwortung haben uns heute zusammengeführt. Wir sind von der Entwicklung in unserer Stadt betroffen und suchen nach einer Lösung. Wir alle brauchen freien Meinungsaustausch über die Weiterführung des Sozialismus in unserem Land. Deshalb versprechen die Genannten heute allen Bürgern, ihre ganze Kraft und Autorität dafür einzusetzen, daß dieser Dialog nicht nur im Bezirk Leipzig, sondern auch mit unserer Regierung geführt wird. Wir bitten Sie dringend um Besonnenheit, damit der friedliche Dialog möglich wird.

Es sprach Kurt Masur.

»Ein Montag war schlimmer als der andere, die Gewalttätigkeit von seiten der Staatsmacht nahm zu. Die Sicherheitskräfte wurden immer brutaler. Es war abzusehen, daß heute alles kippen mußte. Mit dem Bewußtsein, Teilnehmer einer blutigen Auseinandersetzung zu werden, ging ich gegen 14.30 Uhr aus dem Haus. Meinen kleinen Sohn ließ ich wohlversorgt zurück. Ich ging schon so früh, weil ich in die Nikolaikirche wollte, und ich wußte, daß es dort jetzt immer zeitiger voll wurde, so daß man kaum noch Platz fand.
Ich mußte durch ein Heerlager von Polizisten und Staatssicherheit. Die Kirche war regelrecht belagert. In die Kirche gelangt, sagte mir jemand, daß sie schon seit 13.00 Uhr so voll sei. Genossen hätten den Auftrag bekommen, sich hineinzusetzen und die Andacht zu stören. Trotzdem war es ruhig, und mit vorgerückter Uhrzeit wurde es immer stiller im Raum. Kurz vor Beginn des Friedensgebetes um 17.00 Uhr ließ der Pfarrer die Emporen öffnen, so daß auch die wirklichen Andachtsteilnehmer noch hineinkonnten. Ich beobachtete, wie Dr. Peter Zimmermann – völlig erschöpft und entnervt – Pfarrer Führer ein Papier übergab und dringend darum bat, es in der Andacht verlesen zu lassen. Es war die Erklärung, die Prof. Kurt Masur initiiert hatte, die Erklärung der sechs Leipziger Persönlichkeiten. Einen Moment lang entspannten sich alle – ein kurzes Aufatmen. Das hielt nicht an, denn von draußen drangen die gewaltigen Sprechchöre zu uns hinein: neben Pfiffen und Buh-Rufen und Klatschen das »Stasi raus!«, »Gorbi, Gorbi«, und »Wir bleiben hier!« und das wunderbare »Wir sind das Volk!«. Am lautesten aber der Ruf »Keine Gewalt!«.
Die Atmosphäre in der Kirche war zum Zerreißen gespannt. Irgendwie schienen wir uns alle zu ducken in Erwartung eines fürchterlichen Schlages. Und auch die Genossen waren ausgesprochen zurückhaltend. Sie mußten ja auch die aufgefahrenen Mannschaftswagen gesehen haben. Vielleicht wußten auch sie vom Bereitschaftsdienst der Ärzte, von eilig herbeigeschafften Blutkonserven. Und dann kam noch der Landesbischof Hempel – er war vorher schon in den drei anderen Kirchen, die an diesem Tag ebenfalls Friedensgebete abhielten

– und sagte, er bete dafür, diese Nacht möge vorübergehen, ohne daß das Schlimmste passiere. Keiner von uns wollte das Wort Bürgerkrieg oder Blutvergießen aussprechen, aber allen schien es greifbar nahe. Die Pfarrer boten an, die Kirche geöffnet zu halten für alle, die sich nicht hinauswagten. Es gingen aber alle. Und der Nikolaikirchhof war voller Menschen. Zusammen liefen wir los; zögernd, stockend zunächst – bis wir dann auf dem Karl-Marx-Platz waren. Und da sahen wir sie: die Wagen, auf denen die Spezialeinheiten mit Helmen, Schilden und wer weiß, was noch, saßen. Die Einheiten, die uns einschüchtern und in Schach halten sollten.

Nun war die Angst in mir schon so groß, daß ich dachte, ich müsse jetzt etwas dagegen tun. Da bin ich dann auf Leute von den Kampfgruppen zugegangen, die am Opernpark standen. Andere Demonstranten taten das auch. Wir haben mit ihnen geredet, sie gefragt, ob wir wie Chaoten oder Staatsfeinde aussähen und ob sie denn tatsächlich auf uns eingeschlagen hätten. Nun, darauf haben wir keine Antwort bekommen, und obwohl ich den Gummiknüppel am Koppel eines älteren Herren gesehen habe, habe ich mich mit ihm unterhalten.«

Susanne Rummel, 37 Jahre, Hausfrau

»Wir haben unsere Tochter – sie ist sechs Jahre alt – zeitiger ins Bett gebracht am 9. Oktober. Es gab Streit zwischen meinem Mann und mir. Mein Mann ist politisch sehr interessiert, aber es war so, daß er mich mehr oder weniger ferngehalten hat vom politischen Leben. Ich wollte unbedingt mit zur Demonstration. Teils aus Angst, so komisch das klingt. Es war ja Wahnsinn, in welcher Menge Polizei, Armee und Kampfgruppen seit dem Vormittag ausgerückt sind. Ich war erschrocken, als ich von der Arbeit nach Hause fuhr und das sah. Und ich war empört, weil ich nie gedacht hätte, daß eine Arbeiter- und Bauernmacht auf Arbeiter einschlägt, so wie das am 7. und 8. Oktober passiert ist. Das hat mich wütend gemacht. Ich hab' also zu meinem Mann gesagt: Du hältst mich fern, wo das so prägnant ist, wo es wichtig ist, daß jeder auf die Straße geht. Ich wußte, daß nur möglichst viele Menschen Schlimmes verhindern können. Die Alarmbereitschaft der Polizei usw. hat mich dermaßen beeindruckt, daß ich Angst hatte, Angst um die Zukunft meines Kindes, Angst um meinen Mann. Bisher ging es ja 40 Jahre glatt, aber irgendwie muß man doch mal mitreden. Spätestens dann, wenn die Volkspolizei ihr Volk verprügeln will. Das war meine Auffassung.

Wir sind dann mit dem Trabi bis Kreuzstraße gefahren und von dort in die Stadt gelaufen. Ich muß sagen, mit Angst. Wir fassen uns generell nie an, wenn wir irgendwo hingehen. Ich hab' an diesem Tag bei meinem Mann Schutz gesucht, seine Hand gehalten. Wir sind dann Querstraße, Gellert-Straße gelaufen. Dort standen dann die LKW der Bereitschaftspolizei. Am Schwanenteich vorbei, der war von Kampfgruppen belagert. Die Goethe-Straße hinauf, wieder Bereitschaftspolizei. In wirklicher Bereitschaft zum Kampf, mit Gummiknüppeln und diesen weißen Schilden. Als wir an der Thomaskirche waren, kam dann der Aufruf von Masur, Lange und den anderen über Lautsprecher. Wir haben Beifall geklatscht, weil, es war die erste öffentliche Anteilnahme von führenden Persönlichkeiten an dem, was uns bewegte. Es war eine große Erleichterung für alle, die das gehört haben. Dann haben wir uns in den Zug eingereiht und sind die Runde mitgelaufen.

Seitdem gehen wir zur Demonstration, abwechselnd. Es muß sich noch so viel ändern. Wir haben jahrelang nach der Losung ›So wie wir heute arbeiten, werden wir morgen leben‹ gearbeitet. Ich möchte wissen, ob wir Arbeiter je nur halb so gut leben werden wie die hohen Funktionäre. Das möchte ich wirklich wissen.«

Gudrun Fischer, 32 Jahre, Schriftsetzerin

»Noch unerfahren in Demonstrationen, die nicht befohlen wurden, machten meine Freundin und ich uns am 9. Oktober auf den Weg zur Nikolaikirche. Etwas bänglich wurde uns – wir sind ja Rentnerinnen – schon, als wir die LKW-Kolonnen in der Goethe-Straße, die behelmten Polizisten und die anderen ›Einsatzkräfte‹ sahen. Eine jüngere Bekannte hatte mich vorher für ›verrückt‹ erklärt und dringlich um telefonische Rückmeldung gebeten!

Noch unentschlossen standen wir nach dem Besuch der Kirche, gestärkt aber durch den dort verlesenen Aufruf von Kurt Masur und anderen Persönlichkeiten, auf dem Karl-Marx-Platz. Immer wieder riefen die Demonstranten ›Schließt euch an!‹ – bis wir spontan dieser Aufforderung folgten.

Brenzlig wurde es kurz vor dem Stasi-Gebäude, als plötzlich der Ruf ›Umkehren, umkehren!‹ erklang. Erschrocken ließen wir uns links über die Absperrung helfen. Ich erinnerte mich in diesem Augenblick an die vorher im Fernsehen gesehene Zaunbesteigung in der Prager Botschaft. Es war aber glücklicherweise falscher Alarm, und mit dem ›Keine Gewalt!‹-Ruf ging es dann friedlich an der Stasi vorbei…

Wir sind noch heute – nach regelmäßigen Montagsmärschen – stolz darauf, am 9. Oktober mit dabeigewesen zu sein!«

Sybille Freitag, Rentnerin

»Vom Rat des Stadtbezirkes West sollte ich im Rahmen des 40. Jahrestages der DDR für aktive Beteiligung am Umweltschutz am 9. Oktober ausgezeichnet werden. Die Feier war für 17.00 Uhr in der Alten Börse im Stadtzentrum vorgesehen. Per Rundschreiben erhielt ich am 5. Oktober jedoch die Mitteilung, daß ›aus technischen Gründen‹ eine Verlegung in die Alte Salzstraße nötig sei. Das war für mich ein Alarmzeichen. Schon am 25. September hatte ich versucht, mit meiner fünfjährigen Tochter auf dem Arm zur Nikolaikirche zu gelangen. Die Möglichkeit wurde uns von Sicherheitskräften – uniformiert und zivil – genommen. Ich konnte aus der Ferne nur akustisch erahnen, was da passierte. Ich war sehr gedrückt. Von einem Sportfreund erfuhr ich dann, daß er am 25. August in der Nähe der Nikolaikirche festgenommen wurde, obwohl er »nur mal so gucken« wollte. Nach drei Tagen wurde er entlassen und zu einer Geldstrafe verurteilt. Bei einem Besuch in Dresden erzählte mir ein Freund von den Vorkommnissen auf dem Hauptbahnhof und in der Prager Straße. Von einem Bekannten, Mitglied der SED, erfuhr ich, daß während einer Parteiversammlung mitgeteilt worden war, es bestehe ein Zehn-Punkte-Programm des ZK der SED, nach dem die Konterrevolution am 9. Oktober in Leipzig niederzuschlagen sei. Es wurde gesagt, daß die Innenstadt zu meiden sei.

Ich befürchtete das Schlimmste am 9. Oktober. Nach Beendigung der Feierstunde etwa 18.00 Uhr setzte ich mich mit meiner Frau und meiner Tochter ins Auto und fuhr ins Stadtzentrum, um mich der Demonstration anzuschließen, gleich, was komme...

Wir parkten in der Kolonnadenstraße und reihten uns am Dittrichring in den Demonstrationszug ein, mit dem Ruf »Wir sind das Volk!«. Ich war von dieser großen Menschenmenge beeindruckt. Uns standen die Tränen in den Augen – vor Freude oder vor Furcht? Wir wußten nicht, was uns noch erwartet, wir wußten nur eins: So wollten wir nicht weiterleben, gleich, was uns erwartet! Am Karl-Marx-Platz wurden wir von Stasi-Angehörigen darauf aufmerksam gemacht, daß wir die Sache mit dem Kind falsch einschätzen könnten. Nähere Erklärungen gaben sie nicht. Gott sei Dank trat das Befürchtete nicht ein. Für uns war es der schönste Moment im Leben!!!«

Ewald Diehn

»Am Montag, dem 9. Oktober, kam ich aus der Schule. Wie immer beeilte ich mich, denn ich mußte zum Flötenunterricht. Als ich dann zu Hause ankam, sagte meine Mutti mir, daß ich heute nicht zum Flötenunterricht gehen kann. Meine Flötenlehrerin wohnt in der Stadt, und so müßte ich nachmittags mit der Straßenbahn wieder nach Hause fahren. Ich begriff erst gar nicht, warum ich nicht fahren sollte, denn ich gehe gerne zum Flötenunterricht und freute mich schon darauf. Meine Mutti erklärte es mir, daß die ganze Stadt nachmittags zu ist, die Straßen sind gesperrt und womöglich fährt dann auch keine Straßenbahn mehr. Ich begab mich damit zufrieden. Erst am Abend, als die Nachrichten kamen, begriff ich erst den eigentlichen Grund: Denn es bestand die Gefahr, daß auf die Demonstranten geschossen wird.«

Marie-Kristin, 13 Jahre

»Die Schüler aus meiner Klasse sind da nicht hingegangen. Die haben immer gesagt, daß sie sich dafür nicht interessieren, und es wurde immer alles schlechtgemacht. Am 9. Oktober kam der Direktor zu uns in die Klasse und hat gesagt, daß wir da nicht hingehen sollen, und wenn wir hingehen, dann können wir von ihm keine Hilfe erwarten.«

Katharina, 15 Jahre

»Die Georg-Schumann-Kaserne war eingeteilt in ca. sieben Hundertschaften, diese noch in Züge und diese wieder in Zehnergruppen. Bei der Einweisung wurde mitgeteilt, daß wir mit eingesetzt werden sollen ›zur Sicherstellung von Ordnung und Sicherheit, falls es zu Ausschreitungen in der Leipziger Innenstadt kommen sollte‹. Als Hilfsmittel wurden Schlagstöcke ausgeteilt, keine Schußwaffen. Ich war als Sanitäter meines Zuges eingesetzt. Die Anweisung war, alle Verletzten – ohne Ausnahme – zu versorgen. Alles wurde noch mit dem Index versehen, ›wir ständen ja in der zweiten Reihe‹!«

Hagen Schmal, Bereitschaftspolizist

»Ich wurde am 9. Oktober morgens von einer Bekannten angerufen. Die Partei ›mobilisiere ihre Kräfte‹. Es werde wohl jetzt sehr ernst, und ich solle mich am besten bei meiner Parteileitung melden. Ich wußte nicht, was ich davon halten sollte. Was geschah da? Wo waren die Ideale hingekommen, um derentwillen ich in die Partei eingetreten bin? Waren wir nicht angetreten, eine Gesellschaft zu errichten, in der ausbeutungsfrei keiner des andern Feind mehr zu sein braucht, in der Gemeinsamkeit, Solidarität, Freundlichkeit zählen, in der sich Menschen wohl fühlen sollten? Und da erlebte ich nun besonders in den letzten Monaten diese militante, schlimme Ausgrenzung von Leuten und diese unsagbar ignorante Haltung der Parteiführung, die inmitten all der Zerrissenheit unseres Landes sich noch rauschende Feste vorgaukeln ließ. Bestellte Claqueure standen hoch im Kurs. Mahner und Kritiker dagegen nicht. In Gesprächen mit Journalistenkollegen hatte ich immer häufiger gehört: Wenn das so weitergeht, verlaß ich diesen Beruf. Es gab viel Sarkasmus und auch Hoffnungslosigkeit, denn es ging das Gerücht um, Honecker wolle sich mit seiner alten Mannschaft zum Parteitag wiederwählen lassen.

Ich bin dann am 9. Oktober in die Uni gefahren. Um 11.00 Uhr in der Sitzung unseres Wissenschaftsbereichs kam plötzlich eine Aufforderung: fünf Genossen! Sie sollten sich in die Nikolaikirche setzen. Ich hab' ganz spontan ›Ich!‹ gesagt, ›Ich geh' mit!‹ Warum? Ich hatte das Gefühl, dort passiert etwas ganz Wichtiges, von dem du nicht länger abgeschnitten sein willst. Wir sollten uns als Genossen ja von Kirche und Demonstrationen sonst fernhalten. Und es hieß auch, daß dort die Konterrevolution marschiere. Ich ertappte mich bei dem Gedanken: Die Genossen, wie werden sie sich dort verhalten? Ich dachte wirklich ›die‹ und nicht ›wir‹. Darüber war ich erschrocken.

In der ersten Anleitung wurde uns von unserem Parteisekretär gesagt, das Neue Forum wolle eine Aktion starten, wir aber sollten nun das Feld nicht nur denen mehr überlassen; die Partei hätte auch mitzureden. Die Kirche sei ja, wie sie selbst betone, schließlich offen für alle. Es hieß weiter, wir sollten uns ruhig verhalten, wer dort spräche, sei festgelegt. Nach der Kirche sollten wir uns schnell und unverzüglich von der Demonstration entfernen. Ich dachte: Worauf hast du dich da eigentlich eingelassen? Ich fühlte mich fatal an die ›Kirchenkämpfe‹ der 50er Jahre erinnert. Dann sagte ich mir: Da mußt du jetzt durch.

Im Rathaus fand 13.00 Uhr die zweite Anleitung durch einen Sekretär der SED-Kreisleitung statt. Wir sollten in kleinen Gruppen zur Nikolaikirche gehen. Diejenigen, die das Parteiabzeichen trugen, wurden ermahnt, es abzulegen. Ein Student sagte, er halte das Ganze für ein Husarenstück. Ihm wurde maßregelnd das Wort entzogen. Eine Genossin beschwerte sich daraufhin über diese Art und Weise und den

Umgangston. Es gab ein Hin und Her, bis Professor Bernd Okun aufstand und erklärte, warum er eigentlich hier sei und auch in der Kirche etwas sagen wolle. Die ungeheuerliche Arroganz der Parteiführung und Ignoranz den Geschehnissen in diesem Lande gegenüber,
sie sei schlimm. Er sprach zum erstenmal öffentlich aus, was viele von
uns dachten. Es sei vielleicht schon zu spät, das einzige, was wir machen könnten, sei, Zeit zu gewinnen, um miteinander zu reden, daß
nichts Schlimmes passiere. Plötzlich brüllte einer von der Tür, wie
lange wir denn noch diskutieren wollten, die Kirche fülle sich schon.
Gegen 14.00 Uhr betraten wir die Kirche. Dann haben wir diese
Stunden dort gesessen. Ich las die Anschläge, über die Verhaftungen,
auch den Bericht einer ehemaligen Studentin von mir: Warum begegnet ihr uns so, mit diesem Haß in den Augen, so feindlich? fragte sie.
Seltsam. So dachte ich auch, aber über die andere Seite. Beim Friedensgebet, als die Resolution der Sechs verlesen wurde, sagte ich erleichtert zu meinem Nachbarn: ›Endlich, endlich machen auch wir ein
Angebot zum Miteinander-Reden!‹
Von draußen drangen Pfiffe und Buhrufe zu uns herein. Wir dachten,
es gelte uns, weil man wisse, wer hier mit drinnen sitzt. Ich hatte
Angst. Ich setzte meine Brille auf, die andere, die stabilere. Man sagte
uns, wir sollten rechts herausgehen. Ich dachte, vielleicht ist es eine
Falle, und ich ging links hinaus. Ich erzähle das, obwohl es mir heute
absurd erscheint, aber es gab eine große Angst. Gegen 18.00 Uhr lief
ich zum Hörsaalgebäude. Dort fand die Parteiversammlung meiner
APO statt. Auf dem Weg sah ich in der Menge Leute mit Kerzen, auch
zwei Angetrunkene, Schaulustige. Vor dem Hörsaalgebäude standen
die Mannschaftswagen der Bereitschaftspolizei, davor schweigend
die Männer mit den Helmen und Schilden. Es wirkte beklemmend.
In der Parteiorganisation diskutierte man gerade eine Resolution, die
politischen Dialog und Gewaltfreiheit forderte. Wir fünf aus der Kirche berichteten dann vom Aufruf der Sechs. Einer sprach von den
Demonstranten als ›Randalierern‹. Dieses Vokabular war ja aus der
Zeitung bestens bekannt. Ich stand auf und sagte, man solle endlich
aufhören damit, Schluß mit solchen Verunglimpfungen!
Es gab die Order, nach der Versammlung noch so lange im Hörsaal zu
bleiben, bis die Kreisleitung der SED uns nicht mehr für eventuelle
Einsätze brauche. Heute denke ich, man wollte uns vielleicht schützen…? 19.30 Uhr durften wir dann das Gebäude verlassen. Die Polizisten saßen in den Mannschaftswagen. Vor einem stand eine Frau,
gestikulierend, vielleicht Mitte Vierzig. Sie redete pausenlos auf die
Männer ein. Sie schwiegen. Ein Polizist sagte dann: ›Ach, laßt uns
doch in Ruhe! Wir wollen nach Hause!‹
Am 16. Oktober war ich dann das erstemal bei der Demonstration dabei. Doch ich hatte das Gefühl, daß ich eigentlich nicht das Recht

habe, da mitzulaufen. Es waren die Losungen der anderen. Mit manchen stimmte ich überein. Aber ich hatte selbst nichts einzubringen.«

Helga Wagner, Dozentin an der Karl-Marx-Universität Leipzig,
Mitglied der SED

»Bevor ich über den 9. Oktober spreche, ist es notwendig, weiter auszuholen. Ich bin seit vielen Jahren Mitglied der Kampfgruppen der Arbeiterklasse. Da gab es lange vorher heftige Diskussionen. Mitte September fand eine Übung statt, auf der auch Funktionäre der SED-Bezirksleitung erschienen. Sie informierten uns, daß am 7. Oktober in der DDR der ›Tag X‹ stattfinden würde. Die Kampfgruppen sollten eingesetzt werden, um – so der Ausspruch des damaligen amtierenden 1. Sekretärs des SED-Bezirksleitung Helmut Hackenberg – ›Nägel mit Köpfen zu machen‹. Wir haben im Zug und in der gesamten Einheit, der Kampfgruppenhundertschaft ›Kurt Kresse‹, daraufhin das Problem Befehl und Gewissen diskutiert. Und wir waren uns einig: Wir sind bereit, so wie wir das in unserem Eid zum Ausdruck gebracht haben, Einrichtungen zu schützen, Leben und Gesundheit von Menschen zu schützen. Wir sind aber nicht bereit, uns benutzen zu lassen, um unzufriedene Bürger der DDR zu behindern. Es gab geteilte Meinungen, aber im wesentlichen war das der Standpunkt der Hundertschaft.

Wir wurden am 9. Oktober früh informiert, daß erhöhte Alarmbereitschaft ist, und dann gegen 14.00 Uhr benachrichtigt, daß wir uns sofort im Kampfgruppenstützpunkt einzufinden haben. Ich wurde von der Parteileitung meines Betriebes, der ich als BGL-Vorsitzender angehörte, beauftragt, für die politisch-ideologische Linie in der Kampfgruppe zu sorgen... Von den 160 Genossen fanden sich rund 80 ein. Wir haben kurz beraten und uns so verständigt: Wir gehen dorthin, nicht aus politischer Überzeugung, sondern aus Kameradschaft. Nicht, daß wir dort einzelne Kämpfer allein stehen lassen. Obwohl wir von der politischen Linie nicht überzeugt waren. Uns wurde mitgeteilt: Für eure Sicherheit ist gesorgt, es werden medizinische Einrichtungen aufgebaut, Ärzte sind da. Wir hatten die Aufgabe, Absperrungen durchzuführen. Bewaffnet waren wir nicht, auf eigenen Wunsch konnte man Schlagstöcke mitnehmen – mit der Anweisung, sie nur zum persönlichen Schutz einzusetzen. Es wurde generell darauf orientiert, sich in keinerlei Auseinandersetzungen einzumischen. Wir sollten absperren.

Ich kann sagen, daß dieser Einsatz ein Wendepunkt in meinem Leben war. Das, was wir am Schwanenteich vorfanden, war für uns eine einzige Ernüchterung. Wir hatten angenommen, daß nicht nur die einzelnen Kämpfer dort stehen würden, die einzelnen Produktionsarbeiter, sondern daß sich auch Funktionäre der Kreisleitungen, der Bezirksleitung der SED dort befinden. Von diesen Genossen war keiner zu sehen. Wir kamen uns vor wie ein Häuflein, das nun ›die Republik retten‹ sollte. Vor wem? Es war eine Weltuntergangsstimmung. Polizeioffiziere rannten kopflos hin und her, wußten nicht, was sie machen sollten. Ein vernünftiger Offizier gab uns den Hinweis, so schnell wie möglich zu verschwinden, am besten im Schwanenteich selbst. Damit wir nicht gesehen werden. Es war eine große Empörung unter unseren Kämpfern. Wir haben uns gesagt, wir werden uns nie wieder so benutzen lassen von einer Parteiführung. Vor dem Einsatz hatten wir alle gefragt, ob sie sich in der Lage fühlen, mitzukommen. Ein Kollege, Vater von fünf Kindern, sagte: ›Wenn ihr alle geht, komme ich auch mit.‹ Er hat vor Angst gezittert. Nicht um sich, vor Angst, daß seine Kinder den Ernährer verlieren. Menschen in einen solchen Zwiespalt zu bringen! Das war erschütternd.

Ich muß sagen, daß wir zu Beginn der Demonstration starken Anpöbelungen ausgesetzt waren. Es sind Ausdrücke gefallen wie Dreckschweine, Kommunistenschweine, Arbeiterverräter. Das hat mich als BGL-Vorsitzenden schwer getroffen. Ich hab' mich nie als Arbeiterverräter gesehen, auch unter schwierigen Umständen die Interessen der Kollegen vertreten. Aber die uns provoziert haben, das war nicht die Mehrzahl der Demonstranten, wie wir gesehen haben. Die große Mehrzahl war friedlich. Die Entspannung hat dann mit Bekanntwerden des Aufrufs der sechs Persönlichkeiten eingesetzt, auch im Verhältnis zu den Demonstranten. Wir wußten ja nicht, auch aufgrund der Berichterstattung in der ›LVZ‹, was das für Leute sind, die da auf die Straße gehen, was sie wirklich wollen, was das Neue Forum will.

Wir sind dann im Anschluß an die Demonstration mit Angehörigen des Neuen Forum ins Reden gekommen, und wir haben festgestellt: Die sind ja der gleichen Ansicht wie wir in vielem. Es ging da um Fragen der ehrlichen Berichterstattung in der Presse, um die Notwendigkeit der Diskussion mit allen Gruppen, um die Ignoranz der Staats- und Parteiführung gegenüber den Ausreisern und anderen Problemen in unserem Land. Wir haben übereingestimmt darin, daß die wirtschaftliche Situation klar offengelegt werden muß – da wußten wir aus den Betrieben ja, wie es wirklich aussieht. Und wir haben darüber geredet: Lassen wir nun die Demos zu, oder darf man sie niederknüppeln? Wir waren eindeutig gegen das Niederknüppeln.

Bei vielen Genossen sind da Erkenntnisprozesse in Gang gesetzt worden. Auch aus der großen Angst heraus, die wir dort am Schwanenteich hatten. Keiner wußte ja, wie sich das entwickeln würde. Viele ehrliche Genossen dachten wirklich, das ist der Mob. Dann haben wir gesehen, das sind ja ganz normale Leute, die da rufen ›Wir sind das Volk!‹, und wir gehören auch dazu.

Wie wir uns verhalten hätten, wenn es zur Konfrontation gekommen wäre? Das ist schwer zu sagen. Wir hätten uns sicher nicht heraushalten können. Aber wir waren uns einig, daß wir nicht eingreifen wollten. Niemand war darauf eingestellt. Aber in bestimmten Situationen ist das manchmal nicht vom Willen des einzelnen abhängig. Ich weiß es nicht. Es war auf beiden Seiten eine große Angst da.

Aber es ist ja nicht so gewesen, daß wir als Genossen an der Basis keine Probleme gehabt hätten. Zum Beispiel hatten wir vor zwei Jahren eine Arbeitsgruppe der Bezirksleitung der SED im Betrieb, weil wir eine klare Stellungnahme zur Perestroika in der SU gefordert haben und uns gegen die Haltung führender Genossen dazu aussprachen. Es wurde erklärt von dieser Arbeitsgruppe, daß wir unter der Käseglocke sitzen und die politische Lage nicht richtig einschätzen. Große Enttäuschung und Empörung lösten dann die Auftritte Erich Honeckers am 6. und 7. Oktober aus. Wir hatten eine kritische Bestandsaufnahme erwartet. Es war klar, daß man diese Partei- und Staatsführung nicht mehr akzeptierte. Das haben auch die Genossen der Kampfgruppe gesagt am 9.: Wir gehen mit, aber wir lassen uns auf nichts ein, für diese Führung geben wir keinen Heller mehr.

Ich war dann beauftragt, am nächsten Morgen in der Parteileitung zum Einsatz Stellung zu nehmen. Die Kämpfer haben erklärt, daß das, was dort passiert ist, auch ein Verbrechen an uns war. Und daß wir erwarten, daß die dafür Verantwortlichen sich dafür rechtfertigen. Es steht für uns fest: Solche Einsätze stehen nicht mehr zur Debatte.«

Theo Kühirt, Ingenieur, Angehöriger der Kampfgruppen

Fünf ehemalige Bereitschaftspolizisten
(Fortsetzung vom 7. Oktober)

Gegen 13.00 Uhr wurden die fünf Bereitschaftspolizisten Uwe Chemnitz, Jens Illing, Silvio Rösler, Jens Dommaschk und Peter Dietze wie alle anderen von Politoffizier und Kompaniechef eingewiesen. Nur Peter D. und Jens D. mußten danach in die Innenstadt ausrücken. Die Worte des Politoffiziers sind aber allen fünf Männern im Gedächtnis geblieben: »Genossen, ab heute ist Klassenkampf. Die Situation entspricht dem 17. Juni '53. Heute entscheidet es sich – entweder die oder wir. Seid deshalb klassenwachsam. Wenn die Knüppel nicht ausreichen, wird die Waffe eingesetzt.« Darauf die Frage der Bepos: »Zur Demo werden aber auch Bürger mit Kindern kommen. Was wird mit den Kindern?« Die Antwort des Offiziers: »Die haben Pech gehabt. Wir haben Pistolen, und die haben wir nicht umsonst!« Als daraufhin der Unmut im Raum anschwoll, fragten Bepos nach: »Wer übernimmt die Verantwortung dafür?« Die prompte Antwort: »Die Verantwortung übernehmen wir!«

Uwe Ch. erzählt, daß in der Kaserne eine gereizte Atmosphäre herrschte. Jeder stritt mit jedem, wie man sich verhalten solle. Einige versuchten krampfhaft, Dienste in der Küche oder im Klub zu übernehmen, um nicht raus zu müssen. Oder um sich abzulenken. Das war immer noch besser, als nichts zu tun. Viele lagen auch in ihren Betten und weinten. Ahnten sie doch, daß womöglich die eigene Frau unter den Demonstranten sein könnte. Jens I. berichtet, daß man ab mittags niemandem draußen Bescheid sagen konnte. An den Montagen bestand seit September Telefonsperre, keiner durfte besucht werden, keiner hatte Ausgang.

Eine dreiviertel Stunde nach der Einweisung rückten Peter D. und Jens D. zum Einsatz aus. Sie fuhren bis neben das Stasi-Gebäude ins untere Barfußgäßchen. Glücklicherweise kam es nicht zum Einsatz – sie saßen acht Stunden in den Fahrzeugen. Gesehen haben sie an der »Runden Ecke« einiges. Zum Beispiel sieben LO-Mannschaftswagen (Kapazität: zwölf Personen), sechs LKW (Kapazität: 24 Personen), besetzt auch mit drei Mp-Schützen mit Maschinenpistolen, die mit tränengasgefüllten Platzpatronen geladen waren. Nicht überall waren Platzpatronen in den Magazinen. Auch an den »Ernstfall« war gedacht: Über scharfe Munition verfügten die Offiziere – sie waren mit Pistolen bewaffnet. Allein zehn Schützenpanzerwagen mit ständig laufendem Motor standen in der Essener Straße in Bereitschaft, drei sofort einsetzbare Wagen von anderen Bereitschaften befanden sich direkt im Trakt der Bezirksverwaltung der Volkspolizei neben dem Staatssicherheitsgebäude. Sie alle waren mit scharfer Munition bestückt.

Weiter berichten Uwe Ch., Jens I., Silvio R., Jens D. und Peter D., daß am 9. Oktober in Leipzig 28 Kompanien mit je 80 Mann allein von VP-Bereitschaften im Einsatz waren – neben Kampfgruppen, NVA, Spezialeinheiten und Stasi-Angehörigen. Und daß die Leipziger Bepo gegenüber der Bereitschaftspolizei aus anderen Bezirken bewußt das letzte Glied in der Einsatzplanung bildete. Man wußte, sie war am besten informiert über die politische Lage in Leipzig, hatte auch persönliche Kontakte zur Zivilbevölkerung.

Abschließend bestätigen die fünf noch, daß bis zum Ende ihres Wehrdienstes am 26. Oktober Alarmbereitschaft bestand.

Mit den fünf Bereitschaftspolizisten sprach Eleonore Sladeck

Über die Ereignisse am 9. Oktober berichten mehrere Leipziger Zeitungen:

Geprägt von Besonnenheit

Am Montagabend versammelten sich im Leipziger Stadtzentrum einige Tausende zu einer nicht genehmigten Demonstration. Sie war im wesentlichen von Besonnenheit geprägt. Es gab keine Provokationen gegen Personen, keine Ausschreitungen gegen Einrichtungen und die Einsatzkräfte der Deutschen Volkspolizei, die zur Aufrechterhaltung von Ordnung, Ruhe und Sicherheit in der Stadt eingesetzt waren. Diese wurden deshalb nicht gezwungen, einzugreifen.

Leipziger Volkszeitung, 10. 10., S. 2

Wichtige Worte an einem Montagabend

Zehntausende waren es, die wie ich am Montagnachmittag ins Leipziger Stadtzentrum, zum Karl-Marx-Platz kamen. Für viele sicher nicht unbedingt ein leichter Weg. Würde die Besonnenheit die Oberhand behalten, oder würden Randaletypen ihr egoistisches Süppchen kochen und womöglich ein Chaos provozieren?
Gegen halb sechs ließ das akustische Zeichen des Stadtfunks aufhorchen. Noch einmal der Dreierton, dann erklang die ruhige Stimme Professor Kurt Masurs. Namens seiner Person, namens Pfarrers Dr. Peter Zimmermann, des Kabarettisten Bernd-Lutz Lange sowie weiterer Persönlichkeiten unserer Stadt wandte er sich mit einem Aufruf an die Leipziger. Aufmerksame Stille ringsum. – »Unsere gemeinsame Sorge und Verantwortung haben uns heute zusammengeführt. Wir sind von der Entwicklung in unserer Stadt betroffen und suchen nach einer Lösung. Wir alle brauchen einen freien Meinungsaustausch über die Weiterführung des Sozialismus in unserem Land. Deshalb versprechen die Genannten heute allen Bürgern, ihre ganze Kraft und Autorität dafür einzusetzen, daß dieser Dialog nicht nur im Bezirk Leipzig, sondern auch mit unserer Regierung geführt wird.«
Der spontane Beifall der Umstehenden nach den in Abständen mehrmals wiederholten Worten war bereits eine erste Antwort auf die abschließend geäußerte Bitte nach Besonnenheit, damit dieser friedliche Dialog möglich werde. Die Besonnenheit der sich anschließend durch die Stadt bewegenden Menschen und die Besonnenheit der Ordnungskräfte, die für einen ruhigen Ablauf dieser – nicht genehmigten – Demonstration sorgten, bekräftigte dies anschließend nachdrücklich...

Mitteldeutsche Neueste Nachrichten, 10. 10., S. 8, Auszug

Von Besonnenheit geprägt

Es waren Zehntausende Bürger Leipzigs, die sich am Montagabend im Anschluß an das allwöchentlich in der Nikolaikirche stattfindende Friedensgebet in der Innenstadt zu einer nicht genehmigten Demonstration versammelten. Daß diese friedlich verlief, war einerseits Resultat des besonnenen Verhaltens der Einsatzkräfte der Deutschen Volkspolizei und der Angehörigen der Kampfgruppen, die nicht in das Geschehen eingriffen. Zum anderen gab es auch von seiten der demonstrierenden Bürger keinerlei Provokationen...

Damit war ein von den kirchlichen Arbeitskreisen Gerechtigkeit, Menschenrechte sowie Umweltschutz in den Kirchen – weitere Friedensgebete fanden an diesem Abend in der Thomaskirche, der Reformierten Kirche und in St. Michaelis statt, an denen auch Landesbischof Dr. Johannes Hempel teilnahm – verlesener Appell an die Gottesdienstbesucher befolgt worden, in dem es hieß: Gewalt löst keine Probleme.

Auch innerhalb des Demonstrationszuges, der sich über Grimmaische Straße, Karl-Marx-Platz, Georgiring, Platz der Republik, Tröndlinring, Dittrichring zum Roßplatz bewegte, war von den Teilnehmern mehrfach zur Gewaltlosigkeit aufgerufen worden.

Als ein erstes ermutigendes Zeichen für einen zu beginnenden Dialog, dem konkrete Gesprächsangebote folgen müßten, wertete in einem Telefoninterview mit dem »Sächsischen Tageblatt« der Superintendent des Kirchenbezirkes Leipzig-Ost, Friedrich Magirius, einen während der Demonstration verlesenen Aufruf von führenden Persönlichkeiten aus Politik und Kultur zu Ruhe und Besonnenheit, der mit der Zusage verbunden war, sich für einen Dialog einzusetzen. Er verwies darauf, daß vor sieben Jahren, als nach Bekanntwerden des NATO-Doppelbeschlusses mit den Friedensgebeten begonnen wurde, viele die Abrüstung für eine Utopie hielten. Inzwischen sei diese jedoch zur Wirklichkeit geworden. Gleiches treffe auch für den zu führenden Dialog im Inneren des Landes zu. Dieses am Montag gesetzte Zeichen, so Magirius abschließend, müsse bewahrt werden...

Sächsisches Tageblatt, 11. 10., S. 8, Auszug

9. Oktober, Nachmittag:
Einsatzkräfte riegeln die Innenstadt ab

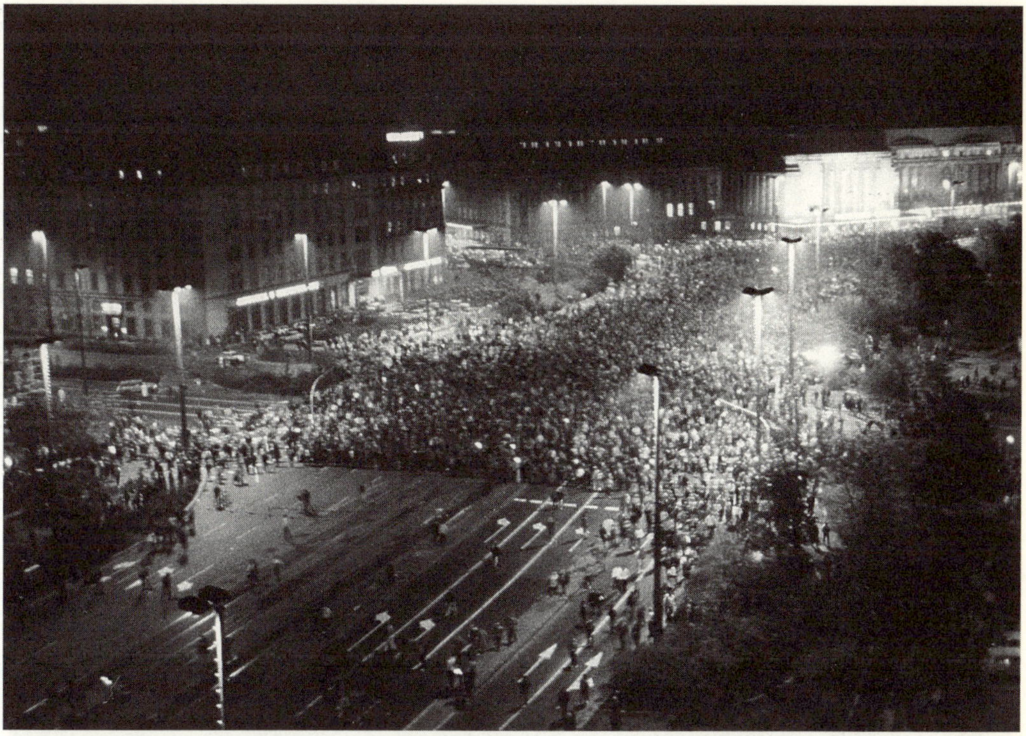

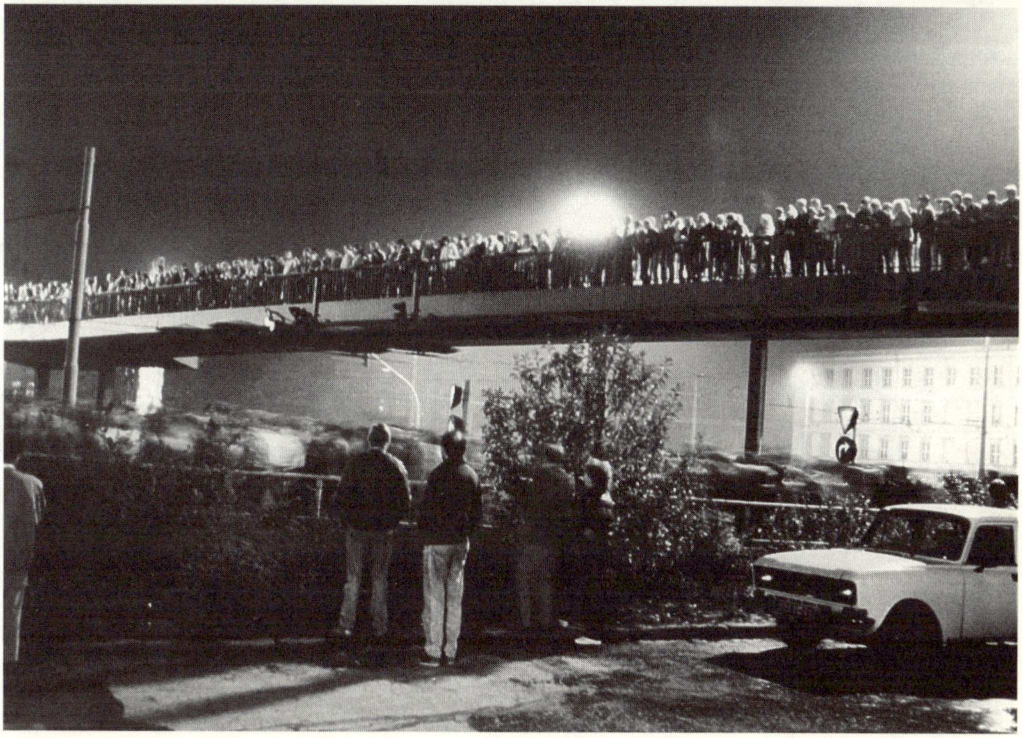

DIE WOCHE IN LEIPZIG

10. Oktober

Die Wohngebietsgruppe des Neuen Forum Rosenthal bedankt sich bei Prof. Kurt Masur für seine Initiative vom Vortag mit einem Dankschreiben, das ihm persönlich übergeben wird. Claudia B.: »Im Namen meiner Kinder, meiner Familie und meiner Freunde bedanke ich mich bei Ihnen, daß Sie uns das Leben gerettet haben!«

Mit sichtbarer Bewegung antwortet Prof. Masur nach einiger Zeit der Überlegung: »Ich sehe das auch so. Wenn ihr aber jetzt nicht redet, dann ist alles zu spät!«

Am Vormittag hatte bereits Mechthild W. einen Blumenstrauß zu Prof. Masur gebracht und am Zaun befestigt.

Kürzlich unterschrieben wir auf einer Listensammlung, die Prof. Masur für den Friedensnobelpreis vorschlagen will.

Dankschreiben:

Sehr geehrter Herr Professor Masur,

wir sind Ihnen aus ganzem Herzen zu tiefstem Dank verpflichtet! Ihre Initiative vom Montag hat uns, unseren Familien, unseren Vätern und Müttern, unserer Stadt noch einmal den Frieden gerettet. Unglaublich erleichtert sind wir und dennoch von Sorge erfüllt. Denn wir treiben auf eine Katastrophe zu, wenn die Bürgerproteste – wie wieder heute im ND – mit »durch Provokateure von langer Hand vorbereitete aufgeputschte Randale« kriminalisiert werden. Das schürt Gewalt! Wir halten es für im höchsten Maße verantwortungslos und tödlich für unser Land, angesichts Zehntausender, die unser Land verlassen, zu schweigen oder die Schuld dafür ausschließlich bei anderen zu suchen!

Es müssen deutliche Zeichen der Vernunft und der Besonnenheit gesetzt werden! Daß Sie sich mit Ihrer Autorität dafür einsetzen, erfüllt uns mit Hoffnung!

Nach unserer Auffassung wäre es dringend erforderlich, öffentlich zu machen:

1. eine klare Absage an Gewalt von allen Seiten, auch von seiten des Staates
2. die Zulässigkeit friedlicher Demonstrationen
3. keine Kriminalisierung der Demonstranten als Rowdys und Kriminelle
4. der *sofortige* öffentliche, ehrliche und gleichberechtigte Dialog am runden Tisch mit Vertretern des Staates, der Kirchen, der Par-

teien und *allen* interessierten Gruppierungen, Organisationen und Persönlichkeiten aus Kunst und Wissenschaft.

Wir wenden uns gegen Rechtsradikale ebenso wie gegen antikommunistische Tendenzen. Wir sind für den gewaltfreien, gleichberechtigten Dialog, aber wenn dieser noch lange verweigert wird, haben wir Angst um unsere Existenz und die Existenz unseres Landes.

Hochachtungsvoll
Reinhard Bohse
Neues Forum

11. Oktober

Nach der abendlichen Vorstellung im Schauspielhaus wird auf offener Bühne, in Anwesenheit aller Darsteller und des gesamten technischen Personals, die historische Dresdener Resolution vom 6. 10., mit aktueller Ergänzung für die Leipziger Verhältnisse, vorgetragen. Der Beifall ist tosend und lang anhaltend. Dies ist ein intellektuelles Signal für Leipzig:

Resolution der Leipziger Theater / Schauspiel vom 11. Oktober 1989

Wir treten aus unseren Räumen heraus. Die Situation in unserem Lande zwingt uns dazu.
Ein Land, das seine Jugend nicht mehr halten kann, gefährdet seine Zukunft. Eine Staatsführung, die mit ihrem Volk nicht mehr spricht, ist unglaubwürdig. Eine Parteiführung, die ihre Prinzipien nicht mehr fortwährend auf Brauchbarkeit untersucht, ist zum Untergang verurteilt. Ein Volk, das zur Sprachlosigkeit gezwungen wurde, fängt an, gewalttätig zu werden.
Unsere Arbeit steckt in diesem Land. Wir lassen uns das Land nicht kaputtmachen.
Wir nutzen unsere Tribüne, um zu fordern:

– Wir haben ein Recht auf Information.
– Wir haben ein Recht auf Dialog.
– Wir haben ein Recht auf selbständiges Denken und Kreativität.
– Wir haben ein Recht auf Widerspruch.
– Wir haben ein Recht auf Reisefreiheit.

– Wir haben ein Recht, unsere staatlichen Leitungen zu überprüfen.
– Wir haben ein Recht, neu zu denken.
– Wir haben ein Recht, uns einzumischen.

Wir nutzen unsere Tribüne, um unsere Pflichten zu benennen:
– Wir haben die Pflicht, zu verlangen, daß Lüge und Schönfärberei aus unseren Medien verschwinden.
– Wir haben die Pflicht, den Dialog zwischen Volk und Partei- und Staatsführung zu erzwingen.
– Wir haben die Pflicht, von unserem Staatsapparat und von uns zu verlangen, den Dialog gewaltlos zu führen.
– Wir haben die Pflicht, das Wort Sozialismus so zu definieren, daß dieser Begriff wieder ein annehmbares Lebensideal für unser Volk wird.
– Wir haben die Pflicht, von unserer Partei- und Staatsführung zu verlangen, das Vertrauen zur Bevölkerung wiederherzustellen.

In diesem Sinne haben wir mit Freude und Erleichterung das verantwortungsvolle Handeln der Genossen Pommert, Wötzel und Meyer der Bezirksleitung der SED und Kurt Masur zur Kenntnis genommen. Wir sehen in diesem Vorgang mehr als nur den Schritt zur Schadensbegrenzung und Entkrampfung der zugespitzten Situation der letzten Wochen und Tage. Wir sehen es als einen klugen, verantwortungsbewußten, vertrauensvollen und hoffnungsträchtigen Auftakt zu einem gesamtgesellschaftlichen Dialog.

Von Besonnenheit geprägt

Die Reaktionen zahlreicher Leser auf diese Überschrift zu einer gestern auf Seite 2 veröffentlichten Meldung über das Verhalten bei einer nicht genehmigten Demonstration im Leipziger Stadtzentrum sprechen von Erleichterung.
Erleichterung darüber, daß es keine Provokationen gegen Personen, keine Ausschreitungen gegen Einrichtungen oder die Einsatzkräfte der Deutschen Volkspolizei gab. Und darüber, daß die zur Aufrechterhaltung von Ordnung, Ruhe und Sicherheit eingesetzten Kräfte ein Höchstmaß an Besonnenheit bewiesen. Darin sehen sie – in der am Montag gegebenen Situation – ihren in der Verfassung unseres Landes festgeschriebenen Auftrag, Gesundheit und friedliches Leben der Bürger zu gewährleisten. Sie waren nicht gezwungen, einzugreifen. Das war am Montag der vergangenen Woche anders. Da hatten Per-

sonen antisozialistische Ausschreitungen provoziert und versucht, Chaos und Gewalttaten zu organisieren. Solchen Absichten mußte entschlossen begegnet werden.

Leipziger Bürger – auch solche, die am Montagabend mit über den Ring zogen – betonten in ihren Gesprächen mit LVZ-Redakteuren am gestrigen Tag und in ihren Anrufen, daß sie sehr wohl die Unterschiedlichkeit der Situation erkannt hätten.

Natürlich machen im gleichen Zusammenhang die meisten Gesprächspartner kein Hehl aus ihrer Meinung, daß die Straße der falsche Platz für einen Dialog zu den Bürger bewegenden Fragen oder auch für das Austragen von Meinungsunterschieden ist... R. R.

Leipziger Volkszeitung, 11. 10., S. 2, Auszug

Achtung vor den jungen Genossen

Mit Erschrecken mußte ich vor einigen Tagen in der LVZ und der »Jungen Welt« lesen, daß junge Volkspolizisten, die für uns alle für Ordnung und Ruhe zu sorgen haben, von Rowdies und Randalierern, die die Konfrontation wollen und ganz offensichtlich das Gespräch nicht wünschen, angegriffen wurden, mit Schimpfworten übelster Art, aber auch mit Fäusten, Steinen und Eisenstangen. Was mag nach solchen Erlebnissen in den Köpfen der jungen Genossen in Uniform vorgehen, habe ich mich gefragt, als ich sie am Montagabend in unserem Zentrum im Dienst sah. Ihre politische Haltung, ihre Besonnenheit, ihr Fingerspitzengefühl für die Situation an diesem Abend nötigen mir Achtung ab. Und noch etwas muß ich loswerden: Mit nicht genehmigten Demonstrationen ist nichts zu lösen. Ich bin sehr für das Gespräch aller Fragen. Aber ist die Straße dafür der rechte Ort?

Klaus Lübbert
Leipziger Volkszeitung, 11. 10., S. 2

OBM und Ratsmitglieder suchen das Gespräch

Leipzig (ADN). Leipzigs Oberbürgermeister Dr. Bernd Seidel und die Mitglieder des Rates der Stadt erklären ihren festen Willen und ihre Bereitschaft, einen offenen, freimütigen und sachlichen Meinungsaustausch mit allen Bürgern zu führen, die an der konstrukti-

12. Oktober

ven Weiterentwicklung des Sozialismus interessiert sind. Dieser notwendige Dialog soll mit allen Bürgern und auf allen Ebenen der Stadt geführt werden.

Der Oberbürgermeister und Mitglieder des Rates der Stadt werden in der kommenden Woche deshalb auch mit Vertretern kirchlicher Gruppen und Leipzigern zusammentreffen, die ihren Willen zum konstruktiven Dialog um die Weiterführung des Sozialismus an den vergangenen Montagabenden innerhalb und außerhalb der Kirchen zum Ausdruck gebracht haben. Dieser Weg des Gesprächs sei besser und fruchtbarer. Dazu ist weiterhin Ruhe und Besonnenheit vonnöten.

Zur Vorbereitung dieser Gespräche, die auch der Bewahrung des verfassungsrechtlichen Verhältnisses zwischen Staat und Kirche dienen, traf sich Oberbürgermeister Dr. Bernd Seidel am Donnerstagnachmittag mit Superintendent Johannes Richter, Superintendent Friedrich Magirius, Probst Günter Hanisch und Pfarrer Hans-Jürgen Sievers.

Leipziger Volkszeitung, 13. 10., S. 3

Aufruf des Neuen Forum, Leipzig:

Ermutigt durch die große Zahl von Sympathieerklärungen aus allen Teilen der Bevölkerung, legitimiert durch die tausendfachen Rufe nach Zulassung des Neuen Forum und aus tiefer Sorge um die weitere Entwicklung unseres Landes wiederholen wir heute:

1. Wir fordern sofort, jetzt und hier den öffentlichen, gleichberechtigten Dialog mit allen – mit Vertretern des Staates, der Kirchen, der Parteien, Organisationen und basisdemokratischen Gruppen.
2. Wir fordern eine Öffnung der Medien und eine wahrheitsgemäße Berichterstattung.
3. Wir rufen wiederum und eindringlich zur Gewaltlosigkeit aller Seiten auf. Wir distanzieren uns in aller Eindeutigkeit von rechtsradikalen ebenso wie von antikommunistischen Tendenzen. Wir fordern zugleich: keine Kriminalisierung der Demonstranten und Andersdenkender, denn das schürt Gewalt.
4. Wir fordern eine umfassende Information über die in den letzten Wochen Inhaftierten, über die Zahl und Haftgründe. Unerläßlich ist die sofortige Freilassung der Inhaftierten, die sich gewaltfrei an Demonstrationen beteiligt haben.
5. Als ersten vertrauensbildenden Schritt zur Eröffnung des Dialogs

schlagen wir vor, umgehend zu veröffentlichen: den Gründungsaufruf des Neuen Forum und die Aufrufe des Neuen Forum vom
4. und 12. Oktober '89.
6. Wegen der nichtkalkulierbaren Risiken der spontanen Massendemonstrationen montags in Leipzig erwarten wir bald, aber bis spätestens 15. Oktober Antwort der dialogbereiten Kräfte.

Wir sind bereit:
    Neues Forum,
    Sprecher:
    Michael Arnold
    Edgar Dusdal
    Jochen Läßig
    Martin Kind
    Petra Lux
    Rainer Pietsch
    Dirk-Michael Grötzsch

13. Oktober

Leipzig. Entgegen anderslautenden Gerüchten wurden am 13. Oktober 1989 alle Personen, die in Leipzig bei Zusammenrottungen den
Aufforderungen der Deutschen Volkspolizei nicht Folge leisteten
und inhaftiert wurden, aus der Haft entlassen. Davon nicht betroffen
sind Personen, die Gewalttätigkeiten begangen haben, darunter der
am 6. 10. 1989 vom Kreisgericht Leipzig-Mitte verurteilte Holger T.

Leipziger Volkszeitung, 14./15. 10., S. 2

Dialog, Besonnenheit und aufeinander zugehen!

Die Sozialistische Einheitspartei Deutschlands hat in einem bedeu-
tungsvollen Abschnitt der Entwicklung des Sozialismus in unserem
Lande ein klares, ein entscheidendes Wort für den umfassenden Dialog, für Kontinuität und Erneuerung gesprochen.
Die marxistisch-leninistische Partei hat in voller Verantwortung vor
unserem ganzen Volk erklärt, daß sie gewillt ist, einheitlich und geschlossen zu handeln, im engsten Zusammenwirken mit allen, denen
das Gedeihen und das weitere Erstarken des Sozialismus am Herzen
liegt.
In der Stellungnahme des Politbüros des ZK der SED, die wir gestern
veröffentlicht haben, kommt der feste Wille und die Bereitschaft un-

serer Partei zum Ausdruck, gemeinsam mit allen Bürgern unseres Landes die nächste Wegstrecke in einer umfassenden Volksaussprache zu erörtern und die Entscheidungen vorzubereiten, die wir für das weitere Gedeihen unseres sozialistischen Vaterlandes und aller seiner Bürger brauchen.

Das ist der Weg in einer und für eine Gesellschaft, die Platz hat für alle und die jeden braucht. Vertrauensvolle Zusammenarbeit ist dafür unerläßlich. Der Dialog ist die Basis und der Motor, Einsichten und Überzeugungen zu schaffen, Ideen einzubringen, Lösungen zu finden, die wir für die weitere Gestaltung des Sozialismus und damit für seine höhere Attraktivität brauchen.

Das schafft Motivation für Leistungen für dieses Land, seine wirtschaftliche Effektivität und die gesunde Gestaltung der Lebenswelt der Bürger.

Dialog ist unsere Politik!

Konfrontation ist kein Weg! Besonnenheit brauchen wir. Dafür ist das offenherzige und vertrauensvolle Aufeinanderzugehen unerläßlich. Davon hat sich das Sekretariat der SED-Bezirksleitung am letzten Montag leiten lassen. Das Sekretariat war sich seiner Verantwortung bewußt, keine Gelegenheit ungenutzt zu lassen, den politischen Dialog über die uns alle bewegenden Fragen der Zeit zu führen und zu befördern...

Einheitlich und geschlossen handeln das Sekretariat der SED-Bezirksleitung und alle Genossen, um gemeinsam mit allen Bürgern des Bezirkes entsprechend der Stellungnahme des Politbüros in vielfältigen Formen und breiten Diskussionen alle Möglichkeiten unserer sozialistischen Demokratie für das Gespräch zu nutzen: DDR, Sozialismus und Frieden, Demokratie und Freiheit gehören für immer zusammen. Nichts und niemand kann uns davon abbringen.

Leipziger Volkszeitung, 13. 10., S. 1, Auszug

Die Vorgänge im Zusammenhang mit den Demonstrationen und Ausschreitungen in der Leipziger Innenstadt sind schon seit einiger Zeit ein heftiges Diskussionsthema. Wir Werktätigen sind der Meinung, daß Meinungsverschiedenheiten nicht auf der Straße gelöst werden können.

Auf der anderen Seite müssen wir aber sagen, daß ein echter, offener Dialog, vor allem Offenheit über die in unserem Lande bestehenden Probleme und Widersprüche, unumgänglich ist. Die gestern veröffentlichte Stellungnahme des Politbüros des ZK der SED begründet mit allem gebotenen Ernst diese Notwendigkeit. Diese Dinge müssen ausgesprochen und gelöst werden. Auch Reformen, die den Sozialismus stärken, sollten eingeleitet werden. Dazu ist aber vorher ein offener und ehrlicher Dialog notwendig. Für diesen Dialog müssen sich unsere Medien in aller Breite öffnen. Es geht nicht, daß die Informationslücken in unseren Medien westdeutsche Fernsehanstalten zum Erstinformanten für unsere Bürger machen...

Hornemann, Gewerkschaftsvertrauensmann
Leipziger Volkszeitung, 13. 10., S. 3 (Auszug)

Dialogfähig ohne alle künstlichen Barrieren

Aus der Stellungnahme der Parteigruppe Wissenschaftlicher Sozialismus des 32. Weiterbildungslehrganges am Franz-Mehring-Institut der Karl-Marx-Universität Leipzig
... Vertrauen ist immer zweiseitig. Erforderlich ist, keine künstlichen Barrieren durch Etikettierung und generalisierende Ablehnung von Dialogfähigkeit und -möglichkeit zu errichten. Dies von allen Seiten. Für uns als Kommunisten steht es außer Frage: Die Bewältigung der spannungsgeladenen Situation bedarf der klugen und weitsichtigen politischen Führung dieses Prozesses durch die SED. Das ist nicht angemaßter oder selbstgesetzter Führungsanspruch, sondern das erwächst objektiv aus dem Wesen der kommunistischen Partei und realisiert sich auch über einen beständig notwendigen Lernprozeß.

Leipziger Volkszeitung, 13. 10., S. 3, Auszug

An diesem Sonnabend beginnt die Reihe der Gesprächsrunden. Den Anfang macht eine Diskussion über Medienpolitik in den Räumen des Kabaretts »academixer«:

14. Oktober

Am Samstag vormittag. Die »academixer« hatten sich in ihren Keller Gäste zu einer Diskussion über Medienpolitik eingeladen. SED-Bezirksleitungssekretär Jochen Pommert gehörte ebenso dazu wie Superintendent Friedrich Magirius, Wissenschaftler aus den Bereichen Journalistik und Soziologie, Vertreter von Publikationsorganen und auch des nicht zugelassenen Neuen Forum. Bei aller Leidenschaft wurde im wesentlichen sachlich debattiert, doch muß die Kunst überzeugenden Argumentierens im fairen Umgang auch mit Andersdenkenden allerseits noch geübt werden. Worum ging es? Um verlorenes

Vertrauen zur Presse und damit im Zusammenhang falsche politische Einschätzungen der gesellschaflichen Situation, um das Demokratieverständnis im Sozialismus, um Verkrustungen und notwendige Lernprozesse in den Parteien, die Rückbesinnung auf marxistische Denkkultur. So auf Lenins Forderung »öffentlich zu machen, was die Massen bewegt«. Folgerichtig kam das Gespräch von den Medien immer wieder auf die Verantwortung und Zivilcourage der Journalisten zurück. Das Wort des Redakteurs, das des Chefredakteurs vor allem, ist gefragt, aber auch die Meinung des kompetenten Bürgers und der Repräsentanten von Partei und Staat.

Sender Leipzig, 15. 10.

Mit dem Dialog zu spürbarer Veränderung

…Die Atmosphäre ist emotionsgeladen. Im Mittelpunkt bleiben die Medien, auch wenn – selbstverständlich bei diesem Thema – die Diskussion in weitere Bereiche vorstößt: Demokratie- und Sozialismusverständnis, die jüngste Stellungnahme des Politbüros… Das jahrelange ge- und erduldete Gesprächsdefizit zeigt tiefe Wirkungen: Der eine kommt sich jetzt durch die Aufforderung zur Diskussion veralbert vor, ein anderer vermutet hinter den in den letzten Tagen in einem Teil der Medien sichtbar gewordenen Veränderungen nur Kosmetisches.
Solcher Verdacht ist bitter, aber er muß ausgehalten werden. Ein Diskussionsteilnehmer, seit 31 Jahren Mitglied der SED, erregt wegen der Nichtveröffentlichung seines kritischen Briefes zur LVZ-Meldung über die Demonstration von 70 000 Leipzigern vom vergangenen Montag, mahnt das insgesamt nachdrücklich an: Wenn wir den Dialog führen, wenn wir uns auseinandersetzen wollen in der Gesellschaft wie in meiner Partei, dann müssen wir auch etwas aushalten lernen.
Fragen und Meinungen aus der Diskussion: Warum wird in unseren Medien so wenig tiefgründig Gesellschaftliches analysiert, so wenig recherchiert? Das permanente Ansprechen des Bürgers als lediglich »Ausführender« entspricht nicht der sozialistischen Demokratie, wie sie sie sein sollte und sein muß. Ist die Presse bereit, sich auf neue Weise allen gesellschaftlichen Kräften zu öffnen, die den Sozialismus voranbringen wollen, oder macht sie nur das, was sie kann – Kampagnen?
Neubelebung marxistisch-leninistischer Denkkultur fordert eine Besucherin und macht das am Beispiel der verschwommenen Anwen-

dung des Begriffs »Volk« im politischen Sprachgebrauch deutlich: Das Volk bestehe in der DDR bekanntlich aus Klassen und Schichten mit sowohl gemeinsamen, aber auch sehr unterschiedlichen Interessen… Massiver Protest geht an die LVZ wegen der unlängst veröffentlichten Wortmeldung eines Kampfgruppenkommandeurs. Ein älterer Genosse, Mitglied der Kampfgruppe, bekräftigt sichtlich bewegt und am Beispiel seines Lebensweges noch einmal den Auftrag der Kampfgruppen: Schutz der Bürger und der sozialistischen Errungenschaften vor erklärten Feinden des Sozialismus. Die Veröffentlichung in der LVZ in einer spannungsgeladenen Situation hat bei vielen ein schlimmes Mißverständnis hervorgerufen, das schnell geklärt werden muß…

Bernd Locker
Leipziger Volkszeitung, 16. 10., S. 3, Auszug

Probleme offen und konstruktiv erörtern

Parteiaktivtagung beriet zu den aktuellen Aufgaben

Leipzig (LVZ/Sta.). Parteisekretäre und weitere Parteiaktivisten berieten am Sonnabend mit dem Sekretariat der SED-Bezirksleitung, wie die nächsten Aufgaben angepackt werden und wie die Parteiorganisationen ihrer großen Verantwortung besser gerecht werden müssen.
Helmut Hackenberg, 2. Sekretär der Bezirksleitung, betonte im Referat des Sekretariats, daß die Erklärung des Politbüros vom 11. Oktober in allen gesellschaftlichen Bereichen ein breites Echo gefunden hat. Auf der Grundlage dieser Erklärung geht es jetzt darum, den Dialog zu suchen und weiter zu gestalten und damit unter den gegenwärtigen Bedingungen den Aufbau des Sozialismus in der DDR weiter voranzubringen. Unabdingbar dafür sind hohe Arbeitsleistungen auf allen Gebieten, um auch weiterhin die insgesamt gute Planerfüllung in unserem Bezirk zu gewährleisten.

Leipziger Volkszeitung, 16. 10., S. 1, Auszug

Es gibt jetzt viel zu bedenken und zu tun

15. Oktober

Sonntag, 10.00 Uhr. Bei 1500 Leipzigern, die die Einladung des Rektors der Karl-Marx-Universität zum politischen Frühschoppen angenommen haben, ist auch der letzte Platz in der Moritzbastei besetzt. Die Diskussion aus der Veranstaltungstonne wird in alle Gewölbe übertragen. Schnell schlagen die Wogen der Diskussion hoch. Verständlich bei dem uns alle zutiefst bewegenden Thema »Der Sozialismus der 90er Jahre«. Dem Rektor zur Seite haben zwei Unterzeichner des Aufrufs vom vergangenen Montag Platz genommen: Roland Wötzel, Sekretär der SED-Bezirksleitung, und der Kabarettist Bernd-Lutz Lange. Der vierte in der Runde ist Prof. Kurt Nowak, Theologe an der Karl-Marx-Universität und Schriftsteller.

Eine Pastorin will wissen, warum denn keine Demonstration genehmigt werde, schließlich sei der jetzt stattfindende Dialog ein Ergebnis dieser. Prof. Nowak bezieht sich auf einen von Gorbatschow geprägten Begriff: Kundgebungsdemokratie... Aber, so der Theologe, gefragt sei: Will man das Volk aus der Politik heraushalten oder nicht? »Wir wollen über alles sprechen«, entgegnete Roland Wötzel. Und Prof. Henning: »Dazu ist es nie zu spät. Es sind Zeichen gesetzt, die alle verstanden haben. Der Dialog wird geführt, aber nicht auf der Straße.« — »Was wir brauchen, sind Diskussionen, keine Demonstrationen«, ergreift eine Lehrerin aus der 43. Oberschule das Wort. Es sei schwer, Randalierer in den Griff zu bekommen. Sie kenne aber aus vielen Gesprächen Positionen und Haltungen von Schülern und Eltern. Das Reisenkönnen spiele eine große Rolle, der Kadereinsatz nach Sachkompetenz, und sie bewege aus ihrer Arbeit an der Volkshochschule, daß Leute ohne Facharbeiterabschluß mehr verdienen können als ein Lehrer. Möglich müsse es auch sein, mit einer demokratischen Mehrheit Funktionäre ablehnen zu können. Die Diskussion darüber verstehe sie unter politischer Arbeit, die auch von den Medien geleistet werden müsse... Eine weitere Stimme wird laut (ich habe den Namen nicht verstanden) und verweist auf Dinge, über die nun gesprochen werden müsse, auf Schwierigkeiten, die alle im Alltag erleben. So auf den Widerspruch zwischen Angebot und Nachfrage, vorhandene Privilegien, eingeschränkte Reisemöglichkeiten und andere Fehler. Roland Wötzel: Wichtig sei es, über Fehler zu reden. Aber gleichzeitig müssen wir nach vorn blicken, die Umbruchzeit nützen, Vorschläge und Angebote machen.

Es müsse aber auch einmal gesagt werden, greift Bernd-Lutz Lange in die Diskussion ein, daß unsere Medienpolitik gescheitert ist. »Unsere Medien müssen so interessant werden, daß wir gar nicht dazukommen, Westfernsehen zu gucken.«

Zum wiederholten Mal heftiger Beifall. Bei aller bekundeten Unge-

duld – ich gehe mit Prof. Hennig mit, der darauf verweist, daß Veränderungen Zeit kosten. Nicht um Hinauszögern, sondern um gründli-
ches Durchdenken geht es. Und: nicht alles, was in vierzig Jahren in
diesem Land erreicht wurde, muß in Frage gestellt werden. Genosse
Prof. Hennig: Unterscheiden müsse man schon, was gut, was schlecht
war. Der Führungsanspruch unserer Partei sei den Bedingungen entsprechend zu definieren, Dialog allein bewirke noch keine Veränderung. »Wir müssen den Sozialismus so attraktiv machen, wie wir ihn
wollen. In diesem Sinne fühle ich mich den Bürgern unseres Landes
verbunden.« Der Sekretär der Bezirksleitung: »Führungsanspruch
ergibt sich aus Wissen, Haltung und Vorbild. Die 90er Jahre sind eine
große Herausforderung an unsere Partei.«
Prof. Kurt Nowak: Es könne nicht um Resolutionen gehen, sondern
um Konzeptionen, um Sachkompetenz. Das gehe alle Parteien an.
Jede müsse aus ihrer Sicht formulieren, wie sich sozialistische Demokratie darstellen müsse. Und: Wer vom Stande Null Politiker sein
wolle, müsse einen Bonus erhalten, um an einer Konzeptionsbildung
mitwirken zu können. Für ihn selbst gehöre in eine Sofortkonzeption
Reisefreiheit. Das versetze uns in die Lage, eigene Probleme mit ent-
provinzialisiertem Denken einzuordnen, das sei ein Schritt zur Sachkompetenz. Roland Wötzel bekräftigt: »Wir brauchen für jeden Bürger einen Reisepaß…«
Zwei Stunden, einem Frühschoppen angemessene Diskussionszeit,
gehen fürs erste zu Ende. Prof. Nowak dankt Magnifizenz für die
Möglichkeit dazu. Er bewundere Bürgermut und Engagement der
Versammelten. Im Sinne der schon genannten Entprovinzialisierung
käme es darauf an, über eine Kooperationsfähigkeit unseres Staates
nach Ost und West nachzudenken. Die Franzosen würden in diesem
Zusammenhang auf ihre Art von einer Bisexualität sprechen. Das
hieße auf der einen Seite zu bestimmen, was Sozialismus ist, auf der
anderen Seite Kooperations- und Friedensfähigkeit nach West. Und
noch einmal Roland Wötzel. Er gibt, an das Bonmot der Franzosen
anknüpfend, meiner Überzeugung Ausdruck: »Der Liebe und dem
Sozialismus gehören die Zukunft!« Neues sei ihm erst jetzt bewußt
geworden, der Dialog wird fortgesetzt – frei von Illusionen, voller
Hoffnung.

Uta Tok
Leipziger Volkszeitung, 16. 10., S. 3, Auszug

Der Sender Leipzig fragt Teilnehmer nach ihren Eindrücken vom ersten Frühschoppen im Studentenklub »Moritzbastei«:

»Also ich bin sehr froh, daß solche Formen der öffentlichen Äußerung jetzt möglich werden. Und ich glaube, man hat gesehen, daß auch ein riesengroßer Bedarf unter der Bevölkerung besteht, daß sich Leute der verschiedensten Meinungen zusammensetzen. Ich finde, daß es wichtig ist, daß man in diesem Gespräch niemanden ausgrenzt. Der Professor Dr. Manfred Gerlach hat das letzte Woche sehr deutlich gesagt: Man muß sich auch mit Gegnern der Regierung unterhalten, nur nicht mit Staatsfeinden. Ich glaube, dieser Aspekt ist sehr wichtig. Und zum zweiten glaube ich, hat heute diese Veranstaltung gezeigt, daß die Mehrheit der Bevölkerung nicht damit zufrieden ist, wenn es nur beim Gespräch bleibt, sondern die Mehrheit der Bevölkerung erwartet jetzt deutliche Zeichen der Regierung und der Partei, deutlichere als in der ersten Erklärung abgegeben wurden. Ich gehöre nicht mehr zu den Studenten. Ich bin Briefträger bei der Deutschen Post.«

Hans Albrecht Kühne

»Na, ich finde es gut, daß er überhaupt erst mal stattgefunden hat, in dieser Zeit, daß sich die Leute beginnen zu artikulieren. Das ist für viele schwer, auch für mich zum Beispiel. Und ich finde aber, daß eben insgesamt, daß die noch deutlicher eigentlich angesprochen werden müssen. Und vor allem die Grundprobleme... Und da muß man auch sämtlichen Blockparteien einen Vorwurf machen, die haben auch 40 Jahre Zeit gehabt, darüber nachzudenken und sich zu formulieren. Und wenn der Herr Gerlach jetzt sagt, es geht nicht, daß man Unzulängliches noch vervollkommnen kann, dann hat er damit recht, aber das hätte er auch schon vor 20 Jahren sagen können. Da war's genauso wichtig.«

»Ich darf den Theologen, Professor Nowak fragen.«
»Dieser politische Frühschoppen hat mich außerordentlich ermutigt, und ich möchte sogar sagen enthusiasmiert. Es ist eine in jedem Sinne freimütige Aussprache gewesen, und daß aus dem Publikum so viele Anregungen gekommen sind, die dann auch ganz unmittelbar im Po-

dium aufgenommen und umgesetzt worden sind, das scheint mir richtig zu sein. Es geht im Moment nicht nur darum, allgemeine Willensbekundungen zur Veränderung zu formulieren, sondern die Dinge zu konkretisieren, in unser aller Interesse.«

Sender Leipzig, 15. 10.

Künstler und Gäste: »Es ist an der Zeit...«

Matinee am Sonntag im Schauspielhaus. Was ein paar Tage vorher mit einer Gewerkschaftsversammlung begonnen hatte, setzte das Ensemble nun – einem Beschluß dieser Versammlung zufolge – mit künstlerischen Mitteln fort. Es wolle, so Schauspieldirektor Karl Georg Kayser, seine Befindlichkeit, seinen Standpunkt zu den Fragen der Zeit zum Ausdruck bringen. Ein vollbesetztes Haus, auf der Bühne vereint das Ensemble, darunter solidarisch auch Kollegen, die in den rund 75 Minuten nicht mit eigenen Beiträgen zu Wort kommen konnten. Künstler und Gäste im völligen Einvernehmen über den Grundgedanken der Zusammenkunft (»Es ist an der Zeit...«) und sein Bekenntnis zu Offenheit, Ehrlichkeit und Wahrheit in unserem Land...

Auffallend bei alledem: Nicht nur die sowjetische Literatur und die anderen Künste haben geholfen, wie oft zu hören, Veränderungen in der Gesellschaft herbeizuführen. Unsere eigenen müssen sich Schweigen und Duckmäusertum nicht vorwerfen lassen; freilich werden ihre Botschaften heute viel empfindsamer gelesen, gesehen und aufgenommen als noch gestern, und sie werden inzwischen auch viel lauter und kräftiger und freier geäußert.

Im Grunde ist es nicht angebracht, einige Beiträge herauszuheben. Die Matinee war ein gemeinschaftliches Bekenntnis, bot, wie es ausdrücklich hieß, einen Ensemble-Standpunkt. Eine Ausnahme soll hier Christa Gottschalk machen. Sie hatte keinen Autor bemüht, sondern eigene Überlegungen niedergeschrieben, und die trug sie, mit langem, überaus starkem Beifall aufgenommen, vor. Hier zwei ihrer bedenkenswerten Äußerungen. Die Schauspielerin knüpfte an eine kürzliche Bemerkung Michail Gorbatschows an: Wer zu spät kommt, den bestraft das Leben. Sie habe das oft gehört und gesehen, allerdings nicht in unserem eigenen Fernsehen. Die zweite: Krisen sind schmerzhaft, sie sind aber nicht unehrenhaft, sondern zeugen von Bewegtheit und Bewegung...

Günter Hofmann
Leipziger Volkszeitung, 16. 10., S. 3, Auszug

15. Oktober, Lukaskirche: Auktion und Konzert
Leipziger Künstler für die zu Unrecht Verfolgten

16. Oktober bis 22. Oktober

»Gegen 18.30 Uhr hatte sich auf dem Karl-Marx-Platz der Demonstrationszug formiert und setzte sich in Bewegung. Ich befand mich am westlichen Ende der Haltestelleninsel der Straßenbahn. Etwa 5 Meter rechts hinter mir trugen zwei junge Männer ein Transparent, auf dem sinngemäß stand: »Jetzt oder nie: Freiheit + Demokratie«. Sprechchöre erklangen, die Stimmung war emotional aufgeladen. Plötzlich erklang neben mir ein Sprechchor: »Stasi raus!, Stasi raus!« Ich sah mich um und bemerkte, daß ein junger Mann (kurzgeschnittenes blondes Haar, Jeans, heller Anorak) an einem der beiden Transparentträger emporsprang, ihm das Transparent entriß, es zu Boden warf und darauf herumtrampelte. Sofort stürzten sich die unmittelbar Danebenstehenden auf ihn und versuchten, ihm das Transparent wieder zu entwinden. Die Kontrahenten kamen in dem Gewühle zu Fall, und die Rangelei setzte sich auf dem Boden fort. In dieser Situation und bei der herrschenden emotionsgeladenen Atmosphäre hätte der junge Mann ohne weiteres niedergetrampelt und schwer verletzt werden können. Aber nichts dergleichen geschah. Vielmehr bildeten die übrigen Umstehenden einen Kreis um die miteinander Ringenden und skandierten rhythmisch: »Keine Gewalt, keine Gewalt!« Als dem Provokateur das Transparent schließlich zerknittert, aber ansonsten unversehrt entwunden war, reckten die beiden Träger es wieder triumphierend hoch, wie eine Siegesfahne. Ein allgemeiner Jubelschrei ertönte, der sich dann über den ganzen westlichen Teil des Karl-Marx-Platzes fortsetzte. Was aber wurde aus dem Provokateur? Die in der Nähe stehenden Demonstranten bildeten eine Gasse, durch die er aus dem Demonstrantenzug in die Dunkelheit entfloh... unverletzt und unbehelligt...«

Wolfgang Hirsch

»Am Anfang haben wir zugesehen und die jungen Leute, die da an der Nikolaikirche waren, bewundert. Man muß zugeben, wir in unserem Alter, Mitte Vierzig, haben erst mal abgewartet. Das muß man zugeben. Dann haben wir uns gesagt, jetzt ist auch unser Alter gefragt. Weil, wir haben gemerkt, daß wir so belogen worden sind von unserer Staatsführung. Und das passierte unter dem Deckmantel der Arbeiter- und Bauernmacht. Die Wahlen und was die zu China gesagt haben und was dann in der LVZ stand zu den Demonstrationen: Zusammenrottung, Konterrevolution und so weiter. Wir als Arbeiter wollten uns das nicht länger gefallen lassen. Vorher war die Angst zu groß, vor der Stasi, die ja ihre Kameras aufgebaut hatte. Deshalb bin ich erst am 16. Oktober gegangen. In die Nikolaikirche, die war unheimlich voll. Als wir aus der Kirche herauskamen, stand da ein Lkw mit Lautsprechern. Es wurde gesagt, die Bürger sollten sich ruhig verhalten. Mein Mann sagte, hier passiert gar nichts. Ich sagte, weil ich das ja von meinen Kollegen wußte, daß es gleich losgeht. Dann haben wir uns eingereiht. Es hat mich so beeindruckt: die Menschen über den ganzen breiten Ring, Kinder mit Kerzen, Transparente. Ich habe mich ganz anders gefühlt als zum Beispiel am 1. Mai. Weil das freiwillig ist und einen Sinn hat, montags auf die Straße zu gehen. Diese Menschen hat ja niemand bestellt, wir gehen, weil wir Forderungen haben: freie Wahlen, daß die Partei aufhört, sich überall einzumischen, daß es in den Betrieben besser wird.«

Jutta Rendler, Schriftsetzerin

Über den Stadtfunk gegen 18 Uhr:

»Liebe Mitbürger, ich spreche zu Ihnen als Vorsitzender der Liberaldemokraten im Bezirk Leipzig. Es hat sich wohl herumgesprochen, unsere Partei hat den Dialog zu den Schicksalsfragen unseres Landes gefordert und begonnen, und das nicht erst vor ein paar Tagen. Zur Stunde gibt es mehr Fragen als Antworten. Zur Stunde sind wir noch mitten dabei, zu prüfen, welche Konzepte für die Zukunft tragfähig sind. Das schließt auch die selbstkritische Prüfung unseres eigenen Wirkens ein. Es geht uns darum, diese Diskussion fortzusetzen. Und ich hier möchte versichern: Wir stehen dafür zur Verfügung, zu jeder Stunde, an jedem Ort, aber bitte nicht auf der Straße. Setzen wir in diesem Sinne fort, was in der vergangenen Woche so gut begonnen hat.«

Manfred Brendel

»Ich glaube, daß bei uns vieles in Bewegung geraten ist. Ich glaube auch, daß es gut ist, daß es in Bewegung geraten ist. Es wurde sogar höchste Zeit. Bedauerlich finde ich, daß es eines so äußerlichen Anstoßes bedurfte, daß junge Menschen einfach unserem Staat den Rücken kehrten. Aber es ist nun einmal so, und wir müssen uns jetzt dieser Bewegung stellen, ja, wir müssen sorgen, daß die Dinge in Bewegung bleiben. Es ist aber auch eine Gefahr, und die sehe ich heute. Wir müssen uns auch davor hüten, durch unbedachte Handlungen etwas kaputtzumachen, eine zarte Pflanze gewissermaßen zu zertreten, die im Begriff ist zu wachsen. Ich möchte also zur Besonnenheit aufrufen. Man soll mit seiner Meinung nicht hinterm Berg halten, das darf man nicht. Aber man soll sie so äußern, daß man damit argumentieren kann oder auch, daß der andere dagegen argumentieren kann. Weggehen, einfach uns und den Staat hier im Stich lassen, das halte ich für keine gute Alternative, denn sie hat so etwas Endgültiges und bricht eigentlich den Dialog nur ab. Hoffen wir also, daß wir intensiver, als es bisher angedeutet wurde, in ein Gespräch kommen miteinander, daß wir uns erneuern können in vieler Beziehung. Wir sollten uns aber auch auf unsere guten Traditionen besinnen, die im Moment, glaube ich, etwas in Gefahr sind, unter den Tisch gekehrt zu werden. Wir haben das gerade gespürt, wie im Ausland zum Flandern-Festival, nämlich in Belgien, die ›Deutsche Sinfonie‹ von Hanns Eisler, das einzige Musikstück, das versucht, die deutsche faschistische Vergangenheit zu bewältigen, wie dieses Stück mit Betroffenheit und Interesse und sehr viel Beifall aufgenommen worden ist. Das hat uns ermutigt und sollte uns ermutigen, zu diesen guten Traditionen zu stehen. Kurz gesagt, was ist heute gefordert? Besonnenheit, glaube ich, und Mut. Und ich glaube nicht, daß sich diese beiden Tugenden widersprechen.«

Kurt Masur, Gewandhauskapellmeister

»Mein Dokument ist die Bibel. Dort lese ich: ›Suchet der Stadt Bestes.‹ Wenige von euch, vielleicht ein paar Hunderte, von denen, die also jetzt auf der Straße unterwegs sind, kennen mich, Sie kann ich persönlich ansprechen. Bevor ihr weitergeht, auch nur einen Schritt weitergeht, bedenkt, ob das der Stadt Bestes ist, was jetzt auf der Straße ausgehandelt werden soll. Ich lese in der Bibel: ›Suchet Frieden und jaget ihm nach. Wem jagt ihr nach? Jagen wir dem Frieden nach, oder was jagen wir?‹ Der Prophet Jeremia und der Apostel Paulus, die diese Sätze vor Jahrtausenden formulierten, waren genauso ohnmächtig wie ich in dieser Minute. Mir bleibt nur die dringende Bitte: Keinerlei Gewalt, aber wirklich keinerlei Gewalt. Was uns bleibt, ist die unbewaffnete Hoffnung.«

Gottfried Schleinitz, Pfarrer

»Viele von Ihnen haben in den zurückliegenden Tagen den in Gang gekommenen Dialog angenommen. Sie äußern ihre Vorstellungen für die Verbesserung des Lebensniveaus, für die Weiterführung des Sozialismus. Wir wollen diesen Dialog, offen, ehrlich, dauerhaft. Wir brauchen ihn, um Veränderungen auf den Weg zu bringen, Verbesserungen für den Sozialismus, für alle. Für uns gilt: Deutsche Demokratische Republik, Sozialismus und Frieden, Demokratie und Freiheit gehören zueinander. Gewiß haben Sie, wie ich auch, erlebt, daß die vielen Gespräche auf den anderen anregend und nachdenklich wirken. Sie sind das geeignete Mittel, verschiedenartige Vorschläge, Vorstellungen, Ideen produktiv zu machen. Ich bitte Sie, namens des Sekretariats der SED-Bezirksleitung, halten Sie fest an dieser Konstruktivität. Bewahren Sie in dieser Stunde und auch weiterhin Besonnenheit. Unsere Partei bekennt sich zu Veränderungen und will sie. Dafür ist die Straße weder Ort noch Mittel, deshalb bitten wir Sie: Gehen Sie besonnen und ruhig auseinander, damit gemeinsames Handeln möglich wird.«

Jochen Pommert, SED-Bezirksleitung

Gedrucktes Flugblatt, 16. 10.

Nicht demonstrieren

Dialog, Besonnenheit, aufeinander zugehen – das ist der Weg! Umdenken und sichtbare Veränderungen sind dringend erforderlich. Dieser Prozeß kann aber nur mit Besonnenheit geführt werden. Gewaltsame Auseinandersetzungen jeglicher Art waren und sind nie ein Mittel zur Lösung von Problemen. Die Straße ist kein Ort für ihre Austragung. Mit Erleichterung haben wir die Ereignisse am letzten Montag verfolgt. Unsere Hochachtung gilt der Vernunft und Klugheit aller Beteiligten. Im täglichen Kampf um das einzelne Lebensschicksal wäre es für uns als Ärzte unerträglich gewesen, Verletzten zu helfen oder gar Tote sehen zu müssen.
Das hat unsere Republik nicht verdient!

Wir erwarten von den Verantwortlichen umgehend spürbare Entscheidungen, die uns allem zum Nutzen gereichen.
Es wird nicht leicht werden. Gemeinsam ist es nur zu schaffen.

Prof. Dr. sc. med. D. Olthoff, Direktor der Klinik für Anästhesiologie
und Intensivtherapie der KMU Leipzig
Prof. Dr. sc. med. K.-F. Lindenau, Direktor der Klinik
für Herz- und Gefäßchirurgie der KMU Leipzig

Allgemeiner Deutscher Nachrichtendienst, ab 17. Oktober im ADN-Schaukasten, Leipzig, Schulstraße. Die offiziellen Meldungen der ADN-Zentralredaktion aus Berlin sind nach wie vor andere. ADN Leipzig geht mit dem Schaukasten dazu auf Distanz.

So berichtete ADN Leipzig

Friedensgebet
Tausende Leipziger beim Friedensgebet in fünf Kirchen (Ergänzung dieser Meldung ist möglich)
Leipzig (ADN). In fünf Leipziger Kirchen fanden sich am Montag annähernd achttausend Bürger zum Friedensgebet zusammen. Zahlreiche Interessenten fanden wegen Überfüllung solcher traditionsreicher Stätten wie der Nikolai- und Thomaskirche, in denen von 1723 bis 1750 Johann Sebastian Bach wirkte, keinen Einlaß mehr. Der Tenor der Predigten war unter anderem das Einbeziehen aller in den begonnenen Dialog, Bewahren des Friedens in der Welt, aber auch des inneren Friedens in der DDR sowie Ehrlichkeit und Offenheit im Umgang miteinander.
Gegen 18.15 Uhr schlossen sich in der Grimmaischen Straße sowie auf dem Karl-Marx-Platz Zehntausende Bürger den aus der Nikolaikirche strömenden Demonstranten an, um auf dem Ring der Messestadt ihren Willen nach spürbaren Veränderungen zu bekunden. In Sprechchören, durch rhythmisches Händeklatschen begleitet, riefen sie »Gorbi, Gorbi«, »Pressefreiheit«, »Reformen à la Hager sind uns zu mager« und »Neues Forum zulassen«, »Visafrei in die Tschechoslowakei« und ähnliches. Auf mitgeführten Transparenten forderten die Demonstranten unter anderem »Meinungsfreiheit«, »für eine freie Presse«, »ziviler Wehrersatzdienst«, »Reisefreiheit für alle«, »Schnitzler, entschuldige dich«. Von der Nikolaikirche an waren keine uniformierten Sicherheitskräfte eingesetzt. Bis 19.00 Uhr kam es zu keinerlei Übergriffen.
Trotz der über den Stadtfunk verbreiteten Aufforderungen namhaf-

ter Persönlichkeiten – Bezirksvorsitzende der demokratischen Parteien, Geistliche und andere –, den Dialog nicht auf der Straße zu führen, schlossen sich dem Demonstrationszug immer mehr Leipziger Einwohner an. Am Ende waren es über 100 000.

Demonstration von Zehntausenden Bürgern in Messestadt

Protokoll eines Leipziger Montags

Dank der Zurückhaltung der Ordnungskräfte und der Demonstranten kam es zu keinen Ausschreitungen

Von unseren Berichterstattern Thomas *Beer,* Holger *Herzberg* und Hajo *Krämer,* Journalistikstudenten der KMU Leipzig.

In St. Nikolai. Auch heute wieder zieht der allmontägliche Friedensgottesdienst viele Menschen in die Kirche (in vier weiteren Kirchen der Stadt laufen ebensolche Gottesdienste). Überraschte, fragende Blicke vieler Besucher – auf einer Filmkamera steht »Hff«, viel Licht kommt in die Kirche. Die Erklärung dafür: »Mit Genehmigung der Kirchenleitung dokumentieren heute erstmalig Filmer der Babelsberger Hochschule Ereignisse in Leipzig.«
Allerhand Beispiele für zustande gekommene Gespräche mit allen möglichen Institutionen und Persönlichkeiten Leipzigs werden aufgelistet. Die reichen den Anwesenden nicht: Es war nur ein Beginn. Aus einer Kanzelankündigung von Landesbischof Hempel wird zu Gehör gebracht: Unbedingte Gewaltlosigkeit! Gott möge uns schützen! Von uns aus auch mit Gott. Aber der allein wird uns vor Gewalt sicher nicht bewahren. Waren das eben schon Sprechchöre von der Straße? Sie dringen immer lauter ins Gotteshaus, da das Friedensgebet zu Ende geht. Erschrockene Gesichter beim Amen.
Auf der Straße. Kein Vor, kein Zurück. Transparente, Sprechchöre, Kerzen und Blitzlichter. Völlig eingekesselt, dazugehörig zu Massen. Die fordern: »Loslaufen, Loslaufen.« Wohin? In die Öffentlichkeit. Wofür? Für ihre Losungen. Wie? Zum Beispiel *auch* für *diesen* Sprechchor? »Die Partei – eine Schweinerei«. So nicht!!! Nicht mit uns!
Warum dies, das fragten wir einen zwischen uns. »Weil es mich motiviert, ich bin entschlossen…« Wozu, ist nicht zu erfahren. Er ist inzwischen fünf Reihen vor uns. Hoffentlich nicht dazu, den ersten Stein zu werfen. Weil es bis zum möglichen Schrecken, zum schrecklich Möglichen eben nur diesen einen Steinwurf weit wäre.
Zur selben Zeit nehmen andere die Möglichkeiten zu konstruktivem

Dialog in einer anderen Öffentlichkeit wahr. Jüngstes Beispiel für so etwas war ja schon der »Politische Frühschoppen« [am 15. 10.] des Rektors der Karl-Marx-Universität. Es stellen sich jetzt Professoren von Rang und Namen den Problemen, die allen, natürlich auch ihnen selbst, auf den Nägeln brennen. Es werden Ideen verhandelt, und tatsächlich »brennt die Luft« bei hitzigen Wortgefechten. Prof. Horst Stein, ein Ökonom, schlägt sich vor dem Hörsaalgebäude wie ein Volkstribun. Die Hörsäle selbst sind hoffnungslos überfüllt. Aber auch das bringt die Hunderttausend nicht von der Straße. Wie auch? Wieder ehrlich besorgte Appelle von Leipziger Persönlichkeiten an die Demonstranten über Stadtfunk und Lautsprecherwagen: »Die Straße ist kein Ort für Dialog, kein Ort für Problemlösungen.« Genosse Jürgen Pommert, Sekretär der SED-Bezirksleitung, spricht vom in Gang gekommenen Dialog. Davon, daß die SED diesen Dialog offen, ehrlich und dauerhaft will, um Veränderungen auf den Weg zu bringen. Die Partei *will* Veränderungen, betont er. »Hinhaltetaktik« tönt es, und dies ist noch das Mildeste. Verfluchte und nichtdifferenzierende Ignoranten! Wer die Hand jetzt ausschlägt, will der wirklich den konstruktiven Schritt nach vorn?
Die Demonstration löst sich friedlich auf. Die Sicherheitskräfte mußten nicht einschreiten. Kein Stein, keine nennenswerte Provokation.
Dennoch *unsere* Erkenntnis: Jetzt muß *schnellstens* der angekündigte Dialog substantiell zustande kommen, auf gesamtgesellschaftlicher Ebene, mit *allen* gesellschaftlichen Kräften unseres Landes – zu allen brennenden Fragen.

Junge Welt, 18. 10., S. 2

Montagabend auf dem Ring der Bezirksstadt

Montagabend. Es ist 20.30 Uhr. Auf dem Leipziger Promenadenring kommt langsam der für diese Zeit normale Verkehr wieder ins Rollen. Hinter uns jedoch liegen zwei Stunden eines Wechselbads der Gefühle zwischen Nachdenklichkeit über das Ausmaß dessen, was sich hier vollzog, und Erleichterung darüber, daß auch diesmal Vernunft und Besonnenheit keine Gewalt zuließen. Einige Beobachtungen, hier nur skizzenhaft möglich, im folgenden.
18.10 Uhr auf dem Karl-Marx-Platz: Über den Stadtfunk fordern Persönlichkeiten unserer Stadt auf, nicht die Straße zum Gesprächsort zu machen. Unter anderem meldet sich Pfarrer Schleinitz zu Wort, zitiert das Bibelwort: »Suchet der Stadt Bestes«. Und: »Bevor

ihr weitergeht, bedenkt, ob es der Stadt Bestes ist, was jetzt auf der Straße ausgehandelt werden soll.« Gut zu hören sind diese Sätze nur für die in unmittelbarer Nähe. Die Stadtfunkanlage ist technisch offensichtlich überfordert. Kurz darauf formiert sich dennoch langsam der Demonstrationszug, die mahnenden Worte nicht beachtend.

18.45 Uhr vor dem Hauptbahnhof: Versuch eines Gesprächs in der Masse. Warum sind Sie hier? Weil ich der Meinung bin, daß sich etwas ändern muß! Der Rest geht in Sprechchören unter: Neues Forum zulassen! Gorbi, Gorbi! Wir bleiben hier! Freien Reiseverkehr!

Wir sind unmittelbar an der Spitze des Zuges. Es fallen junge Leute auf, die das alles als so eine Art Gaudi zu betrachten scheinen. Andere sind ernsthafter. Doch beim weiteren Gesprächsversuch »blitzen« wir ab. Weil wir uns als DDR-Presse, als LVZ-Reporter vorstellen?

19.00 Uhr, die Spitze des Aufmarsches hat den Engels-Platz erreicht: Die Fußgängerbrücken sind zum Bersten voll mit Schaulustigen. Im Zug tauchen immer wieder Transparente auf. Einige der plakatierten Forderungen: Dialog statt Gewalt, mehr tun für die Umwelt – fast schon schizophren scheint uns, daß einige immer wieder »Abkürzungen« durch Grünanlagen suchen.

Auch anderes »Ungereimte«: Auf einem Transparent fordert man »Berufsverbot« für einen Kommentator des DDR-Fernsehens, auf anderen Presse- und Meinungsfreiheit.

19.10 Uhr, Dittrichring. Die wohl brisanteste Situation. Volkspolizisten, die den nahe gelegenen Gebäudekomplex der BDVP sichern, schlägt ein gellendes Pfeifkonzert entgegen. Dazwischen aber auch wieder Sprechchöre: »Schließt euch an!« Wie paßt das zusammen? Immerhin: Die »Keine-Gewalt!«-Rufe werden erhört. Ein paar offensichtlich angetrunkene junge Männer, die aus dem Zug in Richtung der VP-Posten ausschwenken, werden von Besonnenen zurückgehalten.

19.20 Uhr zwischen Thomaskirche und Neuem Rathaus: Wir schlängeln uns durch zu einem Mann mit dem Schild »Meinungsfreiheit/Pressefreiheit«, stellen uns vor. Mit euch will ich nichts zu tun haben, sagt er zuerst. Dann reden wir doch miteinander und irgendwie auch aneinander vorbei. Ihr habt nie die Meinung der Bevölkerung geschrieben, wirft Wolfgang Brand uns vor. Für unsere Gegenargumente hat er offensichtlich kein Gehör. Pauschale Urteile sind schnell gefällt. Man müßte ruhiger und ausführlicher darüber reden können... Der Zug bewegt sich wieder Richtung Karl-Marx-Platz. Nach und nach gehen die Demonstranten auseinander.

20.30 Uhr: Rund zwei Stunden lang fuhr keine Straßenbahn über den Ring. Und wer Leipzig kennt, weiß, daß fast alle Linien über diese Abschnitte führen. Umleitungsmöglichkeiten gibt es nicht, sagt uns

Walter Kietz, Technischer Direktor der LVB. 320 Fahrten fielen aus. Ebenfalls Tausende – vor allem Mitarbeiter von Handels- und Dienstleistungseinrichtungen in unserem Stadtzentrum – warteten vergeblich auf ihre Bahn.
Hinter uns liegen zwei Stunden, über die viele nachdenken...

Eberhard Heinrich/Birger Zentner
Leipziger Volkszeitung, 17. 10., S. 2

Parallel zur Demonstration findet statt:

Ein Podium mit Wissenschaftlern

Zentrale Frage in einem KMU-Hörsaal: Wie konnte es zur zugespitzten Lage kommen?

Vorgestern in Leipzigs Innenstadt:Demonstration und wenige Meter davon entfernt Dialog in drei bis zum letzten Platz gefüllten Hörsälen der Karl-Marx-Universität.
Allerdings erreichte dieses Dialogangebot nicht alle, denn wir konnten unsere Leser mangels Information durch die Karl-Marx-Universität nicht darüber informieren und erfuhren davon am Montag aus einer Leipziger Tageszeitung.
»Ich habe am vergangenen Montag am Friedensgebet in der Nikolaikirche teilgenommen. Das, was ich dort gesehen, gehört und empfunden habe, läßt nur eine Schlußfolgerung zu: Wir brauchen den ehrlichen Dialog mit allen, die um das Schicksal des Sozialismus in unserem Lande bangen.«
So eröffnete der Historiker Prof. Manfred Neuhaus vom Franz-Mehring-Institut das Gespräch. Das Eintreten in den Dialog, so zeigte es sich vor allem bei den ersten Wortmeldungen, ist kein reibungsloser Prozeß, den man per Dekret von einem Tag zum anderen proklamieren kann. Allererste Schritte sind unverkennbar, sagte Prof. Neuhaus, fügte aber an anderer Stelle hinzu, daß die Selbstkritik in der Politbüro-Erklärung fehlt. Unüberhörbar auch die Stimmen, die Zweifel anmeldeten angesichts so rasanter Kehrtwendungen von einigen Medien und führenden Politikern. Was hier wohl vor allem bewegte, war nicht so sehr die Änderung des Standpunktes, sondern die Nachvollziehbarkeit der menschlichen Dimension solcher Wandlungen. Unter diesen Vorzeichen waren auch die im Hörsaal 20 vertretenen Wissenschaftler – neben Prof. Neuhaus die Professoren Orche-

kowski, Wittich und Piazza – nicht von vornherein Partner, eher Verhörte. Zuwachs an Vertrauen und Konstruktivität im Gespräch gab es, in das die vier Akademiker persönliche Erfahrungen und Standpunkte einbrachten. Prof. Dieter Wittich, Dekan der Fakultät für Philosophie und Geschichtswissenschaft, mit seiner Antwort auf eine Frage zu China: »Ich habe kein Einverständnis für die Erklärung der Volkskammer, weil sie nicht diskutiert wurde, weil sie ohne genaue Prüfung der Umstände erfolgte.«

Prof. Orchekowski hat zwei Bücher honoriert bekommen, ohne daß sie veröffentlicht wurden. Damit wurde deutlich, daß die hier vertretenen Wissenschaftler auch vor dem 9. Oktober mit ihren Ansichten und Erkenntnissen nicht hinter dem Berg gehalten haben. Um so massiver aber dann immer wieder eine Fragestellung, formuliert unter sachlichen wie emotionalen Gesichtspunkten, von Intellektuellen ebenso wie von Arbeitern: Wie konnte es zur zugespitzten Lage kommen?

Der Jurist Prof. Orchekowski, Vorsitzender des Stadtausschusses der Nationalen Front, versuchte als erster eine Antwort: »In den letzten Tagen probieren wir den öffentlichen Dialog als neue soziale Verhaltensform, den ein oder zwei Generationen in ihren Lebenserfahrungen, aber auch in ihren Verhaltensmotivationen bisher nicht gekannt haben. Das möchte ich zugestehen, ohne [bezogen auf eine Feststellung aus dem Auditorium – d. A.] zu sagen, daß nun alles Lüge war. Ich will das gar nicht so ernst nehmen, solche Reaktionen sind verständlich.« Der Historiker Prof. Hans Piazza geht davon aus, daß es zwar bisher in Grundorganisationen auch offene Diskussionen gegeben hat, daß sie aber nicht wirkungsvoll genug waren, um eine Wende herbeizuführen. Ursachen der gegenwärtigen Lage sieht er darin, »daß wir politische Strukturen haben, in der das Fortkommen innerhalb der politischen Hierarchien zu stark abhängig ist von dem Wohlwollen der jeweils übergeordneten Leitung und zu wenig abhängig ist von der Meinung der Leute, die eine bestimmte Politik auszuhalten und mitzugestalten haben... Wenn wir die Verfassungsartikel wörtlich nehmen, hätte dies nicht passieren dürfen.«

Prof. Piazza weiter: »Die erkenntnismäßige Bedeutung für die Gesellschaft, die die Erfahrungen des Volkes darstellt, wurde geringgeschätzt oder gar ignoriert.«

»Wissenschaftlich geleitete Politik«, so sagte er, »selbst wenn es die gäbe, findet ihr Kriterium vor allem in den Erfahrungen jener, die diese Politik realisieren, die über Interessengehalt und Realisierungsgehalt solcher Politik Auskunft geben können. Deshalb brauchen wir eine Presse für den gesamten Erkenntnisprozeß in dieser Gesellschaft, in der das Volk mit seinen Erfahrungen zu Wort kommt.« [Beifall]

Nicht auf alle Fragen konnte es in diesen zweieinhalb Stunden eine Antwort geben. Deutlich wurde auch, es müssen Vorschläge her. In Ansätzen wurde das schon am Beispiel des Reiseverkehrs und der Verwaltung der Deviseneinnahmen sichtbar.
In Fortsetzung des Dialogs werden am nächsten Montag ökonomische Fragen erörtert.

St. Preißler
Sächsisches Tageblatt, 18. 10., S. 1

Die Leipziger SED-Bezirksleitung wurde zum »Disput« gefordert und versucht die Arbeiter zu beruhigen:

Unterschiedliche Sichten, einig im Ziel: attraktive DDR

Sekretariatsmitglieder der SED-Bezirksleitung im Disput mit Leipziger Arbeitskollektiven
Trotz kontroverser Meinungen: Nötig sind Geduld, Beharrlichkeit, Unvoreingenommenheit
Nicht zulassen, wenn Bedürfnisse vernachlässigt werden/Ehrlich analysieren
Leipzig (LVZ). Kontrovers und teilweise heftig entspannen sich auch am Montag die Dispute, auf denen Sekretariatsmitglieder der SED-Bezirksleitung das Gespräch mit Leipzigern führten. Angestaute Widersprüche, verhärtete Positionen, so zeigte sich, ließen sich nicht in jedem Fall auflösen. Der ehrliche, offene Dialog verlangt gegenwärtig viel Geduld, Beharrlichkeit und unvoreingenommenes Aufeinanderzugehen. Herrschte auch nicht immer Einigkeit in den Wegen, so doch im Ziel der Gespräche: Wie gestalten wir für uns eine attraktive sozialistische DDR, der keiner mehr den Rücken kehrt?

Leipziger Volkszeitung, 17. 10., S. 1, Auszug

16. Oktober: ▷
Erstmals mit mehreren Transparenten

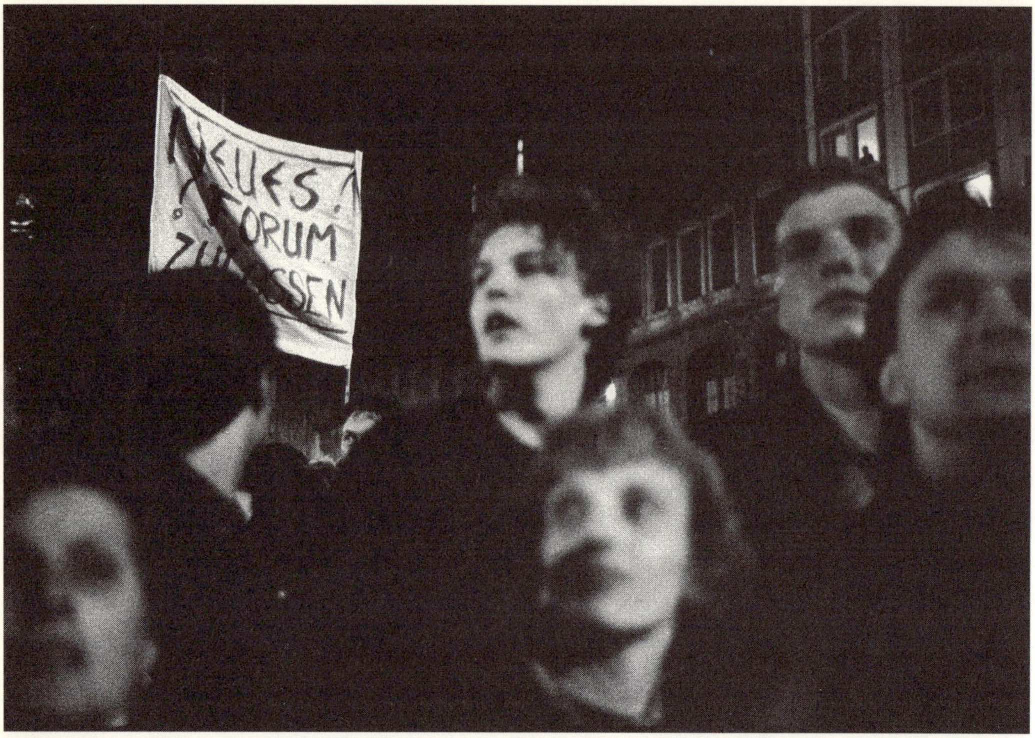

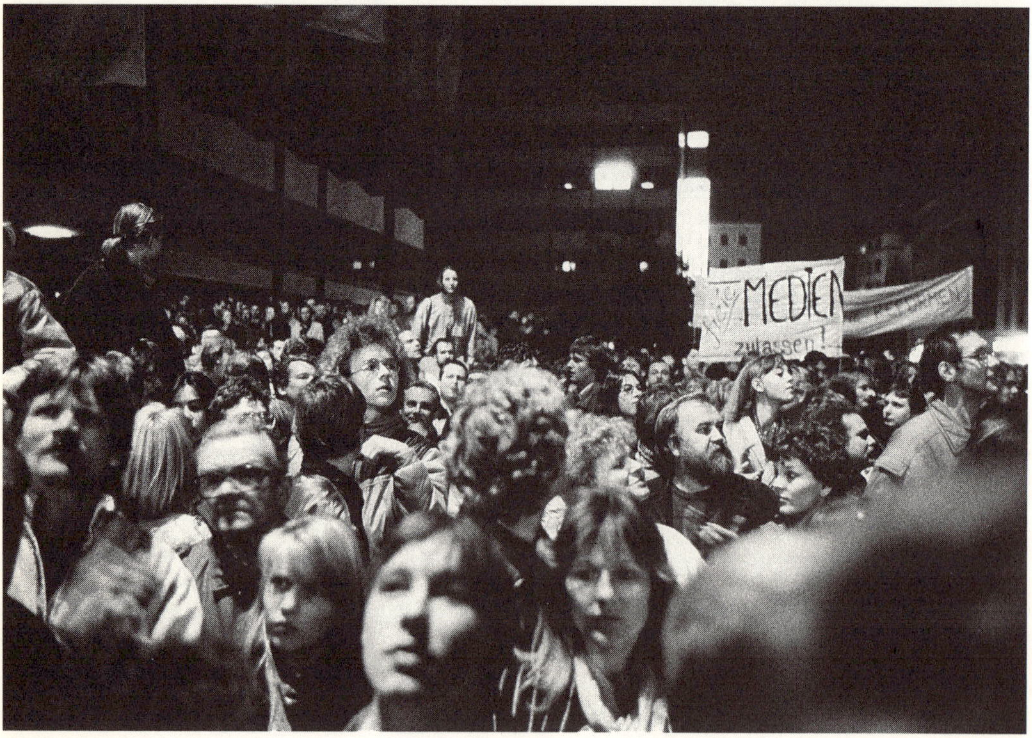
MEDIEN
zulassen!

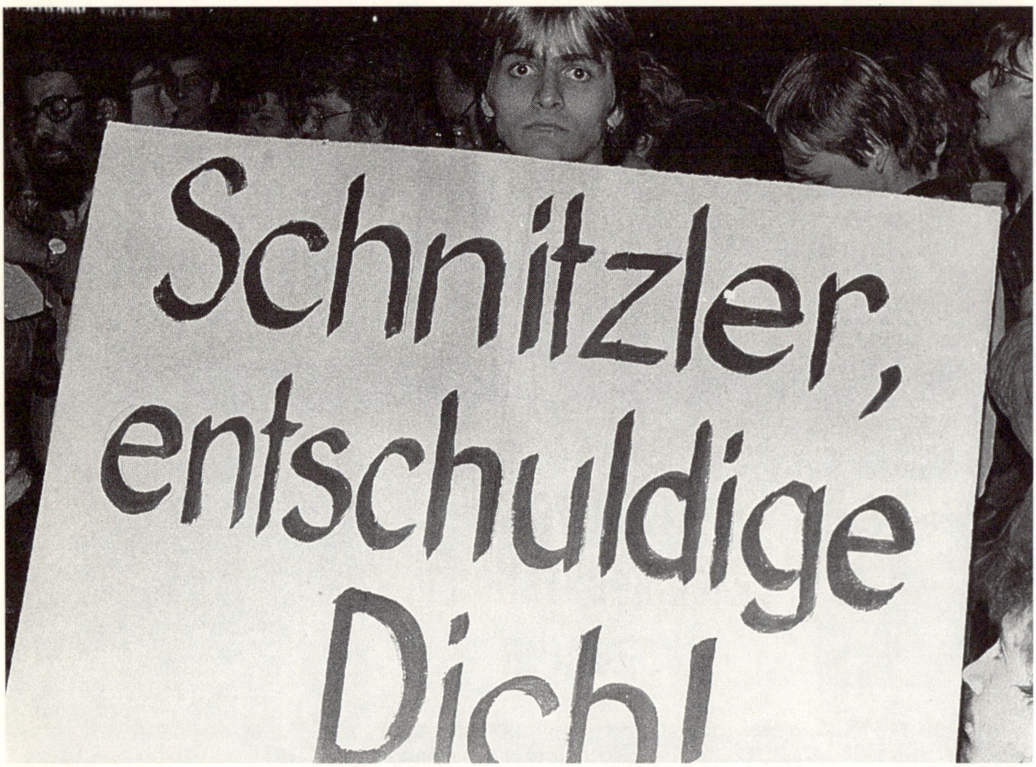

◁ *16. Oktober:*
Demonstrant liest den Gründungsaufruf des Neuen Forum vor

DIE WOCHE IN LEIPZIG

Erstmals wird ein Aufruf des Neuen Forum Leipzig in einer Zeitung wiedergegeben:

Keine Kriminalisierung

Aufruf zur Gewaltlosigkeit und zum Dialog

(ADN) Die Sprechergruppe Leipzig des »Neuen Forum«, das laut einer Mitteilung des Ministers des Innern der DDR vom 22. September als Vereinigung mit seinen Zielen und Anliegen der Verfassung der DDR widerspreche, hat der ADN-Bezirksredaktion Leipzig einen Aufruf zur Veröffentlichung übergeben. In Verwirklichung der Forderung aus der Beratung der Parteivorsitzenden am Freitag in Berlin, daß die Medien lebensnah berichten und keiner vom Dialog ausgeschlossen werden darf, übermitteln wir die Gedanken dieser Gruppe.

In dem Aufruf fordern die Mitglieder dieser Vereinigung, in den öffentlichen und gleichberechtigten Dialog mit allen einbezogen zu werden, eine Öffnung der Medien und eine wahrheitsgemäße Berichterstattung. Wörtlich heißt es: »Wir rufen wiederum und eindringlich zur Gewaltlosigkeit aller Seiten auf. Wir distanzieren uns in aller Eindeutigkeit von Rechtsradikalen ebenso wie von antikommunistischen Tendenzen. Wir fordern zugleich keine Kriminalisierung der Demonstranten und Andersdenkenden, denn das schürt Gewalt.«

Sie schreiben weiterhin, daß wegen der nichtkalkulierbaren Risiken der spontanen Massendemonstrationen montags in Leipzig sich dialogbereite Kräfte zur Lösung der Probleme zusammenfinden müssen.

Union, 17. 10., S. 6

Erstmals wird im *Neuen Deutschland* über die Montagsdemonstration informiert:

Demonstrationen in Leipzig

Leipzig (ADN). Nach Friedensgebeten in fünf Leipziger Kirchen trafen sich am Montag Zehntausende Bürger der Messestadt sowie aus dem Bezirk Leipzig und den angrenzenden Territorien zu einer Demonstration. Die Zurückhaltung der Sicherheitskräfte und der eingesetzten Ordnungskräfte sowie der Demonstranten ist es zu danken, daß es zu keinen Ausschreitungen kam.

Neues Deutschland, 17. 10., S. 2

Rolf Opitz, Vorsitzender des Rates des Bezirkes Leipzig, erklärt sich in einer öffentlichen Veranstaltung:
»Wir müssen dazu beitragen, daß es keine Fehlerdiskussion gibt. Ansätze sind schon da. Was hat der Gorbatschow von seiner Fehlerdiskussionen, von seiner unbewältigten Vergangenheit? In Moskau gibt es nach wie vor nichts zu fressen.«

NEUES FORUM LEIPZIG, *Informationsblatt Nr. 4 vom 7. 11.*

18. Oktober   Erstmalig erscheinen in den Leipziger Zeitungen Fotos von der Demonstration montags in Leipzig.

Ein Bild vom Montagabend in Leipzig

Mehr als 100 000 Bürger dieser Stadt und auch von außerhalb treffen sich zu einer friedlichen Demonstration. Wir berichteten gestern darüber an der Spitze der Seite 1 aktuell. In Sprechchören und auf Transparenten war unüberhörbar und unübersehbar, was die Menschen in unserem Land in diesen Tagen bewegt. Alles Themen, die jetzt Themen des so hoffnungsvoll begonnenen Dialogs sind. Wir wollen uns einmischen. Wir erwarten das in Ihrer Post an uns ebenfalls. Ein NEUES MNN-LESER-FORUM gibt den Rahmen für Ihr und unser Engagement. Mehr darüber am Donnerstag.

Mitteldeutsche Neueste Nachrichten, 18. 10., S. 1

Am 18. 10. erscheint das erste Informationsblatt NEUES FORUM
LEIPZIG

Zur Arbeit des Neuen Forum

Die Arbeit des Neuen Forum ist in vollem Gange und nicht mehr auf-
zuhalten. Während die Bemühungen um unsere Zulassung andauern,
präzisieren wir unsere Arbeitsstandpunkte und schaffen uns Strukturen. Mitarbeiter des Neuen Forum treten in diesen Tagen in zahlreichen öffentlichen Diskussionen auf, Erklärungen von uns werden bereits von DDR-Medien zitiert.
Wir haben einen Offenen Problemkatalog vorgelegt, der wichtig zu
diskutierende und zu entscheidende Sachfragen aus Wirtschaft und
Ökologie, Kultur und Bildung, Wissenschaft, Rechts- und Staatswesen aufwirft. Viele arbeiten damit. Andererseits hat der Offene Problemkatalog Fragen nach der Position des Neuen Forum, vor allem
zum Wirtschaftsbereich, hervorgerufen. Die Ungeduld ist so groß,
daß viele Menschen jetzt verbindliche Orientierungen für alle ihre
Belange erwarten.
Unsere Überzeugung ist, daß am Beginn des demokratischen Dialogs
diesmal weder fertige Antworten noch Richtlinien stehen dürfen. Wir
erheben den Anspruch, über alles zu diskutieren und das gesamte gesellschaftliche Gefüge der DDR einer konstruktiven Kritik zu unter-
ziehen. Deshalb geht es dem Neuen Forum als erstes um die Benennung der Problemfelder und deren kritische Bearbeitung. Nur in einem breiten, absolut offenen Meinungsbildungsprozeß lassen sich
Positionen gewinnen, die die Befindlichkeiten, die Erfahrungen und
Ideen aller an der Umgestaltung interessierten Bürger repräsentie-
ren. Wir wollen eine res publica...
Deshalb sollte der Meinungsbildungsprozeß basisdemokratisch beginnen. Aufgrund einer den Realitäten entfremdeten Medienpolitik,
mit Hilfe von Gesellschaftswissenschaften, die ihrer Verantwortung
nicht gerecht wurden, ist ein falsches, ja schizophrenes Bewußtsein
von und in dieser Gesellschaft erzeugt worden. Die Politik und die offiziellen Verlautbarungen gerieten in einen immer krasseren Widerspruch zu den tatsächlichen Bewegungsvorgängen der DDR-Gesellschaft.
Wie mancher einzelne, so muß diese Gesellschaft insgesamt erst ihr
Selbstbewußtsein wiedererlangen. Wir alle müssen neu lernen, worin
unsere gesellschaftliche Identität wirklich besteht.
Offene Fragen besitzen die Chance, viele Antworten, Ideen und
Phantasie freizulocken.
Wenn die demokratische Erneuerung in der DDR unumkehrbar gemacht werden soll, dann nur über die Anerkennung verschiedener

Interessengruppen, über deren gleichberechtigte Institutionalisierung im gesellschaftlichen Meinungsbildungsprozeß sowie in Legislative und Exekutive. Ob eine Partei für alle Zeiten das Machtmonopol beanspruchen kann, werden die Bürger dieses Landes entscheiden. Die Führung der SED hat sich, entgegen allen Warnungen, nicht nur selbst in eine Vertrauenskrise hineinmanövriert, sie hat einen nicht absehbaren innenpolitischen Schaden angerichtet.
Es liegt an ihr, Vertrauen zurückzugewinnen.
Das Angebot des Neuen Forum steht: Mitbeteiligung am demokratischen Meinungsbildungsprozeß!

Rolf Sprink
NEUES FORUM LEIPZIG,
Informationsblatt Nr. 1 vom 18. 10., S. 2

Das Neue Forum Leipzig gibt in einem Sonderdruck die Allgemeinen Menschenrechte der UNO heraus. Der Umschlag enthält Fotos von der Demonstration am 16. Oktober.

19. Oktober

In der Moritzbastei, Studentenclub der KMU, findet mit 1500 Teilnehmern ein Forum zur »Weiterentwicklung des Sozialismus in der DDR« statt. Aus einem heftigen Disput kristallisieren sich drei wichtige Forderungen heraus:
– nach Zulassung des Neuen Forum, Prof. Bernd Okun, SED
– nach freien Wahlen, Prof. Dieter Wittich, SED
– nach echtem Wettbewerb, Dr. Peter Zimmermann, Theologe

Die Vertreter des Neuen Forum werden nicht in das Präsidium gelassen, weil R. Wötzel, Bezirkssekretär der SED, sich nicht mit einer als staatsfeindlich bezeichneten Vereinigung an einen Tisch setzen will.
R. Wötzel behauptet u. a. wider besseres Wissen, der Gründungsaufruf des Neuen Forum enthalte nicht das Wort Frieden und beziehe keine antifaschistischen Positionen.

Neues MNN-Leser-Forum

Alle wollen den Dialog – wir auch

Das Nachstehende kostete mich lange Überlegungen. Nahezu ein Vierteljahrhundert beackerte ich als Journalist, einer von reichlich

10 000 in der DDR, in unterschiedlichen Aufgabengebieten unsere Medienlandschaft. Ich tat das mit Lust und Freude, selten mit Zähneknirschen, nie mit Desinteresse. In diesen Tagen gibt es für Presse, Funk und Fernsehen unseres Landes Schelte, Vorwürfe über zu wenig Lebensnähe werden laut. Wir Journalisten hätten bekannte Probleme bagatellisiert und die Ursachen für Kritikwürdiges zumeist auf den Einfluß des Klassengegners westlich der Grenze geschoben. Solche Meinungen schmerzen, auch weil die Tatsachen nicht wegzuwischen sind. Georg Christoph Lichtenberg hat 1774 gespottet: »Die Zeitungsschreiber haben sich ein hölzernes Kapellchen erbaut, das sie auch den Tempel des Ruhmes nennen, worin sie den ganzen Tag Porträte anschlagen und abnehmen, und ein Gehämmer machen, daß man sein eigenes Wort nicht hört.«

Mir hat sich mehrfach das Herz gekrampft, als ich mit rund 400 anderen Leipzigern dieser Tage eine stark erhitzte Auseinandersetzung zur DDR-Medienpolitik im academixer-Keller bestritt (am 14. 10.). Vertreter der am Orte erscheinenden Tageszeitungen, des ADN, des Senders Leipzig von Radio DDR und auch die Universitätssektion Journalistik saßen in einem Raum mit ihrer kritischsten Jury, die es gibt, seit es die Medien gibt – mit den Lesern und Hörern. An eine ähnliche Veranstaltung dieser Art und dieser Größe kann ich mich nicht erinnern; ich war also Zeuge von etwas für mich völlig Ungewöhnlichem. Hier spürte man, bei allen, zum Teil auch in die Unsachlichkeit ausufernden Emotionen, wie verlustreich es für uns war, in der Vergangenheit die Kultur des politischen Streites so wenig gefördert und geübt zu haben…

Mitteldeutsche Neueste Nachrichten, 19. 10., S. 5, Auszug

Das Neue Forum Leipzig beschließt in seiner Koordinierungsversammlung folgenden Aufruf, der an alle Zeitungen, den Sender Leipzig und die Kirchen der Stadt verteilt wird:

Wir fordern, daß sofort eine unabhängige Bürgerkommission in der Stadt gebildet wird, die prüft und offenlegt, inwieweit Vorwürfe gerechtfertigt sind, daß in den letzten Wochen Polizei/Sicherheitskräfte Demonstranten und Inhaftierte tätlich angegriffen und mißhandelt haben sollen. Wir sind zur Mitarbeit bereit!

21. Oktober

gez. Jochen Läßig, Petra Lux,
Edgar Dusdal, Martin Kind

Erstes Dialoggespräch im Gewandhaus mit Bürgern der Stadt

22. Oktober

Eine freimütige Debatte über Wege zu neuen Ufern – Sechs Leipziger Persönlichkeiten hatten zum Gespräch in das Gewandhaus eingeladen.

Die dreistündige Debatte begann ungewöhnlich: Gezeigt wurde ein Dia vom 9. Oktober 1981, an dem sich eine riesige, freudig gestimmte Menschenmenge auf dem Karl-Marx-Platz eingefunden hatte, um an der Feier zur Eröffnung des Neuen Gewandhauses teilzunehmen. Ein zweites Foto stammte aus dem Konzertsaal, und zu hören war die »Ode an die Freude«. Im Grunde hätte es nicht des Kommentars von Kurt Masur bedürft, um die Brisanz des Augenblicks acht Jahre später zu verstehen: Die Stunden damals gehörten zu den schönsten, die wir in Leipzig erlebt haben. Damit das, was wir uns geschaffen und worüber wir uns gefreut haben, nicht verlorengeht – deshalb sind wir heute hier. Wir wollen überlegen, wohin unser Weg letzten Endes gehen soll…

Zur Sprache kamen unendlich viele Probleme, und es ist hier unmöglich, sie annähernd vollständig auch nur zu benennen. Da unterschied sich also dieses Treffen nicht von anderen dieser Tage; zu viele Fragen haben sich, lange genug unausgesprochen, angestaut: politische (der Demokratie, des Wahlsystems und so weiter), ökonomische, ökologische, Fragen der Volksbildung ebenso wie der Wissenschaftsentwicklung und der Rolle der Kirche in unserem Staat. Etliche Redner, unter ihnen Kurt Masur und Peter Zimmermann, plädierten für die Möglichkeit, zivilen Wehrersatzdienst in Krankenhäusern zu leisten, wofür es ein Gesetz geben müsse. Ein wichtiger Diskussionspunkt: die Volksbildung. Dazu Superintendent Friedrich Magirius, der mit Genugtuung vermerkte, daß sich der neue SED-Generalsekretär gleich am ersten Tag auch Kirchenleuten zugewandt hat: Von besonderem Belang ist die offene, freimütige Erziehung der Kinder und Jugendlichen. Es dürfen nicht Menschen erzogen werden, die zwei Gesichter haben. Bemerkung einer Sportlehrerin: Nicht nur Kinder, viele in unserem Land haben zwei Gesichter. Zwischenruf: Ich war 30 Jahre Lehrerin; bei der Erziehung zur Wahrheit hat es viele Hindernisse gegeben, aber man hat das – bei entsprechender Zivilcourage – mit Erfolg durchsetzen können. Eine Stadtbezirksschulrätin: Wir sollten nicht vergessen, daß wir manches Bewährte in den Schulen seit Jahren ganz gut machen. Außerdem: Wir sind alle Mütter und Väter, auch von uns selber hängt sehr viel ab.

Immer wieder wendet sich die Debatte den Pflichten der Volksvertretung und der Abgeordneten zu. Ein Krankenpfleger in einem Al-

tersheim: Wir erwarten eine tiefgehende Analyse durch die Volks-
vertreter, um den Mechanismus bloßzulegen, der die Entwicklung
der letzten Jahre möglich gemacht hat.

Ein freischaffender Regisseur, seit 31 Jahren Mitglied der SED: Die
Volkskammer hat ein geradezu atemberaubendes Tempo vorgelegt,
als es um das Wahlrecht für ausländische Bürger ging. Sollte man dieses Tempo nicht auch einschlagen, um die Vorverurteilung des Neuen
Forums als staats- und verfassungsfeindliche Vereinigung zurückzu-
nehmen?

Gegen Schluß der Debatte äußerte ein Anhänger des Neuen Forum
die Sorge, der Dialog stoße nicht rasch genug zum Kern der Probleme
vor. Es ginge doch um ein neues gesamtgesellschaftliches Konzept,
nicht um »kleine« Lösungen, die im Grunde nicht weiterführten. Eine
Antwort gab in gewisser Weise Peter Zimmermann, der abschließend
mitteilte, wie es nun weitergehen sollte. Am Mittwoch könne das
schriftliche Protokoll des Treffens vorliegen, und dies sei eine gute
Grundlage für die Vorbereitung auf das nächste Wochenende, an
dem dieser »Dialog am Karl-Marx-Platz« (eventuell auch in anderen
Häusern) weitergeführt werde – natürlich zum Kern der Dinge.

Günther Hofmann, Hans-Werner Stadie
Leipziger Volkszeitung, 23. 10., S. 3, Auszüge

23. Oktober bis 29. Oktober

»Ich dachte zuerst, die Demonstrationen würden nichts bewirken. Daß das so ein kurzes Aufflackern ist, was dann wieder in sich zusammensinkt. Mein Mann war auch nicht so optimistisch, aber er war von Anfang an dabei. Er ist Maurer bei VEB Galvanotechnik, in seiner Brigade diskutieren die Arbeiter sehr viel. Sie sind geschlossen gegangen ab Anfang September, weil sie gesehen haben, daß es immer mehr bergab ging in der Produktion.

Als noch die Polizei eingegriffen hat, hatte ich Angst zu gehen. Weil ich ja nun auch nicht die Allerschnellste bin, die sich da aus der Affäre ziehen konnte. Als die Kollegen und mein Mann mir sagten, daß es ruhig verläuft, bin ich hin – das erste Mal am 23. Oktober. Und zwar aus dem Beweggrund heraus, daß ich auch nicht einverstanden war mit der SED-Führung, die ja faktisch unsere Regierung war. Mir hat das nicht gefallen, wie wir 40 Jahre lang gelenkt und geleitet worden sind. Daß wir nicht reisen durften, das hat mich belastet. Meine Mutter stammt aus Bayern, ich durfte meine Verwandten nie besuchen. Als ich im letzten Jahr das erste Mal fahren konnte, hab' ich gesehen, wie die Menschen dort leben. Ich leiste auch was auf Arbeit, aber da hab' ich mir gesagt, daß ich viele Jahre voll verarscht worden bin. Ich hab' mich gefragt, wofür ich meine Arbeitsleistung eigentlich verkauft hab'. Die Demonstration war beeindruckend. Obwohl ich Schwierigkeiten mit dem Laufen habe, bin ich die ganze Runde mit am 23. Und ich habe auch ordentlich bei den Sprechchören mitgewirkt, besonders am Staatssicherheitsgebäude. »Stasi in die Volkswirtschaft« oder »Zuviel Macht in einer Hand ist nicht gut für unser Land« – das fand ich gut.

Ich bin der Meinung, man muß weiter auf die Straße gehen. Zwar dürfen wir reisen, aber das steht ja jedem zu, das kann man nicht geschenkt kriegen. In unserem Betrieb sind noch die auf dem Posten, die mitverantwortlich sind für das Durcheinander hier. Unser Bereich, der Bleisatz, wird ja aufgelöst. Jetzt haben wir Ende November, und es gibt Kollegen, die noch immer keine Arbeit haben. Oder es sind falsche Sachen versprochen worden. Auch im Betrieb von meinem Mann hat sich nichts geändert. Vom Arbeiter wird verlangt, er soll arbeiten, arbeiten, arbeiten. Mein Mann ist der Meinung, daß er in 25 Jahren Betriebszugehörigkeit sehr viel geleistet hat, auch mit Überstunden, daß er voll seine Arbeitskraft zur Verfügung gestellt hat und letztendlich wenig dabei rausgekommen ist.«

Monika Deutschmann, Schriftsetzerin

»Als erstes will ich ein paar mir gut gefallende Losungen aufzählen, wie zum Beispiel: ›Ein Vorschlag zum 1. Mai, die Führung zieht am Volk vorbei« oder »Mindestrente fürs ZK‹. Es waren natürlich auch Losungen dabei, die ausgesprochen sinnlos waren, wie zum Beispiel ›Die Mauer muß weg‹. Was ich auch nicht gut finde, ist, daß BRD-Kanzler Kohl von einer Wiedervereinigung spricht... Es war auch schlimm, was vor diesem ganzen ›Aufruhr‹ geschah. Wie zum Beispiel mit dem Rentnergeld, wie man das so schön sagt: ›Der Kommunist ist der größte Kapitalist, wenn es ums Geld geht.‹ Jetzt zu Egon Krenz: Egon Krenz war immer ein enger Freund von Honecker. Jetzt führt er sich nicht mehr so auf.«

Stephan, 11 Jahre

Im Gespräch: Professor Werner Tübke, Maler

Ja, den stärksten Eindruck hatte ich am Montag, dem 23. Oktober

Neues Forum: Herr Professor, welche persönlichen Eindrücke verbinden sich für Sie mit den Oktober-Ereignissen in Leipzig?

Werner Tübke: In schmerzlicher Erinnerung geblieben ist mir zum Beispiel der 7. Oktober. Am späten Nachmittag bummelte ich mit meiner Frau – es war ja Bauernmarkt – arglos über den Markt. Dort sammelten sich allmählich ungewöhnlich viele Menschen. Auch in einigen Seitenstraßen. Wir waren ziemlich verunsichert. Was sollte das alles? Als wir dann von der Grimmaischen Straße in die Goethe-Straße auswichen, sahen wir es: In der Ritterstraße, also in der Nähe des VP-Reviers, standen VP-Mannschaftswagen. Davor Volkspolizei. Mit Schilden, Visier und – Hunden! Wir dachten: Was will die VP in so einem Aufzug schützen? Die ganze Situation war sehr beängstigend.

Neues Forum: Sie haben sich kurz danach, auch wegen der Ereignisse am kritischen 9. Oktober, an den Sender Leipzig gewandt?

Werner Tübke: Ja, das war am 10. Oktober. Ich hatte mich dazu entschlossen. Spontan, aus Sorge um die Menschen dieses Landes. In diesem Land lebe und arbeite ja auch ich.

Neues Forum: Wie reagierte der Sender?

Werner Tübke: Positiv. Er sandte mir gleich am nächsten Morgen eine Journalistin zur Aufnahme. Leider kam es dann zu keiner Sendung. Die hatte die SED-Bezirksleitung untersagt, wie mir der Sender mitteilte.

Neues Forum: Was enthielt Ihr Beitrag?

Werner Tübke: Ich hatte mich dagegen ausgesprochen, daß in diesem kleinen Ländchen so lange heile Welt gespielt wird. Wo doch Menschen in Massen auswanderten. Wo in anderen sozialistischen Staaten grundsätzliche Änderungen vor sich gingen. Wo die Bausubstanz meiner Heimatstadt verkommt und es mit der Volkswirtschaft allgemein nicht zum besten steht. Ganz zu schweigen von unserem Planeten Erde, der durch unsere eigene Schuld gefährdet ist. Ja, die Urlaubsmöglichkeiten der Bevölkerung empfand ich als sehr begrenzt. Moniert hatte ich ebenfalls, wie die Medien informierten. Nämlich undifferenziert, platt und dümmlich. Und daß sie hurtig plötzlich von »Dialogen« sprachen. Aber mit dem Dialog kann doch erst wirklich auf einer parlamentarischen Plattform begonnen werden!

Gegen jegliche staatliche Gewalt habe ich mich natürlich auch ausgesprochen. Ich sagte, daß damit nichts geklärt werden könne. Vielmehr sollten die Ursachen für die Unruhen beseitigt werden.

Neues Forum: Haben Sie das Empfinden, daß damit begonnen wurde?

Werner Tübke: Ja und nein. Ich begrüße die Öffnung der Grenzen. Sie war längst fällig. Natürlich bringt das viele Probleme mit sich, besonders wirtschaftliche. Es müßte jetzt vieles schneller in geordnete Bahnen gelenkt werden – in perspektivreiche Bahnen. Sonst endet alles im Chaos.

Neues Forum: Hat sich Ihnen ein anderes Oktober-Ereignis eingeprägt?

Werner Tübke: Ja, den stärksten Eindruck hatte ich am Montag, dem 23. Oktober. Ich war abends im Gewandhaus. Zu einer Besprechung mit Kurt Masur. Die Demonstration hatte draußen schon begonnen. Wir gingen auf die Plattform hinaus. Was ich dort sah, war für mich unbeschreiblich. Es war wie ein Bild: Tausende und Abertausende von Menschen, die sich auf dem Platz eingefunden hatten. Menschen, die sich nicht wie am 1. Mai ziemlich unbeteiligt treiben ließen. Diese Menschen hier waren freiwillig gekommen. Wenn ich weit hinausschaute, glaubte ich gar so etwas wie eine innere Ordnung zu erkennen, Disziplin und Würde. Und ich konnte auch ganz nah vor mir einzelne Gesichter sehen. Etwas ging in diesen Leuten vor. Eine unausgesprochene Idee schien sie zu einigen. Das wird wohl für mich unvergeßlich bleiben. Vielleicht entsteht daraus auch einmal ein Bild. Mit meinen Worten bewirke ich ja nichts, auch nicht mit meinen Handlungen. Aber von meinen Bildern erhoffe ich mir das schon eher. Ich bin jedesmal glücklich, wenn sie so gegenwärtig verstanden werden…

Das Gespräch führte Eleonore Sladeck am 21. 11.

Zur Demonstrationszeit werden von der SED Veranstaltungen in den Hörsälen 18, 21 und 22 der Karl-Marx-Universität, in der 108. Oberschule, in Klubhäusern und Rathäusern aller Stadtbezirke angesetzt.

Das *Neue Deutschland* informiert erstmals sachlich und ausführlich über die Montagsdemonstration:

Friedliche Demonstration durch Leipziger Innenstadt

Leipzig (ND). Nach Friedensgebeten in sechs Leipziger Kirchen, zu denen nahezu 9000 Menschen gekommen waren, vereinten sich gestern abend in Leipzig rund 150 000 Bürger aus der Messestadt, aus anderen Orten des Bezirkes sowie aus angrenzenden Territorien zu einer friedlichen Demonstration. Über zwei Stunden lang zogen sie in gewaltlosem und diszipliniertem Marsch über den das Stadtzentrum umschließenden Ring. Sie bekundeten auf diese Weise mit Nachdruck ihre Forderung nach Fortführung des begonnenen Dialogs, kritischer Bewertung der gesellschaftlichen Entwicklung der DDR sowie nach spürbaren Veränderungen im täglichen Leben.

In der Nikolaikirche informierte Superintendent Friedrich Magirius während des Friedensgebetes über das Treffen zwischen Generalsekretär Egon Krenz und Landesbischof Dr. Werner Leich. Jetzt gelte es, alle Angebote zum Dialog, die in Leipzig beispielhaft unterbreitet würden, zu nutzen und zu schnellen Entscheidungen zu führen.

Der Stadtfunk hatte seit den Mittagsstunden auf vielfältige Möglichkeiten zum abendlichen Meinungsstreit in den Stadtbezirken, an der Karl-Marx-Universität sowie andernorts hingewiesen. Damit wurde eine Alternative zur Willensbekundung auf der Straße aufgezeigt, um den von Tag zu Tag mehr in Gang kommenden Dialog nicht zu belasten. Dennoch hatte sich kurz nach 18.00 Uhr dann vom Karl-Marx-Platz der Menschenstrom unter Rufen ›Ohne Gewalt!‹ in Bewegung gesetzt. Gegen 20.30 Uhr löste sich die Demonstration friedlich auf. Ordnungskräfte waren nicht im Einsatz.

Während der ganzen Zeit sorgten Verkehrspolizisten für die Umleitung des Verkehrs. Das war ohne beträchtliche Erschwernisse für viele Bürger nicht möglich, da nahezu alle Straßenbahnlinien den Ring passieren.

Neues Deutschland, 24. 10., S. 2

Information der Arbeitsgruppe Büro und Informationszentrum vom 25. 10., Auszug:

Seit dem 23. Oktober arbeitet das Informationszentrum und das Büro des Neuen Forum Leipzig. Als provisorischen Sitz haben wir die Dreilindenstr. 18 gewählt. Öffnungszeiten sind:

Dienstag–Freitag 14–18 Uhr
Sonnabend 12–17 Uhr

Im Informationszentrum sind alle öffentlichen Papiere des Neuen Forum einzusehen, soweit vorhanden auch zu empfangen.
Versammlungen des Neuen Forum und Veranstaltungen mit politischer Bedeutung werden angeschlagen. Gruppen oder einzelne Personen stellen ihre Angebote oder ihre Arbeitsergebnisse aus.

An alle Mitglieder und Freunde des Neuen Forum Leipzig!

Seit der Bekanntmachung des Gründungsaufrufes des Neuen Forum sind nur wenige Wochen vergangen. Trotzdem haben sich in fast allen Bezirken ein oder mehrere tausend Interessenten in die Listen eingetragen. Das Interesse und die Bereitschaft zur Mitarbeit sind außerordentlich hoch. Diejenigen, die sich der Koordinierung der Arbeit angenommen haben, sehen sich der Aufgabe kaum gewachsen. Deshalb ist es nicht möglich, sofort alle Mitglieder gleichermaßen in die Arbeit einzubeziehen. Eigeninitiative ist jetzt wichtig. Jeder sollte versuchen, in seinem Umfeld schon feste Basisgruppen zu gründen und solche Gruppen im Info-Zentrum anzumelden. Keine Gruppe sollte abgeschlossen für sich arbeiten, sondern durch eine/n Vertreter/in auf regionaler Ebene (im Stadtbezirk) mit anderen Gruppen in Verbindung stehen.
Es beginnen sich drei verschiedene Stränge der Arbeit zu entwickeln. Zum einen bilden sich allgemeine Gruppen (regional oder im Freundeskreis), die aktuelle politische Probleme diskutieren und an Lösungsvorschlägen arbeiten, Eigeninitiative ergreifen, Eingaben schreiben, Verbindungen mit anderen gesellschaftlichen Organisationen aufnehmen u. a.
Andere Gruppen stellen sich eine thematische Aufgabe. Angebote für solche Gruppenarbeit liegen zu verschiedensten Themen vor: Kultur, Bildung, Ökonomie, Ökologie, Frauengruppen, Demokratie...

Ein dritter Strang der Arbeit soll in den Betrieben oder Bildungseinrichtungen beginnen. Wir werden dort, wo es möglich ist, Gruppen bilden, die Probleme gleich vor Ort lösen und Unlösbares in die gemeinsamen Überlegungen zu einer grundlegenden Umgestaltung des politischen und wirtschaftlichen Systems einbringen.

Wer selbst keinen Anschluß an Gruppen des Neuen Forum findet, kann sich bei den Kontaktadressen oder im Info-Zentrum beraten lassen. Sehr oft erreichen uns Anfragen wegen eines Programms des Neuen Forum. Bisher liegt keines vor und wird sicher auch in nächster Zeit noch nicht vorliegen. Lediglich politische Einzelforderungen, die bereits auf einen Konsens unter den Mitgliedern des Neuen Forum zählen können, werden auf die Tagesordnung gesetzt. Ein politisches Gesamtkonzept kann noch nicht erstellt werden, weil wir zuerst die Zusammenarbeit aller Gruppen anstreben, die sich für eine demokratische Umgestaltung einsetzen. Es werden also in der nächsten Zeit im Neuen Forum ganz verschiedene Programme diskutiert.

Uns ist bewußt, daß die Zeit drängt. Trotzdem wollen wir keine fertigen Konzepte vorlegen und über die Köpfe der Leute hinweg eine neue Richtung durchsetzen. Vielmehr soll jede/r in die Arbeit einbezogen werden, seine Erfahrung in das Ganze einbringen. Es gibt viel zu tun, fangen wir mit der Arbeit an!

Die Sprechergruppe des Neuen Forum Leipzig:
Michael Arnold, Edgar Dusdal, Petra Lux, Dirk-Michael Grötzsch,
Rainer Pietsch, Martin Kind, Jochen Läßig
NEUES FORUM LEIPZIG, *Informationsblatt Nr. 2 vom 23. 10.,*
S. 2 und 3

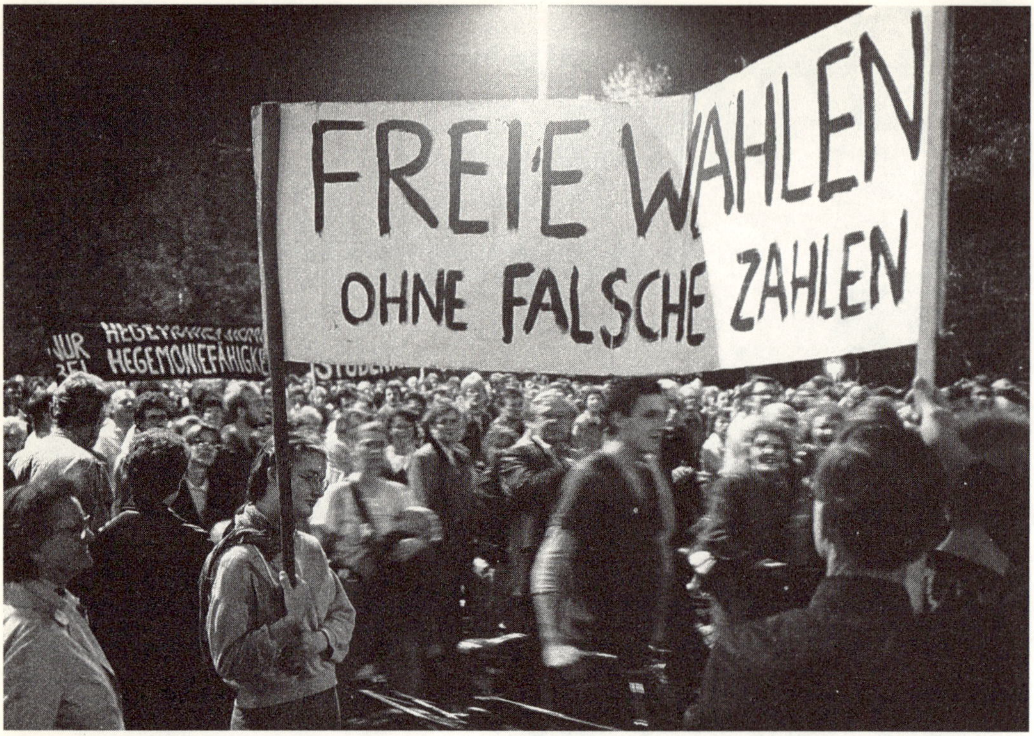
FREIE WAHLEN
OHNE FALSCHE ZAHLEN

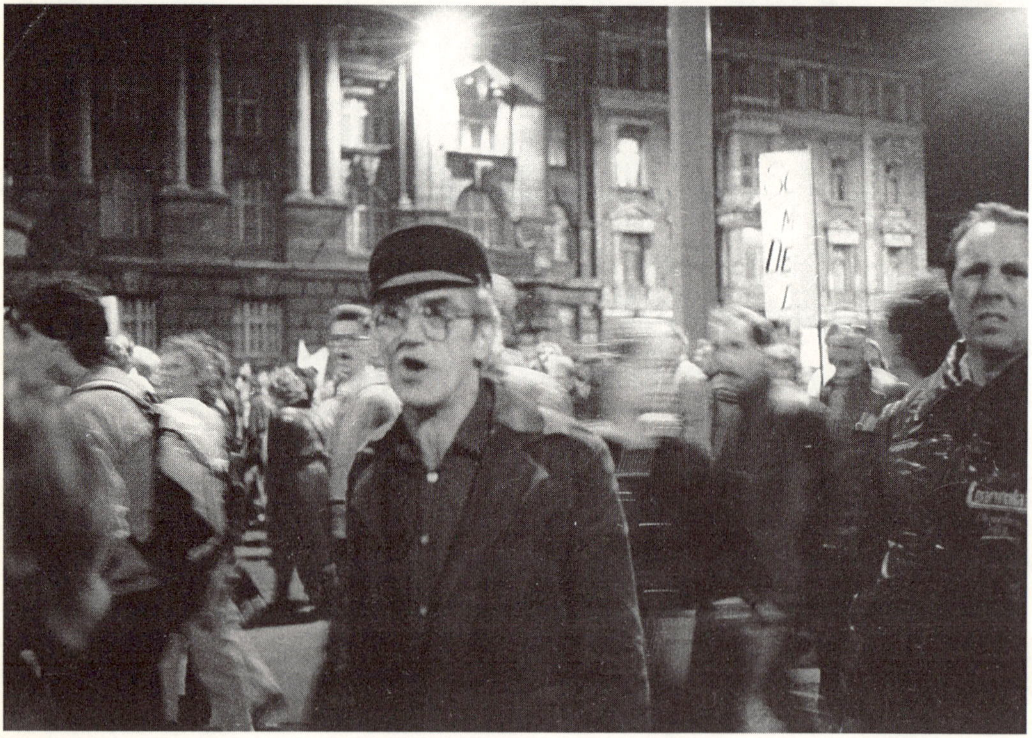

DIE KARRE STECKT
ZU TIEF IM DRECK
DIE ALTEN KUTSCHER
MÜSSEN WEG

In Haft

▽ 23. Oktober: Am Stasi-Gebäude

DIE WOCHE IN LEIPZIG

Ein heißer Abend in der »Tonne«

25. Oktober

Emotionsgeladener Disput beim Forum »Medien – alte Macher, neue Konzepte?« in Leipzig.

Heiß war es in der »Tonne« der Leipziger Moritzbastei – zum einen wegen des stickig-heißen, schier unerträglichen Klimas im überfüllten Raum, zum anderen, weil einige gekommen waren, um auf dem Forum zum heißen Eisen Medienpolitik tüchtig Dampf abzulassen...

Philipp v. Wilcke
Sächsisches Tageblatt, 26. 10., S. 2, Auszug

Der SED-Abgeordnete Knupp richtet in der *Leipziger Volkszeitung* einen offenen Brief an den Oberbürgermeister. Er stellt mit »Zorn und Verbitterung« fest, daß die Stadtväter gegenüber den Problemen der Bürger, die sich »seit dem 7. Oktober 1989 massenhaft und unmißverständlich äußern«, keine Antwort haben und »daß die ehrlich um Verbesserung bemühten Bürger verunglimpft werden konnten«.

Auf Einladung von Gewandhauskapellmeister Kurt Masur kam es zu einem *Gespräch mit Rolf Henrich*, Rechtsanwalt, Autor des Buches »Der vormundschaftliche Staat« und Mitbegründer des Neuen Forum. Das Gespräch wurde vom Sender Leipzig am 25. Oktober gesendet. Hier ein kurzer Auszug des 45-Minuten-Beitrags:

R. Henrich: Ich möchte aber ein Wort zu den Demonstrationen in Leipzig sagen. Ich sag' es einmal recht plakativ: Hier probt der DDR-Bürger den aufrechten Gang. In den Demonstrationen geht es gar nicht, bis auf ganz, ganz wenige Ausnahmen, um Randale, sondern darum, daß Menschen ihre Würde wiederfinden. Das motiviert die Bürger und nicht irgendwelche materiellen Güter, die sie glauben kurzfristig bekommen zu können. Es ist überraschend, daß an Forderungen kaum solche materieller Art gestellt werden. Bürger- und Menschenrechte werden eingeklagt. Das zeigt, welche Reife diese Bewegung hat. Hier geht es nicht um die »Fleischtöpfe«, um die im Moment gestritten wird.

K. Masur: Am letzten Montag stand ich da. Ich hatte unseren wunderbaren Maler Tübke bei mir, und wir haben auf die Menschen ge-

schaut. Wir waren beide wirklich fasziniert. Fasziniert davon, daß es
wirklich nur um ideelle Werte ging und mit welcher Disziplin Parolen
mit verschiedenem Niveau gerufen wurden – das versteht sich, das ist
immer so –, aber doch immer gemeint, wir wollen hierbleiben zuerst,
wir wollen unser Leben glücklicher machen, wir wollen dazu beitragen, daß für unsere Kinder eine so hoffnungsvolle Zukunft vorhanden ist, daß wir sagen können, wir bleiben aus Überzeugung hier.
Man möchte sein Land lieben, in dem man lebt, man möchte stolz
darauf sein. Das ist wohl der Grundtenor. Wie der politische Weg
dazu ist, da gibt es sicherlich unterschiedliche Meinungen. Aber dazu
kann sich ja jetzt jeder äußern.

R. Henrich: Der gesamtgesellschaftliche Diskurs muß in Gang gesetzt
werden. Ich halte die Gespräche im Gewandhaus für eine großartige
Sache. Dieser Diskurs muß aber auch in konkrete Schritte übersetzt
werden. Die gegenwärtige Aufbruchstimmung darf nicht verspielt
werden. Es müssen schnell einige politische Zeichen gesetzt werden,
die die verlorene Glaubwürdigkeit wieder wachsen lassen. Um es
deutlich zu sagen: Ein neues Wahlgesetz, das kostet uns kaum einen
Pfennig, dies kann man sehr schnell zu Papier bringen. Man kann es
auch sehr konzentriert in der Bevölkerung diskutieren und dann auch
zügig verabschieden, damit wir zu den nächsten Wahlen dann schon
ein Gesetz haben, das vom Konsens der Bevölkerung getragen wird.
Sehr schnell ließe sich auch das politische Strafrecht ändern, das ja
auch im Moment nicht angewandt wird, man würde da ja gar nichts
verschenken, man würde nur die »Siebenschwänzige« von der Wand
nehmen.

K. Masur: Wir haben hier in Leipzig gelernt, und zwar auf beiden Seiten, unsere Polizei- und Sicherheitskräfte, wir haben gelernt, daß der
Versuch, sich erst einmal begreiflich zu machen, daß man demselben
Volk angehört, daß man nicht gegeneinander kämpfen will, sondern
einfach nur Gelegenheit haben muß, sich gegenseitig zu verständigen, auch gegenteilige Meinungen zu äußern, daß das nichts Strafba-
res sein kann.

Sächsisches Tageblatt, 27. 10., S. 2, Auszug

Dialog: Ja – Vereinnahmung und Anhörung: Nein!

Die mit der Erklärung des Politbüros der SED vom 11. 10. 1989 signalisierte Dialogbereitschaft trägt Früchte.
Täglich flattert ein ganzer Berg von Einladungen auf unseren Tisch,

Seminargruppen, Parteigruppen, Massenorganisationen, Wissenschaftler, Universitätssektionen, Hochschulen, Fachschulen, prominente Bürger... – alle wollen das Gespräch.

Neben wirklichem Interesse scheint es momentan zum guten Ton zu gehören, daß Mitglieder des Neuen Forum geladen werden. Wie sieht das konkret aus?

Solange die Einladenden Menschen sind, die in der Machthierarchie weit unten rangieren, z. B. Studenten, läuft der Dialog scheinbar gleichberechtigt. Die Einschränkung, daß nicht das Neue Forum diese Gruppen einlädt, sondern eingeladen wird, deutet auch hier schon auf das Problem.

Das Problem tritt offen zutage, wenn offizielle Stellen, die Macht besitzen, die Einlader sind. Da wird verlangt, als Bürgerin XY aufzutreten, der Vorspruch »Ich bin Mitglied des Neuen Forum« wird ignoriert. Jüngstes Beispiel: Das öffentliche Gespräch im Gewandhaus am 22. 10. 1989. Sicher, die Mitglieder des Neuen Forum konnten sich als solche äußern, erhielten Beifall – aber: die Aktuelle Kamera vom gleichen Tag setzte ihren Schnitt ganz präzise. Bei drei Wortmeldungen (Kurt Masur, Petra Lux, Steffen Böttcher) wird das Reizwort »Neues Forum« einfach geschnitten.

Wie ist die Lage?

Fakt ist, daß die Impulse der Erneuerung nicht von den Verantwortlichen kamen.

Fakt ist, daß die Impulse der Erneuerung von unten aus dem Volk kamen, als Ausdruck realer Volksmacht, realen Volkswillens.

Fakt ist, daß die Machthaber meinen, die vorhandenen Strukturen, Formen und Foren reichten aus für eine demokratische Erneuerung.

Fakt ist, daß das Neue Forum genau das in Frage stellt.

Warum?

Die herrschenden Strukturen bauen darauf auf, daß eine herrschende Elite Zugang zu allen Informationen, Daten, Forschungsergebnissen hat, denn: Wissen ist Macht! Gleichzeitig verfügt diese herrschende Elite über alle Mittel, dieses Bildungsprivileg zu institutionalisieren, durch Kaderpolitik, Zensur und Gesetzgebung.

Das gesamte Volk wurde damit entmündigt und zur Sprachlosigkeit und Halbbildung verdammt...

Petra Lux, Sprecherin des Neuen Forum Leipzig

Auf der Koordinationsversammlung des Neuen Forum Leipzig am 25. 10. vorgetragen, Auszug

Wie sag' ich's meinem »Kinde«?

Mit Interesse habe ich den Artikel von Wolfgang Tiedke am 19. Oktober in der LVZ gelesen. Seit vielen Jahren stehen die »Massenmedien« wegen ihrer Berichterstattung bei der Bevölkerung in der Kritik. Vordergründig sind es fehlende Aktualität und Flexibilität. Das Lesen dieses Artikels jedoch öffnete mir die Augen, daß die Ursachen tiefer liegen.

Die Überlegungen des Autors sind zweifellos gut, doch erfordert das Lesen des Artikels Hochschulreife des Lesers und Konzentration bis zum letzten Satz. Er bedient sich genau der »Funktionärssprache«, die bei den Bürgern gähnende Langeweile hervorruft. Wegen dieser Sprache werden heute kaum noch die Reden führender Politiker und dazugehörige Kommentare gelesen.

In diesen Tagen besteht dieses Problem nicht, weil die Zeit so bewegt ist und Leserbriefe mit an vorderster Stelle des Interesses stehen. Doch es kommen auch wieder »normale« Zeiten und damit wachsende Anforderungen an Journalisten. Journalisten und Hochschullehrer, die sich diesen Forderungen nicht stellen, sollten sich schnellstens um einen anderen Beruf kümmern!

Siegfried Slomiany
Leipziger Volkszeitung, 26. 10., S. 6

26. Oktober

Stichwort: Pressefreiheit

Die Rufe nach Pressefreiheit, Meinungsvielfalt, objektiver Berichterstattung bei der Leipziger Demonstration vom vergangenen Montag waren nicht mehr so zahlreich wie zuvor. Mit gutem Grund – glaube ich jedenfalls. In der vergangenen Woche äußerten sich der Chefredakteur unserer Zeitung und mein Kollege Udo Boden zu diesem Thema, versuchten dabei auch Ursachen für die Beeinträchtigung unserer Arbeit in der Vergangenheit aufzudecken. Ich kann heute für mich und viele meiner Kollegen in der Redaktion behaupten: Ja, ich fühle mich als freier Journalist…

Micha Schneider
Mitteldeutsche Neueste Nachrichten, 26. 10., S. 3, Auszug

Technische Hochschule lud ein zur Diskussion:

Fragen der Demokratie standen im Mittelpunkt

Leipzig (LVZ/B.K.) Zum Thema »Wende – wohin? – wieweit?« diskutierten am Donnerstag abend fast drei Stunden lang etwa 90 Wissenschaftler, Studenten, Arbeiter und Angestellte der Technischen Hochschule Leipzig. Zu dem Gespräch hatten der Rektor Prof. Dr. Dietrich Balzer, Parteisekretär Lothar Plecher, Gewerkschaftsvorsitzender Dr. Dieter Steinborn und FDJ-Sekretär Ralf Eichhorn in den Hörsaal 125 der TH eingeladen.
In der lebhaften, kritischen und kontrovers geführten Diskussion ging es vor allem um Fragen der Demokratie in unserem Lande und um die führende Rolle der SED...
Zwischenrufer bemängelten den Begriff »Wende« und begründeten, es gehe um eine grundlegende Erneuerung. Es sei sowieso erstaunlich, wie sich insbesondere einige führende Genossen so schnell und plötzlich gewendet hätten...

Leipziger Volkszeitung, 28./29. 10., S. 4, Auszüge

Wird die Basis akzeptiert?

Unabhängiger Studentenrat an der KMU

Es war ein Sieg der Basisdemokratie, die Annahme des Konzeptes für einen Unabhängigen Studentenrat an der Karl-Marx-Universität durch die Mehrheit der Vertreter von 449 Seminargruppen am Donnerstag abend. Doch die Frage bleibt, wie der Rat, der sich als sozialer Interessenvertreter der an der Universität Studierenden versteht, seine Rechte gegenüber dem Lehrkörper sowie anderen Institutionen wird geltend machen können...

Sächsisches Tageblatt, 28./29. 10., S. 8, Auszug

Erstmals wird in einer Leipziger Zeitung ein Interview veröffentlicht, in dem jemand befragt wird, der in die Bundesrepublik ausreisen möchte:

Er hat schon abgeschlossen mit uns

Im Gespräch mit Jürgen Seher (36) aus Radefeld, einer, dem Vertrauen und Geduld fehlen

Warum wollen Sie weg?
Meine Frau, sie ist Disponentin im »Merkur«, wollte es schon eine Weile. Doch ich sagte, laß uns doch bleiben, ich bin hier aufgewachsen, heimisch – wir bauen! Ich bin dann ein halbes Jahr auf Behörden rumgelaufen, weil das Land einer Erbengemeinschaft gehört, die Teilhaber bis in die BRD und nach Kanada hat. Aber die Bürgermeisterin gab's mir schließlich schriftlich, daß wir den Boden bekommen. So habe ich angefangen, die Grube ausgehoben, hatte fast alles Kellermaterial da. Das war vor den Wahlen. Dann wurde ein neuer Bürgermeister gewählt – und für uns kam ein Baustopp. Als man uns kein neues Bauland zuwies, stellte ich den Antrag.

Ließ sich nicht mit dieser Erbengemeinschaft verhandeln?
Sicher, aber das könne, wie man mir beim Kreis sagte, drei Jahre dauern...

Glauben Sie, daß Sie noch etwas umstimmen könnte – jetzt?
Nein. Ich gehe auf jeden Fall. Ich vertraue keinem mehr. Ich kann mir auch nicht vorstellen, daß dieselben Leute nun plötzlich alle anders geworden sein sollen. Bei uns in der LPG hat es bisher noch keinen Dialog gegeben, weder beim Vorstand noch beim Parteisekretär. Und die Leute hätten viel zu sagen.

Versuchten Sie schon, illegal in den Westen zu kommen?
Nein. Wegen der Kinder, mit ihnen wollten wir in keine Botschaft. Auch will ich mal wiederkommen können, auf Besuch, zu meiner Mutter. Ich glaube, auch die Kollegen hätten das nicht verstanden.

Tut es Ihnen denn nicht leid, alle hier im Stich zu lassen?
Sicher denkt man so was. Aber da muß man durch. Die Arbeit hier mach' ich ja gern. Nur das Geld! Zur Getreideernte 320 Stunden im Monat auf'm LKW, sonnabends durch, sonntags durch, und alles für 1200 Mark. Mehr darf die LPG nicht zahlen, das schreibt der Staat vor.

Und Ihre Kinder sind kein Grund für Sie, hierzubleiben?
Nein, einer zu gehen. Sie sollen mal eine Zukunft haben, frei sein, reisen dürfen.

Radikale Reiseveränderungen stehen z. B. auch bei uns bevor.
Nee, über die Brücke geh' ich nicht. Gut, ich krieg' einen Paß. Aber
da hab' ich noch kein Visum, kein Geld...

Fühlen Sie sich nicht frei?
Ich habe hier zwar eine Neubauwohnung von der LPG, doch wenn
ich mal kündige, muß ich raus. Das ist keine Freiheit.

Und im Westen, glauben Sie, geht's Ihnen da besser?
Ja. Warten wir es ab.

Was wollen Sie in der BRD als erstes tun?
Natürlich Arbeit finden, dann eine Wohnung. Zuerst wollen wir bei
meinem Bruder wohnen, er lebt seit '60 drüben. Aber ich will schnell
auf eigene Beine kommen.

Was wollen Sie arbeiten?
Erst mal würde ich alles machen. Am liebsten aber auf'm Bau. Ich
habe mal Maurer gelernt. Selbstvertrauen habe ich genug, ich denke,
ich pack's.

Das dachten alle anderen vor Ihnen auch.
Ich weiß. Aber ich denke, die meisten, die jetzt drüben arbeitslos
sind, haben hier schon nicht viel gearbeitet. Und nun glaubten sie, im
Westen ginge das so weiter.

Haben Sie Angst vorm Konkurrenzdruck drüben?
Im Gegenteil. Echte Konkurrenz, so was fehlt uns hier. Dann macht's
doch erst Spaß. Und wer gut ist, setzt sich durch. Ich habe keine
Angst.

Können Sie sich vorstellen, jemals wieder zurückzukehren?
Ich glaube es nicht. Diese Blöße würde ich mir kaum geben. Da müßten wir schon unter einer Rheinbrücke hausen...

Es fragte Harald Lachmann
Leipziger Volkszeitung, 26. 10., S. 2

27. Oktober

Die Alarmbereitschaft in den Kasernen der Leipziger Bereitschaftspolizei wird aufgehoben.
Auf dem Karl-Marx-Platz wird eine Litfaßsäule aufgebaut, an der die
verschiedenen Gruppen und Bürger der Stadt ihre Meinungen veröffentlichen können.
Die Redaktion des Neuen Forum Leipzig beantragt beim Rat des Be-

zirkes Leipzig schriftlich eine Lizenz für eine Wochenzeitung *Neues Forum Leipzig*. Der Lizenzantrag wird der Abteilung Inneres übergeben.

9.00 Uhr Beginn der Stadtverordnetenvollversammlung im Neuen Rathaus. Erstmalig in der DDR wird eine solche Versammlung live und vollständig über den Rundfunk (Sender Leipzig) gesendet.
Auf der öffentlichen Stadtverordnetensitzung, die durch die politische Situation erzwungen und beherrscht wird, überwiegen Auffassungen, in denen sich der Ernst der Lage noch nicht widerspiegelt. Entschieden kritisch fordert jedoch der SED-Abgeordnete Knupp: »Wir müssen uns bei den Demonstranten entschuldigen, und wir müssen ihnen zugleich danken!«

28. Oktober

Für Konsequenzen der Wende

Leipzigs Stadtverordnete berieten – Forum im Gewandhaus

Leipzig (EB/mp/Dr. G.) In bisher nie gekannter Offenheit verlief am Sonnabend in der Messestadt die auf Vorschlag von Abgeordneten einberufene außerordentliche Tagung der Stadtverordnetenversammlung Leipzig.
Oberbürgermeister Dr. Bernd Seidel unterstützte die Forderung nach rückhaltloser Aufklärung von Übergriffen der Schutz- und Sicherheitsorgane am 7. bzw. 9. Oktober. Von den zentralen Organen erwarte der Rat, daß Leipzig als zweitgrößte Stadt in der DDR im kommenden Fünfjahrplan entsprechend eingeordnet werde. Zur Lösung anstehender Fragen luden die Abgeordneten den Staatsratsvorsitzenden Egon Krenz ins Stadtparlament ein. Beifall fand der Vorschlag des OBM, sofort Angehörige der Armee im öffentlichen Personennahverkehr Leipzig einzusetzen. Parteien, Organisationen sollten umgehend ihren Verwaltungsaufwand überprüfen. Fünf Prozent des Personalbestandes staatlicher Organe werden zu einem längeren Einsatz in kommunale Bereiche abgestellt. Oberbürgermeister Dr. Seidel appellierte an die Kombinate und Betriebe unseres Landes, endlich mehr Unterstützung für die Leipziger Messe zu geben.
In der Diskussion ergriffen rund 50 Abgeordnete und Gäste das Wort...

Union, 30. 10., S. 1

10 Uhr im academixer-Keller ein Forum »Rechtsstaat – Staatsrecht«

Das rechtsstaatliche Dilemma: Bürgerrecht als Untertanenrecht?

Mir fällt es schwer, nach diesem Sonnabendvormittag im »academixer«-Keller Worte zu finden. Ich bin betroffen über den Zustand unseres Rechtssystems. Was mir die Schule der endfünfziger und sechziger Jahre an glatt gehobelten Lehrsätzen darüber mitgegeben hatte, habe ich verinnerlicht. Ich habe geglaubt, war manchmal skeptisch, aber im Grunde doch der Ansicht, daß es so rechtlich wie hierzulande... nirgendwo sonst zugeht. Daß solcher Glaube in den letzten Jahren brüchiger geworden ist, dafür haben auch Leipziger Ratsmitglieder gesorgt...
Das Erschrecken vom Sonnabend war allerdings anderer Natur. Ich habe erstmals begriffen, daß ich ziemlich rechtlos durch den Alltag gehe. Als Bürger bin ich sozialistischer Staatsuntertan. Lange nach der Französischen Revolution. Dr. Berger: »Zu jedem Recht gehört ein Instrument, aber das gibt es bei uns nicht. Eine Eingabe ist immer nur eine Petition, eine Bitte um Gnade, kein Rechtsmittel. Das Recht ist nach und nach immer mehr zum Hilfsmittel der Politik geworden und blieb für den Bürger uneinsehbar. Es muß eine klare Trennung zwischen der politischen Führung und der Rechtsprechung geben.« Die Gewaltenteilung scheint mir ein gangbarer Weg zu sein, jedoch unmöglich – wie mehrfach betont –, wenn die SED ihren Führungsanspruch als Eliteanspruch verfassungsrechtlich festschreibt.
Natürlich spielten die Ereignisse der letzten Zeit eine große Rolle, insbesondere der Polizeieinsatz am 7. Oktober. Ein Polizeioffizier bewegte sich mit detaillierten Widersprüchen und logischen Koboldsschlägen durch die Ereignisse. So wurde der Bombendrohung auf das Interhotel »Merkur« etwa damit begegnet, daß 20jährige Mädchen zum Suchen des Sprengsatzes (stehengelassene Tasche etc.) eingesetzt wurden. Angesprochen auf Gewalttätigkeiten von seiten der Polizeikräfte, forderte Dr. Reitmann, Mitglied des Rates des Bezirkes für Inneres, mit staatsmachtlicher Arroganz die Nummer jener Autos, auf denen Mißhandlungen gesehen worden seien...
Kein Wort der Entschuldigung für von Zeugen beobachtete Treibjagden, für Wasserwerfer, für blutige Prügeleien auf Ohnmächtige, für Einkesselungen auch von Frauen und Kindern...

Norbert Wehrstedt
Mitteldeutsche Neueste Nachrichten, 31. 10., S. 3, Auszug

Am Karl-Marx-Platz eine Vielzahl Dialoge

Etwa 3000 Bürger diskutierten im Gewandhaus Fragen der Demokratie / Mehr Informationen zur Umweltbelastung verlangt

Leipzig (LVZ). Innerhalb der vor einer Woche geplanten und vorgeschlagenen Gesprächsreihe »Dialog am Karl-Marx-Platz« kam es am Wochenende zu mehreren Veranstaltungen. Die Gespräche waren gekennzeichnet von Sachlichkeit, Vorschlägen, wobei es erneut zu einer sehr kritischen Bestandsbeschreibung unserer Gesellschaft kam und sich namhafte Persönlichkeiten an den Gesprächsrunden beteiligten.

29. Oktober

Im Foyer des Gewandhauses beteiligten sich etwa 3000 Bürger am Dialog zum Thema »Sozialistische Demokratie – aber wie?«, der von Prof. Dr. Kurt Masur geleitet wurde und an dem Jochen Pommert (SED), Dr. Siegfried Krause (NDPD), Gerhard Gauda (DBD) sowie namhafte Wissenschaftler der KMU teilnahmen. Im academixer-Keller diskutierte man mit dem Schauspieler und Kabarettisten Bernd-Lutz Lange zum Thema »Rechtsstaat – Staatsrecht«. Im Opernhaus stellten sich Prof. Karl Kayser, Kurt Meyer, Dr. Tittel, Dr. Uwe Fischer und weitere Persönlichkeiten dem Thema »Kunst und Kultur«, und im Hörsaal 19 der KMU diskutierten Dr. Roland Wötzel, Prof. Dr. Hensel und Pfarrer Steinbach zum Problem »Ökonomie und Ökologie – Gegensatz oder Einheit?«

Die Diskussion im Gewandhaus war eine Fortsetzung der Veranstaltung vom 22. Oktober an gleicher Stätte. Prof. Masur machte erneut darauf aufmerksam, daß nochmals eine Vielzahl von Vorschlägen und Kritiken entgegengenommen werden sollte, um aus einer sorgfältigen Prüfung der aufgeworfenen Fragen Themen für weitere spezielle Diskussionsrunden mit kompetenten Vertretern zu gewinnen.

Die ganze Breite der Umweltproblematik kam im Hörsaal 19 zur Sprache. Immer wieder erhobene Forderung war die umfassende Information zur Umweltbelastung im Bezirk, in der Stadt Leipzig.

Während des Forums im Opernhaus kündigte Prof. Karl Kayser, jahrzehntelanger Generalintendant der Leipziger Theater, sein Ausscheiden an.

Leipziger Volkszeitung, 30. 10., S. 1, Auszug

Anmerkung der Herausgeber: Eine im Artikel nicht erwähnte kontroverse Debatte im Gewandhaus entstand, nachdem Falk Hocquél und Rainer Pietsch, Neues Forum Leipzig, das noch im Umlauf befindliche verleumderische SED-interne Informationspapier (siehe S. 184) vorgetragen hatten, wodurch deutlich wurde, daß die SED zwar offiziell den Dialog propagierte, intern aber nach wie vor das Neue Forum kriminalisierte.

Schonungslose Analyse der bisherigen Politik gefordert

Gestern Auftakt für Gespräche des Leipziger Rats mit Bürgern

Leipzig (LVZ/T.M.). Weit über 500 Leipziger waren gestern der Einladung des Rates der Stadt zu einem Gespräch im Neuen Rathaus gefolgt. Die Bürger forderten eine schonungslose Analyse der Fehler bisheriger Politik. Zugleich wiesen sie auf die derzeit drängendsten Probleme hin. Zu deren Lösung boten mehrere Anwesende ihre konstruktive Mitarbeit an.

Die emotionsgeladene, über weite Strecken jedoch sachlich geführte Debatte machte deutlich, daß die Leipziger lange darauf gewartet hatten, ihren Standpunkt gegenüber dem Rat zu artikulieren. In den über 30 Wortmeldungen überwog die Hoffnung, daß die Wende in unserem Land unumkehrbar sein möge.

Die Bürger machten u. a. auf Mängel im Bau- und im Gesundheitswesen, in der Gewerbepolitik, im Handel und in der Volksbildung aufmerksam. Mehrfach wurde ein neues Wahlgesetz gefordert. OBM Dr. Bernd Seidel sagte, dieses über drei Stunden während Gespräch sei nur ein Auftakt. Der Rat sei bereit, am Montag auf dem Karl-Marx-Platz die Diskussion fortzusetzen. Außerdem werden künftig jeden Donnerstag im Rathaus Dispute stattfinden.

Leipziger Volkszeitung, 30. 10., S. 1

Gesprächsstoff für mehr als zwei Stunden

Zum Thema Ökonomie und Ökologie im Hörsaal 19 der KMU

Was wohl die meisten im Raum bewegte, die Luft- und Wasserverschmutzungen, ihre Wirkung auf Wohlbefinden und Gesundheit der Menschen. Wie lange muß also dieser veraltete Betrieb, besonders die Schwelerei, in Espenhain noch produzieren? Läßt sich unser wichtiger, wertvoller Rohstoff Braunkohle nicht zum Teil durch Erdgas oder Erdöl ersetzen?...

Eleonore Huth

Dialog am Karl-Marx-Platz

Gedanken – frei, wenn sie niemand für sich behält
Im Gewandhaus: »Sozialistische Demokratie – aber wie?«
Vor einer Woche war die Idee für eine Reihe »Dialog am Karl-Marx-Platz« geboren worden...

Leipziger Volkszeitung, 30. 10., S. 3, Auszüge

Einem vielköpfigen Auditorium standen beim sonntäglichen Forum im Konzertfoyer des Opernhauses namhafte Kultur- und Kunstschaffende Rede und Antwort. Zu ihnen gehörten Prof. Karl Kayser, Generalintendant der Leipziger Theater, Dr. Kurt Meyer, Sekretär der SED-Bezirksleitung, Dr. Wolfgang Tittel, Mitglied des Rates des Bezirkes für Kultur, und Dr. Uwe Fischer, Stadtrat für Kultur.
Lautes Nachsinnen über Kunst und Kultur – und die Politik.
Momentaufnahmen vom sonntäglichen Disput im Konzertfoyer der Leipziger Oper...

Leipziger Volkszeitung, 31. 10., S. 6

Die *Leipziger Volkszeitung* schreibt über die Leipziger Montagsdemonstration nach wie vor mit »gemischten« Gefühlen:

Montags auch auf dem Ring: Stopp für 33 000 Fahrzeuge

LVZ sprach mit Major Helmut Büschke, Leiter der Abteilung Verkehrspolizei der VP-Bezirksbehörde Leipzig.
Über die Montagsdemonstrationen im Leipziger Stadtzentrum gibt es geteilte Meinungen. Eines ist jedoch wohl unstrittig: Der Verkehr wird ziemlich behindert.
H. Büschke: Ganz beträchtlich sogar! In die Zeit fällt eine Verkehrsspitze, nämlich der Feierabend der Handelsleute und die Heimfahrt vieler Besucher des Stadtzentrums. Doch der Ring ist um diese Zeit blockiert. Auch rollen kaum öffentliche Verkehrsmittel. Das heißt, wer beispielsweise seinen Pkw auf dem Karl-Marx-Platz abgestellt hatte, kommt dort um 18.00 Uhr nicht mehr weg. Nicht vergessen werden sollte, daß die Hauptfeuerwache, die sich ja am Dittrichring

befindet, sowie die Einsatzstelle der Schnellen Medizinischen Hilfe in der Friedrich-Ludwig-Jahn-Allee erheblich in ihrem Aktionsraum beschränkt werden.

Als LVZ in einem Report von der Demonstration auch auf diese Begleiterscheinungen hinwies, warfen uns einige Leser vor, wir würden Unwesentliches herauspicken...

H. Büschke: Ich kann dazu einige Fakten nennen. Der Promenadenring ist die am dichtesten befahrene Leipziger Straße, da er auch mehrere Fernverkehrsstraßen integriert. Er hat eine wichtige Verteilerfunktion. Zwischen 17.00 und 21.00 Uhr wird der Ring gewöhnlich von 33 000 Kfz befahren. Die müssen montags von uns über Straßen umgeleitet werden, die von diesem Fahrzeugstrom einfach überfordert sind. Es gibt also auch dort erhebliche Staus und Behinderungen. Dazu kommt, daß die notwendige Freilenkung des Ringes Kräfte der Verkehrspolizei bindet, die an anderen Brennpunkten, beispielsweise an den Trassen nach Leipzig-Grünau, fehlen. Und von den LVB weiß ich, daß in dieser Zeit 276 Straßenbahnfahrten mit 42 000 Fahrgästen ausfallen. Ich glaube nicht, daß das so unwesentlich ist...

Als wir vergangenen Montag mit Demonstranten sprachen, bemerkten wir unter ihnen auch viele Nichtleipziger. Deckt sich das mit Ihren Beobachtungen?

H. Büschke: Unbedingt! Bereits nachmittags setzte ein starker Zustrom aus allen Bezirken der DDR nach Leipzig ein, die meisten kommen per Pkw. In diesem Zusammenhang möchte ich mich zum Fürsprecher vieler Bürger machen, deren Beschwerden und Eingaben bei uns vorliegen. Viele der Auswärtigen stellen ihre Fahrzeuge nämlich nicht nur in Bereichen mit Park- oder Halteverbot ab, sondern blockieren auch Ein- und Ausfahrten. Vergangenen Montag waren sogar Pkw im Rosental abgestellt. Ich meine, es ist ein Widerspruch, auf Transparenten Freiheit und Gesetzlichkeit zu fordern und durch eigenes Verhalten die Freizügigkeit anderer zu behindern und Gesetze wie die Straßenverkehrsordnung zu verletzen.

Mit Major Büschke sprach Eberhard Heinrich
Leipziger Volkszeitung, 28./29. 10., S. 2

29. Oktober: ▷
Dialog im Gewandhaus (mit Prof. Kurt Masur)
und im Jugendklub »Artur Becker«

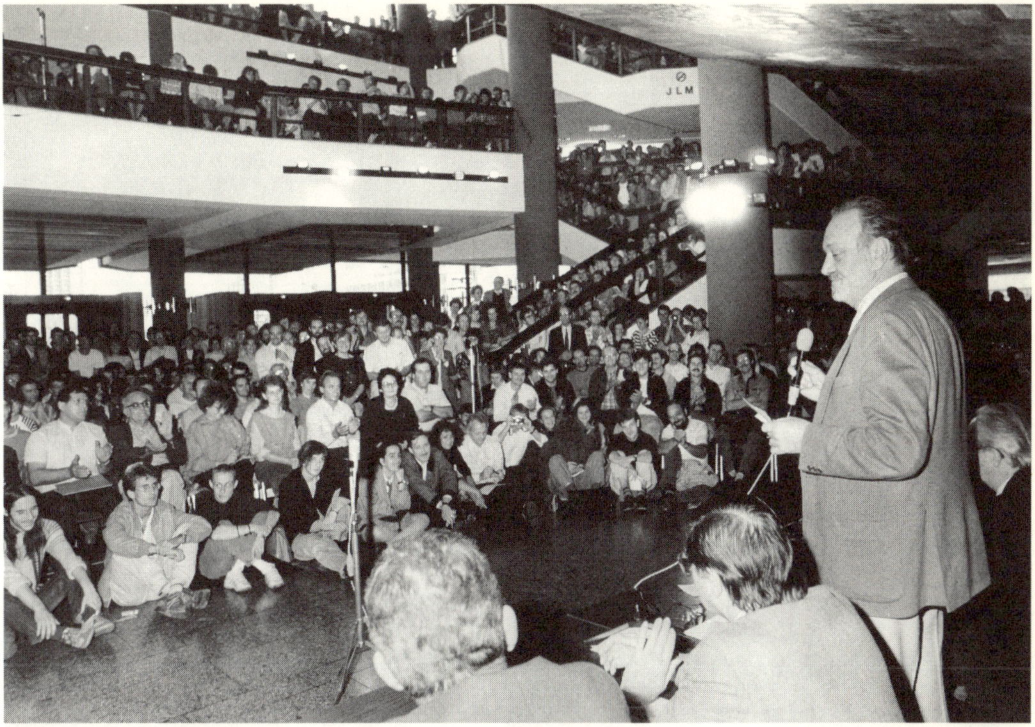
JLM

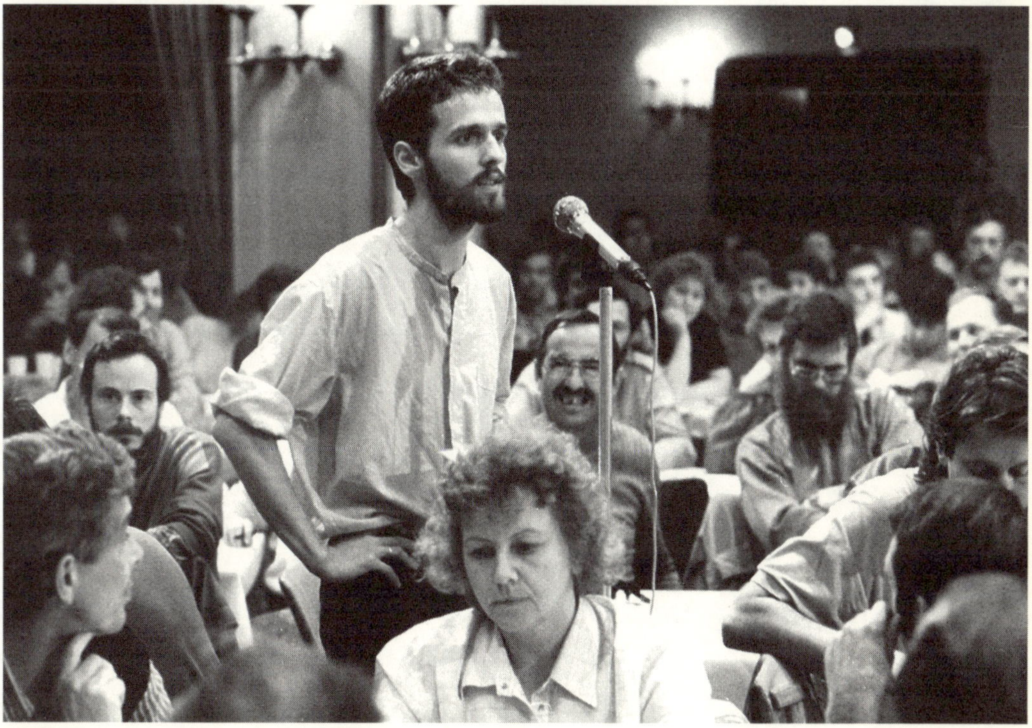

30. Oktober bis 5. November

Rede des Neuen Forum zur Demonstration

Demonstranten! Demonstrantinnen!
Hier spricht das Neue Forum!

Vor zwei Wochen hat sich die Führung der DDR den Bürgern im Dialog gestellt.
Dies ist das Ergebnis der spontanen Kundgebungen im ganzen Land. Wenn wir dennoch weiter auf die Straßen gehen, dann deshalb, weil den schönen Worten endlich Taten folgen müssen. Wir brauchen Garantien dafür, daß Reformen in Gang kommen, die unser Land grundlegend verändern.
Wir sagen: Schluß mit einem Obrigkeitsstaat, der die breite Masse des Volkes zu unmündigen Bittstellern degradiert.
Wir sagen: Schluß mit dem selbstherrlichen Führungsanspruch einer einzigen Partei, die sich nicht in freien Wahlen legitimieren läßt.
Wenn wir auf dieser Demonstration Rechtsstaatlichkeit fordern, dann heißt das:

- Herstellung einer von politischen Parteien unabhängigen Gerichtsbarkeit;
- Wiedereinführung von Volksentscheiden, wie sie durch die Verfassung der DDR von 1949 garantiert waren;
- Sofortige Freilassung und Rehabilitierung aller politischen Gefangenen.

Wenn wir heute rufen: »Neues Forum zulassen«, dann heißt das:

- Sofortige Bearbeitung unseres Antrages auf Zulassung;
- Bereitstellung von angemessenen Räumlichkeiten für das Informationszentrum und das Büro in der Dreilindenstr. 18;
- Unterstützung von Veranstaltungen des Neuen Forum, wie unserer Kundgebung für Presse-, Versammlungs- und Vereinigungsfreiheit am 18. November 10.00 Uhr auf dem Marktplatz.

Wenn wir Pressefreiheit fordern, dann heißt das:

– Unverfälschte und unzensierte Darstellung der Anliegen des Neuen Forum in den vorhandenen Medien;
– Zulassung einer eigenen Zeitung und eines eigenen Verlages.

Wenn wir freie Wahlen fordern, dann heißt das:

– Schaffung neuer Wahlgesetze, durch die freie und geheime Wahlen garantiert werden, in denen eine Entscheidung für oder gegen verschiedene Personen, Parteien oder Organisationen möglich ist;
– Zulassung des Neuen Forum mit eigenen Kandidaten zur Wahl.

Bürger! Laßt euch nicht kaufen durch besseren Konsum und Reisefreiheit. Reisefreiheit ist ein unveräußerliches Menschenrecht, das niemand aus Gnade gewähren kann.
Keine Zukunft ohne Vergangenheitsbewältigung! Verlangt die namentliche Benennung der an der Krise unseres Landes schuldigen Politiker, Funktionäre und Richter. Sie sollen zur Verantwortung gezogen werden. Wir fordern darüber hinaus die Beseitigung der Strukturen, die ein solches fehlerhaftes Handeln ermöglicht haben.
Beteiligt euch an der demokratischen Umgestaltung, die unser Land so anziehend machen soll, daß jeder von uns hier leben will.
Demonstranten! Demonstrantinnen!
Wir rufen euch auch heute wieder eindringlich zur Besonnenheit auf – beschädigt nichts, verhindert jegliche Provokation, die zu gewalttätigen Auseinandersetzungen führen kann.

Jochen Läßig
im Auftrag der Sprechergruppe des Neuen Forum Leipzig

Die Rede wurde zehnmal durch ein Megaphon an verschiedenen Stellen des Demonstrationszuges wiederholt.

300 000facher Ruf: Taten statt Worte!

Demonstration im Leipziger Stadtzentrum

ag.-Eigenber. Leipzig

Rund 300 000 Bürger demonstrierten gestern im Anschluß an Friedensgebete in sieben Leipziger Kirchen in der Messestadt.

Auf Plakaten sowie in Sprechchören forderten sie – wie bereits bei den Demonstrationen in den vergangenen Wochen – die Zulassung des Neuen Forum, Reise- und Pressefreiheit sowie grundlegende Reformen der sozialistischen Gesellschaft. Zu hören waren Rufe wie »Stasi in die Volkswirtschaft« und »Wir wollen endlich Taten sehen!« Mit einem Aufruf über Lautsprecher forderten Vertreter des Neuen Forum freie Wahlen sowie Veränderungen in der Regierung.

Erstmals gab es während der Demonstration Gespräche zwischen Leipzigs Oberbürgermeister Dr. Bernd Seidel und weiteren Mitgliedern des Rates der Stadt sowie Vertretern der SED mit demonstrierenden Bürgern. Kritisiert wurde dabei, daß diese nicht per Lautsprecher für alle zugänglich gemacht wurden. Angesprochen auf kommunale Probleme, erwiderte Dr. Seidel, diese ließen sich nicht alle von Leipzig aus lösen. Doch sehe er in den Demonstrationen ein legitimes Mittel, die Klärung bestehender Probleme anzumahnen. (Die Demonstration dauerte bei Redaktionsschluß an.)

Das traditionelle Friedensgebet in der Nikolaikirche, das durch Lautsprecherübertragung auch jene verfolgen konnten, die in der Kirche keinen Platz gefunden hatten, war dem Thema »Zwischen Hoffnung und Angst« gewidmet. Ängste müßten ausgesprochen werden, dann seien sie überwindbar. Das geltende Recht, so wurde betont, sehe noch immer erhebliche Haftstrafen für nichtgenehmigte Demonstrationen sowie die Gründung ungesetzlicher Organisationen vor.

Sächsisches Tageblatt, 31. 10., S. 1

Heiße, aber noch zu leise Dispute im kühlen Herbstwind

Notizen von Gesprächen vor Beginn der Demonstration am Montagabend auf dem Leipziger Karl-Marx-Platz

Die letzten Minuten der gestrigen Demonstration rund ums Leipziger Stadtzentrum spielen sich vor dem Neuen Rathaus ab. Tausende finden sich dort noch einmal zu einer regelrechten Kundgebung zusammen, hören die Forderungen eines Sprechers des Neuen Forum nach Zulassung seiner Organisation, nach Bereitstellung von Räumlichkeiten für dessen Arbeit. Zuvor riefen die Demonstranten: »Seidel, mach das Fenster auf!« Forderung nur an den einen Mann? In unserer Stadt gibt es noch einige Politiker mehr, die Verantwortung tragen. Diese Entwicklung der Demonstration ist wohl letztlich das Ergebnis halbherziger Kommunikationsmöglichkeiten beim Versuch, mit den Montagsdemonstranten ins Gespräch zu kommen. Denn das fand durchaus statt, mitten auf dem Karl-Marx-Platz:
Während im Gewühl Stichworte zu hören sind wie »Sehen Sie doch den Zustand der Stadt!«, »Gebt privaten Gaststättenbesitzern mehr Unterstützung!«, wendet sich ein Mann direkt an Jochen Pommert. »Weißt du, in meinem Betrieb ist ganz schön was los. Da ist eine Fehlinvestition realisiert worden, aber keiner von oben läßt sich sehen!« Der Mann gibt sich näher zu erkennen: Peter Barche, arbeitet in drei Schichten in der Megu. Über Selbstherrlichkeit einzelner Leiter schimpft er weiter. Nach sachlichem Meinungsaustausch verspricht Jochen Pommert: Ich komme zu euch in den Betrieb.
Neugierige drängen. Eine Frau schimpft, man hätte schon 40 Jahre lang miteinander reden müssen! Ein anderer versucht zu beruhigen: Es ist doch gut, jetzt hier zu diskutieren.
Das Gedränge um Achim Prag schwillt für einen Moment ab. Doch gleich schließt sich wieder der Kreis. Neue Fragen an den 1. Sekretär der SED-Stadtleitung: »Was meinen Sie, welche Mechanismen in unserem Lande geschaffen werden müßten, damit sich das Vergangene nicht wiederholt?« – »Nun, daß man beispielsweise nicht sein ganzes Leben lang Funktionär ist. Zwei Wahlperioden, das könnte ich mir vorstellen.«
Eine junge Frau kommt zu Achim Prag durch: »Die Leipziger warten seit Monaten, daß auch Sie, Herr Prag, zu ihnen reden. Das jetzt finde ich sehr schön. Aber hier verstehen Sie nur ein paar: Warum wird nicht wie in Berlin mit Mikro und Lautsprechern der Dialog im Großen gesucht?« – »Ich denke, am nächsten Montag können wir, wie Sie vorgeschlagen haben, diesen breiten Dialog führen.« Diese Antwort hat nicht nur die junge Frau gehört. Die Erwartungen sind groß.

Unmut unter einigen Gesprächsteilnehmern, daß versprochene Änderungen zu lange auf sich warten lassen. Einer, der ein Plakat »Freie direkte Wahlen« entrollt hat, verlangt, künftig das DDR-Staatsoberhaupt selbst, also direkt mitwählen zu können – nachdem er vorher sein Programm kenne.

Auf solche Forderungen eingehend, antwortet der Leipziger Oberbürgermeister Dr. Bernd Seidel, daß er natürlich keine Zustände verändern kann, die auf zentraler Ebene zu lösen sind. Er sei für legale Demonstrationen auch in Leipzig, meint Dr. Seidel, freilich seien solche Gespräche, wie er sie heute hier führe, nur ein kleiner Teil eines ehrlichen Volksdialogs. Dieser müßte mit viel mehr Bürgern an viel mehr Orten stattfinden. Warum aber erst jetzt Dialog, warum nicht schon im Sommer, als viele an der Nikolaikirche riefen »Wir wollen raus!«, und warum erst Dialog, als er von der Straße gefordert wurde?, fragt ein Teilnehmer. Auch wir, bekennt der OBM, haben erst lernen müssen, solcherart ins Gespräch zu kommen.

Was ist mit der Veröffentlichung der Umweltdaten? In Karl-Marx-Stadt sollen sie schon ab 1. November bekanntgegeben werden, fragt ein Herr. Er erhält eine überraschende Antwort: Auch wir in Leipzig wollen die Daten ab 1. November veröffentlichen. Und bei Smogsituationen wird es Warnungen geben. Das ist schon beschlossen. Der OBM teilt weiter mit, daß das Heizkraftwerk in der Käthe-Kollwitz-Straße, das auf der Basis umweltfreundlichen Erdgases arbeitet und bisher nur in Spitzenzeiten eingeschaltet wurde, künftig verstärkt in Betrieb genommen werden soll. Es hat bereits Zusagen gegeben, daß zusätzlich Erdgas zur Verfügung gestellt wird, um die Staubfahne aus dem Dimitroff-Kraftwerk in Zukunft zu verringern.

Von Vertrauen und Mißtrauen ist die Rede in der Gesprächsrunde um Stadtrat Theo Ullrich. »Ich habe seit dem 9. Oktober eine Dokumentation über unsere Zeitungen angefertigt«, erklärt gerade ein Leipziger, der sich als Beschäftigter des VEB Geophysik zu erkennen gibt. »Da hat sich sehr viel verändert. Aber mir geht das alles ein bißchen zu schnell.« Ein anderer wirft ein: »Das Vertrauen ist erst einmal weg. Und wer es wieder erringen will, der muß sich selbst erst einmal in die Verantwortung nehmen.« Nach einer Weile kommt Theo Ullrich zum Antworten. »Ich kann hier nicht für andere sprechen. Und was mich betrifft, ich habe mich nicht um 180 Grad gedreht. Als Stadtrat hat mir immer das Leben der Bürger und unserer Stadt am Herzen gelegen.« Er verweist darauf, daß die Mitarbeiter seines Ratsbereichs maßgeblichen Anteil daran haben, daß der Wildpark entstand, das Naherholungsgebiet Lößnig-Dölitz, der Bowling-Treff und anderes. »Heute will keiner mehr Schuld daran haben, daß es bei uns bergab gegangen ist«, sagt einer zu seiner Begleiterin. Beide wenden sich ab.

Etwa 15 bis 20 Personen haben den Stadtbaudirektor Dr. Joachim Schroeder umringt. Im Moment geht es jedoch nicht ums Bauwesen, sondern um Fragen der Versorgung. Und da wollen gleich mehrere zu Wort kommen. »Das ist doch nicht normal. Will man was Bestimmtes haben, muß man während der Arbeitszeit in die Geschäfte laufen.« »Aber im Berliner Regierungsviertel, da gibt es alles.« Dann kommt auch ein Gespräch in Gang. Stadtbaudirektor und Bürger sind sich im Prinzip einig, daß die Versorgung in Ordnung zu bringen ist.

Während die Gespräche noch im Gange sind, fordert ein Sprecher des Neuen Forum per Megaphon zur Besonnenheit auf. Dann formiert sich der Demonstrationszug. Deutlich erkennbar, daß er weniger emotionsgeladen ist als noch vor Wochen. Forderungen nach Zulassung des Neuen Forum, freien Wahlen, und daß den Worten Taten folgen sollen, werden laut. Das kommt auf den zahlreichen Transparenten als auch in den gerufenen Losungen zum Ausdruck. Deutlich auch das: Egon schaff die Privilegien ab! Mach aus Wandlitz ein FDGB-Feriendorf! Daneben Forderungen nach zivilem Wehrersatzdienst. Andere wenden sich gegen das »Machtmonopol der SED«. Häufig auch Forderungen nach dem Rücktritt von Harry Tisch, Kurt Hager und Margot Honecker.

Kaum noch zu hören der Ruf: »Ohne Gewalt!« Das ist offensichtlich ein Ergebnis gewachsenen Vertrauens. Ganz in diesem Sinne ist auch die symbolische Sperrkette am Gebäude des MfS, um es vor Unbesonnenen zu schützen.

Kurz nach 20.30 Uhr löst sich die Demonstration ohne Zwischenfälle auf, kann der Verkehr wieder rollen.

(Aus dem Stadtzentrum berichteten W. Zaspel, B. Zentner, U. Niemann, M. Schroeter, H. Lachmann, O. Kattner)
Leipziger Volkszeitung, 31. 10., S. 2

Das ganze Bild

Sie haben zweifellos recht, wenn Sie auf Gefährdungen des Straßen-
verkehrs hinweisen, die in Folge der montäglichen Demonstrationen
entstehen. Allerdings wird durch Ihren Bericht das Bild verzerrt. Un-
disziplinierte Fußgänger gibt es auch zu anderen Zeiten. Und der ka-
tastrophale Zustand der Straßen ist ungleich gefährlicher als die
Wachsflecken. Während sich die Demonstranten Gedanken machen
sollten, wie sie Verunreinigungen der Straße vermeiden, sollte sich
die Stadtverwaltung dringendst darum bemühen, Tausende von Un-
fallquellen zu beseitigen.

Torsten Seela
Leipziger Volkszeitung, 31. 10., S. 8

30. Oktober: Friedensgebet in der Nikolaikirche

Vor der Nikolaikirche ▷

Oberbürgermeister
Dr. Bernd Seidel, vier
Tage vor seinem
Rücktritt

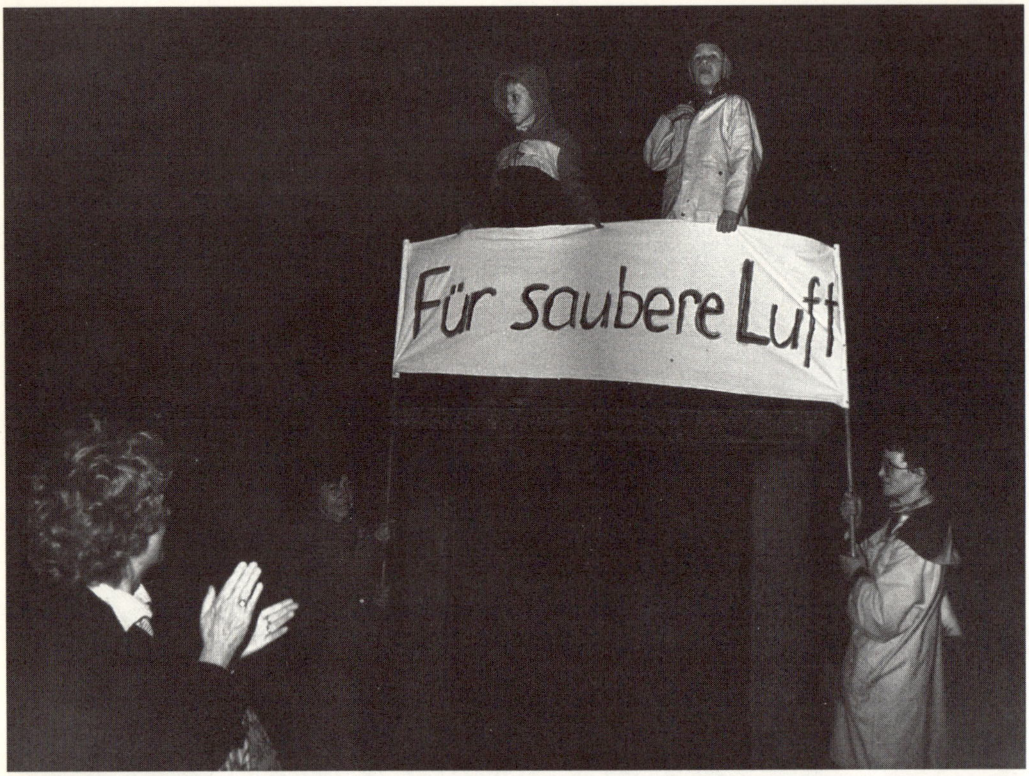
Für saubere Luft

Wir wollen HODENREFORM
Weg mit den schlaffen Säcken!!

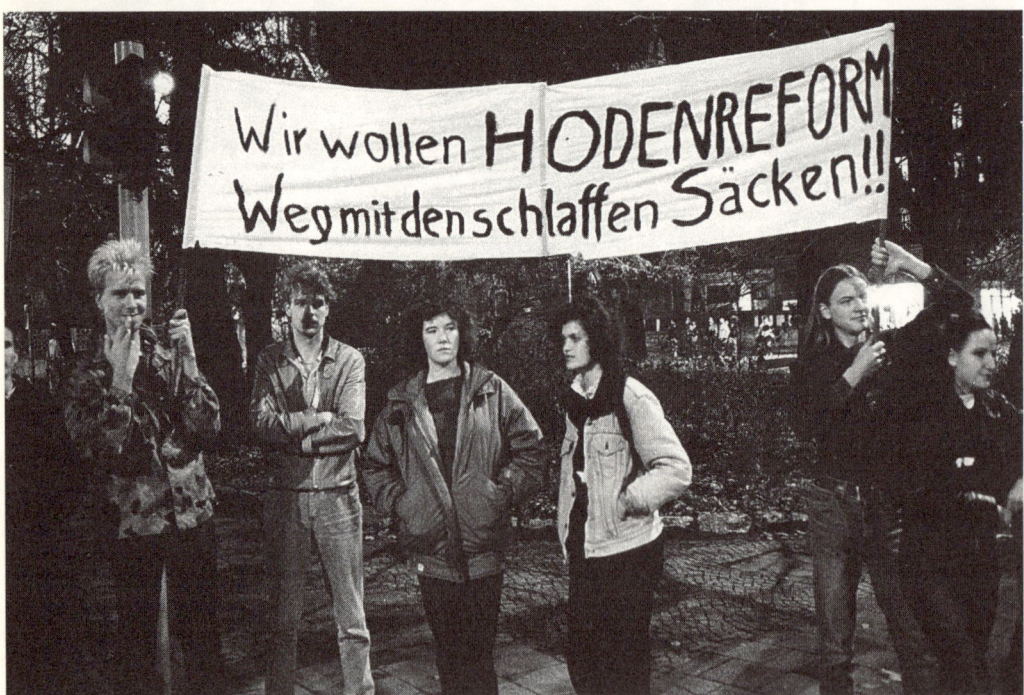

DIE WOCHE IN LEIPZIG

Gedanken zur Lage

Das Volk der DDR ist im Aufbruch. Die Wende ist da. Nach etwas mehr als 14 Tagen läßt sich konstatieren: Erstens: Was wir schon für den entwickelten Sozialismus hielten, ist erst der Rohbau einer Gesellschaftsordnung, die, so meine ich, Freiheit, Gleichheit und Brüderlichkeit bringen kann.

31. Oktober

Zweitens: Die politischen Strukturen (ein in diesen Tagen oft zitierter Begriff) hierzulande entsprechen nicht länger dem Willen des Volkes, sonst ginge es nicht auf die Straße, und sonst gäbe es nicht die Bürgerbewegungen, ob »Neues Forum« oder »Demokratie – jetzt«.

Drittens: In der öffentlichen Diskussion geht es nicht um die gesellschaftsgestaltende Mission der Arbeiterklasse. Umstritten ist die Rolle der SED in der DDR.

Viertens: Es wird die Verantwortlichkeit für gesellschaftliche Stagnation und politische Verkrustungen erörtert (denn diese sind die Ursachen der gegenwärtigen Krise, deren Talsohle wohl noch nicht durchschritten ist), und es werden Verantwortliche namhaft gemacht. Woraus folgt, daß die Regierungspolitik zur Disposition gestellt wird.

Fünftens: Offenheit und Öffentlichkeit – Glasnost – machen transparent; sie ergreifen auch die »zuständigen Organe«: die Volkspolizei, Inneres, die Staatssicherheit und auch Staatsanwaltschaften und Gerichte.

Als Mitglied der LDPD ziehe ich aus dieser Lagebeurteilung hauptsächlich folgende Schlüsse:

Erstens: Liberaldemokraten sind überall engagiert, den Sozialismus hierzulande zu einem Sozialismus zu machen, der den Farben der DDR nicht nur in Worten entspricht. Es soll ein Sozialismus werden, der Spaß macht, der ein pluralistischer Sozialismus, der ein neuer Sozialismus ist. Dem dienen unsere Vorschläge, unser Nachdenken und unsere Arbeit. Wir sind uns bewußt, dies ist eine »Jahrhundertaufgabe«, will sagen, eine Sache täglichen Einsatzes, aber auch eine Sache, die weit in die Zukunft reicht, die nicht in Monaten oder Jahren, nicht durch ein ZK-Plenum und nicht durch einen Fünfjahrplan zu bewältigen ist.

Zweitens: Bürgerbewegungen gehören von nun an zur politischen Wirklichkeit in unserem Lande. Liberaldemokraten haben da keine Berührungsängste, weil sie keine Problemängste haben. Wahlregelungen, wie wir sie seit 1950 kennen, sind keine Gesetzmäßigkeit der Geschichte. Und Wahlen heute und in Zukunft entscheiden nicht über die Alternative Sozialismus oder Rückkehr zum Kapitalismus, sondern über diese oder jene Politik im und für den Sozialismus, über diesen oder jenen Bürgermeister, über die Zusammensetzung dieser oder jener Volksvertretung. Anders gesagt: Wahlen müssen Wahlen werden.

Drittens: Die Rolle der SED ist politischer Natur. Dieser Partei ist aufgegeben zu führen. Die Frage lautet, ob sie dieser Notwendigkeit, diesem geschichtlichen Auftrag gerecht zu werden vermag. Das hängt von subjektiven Fähigkeiten ab, von Personen und Sachentscheidungen, von Überzeugungskraft und Durchsetzungsstärke. Manches, was bislang als »ehernes Gesetz« der Geschichte galt, ist in Wahrheit bisherigen Umständen der Machthandhabung geschuldet. Warum sollten sich Liberaldemokraten in einer Volksvertretung irgendwo im Lande nicht als Fraktion organisieren? Und warum sollten sie sich nicht in einer PGH als Mitglieder der LDPD treffen und in Entscheidungsfindungen eingreifen?

Viertens: Bürgermeister bekennen sich öffentlich zu ihrer Verantwortung, auch für Dinge, die ganz andere zu verantworten haben. Dresdens Oberbürgermeister Berghofer ist ein Beispiel. Wann äußert sich so die Regierung und macht ihrerseits den Weg frei für eine neue Politik?

Fünftens: Wir lesen und hören von Gerichtsverhandlungen, in denen Randalierer zu Recht verurteilt werden. Wann lesen und hören wir davon, daß sich Ordnungshüter, die Bürger mißhandelten oder demütigten, vor Gericht verantworten mußten? (Anders sind Übergriffe auch künftig kaum auszuschließen.)

Die Lage sei kompliziert, wird – immer noch beschönigend – offiziell verlautet. Die Lage ist krisenhaft. Das ist die Wahrheit. Und die Medien vor allem sprechen sie aus. Sie haben ihre Ehre längst wiedergewonnen. Sie insbesondere bahnen der Erneuerung den Weg. Gott sei Dank!

Prof. Dr. sc. Manfred Bogisch
Mitglied des LDPD-Zentralvorstandes
Sächsisches Tageblatt, 31. 10., S. 1

Die *Leipziger Volkszeitung* vom 31. 10. schlägt vor, die Leipziger Montagsdemonstrationen auf den Vorplatz des Zentralstadions, ins Stadion selbst oder in den Clara-Zetkin-Park zu verlegen.

Disput um Für und Wider und Folgen

Von einem öffentlichen Streitgespräch über das Neue Forum

Die politische Kultur dieses Landes erfordert mit Nachdruck und unverzüglich die Legalisierung des Neuen Forums. Fazit eines mehrstündigen öffentlichen Streitgesprächs für und wider das Neue Forum, zu dem Leipzigs Stadtrat für Kultur, Dr. Uwe Fischer, für den Dienstagabend in den Artur-Becker-Klub eingeladen hatte. Gefolgt waren dem Angebot des Stadtrates, der sich persönlich für das Neue Forum aussprach, annähernd 500 Leipziger Bürger, deren Mehrheit ebenfalls für eine Legalisierung eintrat. Oberbürgermeister Dr. Bernd Seidel erklärte, sich persönlich sofort mit konkreten Schritten dafür einsetzen zu wollen. Keine bloße Absichtserklärung des an diesem Abend oft im Feuer der Kritik stehenden Leipziger Stadtoberhauptes – der OBM lud unverzüglich Sprecher des Neuen Forums für den kommenden Abend... ins Rathaus ein. Der längst fällige Prozeß kommt in Gang.

Die politische Unsinnigkeit der gegenwärtigen staatlichen Haltung zum Neuen Forum hatte Prof. Arno Rink, Rektor der Leipziger Hochschule für Grafik und Buchkunst, auf den Punkt gebracht: Es sei schizophren, wenn er eine Einladung zur Diskussion mit dem Neuen Forum erhalte, die einzelnen Mitglieder akzeptieren dürfe, die Körperschaft indes nicht. In dieser Lage befinden sich im Lande aber täglich Tausende, die gemeinsam eine Verständigung über die Umgestaltung suchen. Im Disput am Dienstag legten Mitglieder und Anhänger des Neuen Forums Motive und Gründe ihres Engagements dar: Sie betrachten die Gruppierung als eine für alle offene Plattform landesweiter Erörterung brennender gesellschaftlicher Probleme in der DDR. Sie möchten am Aufbau des Sozialismus mitwirken, dessen menschliches Bild sie als mündige Bürger selbst mitbestimmen wollen. Sie fühlen sich den humanistischen und antifaschistischen Traditionen der DDR eng verpflichtet.

So etwa umriß ein in der EDV tätiger Ingenieur aus Döbeln die ersten Zielvorstellungen der am 26. Oktober in der Kreisstadt mit 97 Mitgliedern gegründeten Gruppe des Neuen Forums. Nochmals ein Fazit der Debatte: Die Nichtanerkennung des Neuen Forums behindert nicht nur die Profilierung dieser Bewegung (die Formierung findet ja ohnehin statt!), sie behindert auch eine Kraft, die in den gegenwärtigen Umgestaltungsprozessen unserer Gesellschaft einen wichtigen Beitrag leisten könnte.

Überwiegend sachlich, aber kontrovers verlief auch die Diskussion um Führungsanspruch und -stil der SED, um Vertrauensverlust und

Rückgewinnung des Vertrauens. Und da ist es schon mehr als beklemmend, wenn bekanntgemacht wird, daß eine offensichtlich vor der politischen Wende erarbeitete, aber schon damals haltlose zentrale »Argumentationshilfe« über das Neue Forum auch danach noch in Grundorganisationen gelangen kann. Es war gut, daß viele Genossen dazu spontan ihre Meinung sagten. Olaf Linke, Technische Hochschule: Für diese »Information« schäme ich mich, das werden wir nicht mehr zulassen! Dr. Uli Heß, Historiker, KMU: Unsere Grundorganisation hat sie als schädlich und nicht den Tatsachen entsprechend zurückgewiesen! Pfeffermühlendirektor Rainer Otto: Wir haben sie zurückgeschickt mit dem Vermerk: Das ist ein schlechter Kabarett-Text, und schlechte Texte lehnen wir ab! Die klare Haltung von Mitgliedern der SED, ihr öffentliches Nachdenken, wie Führungsanspruch erarbeitet werden muß, daß neues Denken in der Gesellschaft neues Denken in der Partei erfordert – das dürfte schon eine Basis sein, auf der Vertrauen zurückgewonnen werden kann.

Uwe Fischer hatte eingangs gesagt, das Gespräch solle zum Kennenlernen dienen, Verteufelungen abbauen und eine Koalition der Vernünftigen formieren. Wenn der Berichterstatter seine seitenlangen Mitschriften durchblättert, dann konstatiert er – es diskutierten an jenem Abend parteilose Bürger, Leute des Neuen Forums, Christen und Mitglieder der SED miteinander.

Bernd Locker
Leipziger Volkszeitung, 2. 11., S. 4

Anmerkung der Herausgeber: Bei der im vorstehenden Artikel angesprochenen »Argumentationshilfe« handelt es sich um das SED-interne Informationsblatt Nr. 261. Es wurde am 18. 10., dem Tag, an dem Honecker stürzte, herausgegeben. Darin heißt es:

Die Autoren dieses »Neuen Forum« betreiben das Geschäft der Feinde des Sozialismus. Ihnen ist es gelungen – anknüpfend an reale Probleme und Widersprüche unserer sozialistischen Entwicklung – bei nicht wenigen Bürgern der DDR, darunter auch jungen Menschen, Gehör zu finden und Verwirrung zu stiften. Notwendig ist es, sich von jenen zu distanzieren, die den Sozialismus als System beseitigen wollen.

Wären sie, wie sie vorgeben, tatsächlich für den Sozialismus und seine weitere Ausgestaltung, wären sie also ehrlich, dann könnten sie im breiten Spektrum demokratischer Organisationen unseres Landes tatkräftig mitwirken und verändern.

Welche eigentlichen Ziele verbergen sich hinter ihren hochtönenden
Namen und Bezeichnungen?

Im sogenannten Gründungsaufruf »Aufbruch 89« – Neues Forum«,
der mittlerweile unter Mißbrauch kirchlicher Einrichtungen repu-
blikweit verbreitet wurde, werden die antisozialistischen Ziele seiner
Initiatoren deutlich sichtbar. Erklärte Absicht der über 30 »Grün-
dungsmitglieder«, unter denen sich Intellektuelle, Studenten und
Pfarrer befinden – bezeichnenderweise gehört zu ihnen ein einziger
Arbeiter –, ist die Bildung einer politischen Plattform für die gesamte
DDR.

Es wird behauptet, daß die Kommunikation zwischen Staat und Gesellschaft gestört, die schöpferischen Potenzen der Gesellschaft ge-
lähmt und die Lösung der anstehenden lokalen und globalen Aufgaben behindert seien. Angebote, wie real vorhandene Probleme im
demokratischen Miteinander überwunden werden können, werden
nicht gemacht. Im Gegenteil. Dem Staat wird keine Möglichkeit geboten, der beteuerten Verfassungstreue der Aufrufer Glauben zu
schenken. Wie soll man zum Beispiel die Feststellung im »Gründungsaufruf« verstehen, das Machtmonopol des Staates zu beseitigen?

Damit wird der sozialistische Staat der Arbeiter und Bauern unerträglich diffamiert. Abgeordnete, Werktätige in den Staatsorganen und
alle jene Bürger, die für ihren Staat einstehen und für das Wohl des Volkes wirken, werden in ihrer Würde verletzt. Der unermüdlichen, ja
aufopferungsvollen Tätigkeit der Rechtspflegeorgane unseres Landes
ist es doch wohl ganz entscheidend zu danken, daß die Kriminalität,
bezogen auf 100 000 Einwohner, gegenüber der BRD zehnmal gerin-
ger ist und die DDR zu den Ländern mit der niedrigsten Kriminalitäts-
rate in der Welt gehört. Sicherheit und Geborgenheit sind zu Marken-
zeichen sozialistischen Lebensgefühls bei uns geworden.

Der planmäßigen Entwicklung der Volkswirtschaft und kontinuierli-
chem Wirtschaftswachstum als Grundlage für Vollbeschäftigung, soziale Sicherheit und steigenden Lebensstandard wird die Forderung
nach »Abkehr vom ungehemmten Wachstum« und nach »Spielraum
für wirtschaftliche Initiative« entgegengestellt. Damit wird, wie Ak-
teure der »Organisation« immer wieder auch bei anderen Gelegen-
heiten betonen, die sozialistische, auf dem gesellschaftlichen Eigentum an den wichtigsten Produktionsmitteln beruhende Planwirt-
schaft in Frage gestellt und einer »sozialen Marktwirtschaft«, also ka-
pitalistischer Profitwirtschaft, das Wort geredet.

Dies wird zugleich mit der Abschaffung der führenden Rolle der Partei, der Bildung pluralistischer Strukturen in der gesamten Gesellschaft und weiteren, auf die Untergrabung der Arbeiter-und-Bauern-
Macht zielenden Forderungen verbunden.

Es kann wohl auch kein Zufall sein, daß im Gründungsaufruf für eine »Umgestaltung der Gesellschaft« plädiert, aber keinerlei Bezug auf ihren sozialistischen Charakter genommen wird. Ja, das Wort Sozialismus oder sozialistisch sucht man in diesem Papier vergeblich. Sollen wir derartigem Gedankengut etwa »Pressefreiheit« gewähren? Die erklärten Forderungen und die Praxis des »Neuen Forum« stehen im Widerspruch zu den Grundwerten und politischen Grundlagen des Sozialismus in der DDR, wie sie in der mit Volksentscheid 1968 angenommenen Verfassung ihren gesetzlichen Niederschlag gefunden haben. Darauf begründet sich seine Nichtzulassung.

Der antisozialistische Charakter des »Neuen Forum« wird auch dadurch verdeutlicht, daß seine Organisatoren im direkten Zusammenspiel mit führenden Vertretern der Bonner Regierung, politischen Parteien und Medien der BRD und Westberlins – also einer fremden Macht – handeln...

Für die politische Arbeit ist es sehr wichtig, zwischen den Gegnern des Sozialismus, die den Aufruf zum »Neuen Forum« erarbeitet haben, und Irregeführten zu unterscheiden. Diesen muß geholfen werden, wieder auf den richtigen Weg zu kommen und sich von den Feinden des Sozialismus zu trennen. Wir grenzen uns eindeutig von allen ab, die – unter welcher Fahne auch immer – in Worten für eine Verbesserung des Sozialismus plädieren, tatsächlich aber auf seine Abschaffung hinwirken und loyale, ehrliche Bürger dafür zu mißbrauchen trachten.

OBM Dr. Seidel im Gespräch mit Vertretern des Neuen Forum

Zulassen!, Wahlzweifel und ein Papier

1. November

Der Rat der Stadt Leipzig will sich für die Zulassung des »Neuen Forums« einsetzen. Das erklärte Oberbürgermeister Dr. Bernd Seidel am späten Mittwochabend nach einem mehr als zweistündigen Gespräch mit Angehörigen dieser Vereinigung gegenüber dem Sender Leipzig und ADN.

»Wir sind in der Lage und auch bereit, einen Antrag auf Zulassung des Neuen Forums entgegenzunehmen. Wir wollen uns als Rat dafür einsetzen, daß dieser Antrag sehr schnell eine schriftliche Billigung für die Annahme findet und auf dieser Grundlage dann das Zulassungsverfahren eingeleitet wird«, hob der OBM hervor. Er verwies darauf, daß in dem Gespräch auch eine ganze Reihe pragmatischer und praktischer Fragen zur Sprache gekommen seien. Dazu gehörten unter anderem das Bereitstellen von Räumlichkeiten, Telefon und anderes.

Auf Anfrage teilte der Oberbürgermeister mit, daß er sich an den Vorsitzenden des Rates des Bezirkes wenden werde, um ihn zu bitten, einen dort vorliegenden Antrag gründlich zu prüfen. Es sei dies die Entscheidung des Rates des Bezirkes, aber vielleicht könne es dort zu ähnlichen Überlegungen wie in der Stadt kommen.

Vom Neuen Forum nahmen drei Sprecher das Wort. Pfarrer Martin Kind brachte zum Ausdruck, daß es jetzt Hoffnung gebe, doch relativ schnell zur Lösung zu kommen. »Ich glaube, man kann, wenn man genau bei den Demonstrationen zuhört, schon wissen, wie die Richtung ist. Wir möchten nochmals betonen, daß wir die Demonstrationen nicht machen oder nicht organisieren, sondern sie von sich und aus sich heraus leben, und wir natürlich mit Freude daran teilnehmen. Auch mit Freude hören, daß wir gewünscht und gefordert sind.«

Theologiestudent Jochen Läßig und Lehrer Rainer Pietsch äußerten sich zu anderen Themenkreisen, die ebenfalls in das Gespräch eingebracht worden waren. Sie hielten es für skandalös, obwohl sie die gesetzlichen Grundlagen nicht so genau kennen würden, daß die Wahlunterlagen nach einem Vierteljahr bereits vernichtet worden sind. Deshalb sei es wichtig, daß der Oberbürgermeister von Leipzig zu den zurückliegenden Kommunalwahlen nochmals Stellung nimmt. Man habe auch eine Übereinkunft gefunden, daß die SED-Bezirksleitung Leipzig – ihre Sekretariatsmitglieder Jochen Pommert und Joachim Prag waren ebenfalls Gesprächspartner – von einem zentralen Informationspapier der SED, das für die Angehörigen des Neuen Forums unerträglich sei, öffentlich Abstand nimmt, weil es den Dialog erschwere.

Oberbürgermeister Dr. Bernd Seidel versicherte, der Rat sei ansprechbereit für alle Fragen und daß in den Prozeß der Erneuerung auch Standpunkte und Meinungen des Neuen Forums einbezogen werden müssen. Er regte an, zwei Vertreter dieser Vereinigung in die Arbeit der auf der zurückliegenden Stadtverordnetenversammlung geforderten Vorschlagskommission einzubeziehen. Im Prozeß der Erneuerung sei es äußerst wichtig, daß sich jeder mit seinen Gedanken und Vorschlägen einbringe, »um unser Land und unsere Stadt voranzubringen«.

Rolf Richter
Mitteldeutsche Neueste Nachrichten, 3. 11., S. 8

In einer Veranstaltung des Wissenschaftsbereiches Philosophie der
Sektion Marxismus/Leninismus an der Karl-Marx-Universität legt
am 1. 11. der Diplomphilosoph Thomas Ahbe ein Diskussionspapier
vor. Die *Leipziger Volkszeitung* veröffentlicht am 3. 11. unter der
Überschrift »Die SED – Ende oder Wende?« daraus Kerngedanken
und fordert zur Diskussion auf. Auszüge aus dem Beitrag:

Das Bild der Partei ist für viele das einer Obrigkeits- und Staatspartei,
eines Apparates, der volksfern nach unerforschlichem Ratschluß
seine Entscheidungen »durchstellt«. Kompromittierend wirken ihre
Eignung zum »Karrieresprungbrett« und die Privilegien mancher
Funktionäre in Partei und Staat. Politisch tödlich sind die durch diese
Privilegien sich ständig reproduzierenden Sonderinteressen dieser
»Kommunisten«. Das Vertrauen des Volkes ist aufgebraucht.

Die Partei ist nicht Selbstzweck

Sie ist Mittel zum Zweck. Sie ist ein Mittel, um für die beständige An-
näherung an menschlichere gesellschaftliche Verhältnisse zu kämpfen. Im Sozialismus heißt das, mit politischen Mitteln für Demokratisierung und wirklichen Fortschritt in der Gesellschaft zu streiten, mit
anderen politischen Kräften oder gegen sie, und wenn es sein muß,
auch gegen die Regierung. (Schon deshalb dürfen sie nicht Eines
sein.)
Wenn das Mittel diesen Zwecken zuwiderläuft, muß es der Ziele wegen verändert werden. Wir sollten nicht vergessen, daß unsere revolutionären Ahnen – Lenin und Luxemburg – in eben solchen Situationen ihre Parteien gespalten haben. Die SED wird diese Überlebens-
krise bewältigen, wenn sie als Ganzes auf den Kurs der sozialistischen
Revolution einschwenkt. Kann sie es? Sie muß es, oder sie wird unter-
gehen.

Befreiung von strukturellen und ideologischen Deformationen

Das als »Parteidisziplin« verbrämte Administrieren, persönliche Ab-
hängigkeiten und ein Wahlsystem, was faktisch zur Unabsetzbarkeit
übergeordneter Leitungen geführt hat, verhindert, daß sich der Wille
der Parteibasis entsprechend Geltung verschafft. Die Hierarchieebe-
nen wirken auf den Informations-, Ideen- und Problemfluß innerhalb
der Partei wie Filter. Von unten nach oben setzt sich so Schönfärberei, von oben nach unten Geheimniskrämerei durch. »Oben« sitzt
man im rosaroten Licht, »unten« im Dunkeln – das ist keine geeignete Beleuchtung für die geeinte revolutionäre Tat. Wir müssen deshalb von Grund auf demokratische Strukturen schaffen. Jetzt. Philo-

sophie und die Wissenschaften dürfen nicht länger mehr Schleppenträger der politischen Administration sein. Zukunftsbelastend ist der bekannte erkenntnistheoretische Zirkel: »Wahr ist, was der Linie der Parteiführung entspricht«, und ebenso politisch hemmend ist die bei uns herrschende, stalinistisch gefärbte Sicht auf Fraktionen, Plattformen und öffentliche kontroverse Diskussionen.

Die strategische Nacktheit der SED erklärt sich nicht daraus, daß jahrelang kluge Ideen gefehlt hätten, sondern daraus, daß die bestehenden Strukturen die politische Wirkpotenz dieser Gedanken vernichtet haben.

Unsere Partei muß sich ein neues Selbstverständnis als kommunistische Partei neben anderen politischen Kräften erarbeiten. Um tatsächlich einmal die politisch (und nicht administrativ) führende Kraft im Lande zu werden, und so, mit anderen, für die Durchsetzung menschlicherer Verhältnisse kämpfen zu können, braucht sie ein neues Programm und ein neues Statut...

Die SED braucht ein neues Gesicht

Das derzeit de facto noch bestehende System der Einparteienherrschaft und der Beherrschung des Staatsapparates durch die SED muß die Partei selbst auflösen. Sie ist die einzige politische Kraft, die auf nichtchaotischem Wege die notwendige Teilung der Gewalten herbeiführen kann.

Staatsmacht kann man mit eiserner Hand festhalten, nicht aber die Legitimation durch das Vertrauen der Massen. Die Macht haben kommunistische Parteien schon öfter verloren – sie haben die Machteinbuße überdauert. Verliert eine kommunistische Partei aber das Vertrauen der Massen, bleibt von ihr nichts als Flugasche und Rauch im politischen Wind.

Leipziger Volkszeitung, 3. 11., S. 3, Auszüge

2. November

Die *Mitteldeutschen Neuesten Nachrichten* veröffentlichen am 2. 11. als erste Leipziger Tageszeitung im vollständigen Wortlaut den »Offenen Problemkatalog des Neuen Forum«. Dem Problemkatalog vorangestellt ist folgender redaktioneller Beitrag:

»Neues Forum zulassen!« Eine Forderung, die mittlerweile allerorts bei Demonstrationen, bei Foren, in Gesprächen, in Stellungnahmen von Verbänden und einzelnen Persönlichkeiten erhoben wird. Es läßt sich wohl kaum noch länger verschweigen, was lauthals auf der Straße skandiert wird.

Fairerweise muß gesagt werden, daß ein Umlernprozeß nun auch eiligst an politische Verantwortung wahrnehmenden Stellen eingesetzt hat, Berührungsängste abgebaut werden.

Das trifft auch auf den Bezirksvorstand Leipzig der NDPD zu, der sich heute mit Vertretern des Neuen Forum zu einem Gespräch trifft.

Mitteldeutsche Neueste Nachrichten, 2. 11., S. 3

Mitteilung des Rates der Stadt Leipzig

3. November

ADN erhielt gestern folgende Mitteilung des Rates der Stadt Leipzig zur Veröffentlichung:

»Liebe Bürgerinnen und Bürger der Stadt Leipzig! Ich habe am 3. 11. 1989 gegenüber dem Vorsitzenden des Rates des Bezirkes meinen Rücktritt von der Funktion des Oberbürgermeisters der Stadt Leipzig erklärt und damit den Antrag auf sofortige Abberufung verbunden. In den letzten Tagen und Wochen ist ein wesentlicher Vertrauensverlust gegenüber meiner Person bei weiten Teilen der Bevölkerung eingetreten, der mir die erforderliche Basis für die weitere Ausübung meines Amtes weitgehend entzieht.

Fehler in meiner eigenen Arbeit, nicht rechtzeitige Einschätzung der in unserer Stadt herangereiften ernsten politischen Situation und damit verbunden nicht rechtzeitiges Reagieren in medienwirksamer Form haben wesentlich zum vorhandenen Vertrauensverlust beigetragen. Hinzu kommt, daß ich mit aller Verantwortung feststellen muß, nicht die erforderliche Unterstützung der übergeordneten Leitungen der Partei und des Staates erhalten zu haben. Ich lege Wert auf die Feststellung, daß ich den vom Volk eingeleiteten Prozeß der demokratischen Erneuerung unserer sozialistischen Gesellschaft für notwendig und richtig halte, jedoch in meiner derzeitigen Funktion nicht ausreichend glaubwürdig unterstützen und beeinflussen kann.

Gern habe ich mit ganzer Kraft für unsere Stadt und ihre Bürger gearbeitet. Ich möchte allen jenen herzlich danken, die konstruktiv und kritisch über Jahre hinweg mit mir zusammengearbeitet haben.«

Der Rat der Stadt hat diesen schweren Entschluß des Oberbürgermeisters Dr. Seidel einstimmig akzeptiert und für sein Wirken gedankt.

Im Ergebnis dieser Erklärung und nach erfolgter Aussprache beauftragte der Rat einstimmig den Stellvertreter des Oberbürgermeisters und Vorsitzenden der Stadtplankommission Günter Hädrich, mit der Führung der Amtsgeschäfte des Oberbürgermeisters...

Union, 4. 11., S. 8, Auszug

Information der Arbeitsgruppe Volksbildung/ Pädagogik im Neuen Forum Leipzig

Das Gespräch beim stellvertretenden Schulrat Dr. Bergner am 3. 11. 89 sollte Möglichkeiten für eine Zusammenarbeit mit der Arbeitsgruppe Volksbildung/Pädagogik des Neuen Forum Leipzig prüfen.
Nach den Vorstellungen der staatlichen Vertreter kann eine solche Zusammenarbeit nur in der Ein- und Unterordnung in ihre Strukturen bestehen. Die ständige Kommission Erziehung und Bildung, die Vorschlagskommission und die zeitweilige Arbeitsgruppe »Jugend« funktionieren über interne Berufungsverfahren.
Wir gewannen nicht den Eindruck, daß im gleichberechtigten Dialog Arbeitsweisen geschaffen werden sollen, die dem vorhandenen Potential an Vorschlägen produktive Umsetzung garantieren. Darum verzichten wir auf weitere Begegnungen in dieser Form. Für einen zukünftigen Austausch, der sich auf eine wirkliche Partnerschaft gründet, bleiben wir offen und behalten uns vor, unsere eigene Arbeit zu qualifizieren.

Katarina Marlow, Peter Wiener, 4. 11. 89

Abgelehnt wurde in der jetzigen Situation der im OBM-Gespräch unterbreitete Vorschlag zur Teilnahme von zwei Vertretern des Neuen Forum an der Vorschlagskommission der Stadtverordnetenversammlung zur weiteren Entwicklung Leipzigs. Dies wurde nach heftiger Diskussion in der Bezirkskoordinationsversammlung vom 3. 11. mit 7 Gegenstimmen entschieden. Argumente für diese Entscheidung: Noch nicht erfolgte Legalisierung, Gefahr der Vereinnahmung, Vorrang der Entwicklung eigener Konzeptionen.

Beide Beiträge aus:
NEUES FORUM LEIPZIG, Informationsblatt Nr. 4, 7. 11., S. 4

Am 3. 11. abends findet in der Michaeliskirche ein Benefizkonzert Leipziger Unterhaltungskünstler statt. Die »Lose Skiffle Gemeinschaft« eröffnet, wobei ihr Moderator Gerhard Biehl äußert: »Wir werden so lange montags auf die Straße gehen, bis der letzte Schreibtisch ausgemistet ist.« Weiter aus dem Bericht des *Sächsischen Tageblatts:*

...Natürlich kamen auch die demokratischen Basisgruppen an diesem Abend zu Wort. Ihre Vorstellungen werden immer konkreter. Einig waren sich alle darin, daß der Führungsanspruch der SED a priori beseitigt werden muß. Sonst aber betonten sie verschiedene Aspekte. Der Vertreter der SDP forderte die Trennung zwischen Staat und Gesellschaft, Gesellschaft und Partei, Partei und Wirtschaft; der Vertreter vom Neuen Forum forderte Zugang zu allen erforderlichen Informationen, damit ein Diskurs mit Kompetenz geführt werden kann, und der Vertreter von Demokratie jetzt mahnte, daß in unserer Situation noch nichts entschieden ist, alle Kräfte also noch gebraucht würden. Seine Forderungen waren Bildung unabhängiger Jugendorganisationen, Meinungsfreiheit und besonders ein von einseitiger Ideologie freier Unterricht.

Auch Instrumentalmusik gab es. »Saxumi« und »Heureka«. Beide hatten mit ihrer Musik den liberalen Gedanken der world-music aufgegriffen. Zu einem Stück mit chinesischen Klängen sagte der Hackbrettspieler von »Heureka«, dies solle auch daran erinnern, daß unser Generalsekretär die Ereignisse in China gutgeheißen hat. Es war ein Abend der Erklärungen, Aufrufe und Mahnungen. Jugendpfarrer Klaus Kaden hoffte, daß Frieden, Freiheit und Brüderlichkeit bei uns bald zu Recht und Gesetz werden. Dann bat er um eine Spende für in Not geratene Menschen in Rumänien, die unter einer selbstherrlichen Staats- und Wirtschaftsführung zu leiden haben. Ich will hoffen, daß der Kollektebeutel recht voll geworden ist. Dann kurz vor Schluß des Konzertes gab es eine Abweichung vom Programm. Moderator und Mitorganisator Odwin Quast informierte die Anwesenden über die wichtigsten Einzelheiten der Funk- und Fernsehansprache von Egon Krenz. Manche der Forderungen des Abends hatten sich damit schon erfüllt. Die Rücktrittsgesuche fanden viel Beifall, den meisten die von Kurt Hager und Erich Mielke. Das Ende mit »Takayo« war ein fast gelöstes. Popige Leichtigkeit am Ende. Danach gab es noch ein offenes Forum, das zu später Stunde nicht mehr sehr ergiebig war. Außerdem hatte die Ansprache von Egon Krenz neue Tatsachen geschaffen, die besonders an den staatlichen Funktionären nicht spurlos geblieben waren. Olaf Hansen, Sekretär für Kultur der FDJ-Bezirksleitung, machte geradezu einen resignierten Eindruck, Stadtrat für Jugendpolitik, Rolf Becker sagte: »Ich will mal eine Antwort versuchen.« Die Fragen betrafen die Politik der FDJ, die sich, nach Olaf Hansen, darauf einrichten muß, daß sie wahrscheinlich keine Massenorganisation bleibt, dann Straßenmusik (die in Kürze im ST gesondert behandelt werden wird), Wahlbetrug und neue Wahlgesetzgebung...

Sächsisches Tageblatt, 7. 11., S. 6, Auszug

Am 4. 11. demonstrieren in Berlin, aufgerufen von Kultur- und Kunstschaffenden, ungefähr 500 000 Menschen für das Recht auf Meinungs-, Presse- und Versammlungsfreiheit. Einer der 27 Redner auf dem anschließenden Meeting ist der Schriftsteller Christoph Hein. Er schlägt vor, die Stadt Leipzig zur »Heldenstadt der DDR« zu ernennen:

4. November

Liebe mündig gewordene Mitbürger!
Es gibt für uns alle viel zu tun, und wir haben wenig Zeit für diese Arbeit. Die Strukturen dieser Gesellschaft müssen verändert werden, wenn sie demokratisch und sozialistisch werden soll. Und dazu gibt es keine Alternative.
Es ist auch von den schmutzigen Händen, von den schmutzigen Westen zu sprechen. Auch hier haben die Gesellschaft und die Medien noch viel zu tun. Verfilzung, Korruption, Amtsmißbrauch, Diebstahl von Volkseigentum – das muß aufgeklärt werden, und diese Aufklärung muß auch bei den Spitzen des Staates erfolgen. Sie muß dort beginnen.
Hüten wir uns davor, die Euphorie dieser Tage mit den noch zu leistenden Veränderungen zu verwechseln. Die Begeisterung und die Demonstrationen waren und sind hilfreich und erforderlich, aber sie ersetzen nicht die Arbeit. Lassen wir uns nicht von unserer eigenen Begeisterung täuschen: Wir haben es noch nicht geschafft. Die Kuh ist noch nicht vom Eis. Und es gibt noch genügend Kräfte, die keine Veränderung wünschen, die eine neue Gesellschaft fürchten und auch zu fürchten haben.
Ich möchte uns alle an einen alten Mann erinnern, an einen alten und wahrscheinlich jetzt sehr einsamen Mann. Ich spreche von Erich Honecker. Dieser Mann hatte einen Traum, und er war bereit, für diesen Traum ins Zuchthaus zu gehen. Dann bekam er die Chance, seinen Traum zu verwirklichen. Es war keine gute Chance, denn der besiegte Faschismus und der übermächtige Stalinismus waren dabei die Geburtshelfer. Es entstand eine Gesellschaft, die wenig mit Sozialismus zu tun hatte. Von Bürokratie, Demagogie, Bespitzelung, Machtmißbrauch, Entmündigung und auch Verbrechen war und ist diese Gesellschaft gezeichnet. Es entstand eine Struktur, der sich viele gute, kluge und ehrliche Menschen unterordnen mußten, wenn sie nicht das Land verlassen wollten. Und keiner mehr konnte erkennen, wie gegen diese Struktur vorzugehen sei, wie sie aufzubrechen ist.
Und ich glaube, auch für diesen alten Mann ist unsere Gesellschaft keineswegs die Erfüllung seines Traumes. Selbst er, an der Spitze des Staates stehend und für ihn, für seine Erfolge, aber auch für seine Fehler, Versäumnisse und Verbrechen besonders verantwortlich, selbst er war den verkrusteten Strukturen gegenüber fast ohnmächtig.

Ich erinnere an diesen Mann nur deshalb, um uns zu warnen, daß nicht auch wir jetzt Strukturen schaffen, denen wir eines Tages hilflos ausgeliefert sind. Schaffen wir eine demokratische Gesellschaft auf einer gesetzlichen Grundlage, die einklagbar ist. Einen Sozialismus, der dieses Wort nicht zur Karikatur macht. Eine Gesellschaft, die dem Menschen angemessen ist und ihn nicht der Struktur unterordnet. Das wird für uns alle viel Arbeit geben, auch viel Kleinarbeit. Schlimmer als Stricken.

Und noch ein Wort. Der Erfolg hat bekanntlich viele Väter. Offenbar glauben viele, die Veränderungen in der DDR sind schon erfolgreich, denn es melden sich jetzt viele Väter dieses Erfolges. Merkwürdige Väter, bis hoch in die Spitze des Staates. Aber ich denke, unser Gedächtnis ist nicht so schlecht, daß wir nicht wissen, wer damit begann, die übermächtigen Strukturen aufzubrechen. Wer den Schlaf der Vernunft beendete. Es waren die Vernunft der Straße, die Demonstrationen des Volkes. Ohne diese Demonstrationen wäre die Regierung nicht verändert worden, könnte die Arbeit, die gerade erst beginnt, nicht erfolgen.

Und da ist an erster Stelle Leipzig zu nennen. Ich meine, der Oberbürgermeister unserer Stadt sollte im Namen der Bürger Berlins – da wir alle gerade mal hier zusammenstehen – dem Staatsrat und der Volkskammer vorschlagen, die Stadt Leipzig zur »Heldenstadt der DDR« zu ernennen.

Wir haben uns an den langen Namen »Berlin – Hauptstadt der DDR« gewöhnen müssen. Ich denke, es wird leichter sein, uns an ein Straßenschild »Leipzig – Heldenstadt der DDR« zu gewöhnen.

Der Titel wird unseren Dank bekunden. Er wird uns helfen, die Reform unumkehrbar zu machen. Er wird uns an unsere Versäumnisse und Fehler in der Vergangenheit erinnern. Und er wird die Regierung an die Vernunft der Straße mahnen, die stets wach blieb und sich, wenn es notwendig ist, wieder zu Wort meldet.

Mut zur Angst

Sonnabend, 4. 11. 1989, Diskussion im Klub der Intelligenz Leipzig.

Plötzlich stehen zwei Soldaten auf. Wie sie sagen, sind sie aus der Kaserne Georg-Schumann-Straße. Sie erzählen über ihre Angst, jeden Montag, auch jetzt noch. Die Rücknahme des Schießbefehls durch Egon Krenz am 9. 10. in Leipzig gelte nur für die unmittelbar eingesetzten Truppen, sie jedoch lägen weiterhin Montag für Montag mit scharfer Munition in erhöhter Gefechtsbereitschaft. Dieser Befehl vom Morgen des 3. 10. sei bis heute nicht widerrufen. Auf eindringliche Fragen der Zuhörer und der Veranstalter wiederholten die beiden, ihr Bericht entspräche der Wahrheit und könne öffentlich verwendet werden. Außerdem seien sie nicht bereit zu schießen und hätten die Angst vor dem Militärstaatsanwalt verloren.

Die Ereignisse rasen. Ich habe Angst vor dieser deutschen Krankheit VERGESSEN. Die Verantwortlichen schreiben: »Überspitzung«. »Überreaktion«. Ich denke: »Macht«. Für unsere Sicherheit: öffentliche Untersuchung aller ungerechtfertigten Einsätze der Sicherheitsorgane! Öffentliche Kontrolle von Staatssicherheit, Polizei und Armee! Das Neue Forum Leipzig forderte schon am 21. 10. eine unabhängige Untersuchungskommission auch für unsere Stadt.

Jan Peter
NEUES FORUM LEIPZIG, Informationsblatt Nr. 4 vom 7. 11.

Die Wochenendausgabe 4./5. 11. der *Leipziger Volkszeitung* veröffentlicht folgenden Brief an den am 3. 11. zurückgetretenen Leipziger Oberbürgermeister Dr. Seidel und einen Vorspruch der Verfasserin:

Am 10. Oktober schrieb ich an den Oberbürgermeister der Stadt Leipzig den unten folgenden Brief. Es sind inzwischen 20 Tage vergangen, ich bekam keine Antwort und nehme mir also das Recht, ihn öffentlich zu machen.

Da seither der »große Dialog« begonnen hat, muß ich jedoch einige Worte voraussetzen. Manches scheint überholt zu sein, ist es aber nicht. Die Möglichkeiten zur Meinungsäußerung für die Bürger, die bisher keine derartigen Foren für das freie Wort hatten, sind etwas sehr Nützliches, und der Gebrauch, den sie davon machen, ist beglückend und schafft ein ganz neues Gefühl der Solidarität und des Bürgerstolzes. Trotzdem verursachen die sich häufenden Berichte mir Unbehagen. Ich kann die Zeitungen fast schon wieder nicht mehr lesen und die Aktuelle Kamera kaum mehr ansehen, denn ich sehe schon wieder die Leute sich in den Vordergrund drängen und »Richtlinien« geben, die erst einmal bescheiden zuhören sollten, und höre sie Schuldbekenntnisse einfordern (WIR ALLE HABEN FEHLER GEMACHT), ehe sie selbst ihre Schuld eingestanden haben. Es scheint eine Art Wettbewerb unter den Funktionären ausgebrochen zu sein, wer der demokratischste, der offenste, der findigste beim Entdecken von Rückständen ist, um dann in einem Wust von Gesprächen, einem Knäuel von Demokratie-Ersatz die Frage hinwegzudiskutieren, ob sie nicht ein für allemal ihre Legitimation verspielt haben.

Im Bericht von der »Außerordentlichen Tagung der Stadtverordnetenversammlung Leipzig« wird der OBM wie folgt zitiert: »Wer heute behauptet, alles schon früher gesagt zu haben, nur nicht gehört worden zu sein, hat die Zeichen der Zeit genauso verpaßt wie die, die sich um 180 Grad gedreht haben...« Wer drehte sich denn um 180 Grad, wer hängt die Fahne opportunistisch in den Wende-Wind? Wer hat alle die, die alles wirklich »schon früher gesagt« haben, einfach 40 Jahre lang nicht gehört, nicht hören wollen? Wer hat sich bis heute nicht bei den Demonstranten, die tatsächlich die Dinge in Bewegung gebracht haben, für die Beschimpfungen, den Rufmord, entschuldigt?

Immer wieder Dank denen, die verhinderten, daß die aufgebotene Macht eingesetzt wurde, aber kein neuer Vertrauensvorschuß jenen, die ihn so gründlich verspielt haben.

Hier nun der Brief an Dr. Bernd Seidel vom 10. Oktober:

Sehr geehrter Herr Oberbürgermeister,
Tag für Tag lese ich in der Leipziger Volkszeitung, daß ich ein von den BRD-Massenmedien gesteuerter Konterrevolutionär, Rowdy, Randalierer, Provokateur, ein Element und Spießgeselle von Kriminellen sei. Ich gehöre nämlich zu denen, die sich an den Montagsdemonstrationen nach dem Friedensgebet beteiligen, zusammen mit Tausenden Bürgern Leipzigs, die von der Sorge um das Land und die Stadt auf die Straße getrieben werden. Zu friedlichen, gewaltlosen Demonstrationen! Ohne diese gäbe es wohl kaum die jetzt zaghaft hier und da geäußerte Einsicht in die Notwendigkeit von Gesprächen und Veränderungen. Die Bürger randalieren nicht, sie wollen gehört werden.

Doch das ist nur ein Anlaß meines heutigen Schreibens an Sie. Der Auslöser ist das Interview mit Ihnen in der LVZ vom 9. 10., nachgedruckt in der heutigen Ausgabe des ND. Darin finde ich wenig von dieser Einsicht. Vor Jahren, genau am 14. 4. 1984, schrieb ich in einem Brief an Ihren Vorgänger, Dr. Müller, von Wolfgang Mattheuer mitunterzeichnet, über die Lage in der verfallenden, verkommenen Stadt, ausgehend von einigen uns direkt betreffenden Fakten. Wir bekamen nie eine Antwort.

Inzwischen hat sich die Situation in Leipzig bis zur Hoffnungslosigkeit zugespitzt. Immer größere Teile der Stadt werden abgerissen und mit billigen, gesichtslosen Neubauten vollgestellt, die man in Vororten gerade noch gutheißen könnte, deren Errichtung im Zentrum einer Großstadt vom Range Leipzigs mit ihren reichen, bedeutenden Traditionen eine Schande ist. Alte, wertvolle Bausubstanz dagegen verfällt weiter. Angesichts dieser Lage, der weiteren Zerstö-

rung Leipzigs (denn was da hingebaut wird, z. B. in der Zentralstr./
Gottschedstr./Nikischplatz etc., steht für das nächste Jahrhundert),
sprechen Sie davon, »die gesunde Entwicklung unserer Bezirks- und
Messestadt *fortzusetzen*. Sie sprechen tatsächlich von »gesunder Entwicklung« in einer Stadt, deren Krankheitssymptome durch nichts
mehr zu verdecken sind, auch nicht vom Neuen Gewandhaus, von
der renovierten Fassade des Alten Rathauses, einer Handwerkerpas-
sage und einigen ähnlichen Bonbons. Gehen Sie nie durch »Ihre
Stadt«, sehen Sie nicht den Schmutz und Verfall allerorten?
Auch Sie nennen die Demonstranten Ruhestörer gegen die Interessen
der Bürger. Recht und Gesetz müsse gegen sie durchgesetzt werden.
Es *sind* die Bürger, Herr Oberbürgermeister! Sie beschwören Zusammenarbeit, die Einbeziehung aller mit ihrer Kritik und ihren Vorschlägen in die »Vorbereitung von Entscheidungen«. Jede Idee, jedermann werde gebraucht. Wurde je, 40 Jahre lang, genügend auf die
Kritik der verantwortungsbewußten Bürger gehört, waren und sind
bis heute nicht gerade die Schönredner, die Opportunisten, wenn es
für nötig gehalten wird, sogar die zur Gewalt gegen Menschen aufru-
fenden unsäglichen Wortmelder diejenigen, denen die Spalten der
Presse, die Ohren der Funktionäre sich bereitwillig und zufrieden öffnen? Gehen Sie öfter durch die Stadt, Herr Oberbürgermeister, auch
in die abgelegenen Winkel – obwohl das nicht einmal nötig ist, die
Hainstraße, die Petersstraße, die Thälmannstraße –, überall fallen die
Versäumnisse 40jähriger falscher Baupolitik einem förmlich auf den
Kopf.
Demonstrieren Sie mit, schauen Sie den Bürgern der Stadt, für die Sie
Verantwortung tragen, ins Gesicht, und Sie könnten nicht weiterhin
von Ruhestörern und Randalierern sprechen und die Demonstrieren-
den unterschwellig als Arbeitsscheue verdächtigen.
Wer sehen will, der sieht und sollte sich künftig schönfärberischer
Sprüche enthalten und solcher, in der LVZ zu lesender Beleidigungen
besorgter, verantwortungsbewußter, tätiger Bürger, als trügen ge-
rade sie und ihr Protest für alles Falsche, Unterlassene, Mißratene die
Schuld.
Über eine Antwort würde ich mich freuen, werde aber diesen Brief,
wenn es nötig sein sollte, als einen offenen behandeln.

Hochachtungsvoll
Ursula Mattheuer-Neustädt
Leipziger Volkszeitung, 4./5. 11., S. 6

Die Litfaßsäule auf dem Karl-Marx-Platz:

»Speaker's Corner« – zu faul zum Streit?

Auf dem Karl-Marx-Platz steht seit kurzem eine Säule mit permanentem Menschenpulk drumherum. Eine Litfaßsäule, die in den wenigen Tagen ihrer Existenz mehr Aufmerksamkeit auf sich zog, als manch anderes ehrwürdiges Exemplar dieser Gattung.

Der Grund für solchen Auflauf steht ganz obendran in dicken Lettern: Zum Gespräch wird aufgerufen, und die wenigen geweißten Quadratmeter sind reichlich genutzt. Da kleben Papiere des Neuen Forums, Aufrufe, Proteste, Erklärungen der Unzufriedenheit, sogar das »Statut« der SDP. Stimmen aus dem Volk, unbehelligt, auch vorbeikommende Volkspolizisten sehen's mit Gelassenheit. Unvorstellbar noch vor Wochen.

Diese runde »Speaker's Corner« mitten in Sachsen ist eine Frucht des begonnenen Aufbruchs, ist nicht nur unumgänglich, sondern gewollt und hilfreich. Aber ein ganz wichtiges »Wenn« sei dem jetzigen Zustand noch hinzugefügt: Hilfreich, wenn endlich auch die Genossen mit ihrer Meinung dort erscheinen. Im Streit um Inhalt und Form, wie der Sozialismus künftig aufgebaut werden soll, kann doch die Stimme der Arbeiterpartei an einem solchen Ort der Diskussion nicht fehlen.

Es ist noch genug Platz!

masch
Leipziger Volkszeitung, 4./5. 11., S. 4

Verteidigt

Die Leute stehen sich buchstäblich auf den Füßen herum, an der »Masur'schen« Litfaßsäule vor dem Gewandhaus. Der Säulenkörper, ein Schleusenteil, extra aus Döbeln angefahren, ist derzeit fast so etwas wie eine unabhängige Zeitung der Messestadt. Ursprünglich sollten daran nur Termine für Dialoge im Gewandhaus und Umfeld kleben. Jetzt findet der Leipziger hier ein Forum mit Grundsatzerklärungen demokratischer Bürgervereinigungen, dem Programm der Sozialdemokratischen Partei der DDR, Gedichte, persönliche Stellungnahmen aller Coleur und – immer weniger zu erkennen – die eigentlichen Termine wohlgemerkt, Toleranz für Angebote der anderen Seite sollte von allen »Beklebern« beachtet werden. Mittwoch vormittag schien die Geduld unbekannter Funktionäre zu Ende. Ein Kran vom VTK wollte die Säule wieder entfernen. Am Dachhäub-

chen wurde schon geschraubt. Doch eine Stunde später rief der Kran-
führer bei seinem Vorgesetzten an: Die lesenden Bürger hatten ihr
Heiligtum verteidigt.
Ein dialogreiches Wochenende wünscht Ihnen Ihr Jürgen Weiß

Sächsisches Tageblatt, 4./5. 11., S. 8

Am Sonntag »Dialog«. Berichte darüber am 6. 11. im *Sächsischen
Tageblatt:*

Wenig Hoffnung für die Messemetropole

*Diskussion im »academixer-Keller«: Messemetropole oder Provinz-
nest?*

...Nach dreistündiger Diskussion... habe ich den Eindruck, es wird
wohl bei letzterem bleiben. Insofern wirkte auch das Auftreten des
stellvertretenden Direktors des Messeamtes, Görlt, hilflos. Sicher, es
ist nicht die Frage, ob Leipzig eine Messe veranstalten darf oder nicht
und ob nun die Messeunion die Gerüchte dementiert hat oder nicht.
Es ist die Frage, ob die internationale Geschäftswelt in zehn Jahren
noch nach Leipzig kommen will, wenn nicht der Verfall der Stadt zumindest aufgehalten wird...

St. P.

5. November

...»Ich bin dafür, daß das Politbüro geschlossen zur ZK-Tagung in
dieser Woche seinen Rücktritt erklärt«, gab Kulturminister Hans-
Joachim Hoffmann während des gestrigen Sonntagsgespräches im
Gewandhaus unter dem Beifall des knapp 1500köpfigen Auditori-
ums zu Protokoll...

Constanze Schneider

Erste Bürgerpflicht ist die Mündigkeit
Diese Worte vernahm ein voller Hörsaal 13 der KMU gestern aus
dem Mund von Prof. Dr. Kurt Nowak während eines dreistündigen
Gesprächs oder einer Zuhörung, wie es dann auch genannt wurde.

Umbenannt nach der Kritik Otto Drephals vom kirchlichen Jugend-
amt, daß viele der derzeitigen DIALOGE immer noch viel vom Stil
einer Anhörung denn eines gleichberechtigten Gesprächs haben…
Stark begrüßte Gedanken zum Thema Volksbildung z. B. von einem
Psychologiestudenten, der vorschlug, Staatsbürgerkundeunterricht
künftig nur noch fakultativ durch- und fakultativen Religionsunter-
richt einzuführen. Dr. Zimmermann zog das Fazit, daß sämtliche
etablierten Einrichtungen zu überprüfen sind. Er stellte in diesem Zusammenhang die Jugendweihe in Frage.

K. B.
Sächsisches Tageblatt, 6. 11., S. 2, Auszüge

Für den Umweltschutz in die »Bütt« gehen

Heiße Debatten im Hörsaal um Ökologie und Ökonomie

Rund drei Stunden währte die hitzige Debatte um Ökologie und Ökonomie im überfüllten Hörsaal 19 der KMU, an der auch zahlreiche
Mithörer im Hörsaal 18 beteiligt waren. Als »Moderator« wirkte Roland Wötzel, der leidenschaftlich für die Einbeziehung großer Bevöl-
kerungskreise in die Vorbereitung von Entscheidungen zu Umweltfragen eintrat. Er werde sich auch mit ganzer Kraft dafür einsetzen,
so erklärte er nachdrücklich, daß der 2000 Hektar große Auewald
mit seinem einzigartigen Biotop und seinem Pflanzenreichtum erhalten bleibt. [Anmerkung der Hrsg.: R. Wötzel wird am selben Tag als
Nachfolger Horst Schumanns 1. Sekretär der SED-Bezirksleitung
Leipzig.]
Wie die Diskussion bewies, wurde in der Vergangenheit immer wieder versucht, die Umweltsituation zu beschönigen und Bürger von einer effektiven Mitarbeit in diesen Fragen weitgehend auszuschließen. Gisela Kallenbach, die einer christlichen Arbeitsgruppe für Umweltschutz angehört, schilderte, daß sie bisher nur im kleinen, gewissermaßen im geheimen arbeiten konnten. Sie verlangte, daß demokratische Kräfte mehr Möglichkeiten der Kontrolle erhalten. Ein Vertreter des Röthaer Umweltschutzseminars informierte, daß es bisher
keinem Mitglied dieses Gremiums gelungen sei, in der Staatlichen
Umweltinspektion mitzuwirken…
Heftige Kritik gab es am Rat des Bezirkes, der in den vergangenen
Jahren oft Sanktionen gegenüber Betrieben, die unsere Umwelt ge-
setzwidrig verschmutzen, erlassen hat. In diesem Zusammenhang
wurde nochmals an die mageren 4,8 Prozent erinnert, die dem Bezirk
Leipzig aus den Ausgaben der DDR für die Reinhaltung der Luft zur

Verfügung gestellt worden sind. Pfarrer Christian Steinbach verlangte von den leitenden Mitarbeitern des Rates des Bezirkes, daß sie für die Bevölkerung in die »Bütt« gehen und energisch dafür kämpfen müßten, daß die brennenden Umweltprobleme im Bezirk Leipzig endlich auch in der Regierung die notwendige Beachtung finden...

Dieter Altmann
Leipziger Volkszeitung, 6. 11., S. 3

Ebenfalls am 5. 11. findet im Sekretariat des Bezirksvorstandes Leipzig der CDU eine Beratung statt. Gegenüber der *Union* äußert sich der Vorsitzende des Bezirksverbandes, Rolf Rau:

Frage: In unserem Land wird Dialog praktiziert. Werden im CDU-Bezirksverband Leipzig auch Andersdenkende mit einbezogen?
Antwort: Lassen Sie mich folgendermaßen antworten: Wir haben in der Vergangenheit die Erfahrung machen müssen, daß es auch in den Reihen der CDU zu Mißmut und Vertrauensschwund gekommen ist. Wir tragen Mitschuld daran, daß wir Signale aus unserer Basis und von kirchlichen Gruppen nicht frühzeitig erkannt, sondern teilweise ignoriert haben. Der Kirchentag in Leipzig war ein Beispiel dafür, daß Dialog zwischen Andersdenkenden möglich ist. Mit dem Pressebeitrag »Zum Dialog über alle uns bewegenden Fragen ermutigen« hat unsere Partei am 4. Oktober einen ersten Schritt unternommen, Sprachlosigkeit zu überwinden. Nun erreichen mich inzwischen täglich viele Briefe und Vorschläge von CDU-Mitgliedern und anderen Bürgern. Wir sind sehr dankbar für ihr Engagement, brauchen ihre Ideen und Vorschläge mehr denn je. Die begonnene Wende in unserem Land, die Erneuerung in der CDU muß aber mitgetragen werden von den Ortsgruppen, von jedem Mitglied. Wir benötigen ihr Wort, noch mehr benötigen wir aber ihre Taten. Und: Wir reden auch weiterhin mit denjenigen Bürgerinnen und Bürgern christlichen Glaubens, die nicht Mitglied unserer Partei sind, unseren Auffassungen aber nahestehen. Dazu gehören kirchliche Basisgruppen und auch christlich gebundene Mitglieder des nicht zugelassenen »Neuen Forums«, denen wir unsere Dialogbereitschaft signalisierten. Für diesen Dialog hat sich in besonderer Weise Dozent Dr. Peter F. Zimmermann, Mitglied des CDU-Kreisvorstandes Leipzig-Stadt, eingesetzt, der den Appell des sechsköpfigen Bürgerkomitees von Leipzig mitunterzeichnet hat. Für sein couragiertes Verhalten gilt ihm unsere Hochachtung.

Union, 6. 11., Auszug

Die Litfaßsäule am ▷
Karl-Marx-Platz

5. November:
Dialog im Gewand-
haus mit Friedrich
Magirius, Siegfried
Matthus, Dr. Hans-
Joachim Hoffmann,
Prof. Kurt Masur
(v. l. n. r.)   ▽

6. November bis 12. November

»Am 6. 11. 89 auf dem Leipziger Karl-Marx-Platz. U. besuchte seinen Schwiegervater Herrn Haase, und wir gingen gemeinsam zur
DEMO! Es regnete stark, wir beide standen schirmlos in einem Wald
von Regenschirmen. Die Lautsprecher von der Oper dröhnten, sie
waren schlecht ausgesteuert. Die Reden waren bis auf Ausnahmen
schwach. (Keine Rhetorik.) Selbst das Neue Forum zeigt kein Profil.
Werktätige (betont parteilos), Frauen und Männer, Student und
Schülerin, reden viel von ihrer persönlichen Betroffenheit (Wieder-
holungen). Ein Redner versuchte sich als Volkstribun: Mit rauher, re-
deungewohnter Stimme rief er Parolen in die 200 000köpfige Menge.
Das Volk antwortete jubelnd mit Sprechchören (Sehnsucht nach einem FÜHRER?!), wenn der Tribun gegen die SED wetterte, mit Pfeifen und Buhrufen. Klatschen kam wenig, die meisten hatten entweder Schirm oder Transparentstab in der Hand. Die Stimmung war gut,
trotz des miserablen Wetters (Kälte). Das Volk schrie sich gegenseitig
Mut zu: ›Aushalten! ... AUSHALTEN!‹ Mädchen und Jungen schar-
ten sich unter gemeinsamen Regenschirmen, sie zündeten Kerzen an
und wärmten sich die Hände. Ein Anblick voll Trost und Hoffnung!
U. und ich schrien lautstark die Parolen mit. O Wunder! Zusammen
mit U. habe ich meine kräftige Kommandostimme wiedergefunden!
Der Schall der Quäk-Lautsprecher reichte nicht bis in die Grimmaische Straße, darum machten sie dort ihr eigenes Programm. Radau
entstand, der wiederum die schwache Hörqualität auf dem Opern-
platz beeinflußte. Einhelligkeit zwischen Reden und Parolen: SED
muß weg!
Nach Beendigung der kurzen Kundgebung marschierten die Demonstranten los. Die gesamte Straßenbreite voller Menschen. Volkswitz
und Volksweisheit zu hören und zu sehen. ›Der Fisch fault zuerst am
Kopf!‹ (chin. Sprichwort). ›Erich, Egon, Eberhard – wo habt ihr unser
Geld verscharrt?‹ Die 40jährige Unterdrückung macht sich Luft. Jeden Tag fliehen zigtausend junge DDR-Bürger über die ČSSR nach
dem Westen. (200 Menschen pro Stunde!) Es ist wie Torschlußpanik.

**Montag,
6. November**

Heute ist die Regierung unter Stoph zurückgetreten, aber die eigentliche Machtzentrale ist noch vorhanden (ZK/Politbüro). Die SED ist trotz des gewaltigen Unterdrückungsapparates ohnmächtig, Massenflucht und Massendemonstrationen wirft sie auf die Knie. Ein hohles System! Innerhalb von nur vier Wochen nach dem 40. Jahrestag (Jubelfest) ist die politische Landschaft im Aufbruch. Die LDPD unter Gerlach ist bereit, die Regierung zu übernehmen. Es bröckelt von Woche zu Woche. Der Aufstand der Duckmäuser in Demonstrationen und sogenannten Dialogen hat Erfolge. Das wäre nie geschehen, wenn nicht die Massenflucht um den 7. Oktober herum eingesetzt hätte. Jetzt ist ein Bergrutsch in Gang gekommen. Es ist wunderbar, so etwas zu erleben. Die Menschen fühlen sich freier, sie reden offener miteinander, haben nicht mehr so viel Furcht voreinander. Sie haben jetzt ihre Kraft erkannt. Solidarität ist die Kraft der Schwachen. Ein frischer Wind weht jetzt im SARG DDR.«

Dieter Strekies

»Ich war mit meinen Eltern und mit meiner Schwester am 6. November das zweite Mal zur Demonstration und fand es toll, wie die Leute von der Stasi Angst hatten und im Stasi-Gebäude fast alle Lampen aus waren. Am besten haben mir die Sprüche ›Egon rück das Westgeld raus‹ und ›Mindestrente fürs ZK‹, aber auch ›Ohne Visa durch Europa‹ gefallen. Was ja jetzt auch zum Glück erreicht wurde. Von den Losungen fand ich am besten ›Bei SED und FDJ sitzen Sie in der letzten Reihe‹ und ›Karl Eduard von Schni- wir weinen dir keine Träne nach‹. Ich fand es auch gemein, daß die Leute, die die Anstecker ›Neues Forum‹ hergestellt haben, sich an dem Geld bereichert haben. Ein Lehrer aus unserer Schule hat zu meiner Schwester ihrer Klasse gesagt: ›Vergeßt nicht, heute abend ist Demo!‹ Überall die leuchtenden Kerzen und die massenhaften Leute, die gelaufen sind. Das gefällt mir sehr gut.«

Henrik, 11 Jahre

Hunderttausende in Leipzigs Innenstadt

Von unseren Berichterstattern Eberhard Heinrich, Günther Giessler,
Uwe Niemann, Toni Prochaska und Thomas Biskupek

Leipzig.
Auch am gestrigen Montagabend war das Leipziger Stadtzentrum
wieder Schauplatz einer Massendemonstration – der wohl machtvollsten bisher –, an der trotz Dauerregen mehrere hunderttausend
Leipziger und Bürger aus den Kreisen und aus anderen Bezirken teilnahmen. Auf Transparenten und in Sprechchören forderten sie konsequente und tiefgreifende Reformen des gesellschaftlichen Systems
in der DDR. Immer wieder erklangen Rufe wie »Wir sind das Volk!«,
»Wir bleiben hier!«, »Stasi in die Volkswirtschaft!« Transparente
trugen Aufschriften wie »Freie Wahlen«, »Schluß mit dem Führungsanspruch! – Verfassungsänderung Artikel 1« oder »Egon, du bist am
Ruder, steuere den richtigen Kurs!« Nach den schon traditionellen
Friedensgebeten in sieben Kirchen formierte sich die Demonstration
zunächst zu einer improvisierten Kundgebung auf dem Karl-Marx-
Platz.

Erstmals sollte Leipziger Persönlichkeiten die Gelegenheit gegeben
werden, hier vor Marschbeginn über eine provisorisch installierte
Lautsprecheranlage zu den Demonstranten zu sprechen. Um es vor-
wegzunehmen: Der Versuch scheiterte, weniger aus dem Grund, weil
gellende Pfeifkonzerte und Sprechchöre das Zuhören erschwerten,
sondern vielmehr deshalb, weil auch dieser Versuch, sich mit den Demonstranten zu verständigen, an der katastrophalen Organisation
scheiterte. Die Mikrofone auf den Eingangstreppen des Opernhauses
waren schlichtweg fehlplaziert, die in Sprechchören spontan laut wer-
dende Forderung »Auf den Balkon!« technisch nicht mehr zu lösen.

LVZ hatte sich beizeiten einen Platz in Mikrofonnähe gesichert und
ist deshalb in der Lage, hier einiges von dem wiederzugeben, was von
den 13 Rednern – einige von ihnen ergriffen spontan und offensichtlich unvorbereitet das Wort – in die Mikrofone gesprochen wurde.

Als erster machte der Kabarettist Bernd-Lutz Lange darauf aufmerksam, daß auf dem heutigen Karl-Marx-Platz schon unsere Großväter
für Freiheit und Demokratie demonstrierten. Wenn die Partei – so
der Mitautor des Appells vom 9. Oktober – all das, was auf den Transparenten stünde, notieren würde, hätte sie ein gutes Aktionsprogramm.

Der Abgeordnete Bernhard Knupp sagte: »Trotzdem man jeden
Montag zusammenkomme, ist nach wie vor der Strom derer, die die
DDR verlassen, nicht abgerissen. Sie haben kein Vertrauen, und auch
er sei der Meinung, daß man wachsam sein müsse. Kulturminister
Hoffmann hat gestern im Gewandhaus gesagt, er fordert, daß das Po-

litbüro zurücktreten soll. Und er hat auch gefordert, daß der Ministerrat zurücktreten soll. Ich sage: Warum macht er denn nicht selbst den Anfang?« Man müsse sich nach dem ausrichten, was in der Zukunft erreicht werden soll. Das müsse der gemeinsame Weg sein.

Als Werktätiger unseres Landes stellte sich Helmut Neubert vor. »Die begangenen schwerwiegenden Fehler auf politischem, wirtschaftlichem und ökologischem Gebiet zeigen uns«, meinte der Redner, »daß mit dem Mißbrauch der Macht Schluß gemacht werden muß.« Helmut Neubert forderte konsequentes Eingestehen der Fehler, die von der Führung der SED gemacht wurden. »Die Staatsmacht ist aufgerufen«, stellte er fest, »freie Wahlen und Parteienpluralismus zu respektieren. Des Volkes Wille nach Demokratisierung unserer Gesellschaft hält keiner mehr auf.«

Dann ergriff ein Student das Wort, der sich namentlich nicht vorstellte und sich als Mitglied der Freien Initiative 1989 Volksentscheid ausgab. Er wandte sich gegen das Anheizen von Emotionen, das niemandem etwas bringe, sondern verlangte konkrete Vorschläge zur Erneuerung unserer Gesellschaft. »Die Freiheit und die Verantwortung eines jeden Bürgers kämen in einem Volksbegehren oder Volksentscheid zum Ausdruck«, formulierte er.

Als amtierender Oberbürgermeister sprach Günter Hädrich, Vorsitzender der Stadtplankommission. Von Pfiffen und auch Beifall unterbrochen sagte er: »Sie, die Leipziger Bürger, nicht die Staatsorgane, auch keine Partei, haben das Positive, das Hoffnungsvolle, was von unserer Stadt ausgeht, in Gang gebracht. Ganz gleich, wie sich ein Rat der Stadt zusammensetzt – es muß Schluß sein für immer mit der Bevormundung durch den Rat des Bezirkes und die Regierung.«

Harte Worte gebrauchte der Arbeiter Karl-Heinz Höfler, Koch bei der Reichsbahn: »Jeden Tag lesen wir Phrasen wie Neuregelungen, Umänderungen, Verbesserungen auf den Titelseiten, Halbwahrheiten auch im Fernsehen, obwohl die Medienpolitik doch gründlich geändert werden sollte. Wo bleiben die Versprechungen der Staatsmacht?« Eindeutig verurteilte er das vorgelegte Reisegesetz. Nicht jeder Bürger, so sei zu lesen, habe das Recht zu reisen, weil nur von »den Bürgern« die Rede sei. »Verdummung schwarz auf weiß«, nannte er das Reisegesetz.

Mit Fragen zum Reisegesetz wandte sich Bernd Krahl an den 1. Sekretär der SED-Bezirksleitung, dessen Antwort aber später in der Menge kein Gehör fand.

Der parteilose Roland Reiche brachte seinen Unwillen über den Zustand dieser Stadt zum Ausdruck, der nun enorme Kraft abverlangt, Leipzig wieder schöner, wohnenswerter zu machen. Er forderte auf, die Verantwortlichen für die Mißstände zur Verantwortung zu ziehen. Und die seien vor allem in der SED-Führung zu finden.

Kaum zu Wort kam Roland Wötzel, 1. Sekretär der SED-Bezirksleitung. Unter gellenden Pfiffen sagte er, daß er es den Leipzigern nicht
übelnimmt, wenn sie zunächst kein Vertrauen zu ihm haben, auch
wenn er sich mit anderen dafür einsetzte, daß in Leipzig friedlich demonstriert werden kann. »Ich möchte, daß wir das, was sich entwik-
kelt hat, die kleinen Pflanzen, die bis jetzt geblüht haben, hier, nach
den Entscheidungen weiterwachsen«, sagte Roland Wötzel. »Wir bekennen uns zu unserer Verantwortung – und ich auch zu meiner.«
»Ich bin auch ein Bürger dieser Stadt«, sprach Harald Bachlicke zu
den Leipzigern, »ein Bürger, der gern hier wohnt und hier wohnen
bleiben möchte.« Er zeigte sich mit der Form des Reise-Gesetz-Ent-
wurfes nicht zufrieden. Er sah im veröffentlichten Dokument noch
Einschränkungen, die nicht jedem einzelnen von vornherein das
Recht zum Reisen in jedes beliebige Land ermöglichen. Er verlangte
Offenlegung des Verwendungszweckes von Devisen.
Für das Neue Forum ergriff Martin Kind das Wort. »Wir sind immer
wieder gefragt worden, was wir wollen«, wandte er sich an die Demonstranten, »wir wollen neue Wahlen. Wir wollen, daß diejenigen,
die die Karre in den Dreck gefahren haben, dafür auch verantwortlich gemacht werden. Es genügt nicht, daß ein paar Sessel leer gemacht werden, die Partei muß ihren Führungsanspruch zurückge-
ben.«
Ein bewegender Augenblick, als die 71jährige Maria Müller aus der
Leipziger Mariannenstraße ans Mikrofon trat. »Mein Leipzig lob' ich
mir«, kam sie mit Goethe, »ich lobe mir die Leipziger Montage und
die Bürger dieser Stadt, die trotz strömenden Regens hier ihren Willen zur Veränderung bekunden«, setzte sie unter viel Beifall hinzu.
Beifall fand auch der parteilose Arzt OMR Prof. Dr. Rolf Haupt aus
dem Bezirkskrankenhaus St. Georg. Die meisten hier gestellten Forderungen seien auch die seinen. Doch vieles, was emotional gesagt
werde, müsse durch gut Überdachtes gestützt werden – bei der Ökologie, der Neugestaltung der Volksbildung und der Stadtgestaltung
Leipzigs. »Ich möchte aber auch, daß wir alle in Sachkompetenz die
Neugestaltung unserer Stadt in baulicher, in kultureller und in ökolo-
gischer Hinsicht mittragen und daß uns nicht von Berlin ein neues
Konzept übergestülpt wird, deshalb darf ich alle, die das können, aufrufen.«
Nach der Kundgebung auf dem Leipziger Karl-Marx-Platz formier-
ten sich die Hunderttausenden zu der bislang machtvollsten Demonstration auf dem Ring. Transparente und Losungen forderten vor allem ein Ende des Machtmonopols der SED, das Zulassen des Neuen
Forums und immer wieder freie Wahlen.

Leipziger Volkszeitung, 7. 11., S. 1

Trotz Dauerregen:

Leipzig bekräftigte Ruf nach »Heldenstadt«

... Welches Wechselbad der Gefühle mag der neue Erste der SED-Bezirksleitung Dr. Roland Wötzel wohl durchlebt haben, als er ans Mikrofon trat und ehrlich seine Mitverantwortung an der entstandenen
Situation bekannte, unter gellenden Pfiffen jedoch kaum zu Wort
kam? Was mag ihm durch den Kopf gegangen sein, als es ihm hun-
derttausendfach entgegenschwoll »Ihr seid schuld!«? Wer mit »ihr«
gemeint war, daran ließen die Demonstranten keinen Zweifel auf-
kommen. Transparente wie »Kaputte Städte, Wälder, Seen – SED,
wir danken schön« oder »Bei SED und FDJ sitzen Sie in der letzten
Reihe« waren ebenso deutlich, wie die unmißverständlich artiku-
lierte Forderung »Schluß mit dem Führungsanspruch der SED – Verfassungsänderung Artikel 1!«
Nach all dem Erlebten möchte ich noch einmal auf die einleitende
Kundgebung zurückkommen. Dort nämlich sprach auch ein Student,
der sich gegen das Anheizen von Emotionen wandte, konkrete Vorschläge zur Erneuerung unserer Gesellschaft forderte und ein Volksbegehren oder einen Volksentscheid anregte, in dem die Freiheit und
Verantwortung eines jeden Bürgers zum Ausdruck käme.

hartmut
Mitteldeutsche Neueste Nachrichten, 8. 11., S. 6, Auszug

Leipziger Signale – hautnah, lupenrein, tolerant...

...Die dort [am 4. 11. in Berlin, d. Hrsg.] erlebte Toleranz zwischen
Andersdenkenden und auch gegenüber in Verantwortung stehenden
Bürgern haben wir am Montagabend allerdings auf dem Karl-Marx-
Platz leider kaum spüren können. Es ist zweifellos gut, daß Arbeiter
sozusagen lupenrein, ohne vorgegebenes Manuskript ihre Meinung
lautstark kundtun, aber müssen es unbedingt übersteigerte Emotionen sein? Die gegenwärtige Situation erfordert wie nie zuvor Vernunft und Besonnenheit, damit der Aufbruch in unserer Gesellschaft,
in unserer Stadt nicht in einem Zusammenbruch endet.
Wir waren – wie es Journalisten geziemt – »hautnah« am Montagabend bei der Demonstration dabei... Die Rufe nach umfassenden
Veränderungen in Wirtschaft, Volksbildung, Rechtsprechung, Reise-
und Pressefreiheit, nach freien Wahlen und dem Rücktritt der Ver-

antwortlichen für die derzeitige Krise waren machtvoll und laut. Und was nach überschwappenden Emotionen klang, war wohl die Stimmung einer Minderheit. Die Mehrheit schien bedrückt, nachdenklich, auch vorsichtig. Zwei Zeitzer Kraftfahrer formulierten das so: »Wir sind hier in Leipzig aus Notwendigkeit. Gegenüber der vergangenen Woche hat sich die Situation verändert, aber nur zum Teil qualifiziert. Ja, wir haben noch Hoffnung, wenn die, die uns 40 Jahre dahin regierten, wo wir jetzt sind, die notwendigen Konsequenzen ziehen. Das Rad der Geschichte läßt sich nicht zurückdrehen, denn so haben wir's gelernt.« Jürgen Siebenreicher und Klaus Barheine stehen dahinter.

»Das Reisegesetz? Ein Witz«, so war ein Veterinärmediziner im letzten Studienjahr zu hören. »Und zwar nicht zuerst wegen der Finanzen, sondern der neuerlichen Einschränkung von Reisefreiheit, obwohl doch jeder, der unbedingt wollte, längst hätte weg sein können. Überhaupt, bevor die bekannten Privilegien der SED-Funktionäre ab Kreisleitungsebene nicht abgeschafft werden, kommt keine Ruhe ins Volk.« Er meinte noch, daß eine Rückkehr zu alten Zeiten nicht mehr möglich sei.

»Ich bin evangelische Christin und seit Anfang September bei den Friedensgebeten dabei«, ließ sich Beate Rebner, tätig bei der Sächsischen Akademie der Wissenschaften, vernehmen. »Unser neues Staatsoberhaupt ist für das Volk unglaubwürdig. Die SED-Führung scheint noch immer nicht begriffen zu haben, wie ernst es den Menschen in unserem Land mit der Erneuerung ist. Wir hatten mit dem Chor im Gewandhaus heute eigentlich Probe, verschoben sie jedoch zugunsten der gemeinsamen Teilnahme an der Demonstration. Und solange nicht tiefgreifende Veränderungen geschaffen werden, wird sich die freie Meinungsäußerung auf den Straßen vollziehen.«

Th. K. / ag
Union, 8. 11., S. 6, Auszug

Bürgerinnen und Bürger zur Montagsdemonstration:

Enttäuscht über die »Buh«-Rufer

Geliebte Demonstranten von Leipzig: Der Dichter Christoph Hein hat Euch Helden genannt.
Er meinte Euren Mut und Euer Beispiel. Er dachte an Eure Ritterlichkeit. Wie enttäuscht wäre er wohl heute abend gewesen?! Ich bin für den »Buh«-Ruf. Aber auch er hat seine Würde. Diese dürft Ihr nicht verraten. Ihr verratet sonst die Geschichte des Leipziger Montag. Laßt sprechen, hört an, was Leute mit dem Gesicht zu Euch zu sagen haben!

Siegfried Worch, Schauspieler
Leipziger Volkszeitung, 7. 11., S. 2

…Ich stimme zu, daß durch die Vielzahl der Demonstrationen vieles in Gang gekommen ist. Nur sehe ich keinen Sinn darin, sie zu einer ständigen Montagseinrichtung werden zu lassen. Die Forderungen, die dort erhoben wurden und werden, sind von Beginn an die gleichen, und es ist erkennbar, daß seitens der Partei der Arbeiterklasse und der staatlichen Organe davon nicht nur Kenntnis genommen wurde, sondern auch Änderungen erfolgen sollen. Das beweisen erste Anfänge und die zahlreichen Aussprachen, die auf allen Ebenen von Partei- und Staatsfunktionären in der Öffentlichkeit geführt wurden und werden.
Jeder, der willens ist, wird verstehen, daß Veränderungen und neue Gesetze, wie sie gefordert und auch notwendig sind, nicht von einem Tag auf den anderen geschaffen werden können, wenn etwas Vernünftiges dabei herauskommen soll. Dazu kann ja jeder, der es ehrlich meint, seinen Beitrag leisten…

Rolf Richter
Leipziger Volkszeitung, 9. 11., S. 7

Ich verfolge mit Besorgnis die gegenwärtig ziemlich indifferenziert geführte Medienkampagne gegen die Demonstrationen in unserer Stadt. Auch ich bin gegen aggressive und extremistische Losungen und einzelne Ausschreitungen, die es – von welcher Seite auch immer – gegeben hat. Dagegen sind einige Gründe, die nun in der Presse angeführt werden, ziemlich »blauäugig«. An frühere organisierte Aufmärsche haben wir die Meßlatte der Erschwernisse für die Bevölkerung, des Verkehrsflusses u. ä. auch nicht angelegt.

Als Marxisten sollten wir uns sicher wieder an das so oft postulierte Vertrauen in die Bewußtheit der Volksmassen erinnern, oder trauen wir uns selbst nicht mehr? Wo in der Welt hat es denn schon einmal eine solche friedliche Wende gegeben? Solange es in unserer DDR noch keine akzeptablen, unwiderruflichen Garantien für den Ausbau der eingeleiteten Wende gibt, haben Demonstrationen wie andere Formen gesellschaftlicher Aktivität ihren Sinn und ihre Bedeutung.
Wir können nicht einerseits Vertrauensschwund in führende Persönlichkeiten des Staates, in bisherige Programmatiken und Strukturen konstatieren und andererseits – ohne deren Auswechslung und Erneuerung – neues Vertrauen verlangen. Wir können nichts Neues schaffen, ohne Fehler und Versäumnisse der Vergangenheit und die dafür Verantwortlichen zu benennen. Erst diese Offenheit, erst reale Garantien für die Erneuerung unseres Sozialismus werden die Demonstrationen überflüssig machen.

Dr. K.-P. Koppelmann
Leipziger Volkszeitung, 9. 11., S. 7

◁ *6. November:*
Kundgebung auf dem Karl-Marx-Platz

LEIPZIG
Heldenstadt der DDR

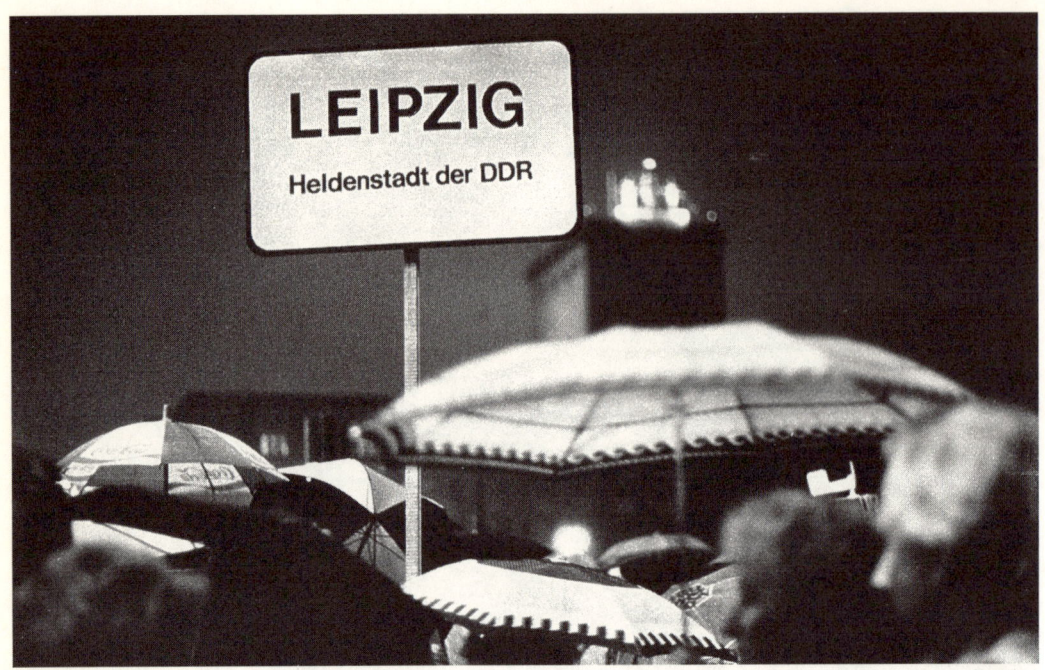

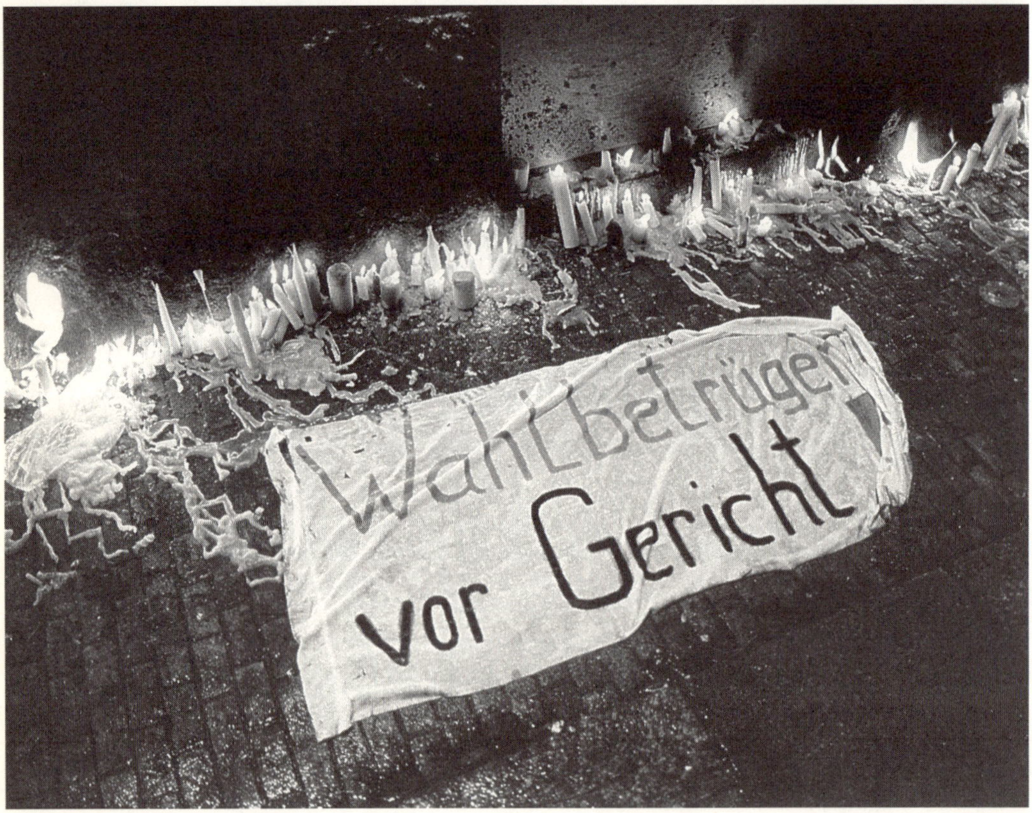
Wahlbetrüger
vor Gericht

▽ *Am Stasi-Gebäude*

Es lebe der
Prager Frühling!
Weg mit den
„Wendehälsen“!

SDP statt SED!

9. November: Schweigemarsch des Neuen Forum zum Gedenken an die Pogromnacht und gegen rechtsradikale Tendenzen in der DDR

DIE WOCHE IN LEIPZIG

7. November   Am 7. 11. tritt im Neuen Rathaus der Bezirkstag zu einer außerordentlichen Tagung zusammen. Einziger Tagesordnungspunkt: »Zur politischen Lage im Bezirk Leipzig sowie zu weiteren Aufgaben des Bezirkstages.« In seinem Bericht stellt Rolf Opitz, Vorsitzender des Rates des Bezirkes, fest, daß Leipzig inzwischen unter allen Großstädten der DDR die schlechteste technische Infrastruktur, die höchsten Umweltbelastungen und die kompliziertesten Verkehrsbedingungen aufweise. 12000 Bürgerinnen und Bürger des Bezirkes hätten seit Jahresbeginn die DDR verlassen, darunter 6000 Facharbeiter, 1200 Hoch- und Fachschulabsolventen und 94 Ärzte und Zahnärzte. Bei weiteren 13000 Bürgern lägen derzeit Ausreiseanträge vor.

Mit der Bezirkstagssitzung befaßt sich nachstehender Kommentar:

Helden nur auf der Straße?

Vier Wochen sind seit dem 9. Oktober 1989, dem wohl entscheidenden Tag für die Wende in unserem Land, vergangen. Vier Wochen hat es auch gedauert, bis man sich endlich dazu aufraffen konnte, den Leipziger Bezirkstag zu einer außerordentlichen Beratung einzuberufen. Völlig zu Recht wurde die lange Zeit der Sprachlosigkeit kritisiert. Während die Massen Montag für Montag auf der Straße demonstrieren und sichtbare Reformen verlangen, herrscht in den Gremien, die bisher »das Sagen« hatten, offensichtlich Konzeptionslosigkeit.
Nun also der Bezirkstag. Nach vier Wochen wie gesagt. Wer gedacht hatte, die Zeit müßte ausreichend gewesen sein, ein konkretes Aktionsprogramm für die kommenden Tage und Wochen vorzulegen, sah sich enttäuscht. Statt einer tiefgehenden Analyse eigener Fehler wälzte der von Rolf Opitz vorgetragene Bericht des Rates und der Vorsitzenden der ständigen Kommission vorrangig die Schuld auf Berliner Politikerschultern. Das ist sicher richtig, aber wo bleibt die Selbstkritik. Statt konkreter Aufgaben für die nächste Zeit wurde nur ein riesiger Forderungskatalog aufgestellt. Vieles davon hört sich schön an, vieles davon war auch seit langem bekannt, jedenfalls auf der »unteren Ebene«, wie man aber morgen und übermorgen vorgehen soll, blieb weitestgehend im dunkeln.
Unverständlich ist uns deshalb auch, daß die Abgeordneten diesen Bericht mit nur einer Gegenstimme bestätigten. Auf der nächsten Be-

zirkstagssitzung soll nun ein Aktionsprogramm vorgelegt werden. Dabei wird man wesentlich Konkreteres sagen müssen.

Leipzig den Beinamen »Heldenstadt« zu geben, wurde am Sonnabend auf der Berliner Protestdemonstration gefordert. Sicher, die Bürger hätten es verdient. Die Führungszentralen des Bezirkes bisher wohl kaum. Wann kommen ihre Heldentaten?

LVZ-Umfrage:
Erfüllte die Tagung alle Erwartungen?

Bei anderen Diskussionen ging es wesentlich lebhafter zu

Während einer Tagungspause wollte LVZ von drei Abgeordneten wissen: 1. Erfüllt die heutige Beratung alle Erwartungen? 2. Wie beurteilen Sie die eigene Tätigkeit in den letzten Jahren? 3. Wie soll es weitergehen?

Nachfolgekandidat Gerhard Kochon: 1. Für mich weist die Tagung nicht auf eine eindeutige Wende hin. Bei der Diskussion in den Stadtbezirken ging es wesentlich konstruktiver und lebhafter zu. Ich sehe das heute als Einbahnstraße an, da in vielen Punkten am Volk vorbeigeredet wird. Erwartet hätte ich auch einen konkreten Vorschlag, wie man montags konstruktiv mit den Demonstranten ins Gespräch kommen will.

2. Ich fühle mich auch verantwortlich für die entstandene Situation und muß mir den Vorwurf machen, oft vor der Herrschaft der Bürokratie gekuscht zu haben. Dadurch hatte sich eine tiefe Resignation breitgemacht.

3. Es bedarf grundlegender Reformen, um einen neuen Sozialismus zu gestalten. Dafür will ich mich einsetzen.

Tagungsleiterin Eva Firesch: 1. Ich habe schon öfter Bezirkstagssitzungen geleitet. Gegenüber früher weht heute ein ganz anderer Wind. Es macht Spaß, solche Sitzungen mit Rede und Gegenrede zu leiten, verlangt aber auch viel Konzentration und Fingerspitzengefühl.

2. Ich bin Vorsitzende der Ständigen Kommission Handel und Versorgung und habe das immer sehr gerne gemacht. Eine reale Einschätzung verlangt aber zu sagen, daß ich nicht immer meiner Verantwortung gerecht geworden bin. Aus falscher Disziplin sind wir auf vielen Wegen stehengeblieben. Zwar hat unsere Kommission mehr als ein-

mal auf Mißstände aufmerksam gemacht, doch Kraft und Möglichkeiten reichten nicht aus.

3. Ich könnte viele Aufgaben nennen. Beispielsweise eine Analyse, ob der Bezirk und die Stadt Leipzig in der Warenbelieferung richtig eingeordnet sind. Aber um ein ganz konkretes Beispiel zu nennen. Unsere Kommission kämpft energisch darum, daß in der Markkleeberger Molkerei endlich Platz für die neuen Maschinen geschaffen wird, damit hier produziert werden kann.

Abgeordnete Karin Triebsch: 1. Letzten Freitag war ich bei der Stadtbezirksversammlung Leipzig-West dabei. Dort hat es mir wesentlich besser gefallen. Hier wurde bisher viel zuviel Bekanntes gesagt.
2. Schwer zu sagen. Mehr Konsequenz wäre überall am Platz gewesen.
3. Am liebsten würde ich von meinem Mandat zurücktreten. Ich bin Lehrmeister im Holzveredlungswerk Wiederitzsch, habe zwei kleine Kinder, und mein Mann ist abends oft dienstlich unterwegs. Manchmal weiß ich nicht, wie ich das koordinieren soll. Und wenn man gewählt ist, will man ja auch etwas leisten.

Kommentar und Umfrage: Leipziger Volkszeitung, 8. 11., S. 3

Im Informationsblatt »NEUES FORUM LEIPZIG« Nr. 4 vom 7. 11. erscheint folgende Anzeige:

In eigener Sache

Wir gründen einen Verlag »NEUES FORUM«. Unser Verlag wird die Zeitung »NEUES FORUM LEIPZIG«, Literatur unabhängiger Autoren und politische Publizistik herausgeben. Wir benötigen Mitarbeiter/innen mit Berufserfahrung (vor allem Verlagsökonomie/Verlagsrecht und Herstellung/Gestaltung) und Gewerberäume. Informationen und Bewerbungen bitte schriftlich an

Rolf Sprink, ...

Neues Forum nun angemeldet

Der Stellvertreter des Vorsitzenden des Bezirkes für Inneres, Dr. Hartmut Reitmann, traf am 8. November mit dem Mitglied der Sprechergruppe Leipzig des Neuen Forum zusammen, wie ADN vermeldet. In der Zusammenkunft wurden Anfragen und Schreiben dieser Bürger zur Zulassung des Neuen Forum beantwortet.

8. November

Dr. Reitmann erläuterte, daß die politische Entwicklung im Bezirk Leipzig, die massiven Hinweise der Bürger und insbesondere der friedliche Verlauf der Demonstrationen in der Bezirksstadt ihn veranlaßt haben, seine bisherige Entscheidung zu überprüfen.

Dirk-Michael Grötzsch erläuterte nochmals die grundsätzlichen Zielstellungen des Neuen Forum und unterstrich die Übereinstimmung mit den Grundsätzen und Zielen der Verfassung.

Im Ergebnis der Überprüfung der ursprünglich ablehnenden Entscheidung und des Verlaufs des Gesprächs teilte Dr. Reitmann dem Mitglied der Sprechergruppe mit, daß die Anmeldung des Neuen Forum für den Bezirk Leipzig bestätigt wird. Nunmehr sind innerhalb von 3 Monaten die Gründungshandlungen abzuschließen und ein formgebundener Antrag sowie weitere Gründungsdokumente an den Rat des Bezirkes zu übergeben.

Im gleichen Gespräch bestätigte Helmut Schubert, Leiter der Abteilung Innere Angelegenheiten des Rates der Stadt Leipzig, die Anmeldung des Neuen Forum für die Stadt Leipzig.

Sächsisches Tageblatt, 10. 11., S. 8

Am 9. 11. findet die erste genehmigte nichtstaatliche Demonstration in Leipzig statt. Aufgerufen dazu hatte das Neue Forum Leipzig. In der *Union* erscheint folgende Ankündigung:

9. November

Zum Schweigemarsch

(DU) Zu einem genehmigten Schweigemarsch ruft das Neue Forum anläßlich des 51. Jahrestages der faschistischen Pogromnacht und gegen rechtsradikale Tendenzen in der DDR auf, der am 9. November, 18 Uhr, vom Nikolaikirchhof über den Markt bis zur Gottschedstraße zum Synagogendenkmal führt. Alle Teilnehmer werden gebeten, keine Plakate mitzubringen, sondern nur still mit Kerzen zu demonstrieren.

Union, 9. 11., S. 6

Zehntausende Kerzen mahnten: Vergeßt es nie!

Gedenken an die Opfer der antisemitischen Pogromnacht

Leipzig (LVZ/M. Se).
Mit einem Schweigemarsch gedachten am Donnerstagabend mehrere Zehntausende Leipziger den Opfern der faschistischen Pogromnacht vor 51 Jahren. Aufgerufen zu dieser genehmigten Demonstration, die sich zugleich gegen aufkommende rechtsradikale Tendenzen von heute richtete, hatte die Leipziger Gruppe des Neuen Forum.

Der Zug führte vom Nikolaikirchhof durch die Leipziger Innenstadt zum Gedenkstein in der Gottschedstraße, jenem Platz, an dem damals in jener Nacht auch die größte Synagoge dieser Stadt in Flammen stand. Rund um diese Gedenkstätte legten die Leipziger Blumen nieder und stellten ihre Kerzen auf.

In einer kurzen Ansprache wandte sich Siegfried Hollitzer an die Teilnehmer des Schweigemarsches. Dieser Abend solle Mahnung für uns sein, damit Geschehenes sich nicht wiederholen könne, sagte der Redner. »Neofaschismus in unserem Land ist noch seltener als anderswo, dank auch der harten Gesetze. Aber Angst vor Strafe allein ändert noch keine Gesinnung.« Auch mit der Politik, etwa einem realistischerem Bewerten des Staates Israel und einer ausgewogenen Berichterstattung könne Antisemitismus entgegengewirkt werden. »Wo wir auf menschenfeindliche Denkweisen stoßen, dürfen wir dem offenen Gespräch nicht ausweichen.«

In der Nacht vom 9. zum 10. November 1938 hatte der von Faschisten gelenkte Mob auch in Leipzig jüdische Bürger mißhandelt und in Konzentrationslager verschleppt, rund 700 Läden und Fabriken geplündert und zerstört sowie 13 Synagogen und Einrichtungen der Jüdischen Gemeinde angezündet. Es war der Auftakt zum systematischen Massenmord, der wenige Jahre darauf an den deutschen Juden einsetzen sollte.

Leipziger Volkszeitung, 10. 11., S. 2

Schweigemarsch am 9. November 1989 in Leipzig

Ich weiß nicht, wann ich über den Begriff »Kristallnacht« nachzudenken begann. Sicherlich reichlich spät. Natürlich, ich wußte, daß darunter das Pogrom gegen die Juden im faschistischen Deutschland am 9. 11. 1938 zu verstehen war. Also etwas Schreckliches, Zerstörerisches. Aber »Kristallnacht«, da denke ich immer noch unterschwellig an ganz anderes: Kristalleuchter, Kristallglas, Kristallschale. Wenn nur Kristall in Scherben fiel, kann es wohl so schlimm nicht gewesen sein. Warum eigentlich wird dieser nazistische Sprachgebrauch weiter beibehalten? Und weshalb findet er sich heute noch in DDR-Lexika, wo man doch andere Wortschöpfungen stets termingerecht aus der Tasche holt? Sprache ist verräterisch.

Seit einigen Jahren sprechen antisemitische Schmierereien an Wänden, umgestürzte Grabsteine für sich. Darauf aufmerksam zu machen, darauf nicht allein mit Worten, sondern mit einem Schweigemarsch zu antworten, hatte das Neue Forum Leipzig für den 9. November aufgerufen. Wie viele kommen würden, war ungewiß. Das Sensationelle, das Noch-Verbotene haftete dieser Veranstaltung nicht an. Und Abdankungsmeldungen sowie politische Wende-Versprechen der Regierung lieferten anderweitigen Gesprächsstoff. Wen würde es also interessieren, was sowieso nicht im Zentrum der Gespräche stand?

Die erste genehmigte nichtstaatliche Demonstration in Leipzig belehrte mich eines Besseren. Viele Tausende (keiner hat sie gezählt) kamen. Still, mit Kerzen in den Händen, liefen sie am Abend vom Nikolaikirchhof zum Synagogendenkmal in der Gottschedstraße. Nur die ersten im Zug haben die mahnenden, sehr auf die Gegenwart abzielenden Worte Siegfried Hollitzers vom Arbeitskreis »Kirche und Judentum« hören können. Die nachfolgenden mußten sie entbehren. Aber daß so unerwartet viele kamen – aus politischer Verantwortung heraus –, hat mich hoffen lassen. Mögen wir uns nicht wieder korrumpieren lassen.

Eleonore Sladeck
NEUES FORUM LEIPZIG,
Informationsblatt Nr. 5 vom 14. 11., S. 3/4

Am 9. 11. bringt die *Union* das erste längere Interview mit einem
Mitglied der Leipziger Sprechergruppe des NEUEN FORUM:

Was ist das Neue Forum?

*Fragen an den Theologen Edgar Dusdal, Mitglied der Leipziger Spre-
chergruppe*
...
Ganz knapp: Was ist das Neue Forum?
Das Neue Forum versteht sich als politische Erneuerungsbewegung
innerhalb der DDR und ist bemüht, eine neue Identität der Bürger mit
unserem Land aufzubauen. Über das politische Handeln soll es dem
einzelnen gelingen, sich hier zu verwurzeln und ermutigt zu werden,
dazubleiben. Angesichts dessen, daß die vorhandenen Parteien nicht
mehr die Integrationskraft besitzen, die sie zu haben meinen, versuchen wir aus der Gesellschaft heraus über die Selbstorganisation Positionen einzubringen. Neues Forum also als Sammlungsbewegung
für alle, die sich konstruktiv in den Reformprozeß einbringen wollen,
wobei keine weltanschaulichen oder parteigebundenen Vorbehalte
gemacht werden.

Wie arbeitet das Neue Forum konkret?
Wir versuchen von unserem Demokratie-Verständnis her einen basisdemokratischen Ansatz durch Bildung von regionalen Gruppen in
den Wohngebieten, durch Betriebsgruppen und durch fachspezifi-
sche Arbeitsgruppen. In Leipzig sind beispielsweise Arbeitsgruppen
zu Ökonomie, Ökologie, Staats- und Rechtswesen, Medien, Kulturpolitik, Volksbildung, Psychologie, Themen der Gewaltfreiheit und
eine Frauengruppe wirksam. Ihre Arbeitsweise ist unterschiedlich
profiliert.

Ist das Neue Forum nur offen für Unterzeichner?
Vom Selbstverständnis her ist es natürlich so zu sehen, daß die Arbeitsgruppen nur innerhalb des Neuen Forums arbeiten. Das heißt
nicht, daß jemand, der aktiv mitarbeiten will und nicht dem Neuen
Forum angehört, draußen bliebe. Es geht uns nur darum, unabhängig
von irgendwelchen vorgegebenen oder hineingetragenen Normati-
ven zu arbeiten. Es geht um unzensierte Tätigkeit.

Wie viele Mitglieder hat das Neue Forum?
Im Neuen Forum sind alle sozialen Schichten gleichmäßig vertreten.
Im Oktober waren es 30 000 Unterzeichner im ganzen Land. Ich gehe
jetzt von etwa 50 000 aus. Das Problem heißt: Wie kann man diese

Menge von Menschen basisdemokratisch organisieren? Hier ist die Aktivität des einzelnen gefragt. Wir in Leipzig haben immerhin schon ein eigenes Büro in der Dreilindenstraße 18. Ich persönlich habe in der vergangenen Woche noch einmal wegen Zulassung des Neuen Forums vorgesprochen und einen Termin beim Stellvertreter des Vorsitzenden des Rates des Bezirkes Dr. Hartmut Reitmann erhalten.

In Halle haben sich Mitglieder des CDU-Bezirkssekretariats mit Vertretern des Neuen Forums getroffen, anderswo ebenfalls. An welchen Begegnungen haben Sie in letzter Zeit teilgenommen?
Es gibt inzwischen Gespräche auf allen Ebenen. Wichtig war in Leipzig die Begegnung mit dem 2. Sekretär der SED-Bezirksleitung, Helmut Hackenberg, und weiteren Persönlichkeiten, einschließlich dem 1. Sekretär der SED-Stadtleitung, Achim Prag. Dort wurden alle wichtigen Fragen unseres Selbstverständnisses angesprochen.

Welche Rolle bezieht aus Ihrer Sicht das Neue Forum zur führenden Rolle der Arbeiterklasse?
Es ist jeder Partei zuzugestehen, einen Führungsanspruch zu erheben. Dieser Führungsanspruch muß durch freie Wahlen legitimiert sein, und Partei und Staat müssen absolut getrennt bleiben. Ansonsten kommt es zu der für uns unannehmbaren Situation, daß jede Entscheidung der führenden Partei staatlich sanktioniert ist und andererseits keine Entscheidung des Staates ideologiefrei erfolgt.

Wir haben in der DDR ein historisch gewachsenes Parteienbündnis. Das heißt bisher vertrauensvolles Miteinander unter Führung der SED. Wie steht das Neue Forum zum Bündnis?
Andere Sprecher werden andere Antworten geben. Ich frage zurück, wie es zu diesem Bündnis kam. Die Nationale Front entstand aus der Situation der Nachkriegszeit als antifaschistische Bewegung. Das sehe ich heute nicht mehr gegeben. Die Nationale Front ist historisch überlebt. Es müßte zu ihrer Auflösung kommen, damit die Parteien wirklich ihre Spezifik in den Dialog zur gesellschaftlichen Umgestaltung einbringen können. Ich frage mich darüber hinaus, ob nicht Parteien historisch gesehen generell überholt sind. Jedenfalls ist eingedenk unseres basisdemokratischen Ansatzes wichtig, daß wir Körperschaften anregen, in denen nicht Vertreter von Parteien, sondern von Institutionen arbeiten.

Immer wieder werden bei Demonstrationen freie Wahlen gefordert. Wie müßten sie nach Ihrer Meinung ablaufen?
Wir benötigen ein neues Wahlgesetz. Es müßte freie und geheime

Wahlen garantieren, bei denen eine Entscheidung für oder gegen unterschiedliche Personen, Parteien oder Organisationen möglich ist. Im Vorfeld muß einsehbar werden, welche Positionen die Gruppierungen vertreten und welche Konzeptionen sie verwirklichen wollen. Es müssen Alternativen möglich werden.

Das Neue Forum hat einen breiten Katalog offener Fragen in die öffentliche Diskussion getragen. Ich greife ein überregionales Thema heraus. Sehen Sie bei uns die Rechtssicherheit gefährdet?
Momentan sehe ich Rechtssicherheit bei uns nicht gegeben. Im Strafgesetzbuch existieren nach wie vor die Paragraphen 96 bis 100, 106, 107, 212, 217. Hier muß eine Änderung erfolgen. Weiterhin wäre es in unserer Republik notwendig, ein unabhängiges Rechtswesen zu etablieren. Man müßte überlegen, ob entscheidende Positionen in der Justiz wählbar gemacht werden sollten. Die Bürger müßten stärker einwirken können. Es ist ebenfalls notwendig, dem Volksentscheid, wie in der Verfassung von 1949 garantiert, wieder Geltung zu verschaffen.

Sie sind Forschungsstudent am Theologischen Seminar Leipzig. Was bewog Sie als Christ und Theologe, sich dem Neuen Forum anzuschließen?
Es gibt einen pragmatischen Grund. Ich war jahrelang in kirchlichen Basisgruppen tätig und habe die Erfahrung gemacht, daß die Kirche hier Stellvertreterfunktion übernimmt für Staat und Gesellschaft. Das hat einerseits zur Verzerrung der Kommunikation innerhalb der Gesellschaft geführt, andererseits hat es auch der Kirche nicht ermöglicht, ihren eigenen Standpunkt profilierter darzulegen. Die Konfliktsituation Staat – Gesellschaft ist nach meiner Anschauung verlegt worden auf Kirche – Basisgruppen. Deshalb ist mir daran gelegen, daß es eine Körperschaft gibt, die unabhängig existiert, damit die Kirche entlastet wird und zu ihren eigentlichen Aufgaben – was immer das ist – gelangen kann, und damit die politische Mitarbeit auch konfessionell nicht gebundenen Menschen möglich wird. Mein anderes Motiv ist, daß ich auf Grund meiner christlichen Einstellung politisch aktiv sein möchte. Meine Fragestellung dabei ist die der Bergpredigt.
…

(Die Fragen stellte Moritz Jähnig)
Union, 9. 11., S. 3, Auszug

Am 10. 11. folgt die *Leipziger Volkszeitung* mit der öffentlichen Vorstellung einer Sprecherin und eines Sprechers des Neuen Forums Leipzig. Dazu ist allerdings wegen der mißverständlichen Wiedergabe der Äußerung von Michael Arnold zu der Kundgebung am 18. 11. folgendes anzumerken. M. Arnold hatte in dem Gespräch darauf hingewiesen, daß aufgrund der sehr zahlreichen Anträge die Kenntnis der Wortmeldungen den Zweck habe, Doppelungen und unnötige Längen auszuschließen. Auf der Kundgebung am 18. 11. wird der neue Chefredakteur der LVZ selbst das Wort erhalten.

10. November

Das Neue Forum – was ist es, und was will es?

Mit Petra Lux und Michael Arnold, beide Sprecher des Neuen Forum in Leipzig, im Gespräch

Auch die LVZ hatte einst manche Berührungsängste, wenn es um das Neue Forum ging. Hier und heute soll ein Anfang sein, um ins Gespräch zu kommen. Empfinden Sie Genugtuung, wenn jetzt die Mitteilung vorliegt, daß die Anmeldung des Neuen Forum vom Innenministerium bestätigt ist?
P. Lux: Freude ist gar nicht angebracht angesichts der gegenwärtigen Lage im Land. Außerdem betrachte ich die Annahme eines Antrages als etwas ganz Normales. Vorteilhaft ist natürlich, daß nun eine gewisse Rechtssicherheit eingetreten ist.

Als was versteht sich das Neue Forum – als Bewegung, als ideologische Plattform oder als künftige Organisation?
M. Arnold: Wir betrachten uns als politische Organisation neuen Wesens, die offen ist für alle Bürger. Ganz gleich, ob sie einer Partei oder Organisation angehören oder auch nicht. Wir wollen einerseits Diskussionsplattform und andererseits Aktionsgemeinschaft sein.

Dem Neuen Forum wurde einige Zeit die Zulassung versagt, weil offensichtlich bei den Staatsorganen die Befürchtung vorlag, da geschähe etwas, was nicht mit der Verfassung übereinstimmt.
P. Lux: Da haben einige Leute ihre Schulaufgaben nicht gemacht. Schon im Gründungsaufruf vom September haben wir unsere Verantwortung im Ringen um den Frieden besonders hervorgehoben. Natürlich fühlen wir uns auch antifaschistischen Traditionen verpflichtet. Und in einer unserer Erklärungen haben wir auch hervorge-

hoben, daß wir kein kapitalistisches Gesellschaftssystem anstreben und Veränderungen hier in der DDR wollen. Reicht das nicht?

Am 18. November veranstaltet das Neue Forum in Leipzig eine Kundgebung zu Presse-, Versammlungs- und Meinungsfreiheit. Könnte dort auch ein LVZ-Journalist sprechen?
M. Arnold: Wir werden das prüfen, da schon eine Menge Anträge vorliegen. Notwendig wäre jedoch, daß wir rechtzeitig den Wortlaut der kurzen Ansprache oder zumindest das Konzept erhalten.

Es gibt einen offenen Problemkatalog des Neuen Forum, der Fragen zu Wirtschaft und Ökologie, zu Kultur, Bildung und Wissenschaft und zum Rechts- und Staatswesen zur Diskussion stellt. Welche Schwerpunkte werden gesetzt?
P. Lux: Keine. In dieser Phase der gesellschaftlichen Entwicklung kann nichts ausgeklammert werden. Wenn man nur eine Frage vernachlässigt, wird sich das bitter rächen.

Wodurch wird die Tätigkeit des Neuen Forum in der nächsten Zeit bestimmt sein? Werden Sie auch in anderen gesellschaftlichen Gremien mitwirken?
M. Arnold: Es liegt das Angebot vor, in der Vorschlagskommission mitzuarbeiten, die vom Bezirkstag gebildet wurde. Dieses Angebot werden wir wohl annehmen.
P. Lux: Die nächsten drei Monate, in denen das Gründungsdokument unserer Organisation auszuarbeiten ist, wollen wir uns weitgehend von anderen Aufgaben zurückziehen und die Kraft auf unsere eigenen Leute richten. Es geht ja schließlich darum, die Organisation arbeitsfähig und stabil zu machen.

(Die Fragen stellten Elke Rath und Dieter Altmann)
Leipziger Volkszeitung, 10. 11., S. 2

LVZ-Fälschung!

Am 10. 11. fand in Leipzig die erste Pressekonferenz der vorläufigen Sprechergruppe des Neuen Forum statt. Anwesend waren etwa 25 Journalisten. Nun veröffentlichte die LVZ am 14. 11. einen Artikel zu dieser Pressekonferenz. Besser hätte die Notwendigkeit einer unabhängigen Presse nicht nachgewiesen werden können. Der Artikel klingt nach früher Wahlkampfpolemik. Thomas Biskupek hat in der LVZ seine »wörtlichen« Zitate schlichtweg erfunden.

Wir verfügen über einen Mitschnitt der Pressekonferenz, der in einer Sondernummer in den wichtigsten Passagen veröffentlicht wird. Diesen Text stellen wir der LVZ und den anderen Leipziger Tageszeitungen umgehend zur Verfügung. Wir erwarten eine Richtigstellung durch die LVZ! Im folgenden eine Stelle, die Herr Biskupek gröblichst entstellt hat, im Originaltext:

<u>Frankfurter Allgemeine Zeitung</u>: Wie stehen Sie zu den jüngsten Ereignissen, konkret zur Öffnung der Grenzen in Richtung Westen?

<u>Edgar Dusdal</u>: Die Ereignisse sind natürlich erst mal begrüßenswert, sie bergen aber auch ihre Gefahren in sich. Die gilt es jetzt unsererseits zu benennen. Denn die Gefahr eines Ausblutens der DDR ist durchaus gegeben, und natürlich haben wir ein Interesse, daran zu arbeiten, daß so etwas wie eine DDR-Identität entsteht, die nach 40 Jahren Verordnung von oben jetzt vielleicht die Möglichkeit hat, von unten zu wachsen.

<u>Rainer Pietsch</u>: Darf ich vielleicht noch etwas ergänzend dazu sagen. Wer sich heute in der Stadt umgeschaut hat – dies ist organisiertes Chaos. Die Gefahr besteht ja nicht nur in der ständigen Ausreise. Bei dem sich einpendelnden Wechselkurs wird unser Geld bald überhaupt nichts mehr wert sein, und wir werden ausgekauft.

Ich habe noch eine andere Gefahr anzubringen, dies ist wirklich meine persönliche Ansicht, die anderen Sprecher teilen meine Meinung nicht. Nach wie vor ist das einzige, was bei uns nicht angetastet wurde und funktioniert, unser Sicherheitsapparat: Staatssicherheit, Polizei, Armee. Und ich habe Sorge und Angst, daß diese Leute sich berufen fühlen, Ruhe und Ordnung in ihrem Sinne wiederherzustellen.

NEUES FORUM LEIPZIG,
Informationsblatt Nr. 5 vom 14. 11.

Anmerkung der Herausgeber:
Thomas Biskupek gab in der *Leipziger Volkszeitung* vom 14. 11., S. 4, die Äußerungen der Sprecher zu der seit Donnerstag offenen Grenze wie folgt wieder:
<u>Zu Edgar Dusdal:</u>
– »Besser, die offene Grenze wäre von ›unten‹ erzwungen worden.«
<u>Zu Rainer Pietsch:</u>
– »Wir werden ausverkauft.«
– »In der Stadt herrscht das blanke Chaos. Vielleicht sollten sich die Sicherheitsorgane berufen fühlen, wieder Ordnung zu schaffen.«

Am 10. 11. wird auf der Koordinationsversammlung des Neuen Forum folgendes beschlossen:

Mitarbeit in Vorschlagskommission

Dem Neuen Forum Leipzig wurde erstmals die gleichberechtigte Mitarbeit in den Vorschlagskommissionen des Bezirkstages und der Stadtverordnetenversammlung Leipzig angeboten. Wir werden jetzt ebenso viele Vertreter/innen entsenden können wie die anderen Parteien und Organisationen.
Unter dieser Voraussetzung wurde auf der Koordinationsversammlung des Bezirkes... die Mitarbeit des Neuen Forum Leipzig in beiden Kommissionen beschlossen.

NEUES FORUM LEIPZIG,
Informationsblatt Nr. 5 vom 14. 11., S. 4

Offene Grenze

11. November

Taumel und Ekstase – diese Worte fallen mir bei den Fernsehbildern ein. Die Entscheidung, die Grenze zu öffnen, soll der am 7. 11. durch den Druck der Straße zurückgetretene, jedoch weiter amtierende Ministerrat getroffen haben, derselbe, der noch am 2. 11. einen Reisegesetzentwurf vollständig anderen Inhalts vorgelegt hatte. Ausgerechnet mitten im politischen und wirtschaftlichen Notstand unseres Landes jetzt offene Grenzen?!
Um sich für einen Moment den Forderungen nach unumkehrbarer demokratischer Erneuerung zu entziehen, läßt die isolierte »Führung« die letzten realpolitischen Hemmungen fallen. Um wieder »Ruhe und Ordnung« auf den Straßen der DDR-Städte herzustellen, läßt sie die Bürgerinnen und Bürger auf den Ku-Damm, nach Lübeck, Kassel usw. Das Ziel heißt: Ablenkung. Was die SED in einer Situation akuter Bedrängnis neuerdings verordnete, ist die Fortsetzung ihres Machterhaltungsanspruchs mit anderen Mitteln.
Ja, Reisefreiheit, die haben wir gefordert. Und diese Forderung steht weiter! Aber wollten wir uns zu Almosenempfängern machen lassen, die in Zehnerreihen nach 100 DM Schlange stehen, um sich dann doch an den Schaufenstern des Kapitals die Nasen platt zu drücken? Wer sich im Westen umsehen konnte, kennt den Schock des ersten Augenscheins. Dieser ungeheuerliche Reichtum ist *auch* das Ergebnis der Auszehrung der Zweidrittelwelt, ist *auch* das Ergebnis jener bru-

talen Wirtschaftspolitik der alten DDR-Führung, die dem Kapital in
die Hände spielte!

Ich möchte wissen, wie viele am Freitag, dem 10. 11., in Berlin-Ost
gearbeitet haben. Ich möchte wissen, wie viele ab Montag, dem
13. 11., auf dem Sprung stehen, ihr Arbeitsverhältnis in Berlin-West
fortzusetzen. Ich kenne weder einen vom Volk der DDR legitimier-
ten Finanzminister der DDR, noch eine vom Volk legitimierte Rege-
lung über Reisezahlungsmittel. Wir brauchen Gesetze, die Devisen-
und Warenschmuggel verhindern. Das üble Gewerbe der Wechsel-
stuben muß aufhören. Nötig ist der Schutz vor Rauschgift und impor-
tiertem Neofaschismus, um nur Stichworte zu nennen.

Reisefreiheit – keine Frage. Um sie zu sichern, bedarf es eines demokratischen Staatsaufbaus, damit sie nicht von einer »Führung« in dem
Augenblick für null und nichtig erklärt werden kann, wo diese in
neue Schwierigkeiten gerät. Nichts anderes als der demokratische
Staatsaufbau gibt die Gewähr, daß Entscheidungen getroffen werden, die für alle bindend und ebenso für alle tragbar sind.

Rolf Sprink
NEUES FORUM LEIPZIG, Informationsblatt Nr. 5 vom 14. 11.

Am Sonnabend auf dem Dimitroffplatz:

Leipzigs Kommunisten fordern einen Sonderparteitag

Sonnabendvormittag auf dem Leipziger Dimitroffplatz: Versammlung. Parteiversammlung von Leipziger Kommunisten – öffentlich,
unter freiem Himmel! Trotz Halbherzigkeit bei der Vorbereitung,
mangelnder oder widersprüchlicher Information – schätzungsweise
fünf- bis sechstausend Leipziger Mitglieder der SED sind vor dem Di-
mitroffmuseum zusammengekommen, um über unser Land, um über
ihre Partei zu debattieren und zu streiten.

…

Das ist überhaupt bestimmend bei dieser bald zweieinhalbstündigen
Aussprache – realistische Sicht, kritische Stellungnahme, das klare
Wort zu konkreten nächsten Schritten sind gefordert. Deklarationen,
allgemeine Bekundungen, bloße Versprechungen – und auch davon
gibt es an diesem Sonnabend noch viel zu viel – sind nicht mehr gefragt. Vertrauen wird konsequent an Taten gemessen. Der Vorsitzende des Rates des Bezirkes wird schon mit Pfiffen empfangen,
kommt kaum zu Wort und muß gleich wieder abbrechen.

…

Es war kaum zu überhören: Am energischsten, am kritischsten drängten an diesem Sonnabendvormittag die *Genossinnen* auf Veränderung und Erneuerung in der Partei. Christel Hartingers Vorschlag erhielt dadurch eine ganz besondere Logik. Die Leipziger Germanistin und Volkskammerabgeordnete sagte: »Die Frauen haben hier den Finger auf konkrete Sachen gelegt, die ausgepfiffen wurden und weggehen mußten, waren Männer. Mein Vorschlag: Wenn Delegierte für einen Sonderparteitag gewählt werden, dann sollte in den Grundorganisationen gelten – von zwei Genossen muß einer eine *Genossin* sein!«

…

In den Grundorganisationen der SED brodelt es, die Genossen wachen auf, drängen auf die Erneuerung der SED. Der Ruf nach einem Sonderparteitag ist nicht mehr zu überhören. Schon ist die Diskussion beendet, da zwängt sich atemlos ein junger NVA-Angehöriger ans Mikro: Seine Grundorganisation habe in einem Telegramm an das ZK den Sonderparteitag gefordert. Er ruft alle Leipziger Grundorganisationen auf, dem Beispiel zu folgen…

Bernd Locker
Leipziger Volkszeitung, 13. 11., S. 3, Auszüge

Vorerst letzter Tag der Gewandhausforen. Am 14. 11. berichtet die *Leipziger Volkszeitung:*

Keine Lamentos, neue Noten aufgelegt

12. November

…Ruth Geist-Reithmeier, Autorin des Fernsehfilms »Ist Leipzig noch zu retten?« wollte von Professor Masur wissen, wie er darüber denkt, daß nur zwei Leipziger in der Regierungskommission für die Messestadt vertreten sind. Eindeutig seine Antwort: Die Berliner Großmannssucht ist immer noch geblieben. Man hat in Berlin noch nicht begriffen, welche Kraft von Leipzig für die Erneuerung ausgegangen ist. Endgültig muß aufhören: »Wie die Republik heute arbeitet, so wird Berlin morgen leben.« Jochen Pommert, Sekretär der SED-Bezirksleitung ergänzte dazu: Wir sind für eine Regierungskommission, aber mit Leipziger Vertretern, die mit Kompetenz Entscheidungen fällen, die auch von den Leipziger Bürgern akzeptiert werden. Leipzigs Chefarchitekt Dr. Fischer meldete Zweifel an, daß der Bauminister Junker die grundsätzliche Wende im Bauwesen leiten kann. Und Dr. Kolbmüller ergänzte knapp: Die Stadtverordneten lehnen die Regierungskommission in der Form ab…

Während der Veranstaltung war Professor Masur ein Zettel aus dem Publikum mit der Anregung gereicht worden, am Schluß die Nationalhymne der DDR zu singen. Gesungen wurde nicht, aber langanhaltender Beifall begleitete seine Worte, als er gewissermaßen als Schlußpunkt des Dialogs am Sonntag und programmatisch für die Zukunft eine Zeile unserer Hymne zitierte: »Sorgen wir dafür, daß nie eine Mutter mehr ihren Sohn beweint.«

Willi Tank

Außenpolitik braucht bessere Innenpolitik

...In den Wortmeldungen aus dem Auditorium spielt der plötzliche Besucherstrom von DDR-Bürgern nach Westberlin und in die Bundesrepublik eine dominierende Rolle. Ob wir es wollen oder nicht, so ein Mitarbeiter der Akademie der Wissenschaften, hier vollzieht sich in Praxis der Prozeß der Wiedervereinigung. Wird die DDR mit dieser Blitzaktion überhaupt fertig? Muß es mit den Regierenden drüben nicht vielmehr zu einem Zustand kommen, in dem wir alle leben können? Ein Pfarrer fragt zum gleichen Thema, warum aus der DDR-Hymne der Gedanke »Deutschland einig Vaterland« verdrängt wurde. Große Angst vor den Republikanern wird beim Thema Wiedervereinigung und Öffnung der Grenzen geäußert...

Toni Prochaska
Leipziger Volkszeitung, 14. 11., S. 4

11. November: Kundgebung der SED

Offene Grenzen ▷

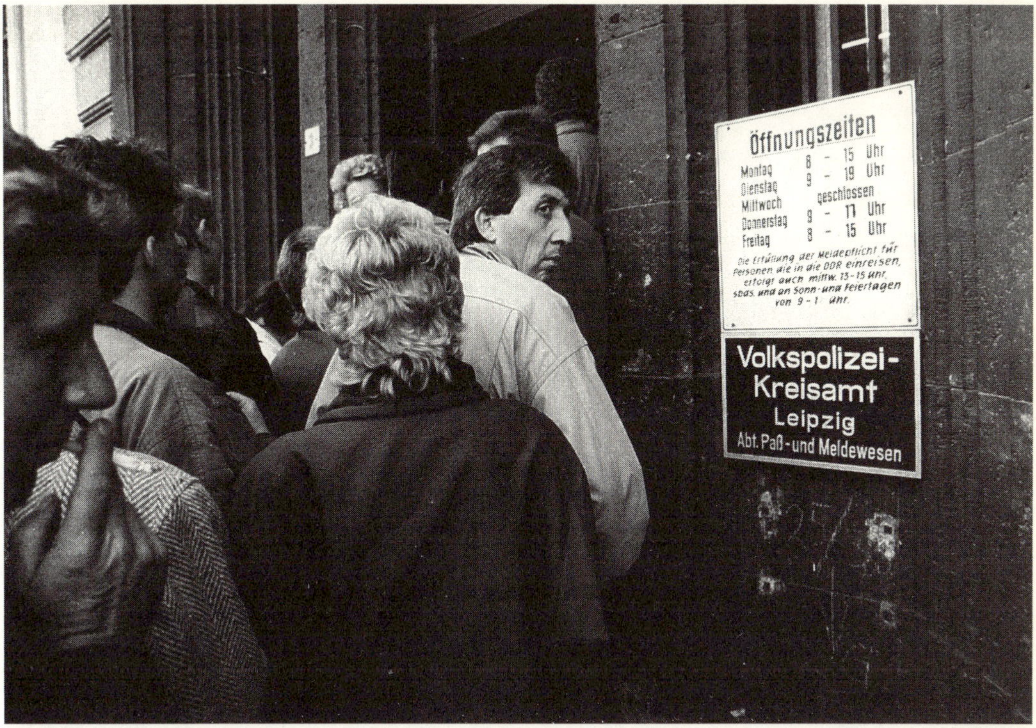
Öffnungszeiten
Montag 8 - 15 Uhr
Dienstag 9 - 19 Uhr
Mittwoch geschlossen
Donnerstag 9 - 17 Uhr
Freitag 8 - 15 Uhr
Volkspolizei-
Kreisamt
Leipzig
Abt. Paß-und Meldewesen

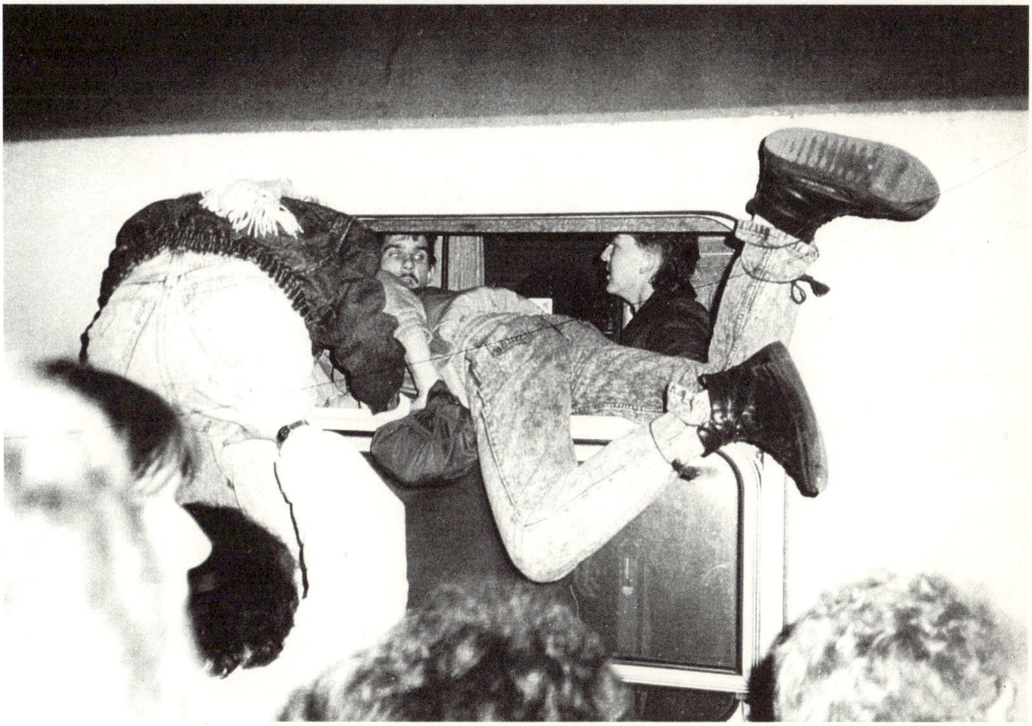

13. November bis 18. November

»Montag, 13. 11. 89. Die Zonengrenzen sind jetzt schon drei Tage auf, und die Euphorie ist immer noch zu spüren. Bürger hasten nach dem Westen. Die Jugend flippt aus. Vor der Demo war ich zum Friedensgebet in der katholischen Kirche. Predigt über Kain und Abel. Aufruf nicht gewaltsam gegen Stasi-Leute vorzugehen. (Auch keine ›seelische Gewalt‹ anwenden!) Im Demo-Zug viel Jugend, wenig Oldies. Neurose. Keine Stimme zum Schreien. Furcht vor der Menschenmasse, kein Vertrauen. Weniger Teilnehmer als sonst. Demo schweigsamer, weniger Parolen, wenig Transparente. An der blauen Fußgängerbrücke ruft das ›Neue Forum‹ zur Gewaltlosigkeit auf. Mitglieder des ›Neuen Forum‹ bilden eine Sperrkette vor dem Stasi-Haus. Aber außer Pfeifen und ein paar brennenden Kerzen sind die Unmutsäußerungen gegen die Stasi-Zentrale sehr bedeckt. Kein Vergleich zu den kollektiven Wutausbrüchen der vergangenen Montage. Im Demo-Zug werden kleine, streichholzgroße Zettelchen verteilt: ›Achtet auf Provokateure und Betrunkene.‹ Jeder beäugt den Nachbarn. Ein älteres Ehepaar wartet am Rande auf den Demo-Zug. Aus einem mit Zeitungspapier umhüllten Bündel wickeln sie zwei selbstgefertigte Fackeln aus. Dann reihen sie sich in den Zug ein, haken sich unter und tappeln mit, die ›trockenen‹ Fackeln rechts und links in der Hand. Irgendwo dröhnt eine Trommel. Vier junge Männer tragen einen Sarg lachend durch die Menge. Auf dem schwarzen Sperrholz des symbolischen Sargs steht in weißen Buchstaben: ›Alleinvertretungsanspruch der SED‹. Ein Plakat protestiert gegen die Folterpraktiken der Stasi in Kellern und Psychiatrien. Andere Parolen: ›Freie Wahlen jetzt!‹, ›Weg mit den Maden im Speck!‹, ›Wiedervereinigung!‹ Vor der Oper ist der halbe Platz in strahlendes Licht getaucht. Man könnte Zeitung lesen dabei. Menschengruppen, Videokameras, Plakate, alles wartet, nichts passiert. Keine Organisation, kein ›Neues Forum‹, keine Führer. Es ist kalt, viele gehen nach Hause. Ein betrunkenes Paar an der Treppe zur Oper. Er: breitkrempiger Filzhut, lederne Pilotenjacke mit aufgenähten Glitzerscherben (Spiegelsplit-

**Montag,
13. November**

ter?), nasse Lippen, Kinnbart, verlebtes Gesicht. Sie: schlank, in Jeans, Bundjacke, ungepflegtes, dunkelblondes Haar bis auf die Schultern, in der Hand hält sie eine Flasche Kirsch-Whisky. Die beiden haben eine Meinungsverschiedenheit. Der Mann zieht die Frau an den Haaren. ›Was kann ich dafür, daß ich ein Zigeuner bin?‹ Die Frau befreit geschickt ihr Haar aus seinen Händen, ohne die Flasche loszulassen. Sie schleudert ihm ein unverständliches Schimpfwort an den Kopf, aber ihre Wut scheint gekünstelt. Eine Frau, Zeugin des Auftritts, sagt laut, der Zettelanweisung gemäß: ›Sauft doch daheeme!‹ ›Halt die Fresse, Kuh!‹ Die Betrunkene wirft angriffslustig die Haare hinter die Schulter. Der ›Zigeuner‹ lächelt und setzt sich schwankend auf eine Treppenstufe. Die Beleidigte sieht mich hilfeheischend an. Feige weiche ich ihrem Blick aus und schaue weg.«

Dieter Strekies

Leipzig erlebte erneut Montagsdemonstration

Fernsehteams aus DDR, BRD und Großbritannien drehten

Leipzig (LVZ)
»Ohne Gewalt« – unter diesem Motto wurde auch gestern wieder im Leipziger Stadtzentrum demonstriert. Deutlich weniger Menschen als an den letzten Montagen, aber dennoch wohl rund 150 000 setzten sich vom Karl-Marx-Platz aus in Bewegung.

Dort hatte alles mit einer Transparent-Präsentation für nationale und internationale Kameras begonnen. Teams des DDR- und BRD-Fernsehens drehten ebenso wie BBC. Zwei Schwerpunkte in der Demonstration: gegen den Führungsanspruch der SED; für freie Wahlen. Kaum noch zu sehen – logischerweise nach dem zurückliegenden Wochenende – die Forderung nach Reisefreiheit, dafür aber jene nach den Regelungen fürs Reisegeld. Neu waren Plakate, auf denen Frauen auf sich aufmerksam machten, stärkeres Mitspracherecht forderten. Nicht übersehen werden konnten auch die plakativen Forderungen, die Schuldigen an der gegenwärtigen Situation im Land zur Verantwortung zu ziehen. Beispielsweise: »Kein Rücktritt ohne Rechenschaft«. Während der gesamten Demonstration erschollen immer wieder bekannte Sprechchöre wie »Wir sind das Volk!« Zustimmung und Beifall erhielten junge Leute, die vor dem Feinkostgeschäft am Georgiring mit einem Transparent »Schluß mit Ex und Delikat, reelle Preise sind gefragt!« Aufstellung genommen hatten.

Am Hauptbahnhofvorplatz machten Behinderte auf ihre Probleme aufmerksam. Ihre Forderungen: eine eigene Interessenvertretung für Behinderte; mehr Öffnung der Medien für ehrliche Darstellung ihrer Belange; materielle Sozialleistungen, beispielsweise durch Importe von Rollstühlen.

»Ohne Gewalt« – das war auch die vorherrschende Losung rund um das Gebäude des MfS, immer wieder ein neuralgischer Punkt der Montagsdemonstration. Vertreter des Demokratischen Aufbruchs, des Neuen Forums, der SED und der FDJ – so ein Sprecher – sicherten den Eingang. Nach Berliner Beispiel trugen die Ordner gelbe Schärpen. »Wir haben diesen Einsatz mit leitenden Mitarbeitern der Dienststelle vereinbart«, sagte der Sprecher gegenüber den LVZ-Reportern. In der Sperrkette wieder viele Losungen, manche recht pfiffig wie jene, die mit den Worten endet »zuhören, nicht immer gleich pfeifen«. Die Gruppe bekam den Beifall der Demonstranten.

Wie schon an den vergangenen Montagen fanden sich viele Plakate und Transparente an den Rathäusern wieder. Demonstranten stellten Kerzen auf. Zwei Sprecher des Neuen Forums wandten sich wie zuvor auf dem Karl-Marx-Platz an die Versammelten und forderten sie auf, sich nicht mit der Reisefreiheit zu begnügen, sondern konsequent für weitere Reformen einzutreten.

Der Demonstration waren Friedensgebete in sieben Gotteshäusern vorausgegangen. In der Nikolaikirche wählte Dr. Christoph Kähler vom Theologischen Seminar in seiner Andacht das Thema: »Die Mauern von Jericho«: »Sieben Tage zog Josua um die Mauern von Jericho, bis sie durch Trompetenklänge einstürzten – sieben Montage zogen die Leipziger um das Stadtzentrum, bis die Mauer unter den Rufen ›Wir sind das Volk‹ fiel.« Jeder müsse sich jetzt im Land aufmachen, nach Lösungen für die Probleme zu suchen. Die Demonstration löste sich gegen 20.15 Uhr friedlich auf.

Leipziger Volkszeitung, 14. 11., S. 1

Am Rande der Montagsdemo lieferten sich vor dem Einkaufszentrum am Hauptbahnhof etwa 15 Personen (dem Äußeren nach Skinheads) eine Schlacht mit leeren Flaschen. Beim Erscheinen der Volkspolizei ergriffen die teilweise Angetrunkenen die Flucht. Die Volkspolizei, so wurde gestern betont, möchte mit ihrem Auftreten dafür sorgen, daß keine Gefährdungen für friedliche Demonstrationen entstehen.

Leipziger Volkszeitung, 15. 11., S. 8

An diesem Montag wird in Leipzig erstmals Smogalarm ausgerufen. Die entsprechende ADN-Meldung, verbreitet über Sender Leipzig und am nächsten Tag in der Presse abgedruckt, lautet:

Aufgrund ungünstiger meteorologischer Austauschbedingungen treten gegenwärtig im Territorium der Stadt Leipzig erhöhte Luftverunreinigungen auf. Die aktuellen Mittelwerte der SO_2-Konzentration liegen bei 0,8 mg/Kubikmeter bzw. 1,0 mg/Kubikmeter. Daher ist entsprechend der Smogordnung vom 2. 11. 1989 die Informationsstufe ausgerufen. Durch die Bezirkshygieneinspektion, die Staatliche Umweltinspektion beim Rat des Bezirkes und durch den Meteorologischen Dienst erfolgt eine verstärkte Kontrolle. Die festgelegten Betriebe werden aufgefordert, Einsatzpläne in Kraft zu setzen. Die Bürger können durch den sparsamen Umgang mit Wärme und Elektroenergie dazu beitragen, daß Luftverunreinigungen vermindert werden.

Mitteldeutsche Neueste Nachrichten, 14. 11., S. 6

Anmerkung der Herausgeber:
Der Schwefeldioxidgehalt der Leipziger Luft beträgt, wie sich in nächster Zeit erweisen wird, oft ein Vielfaches der zulässigen Höchstmenge. In Leipzig-Südwest wird am 20./21. 11. und vom 1. bis 4. 12. das 9fache, am 30. 11./1. 12. das 14fache der Grenzmenge gemessen. Im Zentrum der Stadt Leipzig beträgt der Schwefeldioxidgehalt am 30. 11./1. 12. das 8fache, in Mölbis bei Leipzig am 23./24. 11. das 13fache des Grenzwertes (Werte nach den Leipziger Tageszeitungen).

Am 13. 11. tritt der 1. Stellvertreter des Oberbürgermeisters Joachim Schilling zurück. Laut *Sächsisches Tageblatt* vom 16. 11. sieht er »angesichts der gegenwärtigen politischen Situation keine Möglichkeit mehr, seine Funktion auszuüben«. Die *Leipziger Volkszeitung* vom 18./19. 11. meldet dann:

Allem Anschein nach das Amt mißbraucht

Erklärung zum Haus-Fall des 1. Stellvertreters des OBM

Der Erwerb sowie der Ausbau des Hauses Paußnitzstraße 15 durch den ehemaligen 1. Stellvertreter des OBM, Joachim Schilling, wird offensichtlich zum Fall. Nach den Veröffentlichungen der MNN in dieser Woche über nicht so recht zu durchschauende Wege zum Hausbesitz erklärte gestern der Pressesprecher des Rates der Stadt Theo Ullrich:

Am Donnerstag gab es auch eine Reihe Fragen von Abgeordneten zu diesem Thema. Bereits am 30. Oktober wurde durch den damaligen Oberbürgermeister eine Untersuchung der Angelegenheit angeordnet. Diese ist noch nicht abgeschlossen. Der gegenwärtige Stand läßt aber darauf schließen, daß Amtsmißbrauch vorzuliegen scheint. Die Familie Schilling ließ am Mittwoch wissen, daß sie von dem Haus zurücktritt. Das Haus wird fertiggestellt und einer Familie mit mindestens zwei Kindern zugesprochen. Am gestrigen Freitag erfolgte eine Verständigung, daß durch den Abgeordneten Knupp der Stadtverordnetenversammlung am 8. 12. der Vorschlag gemacht werden soll, eine Untersuchungskommission der Abgeordneten für den Fall Schilling einzusetzen. Der Rat wird ihr alle bisherigen Ergebnisse und Unterlagen zur Verfügung stellen...

Leipziger Volkszeitung, 18./19. 11., S. 8

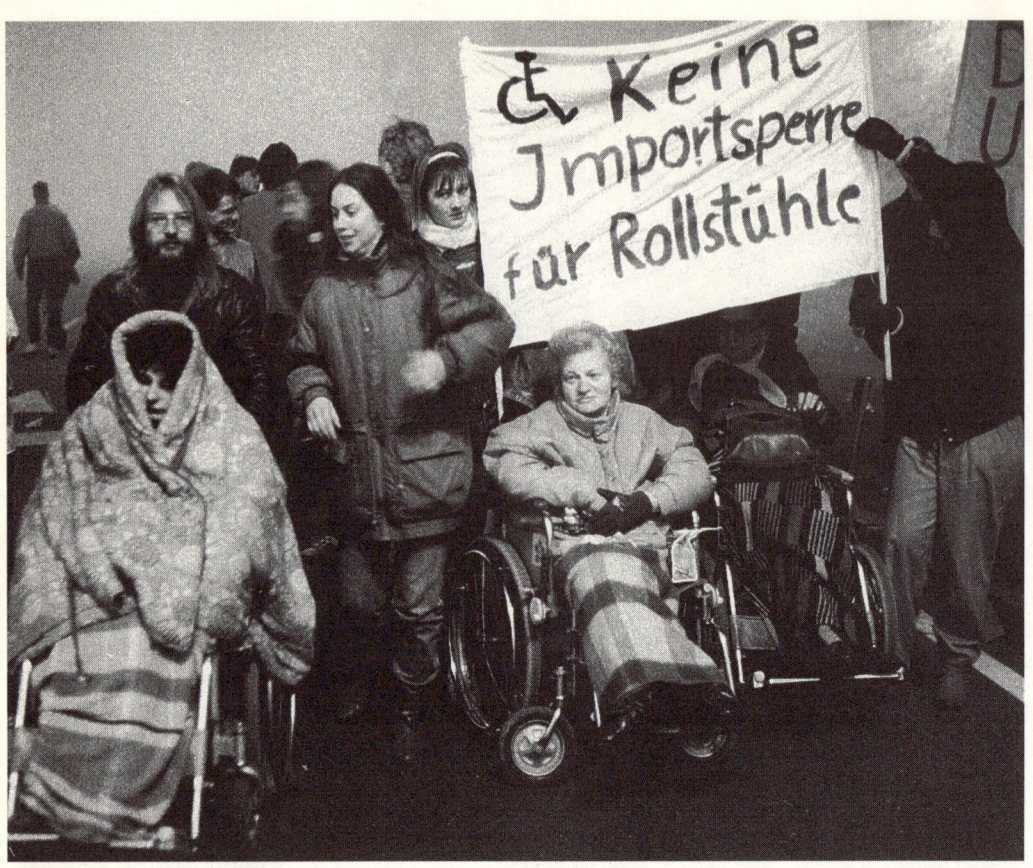

13. November: ▷
Demonstrative Beerdigung

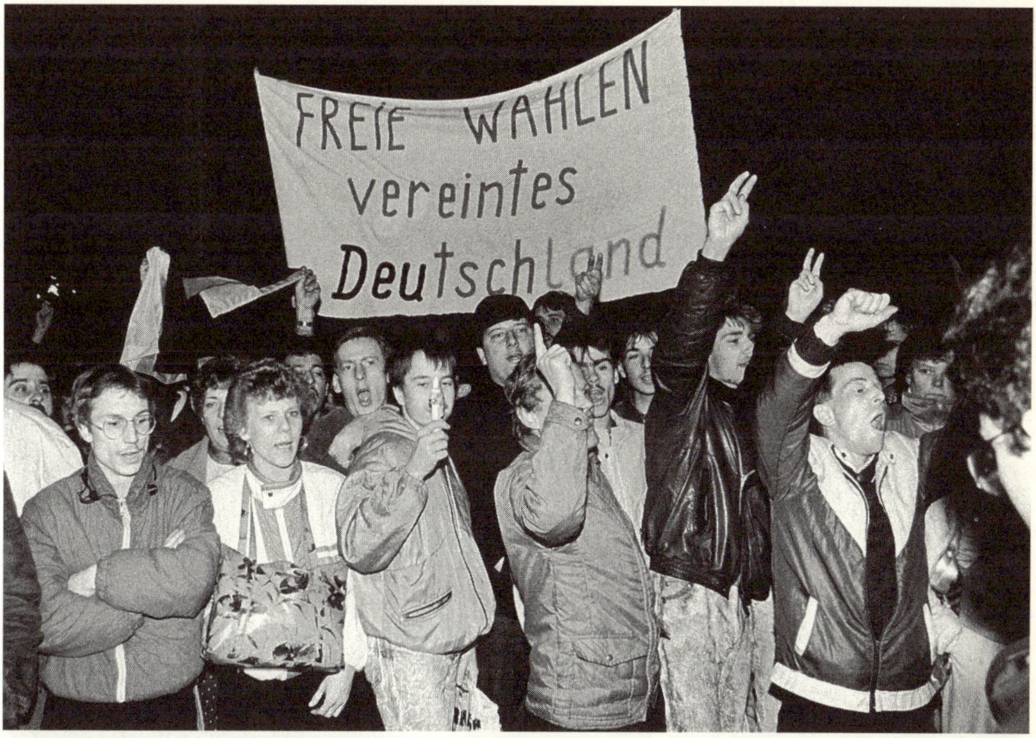
FREIE WAHLEN
vereintes
Deutschland

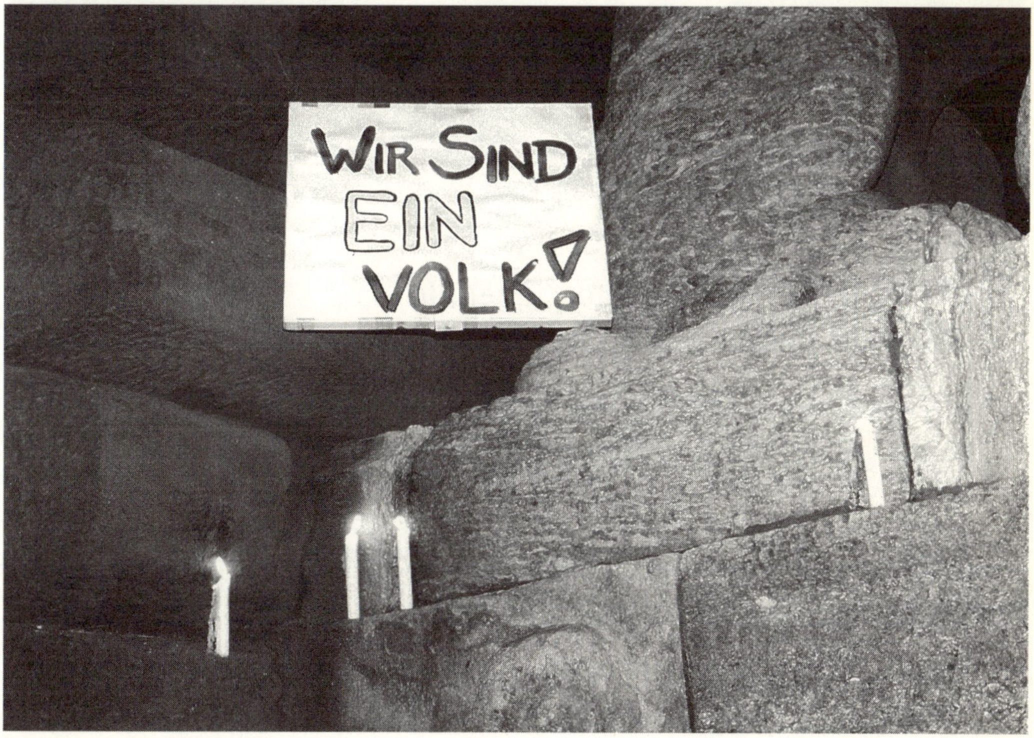
WIR SIND
EIN
VOLK!

DIE WOCHE IN LEIPZIG

Treffen Kirchenvertreter – Chef der BDVP

14. November

Am 14. November kam es zu einem Gespräch zwischen den Superintendenten Magirius und Richter der evangelischen Kirchen in Leipzig, dem Probst der katholischen Kirche Hanisch und dem Chef der BDVP Leipzig, Generalmajor Strassenburg. Dieses Gespräch fand auf Vermittlung des Stellvertreters des Vorsitzenden des Rates des Bezirkes Leipzig für Inneres, Dr. Reitmann, der ebenfalls am Gespräch teilnahm, in den Diensträumen des Rates des Bezirkes statt. Die kirchlichen Vertreter brachten die ihnen anvertrauten Zeugnisse der Betroffenheit zu den Polizeimaßnahmen am 7. Oktober 1989 zur Kenntnis. Soweit der Chef der BDVP selbst Kenntnis über die Vorgänge hatte, sprach er sein Bedauern aus und sicherte die weitere Untersuchung zu.

Die Gesprächsteilnehmer stimmten überein, daß es jetzt darauf ankommt, in der komplizierten Situation eine moralische Partnerschaft im Sinne der Gewaltlosigkeit und Besonnenheit mit den Angehörigen der Volkspolizei im Interesse der Gesellschaft zu praktizieren.

Sächsisches Tageblatt, 16. 11., S. 6

15. November

An diesem Tag bringt das *Sächsische Tageblatt* auf S. 3 »Äußerungen zur Zeit von Heinz Czechowski«:

FORUM – das Wort eines Schriftstellers

Geduld und Ungeduld

Äußerungen zur Zeit von Heinz Czechowski

Die Menschen atmen auf. Die neue, selbsterrungene Freiheit begibt sich aus dem Reich des Traums in das der Wirklichkeit. Das ist für viele Grund zum Jubel, zur Verbrüderung über die Grenzen hinweg. Gleichzeitig meldet die Macht von gestern noch immer ihr altes Recht an, allein herrschen zu dürfen, ja herrschen zu müssen. Die Diskussionsbeiträge auf der 10. Tagung des ZK der SED sprechen für den, der genau hinsieht, mitunter eine beredte Sprache! Leute, die gestern noch auf der Tribüne lachend ihre Fähnchen schwenkten, erklären sich zu alten »Widerstandskämpfern«. Andere, wie Kurt Hager, üben jene Art von »Selbstkritik«, die nichts mit einer ehrlichen Aufarbei-

tung ihrer Vergangenheit zu tun hat. Die »Organe des Staatssicher-
heitsdienstes« sollen zwar einer Kontrolle unterworfen werden, doch
von einer Abschaffung dieses vor allem nach innen gerichteten »Apparates«, der mehr als 40 Jahre lang die Bevölkerung bespitzelt und
in Schach gehalten hat und damit zum meistgehaßten Teil der alten
Macht geworden ist, spricht niemand. Der alte Wolf im neuen Schafs-
pelz – seine Sprache verrät ihn! Eine Darstellung, wie die von Generalstaatsanwalt Günter Wendland, umgeht die Tatsachen, wenn davon die Rede ist, welche Beherrschung junge Menschen in Uniform
gezeigt hätten. Die Gedächtnisprotokolle der Betroffenen, die ich gelesen habe, geben ein anderes Bild. Ja, es hat vereinzelt Gewalt gegen
Angehörige der Volkspolizei gegeben, der gleichen Volkspolizei, die
jahrelang ihrem Mißtrauen gegen Jugendliche freien Lauf gelassen
hat! Kein Wunder, daß diese auf Bahnhöfen und Straßen meist
grundlos gestellten und vorgeführten Jugendlichen ihrem Aggres-
sionsstau mitunter ihrerseits freien Lauf ließen. Ich billige keinen
Steinwurf und keine zerschlagene Fensterscheibe. Aber ich verstehe,
daß sich junge Menschen durch das martialische Auftreten der »Sicherheitskräfte« mit Helmen, Schilden und Schlagstöcken herausge-
fordert fühlten! Die Hochrufe im alten Parteitagsstil auf die neue Parteiführung – zu hören auf der Kundgebung am vergangenen Wochenende im »Lustgarten« – geben mir zu denken. Auch die vielen alt-
vertrauten Gesichter, die ich anläßlich der Eröffnung der Kulturtage
des Bundeslandes Nordrhein-Westfalen am Donnerstag im Leipziger
Opernhaus sah und die später wie eh und je zum kalten Büfett ein-
schwenkten, beunruhigen mich. Ich glaube, daß denjenigen, die in
den vergangenen Jahren mit ihren Texten, auf Lesungen und in Diskussionen kein Blatt mehr vor den Mund nahmen, noch schwere Zeiten bevorstehen. Allzu viele, die bisher geschwiegen haben oder mit
der Macht zu Tische saßen, haben allzu schnell ihre neue Lektion gelernt! Der Kulturbetrieb stellt sich allzu schnell auf jene Protagoni-
sten der Opposition ein, die er noch vor wenigen Wochen bekämpfte!
Es besteht die Gefahr, daß er sich nun in schöner Opportunität nur
noch auf diese Wortführer konzentriert. Ich vermisse in den Medien
die Stimmen von Thomas Rosenlöcher, Kito Lorenc, Elke Erb, Richard Pietraß, um nur einige zu nennen; ja ich vermisse in Leipzig die
Stimmen der Schriftsteller überhaupt! Nimmt man sie in dieser Situation nicht ernst, was ich fast befürchte? Oder sollen sie den Medien
nachlaufen, was ich auch befürchte? Ich weiß, wir müssen u. a. auch
Geduld haben und uns üben in der Tugend der Toleranz. Andererseits sind auch Unduldsamkeit und Ungeduld vonnöten, nämlich
dann und dort, wo an der Ehrlichkeit der Wandlung zu zweifeln ist.
Die Ereignisse haben vieles von dem, was man bisher schon wußte,
auf die Spitze gestellt. Ich befürchte, hinter der Jubelkulisse der

neuen Freiheit, auch und vor allem der des Reisens, könnte sich die Wiederaufrüstung der alten Kräfte vollziehen! Hüten wir uns vor einem bösen Erwachen! Ich weiß, ich sage nichts Neues, aber ich sage: Seien wir wachsam!

Sächsisches Tageblatt, 15. 11., S. 3

16. November

Unter der Überschrift »Für den Dialog nutzen« stellt ein SED-Journalist an diesem Tag in der *Leipziger Volkszeitung* Überlegungen zur Rolle seiner Partei auf den Montagsdemonstrationen an:

»Und nächsten Montag wieder!« Dieser Ruf hält sich seit Wochen. Was wird sein am nächsten Montag? Sicher werden wieder Hunderttausende sich auf den Weg ums Leipziger Stadtzentrum machen. Wird da aber auch wieder die Frage sein: Warum spricht keiner mit uns oder zu uns? Wird dann auch wieder allein dem Neuen Forum der Platz überlassen, um per Megaphon seine Gedanken mitzuteilen? Oder wollen wir als Mitglieder der SED auch unsere Meinung sagen? Ich meine, wir sollten es... Gewiß muß jeder, der von meiner Partei dort auf dem Karl-Marx-Platz spricht, in Kauf nehmen, daß gepfiffen wird. Doch schließlich sind auch wir noch da, und außerdem entsinne ich mich einer Losung am vergangenen Montag: »Zuhören und nicht immer gleich pfeifen.«...
Warum sollte ein gemeinsames Vorgehen zwischen SED, anderen Parteien und den neuen politischen Gruppierungen in bezug auf die Kommunikation, den öffentlichen Streit der Ideen nicht auch möglich sein (analog der jüngsten Sicherheitspartnerschaft)!

Leipziger Volkszeitung, 16. 11., S. 2, Auszug

Ebenfalls am 16. 11. erscheint die folgende Information:

ZK-Information war grundlegend falsch

In der Diskussion, in Gesprächsrunden mit Bürgern wurde von Vertretern des Neuen Forum an Jochen Pommert, Sekretär der SED-Bezirksleitung, wiederholt die Frage nach der ZK-Information »Zum Neuen Forum« gestellt, die den Grundorganisationen der Partei Mitte Oktober übermittelt wurde.
Bereits am 29. 10. 1989 im Neuen Gewandhaus und in weiteren Ver-

anstaltungen hat Jochen Pommert klargestellt, daß diese Information falsch und für die Parteiorganisationen der SED nicht zu verwenden ist.

Die Position wurde in der LVZ vom 9. November 1989 zur Anmeldung des Neuen Forum sowie durch Dr. Roland Wötzel, 1. Sekretär der Bezirksleitung, in einem Interview vom 6. November 1989 erneut bekräftigt.

Dies betrachtet die LVZ zugleich als Antwort auf Fragen, die uns zum gleichen Thema in Leserbriefen gestellt wurden.

Leipziger Volkszeitung, 16. 11., S. 3

Anmerkung der Herausgeber: Einen Auszug aus dem in Rede stehenden Informationspapier bringen wir unter dem 31. 10.

Das *Sächsische Tageblatt* veröffentlicht erste Hinweise auf die Möglichkeiten Leipziger Besucher in ihrer Partnerstadt Hannover:

Hannover macht Tore weit auf

Für DDR-Besucheransturm gut gerüstet

Hannover (St)

Wie uns das Presse- und Informationsamt der Landeshauptstadt Hannover mitteilt, wird die Partnerstadt Leipzigs für die Besucher aus der DDR am Wochenende »die Türen weit aufmachen«. Die niedersächsische Landeshauptstadt hat eine große Zahl von Angeboten mit viel Kultur und Information vorbereitet. Auch die Geschäfte und die Gaststätten können an beiden Tagen so lange öffnen, wie sie wollen.

Vieles gibt es zum Nulltarif: zum Beispiel den Besuch im Zoo, im kommunalen Kino oder in den Museen. Auch das Parken in sechs Hannoverschen Parkhäusern kostet nichts. Darüber hinaus steht ausreichend Parkraum zur Verfügung. Für Stadtbahnen und Busse gelten Personalausweis oder Reisepaß als Fahrtausweis. Im Rathaus warten Stadtführer auf die Besucher, um sie durch das Gebäude zu führen. Dabei geht es auch auf den rund einhundert Meter hohen Rathausturm. Wer noch mehr sehen möchte, macht – natürlich kostenlos – eine Stadtrundfahrt. Sportfans sind vom Zweitligisten Hannover 96 zum Sonnabendspiel gegen Rot-Weiß Essen herzlich eingeladen. Eine besondere Überraschung für die Gäste: Die niedersächsische

Staatsoper gibt am Sonntag um 15 Uhr eine Sondervorstellung nur für DDR-Bürger. Gespielt wird Webers »Freischütz«. Die Abendvorstellung beginnt um 20 Uhr.

Das Begrüßungsgeld gibt es bis in den späten Abend hinein in sieben Ausgabestellen. Informationen und Hilfen bietet der Besucherdienst im Verkehrsbüro am Hauptbahnhof. Dort werden für die Gäste aus der DDR auch Zimmer zur kostenlosen Übernachtung vermittelt.

Sächsisches Tageblatt, 16. 11., S. 1

Am Abend des 16. 11. gibt das Bachsche Collegium Musicum ein Sonderkonzert, dessen Erlös dem Neuen Forum zugute kommt.

An diesem Tag geben die »Leipziger Sechs« vom 9. 10. eine internationale Pressekonferenz:

Demokratie praktizieren

Gruppe der Sechs stellte Positionspapier vor

17. November

Leipziger Postulate. Gestern stellten sie die Mitglieder der Gruppe der Sechs, die sich mit einem Appell an die Demonstranten am 9. Oktober gewandt hatten, auf einer internationalen Pressekonferenz im Gewandhaus der Messestadt vor. Die in den Dialogveranstaltungen der letzten Wochen aufgezeichneten Vorschläge und Forderungen, die von den Unterzeichnern des Appells – Prof. Kurt Masur, Bernd-Lutz Lange, Dr. Peter Zimmermann, Dr. Roland Wötzel, Kurt Meyer sowie Jochen Pommert – sortiert und gesichert wurden, sollen nun der Volkskammer sowie dem Bezirkstag und der Stadtverordnetenversammlung übergeben werden. Im Abschnitt Demokratie und Politisches System werden freie Wahlen nach einem neu zu schaffenden Wahlgesetz, eine Verwaltungsreform sowie die Einheit der individuellen und sozialen Menschenrechte gefordert. Die weißen Flecken, so heißt es weiter, die in der Darstellung der Geschichte seit dem 9. Mai 1945 noch immer anzutreffen seien, müßten durch tabufreie Aufarbeitung beseitigt werden. Notwendig werde weiterhin die schrittweise Veränderung der ökonomischen Strukturen des Bezirkes Leipzig. Die Dezentralisierung von Planung und Leitung gebe dem Bezirk und der Stadt die Möglichkeit einer angemessenen Wirtschaftspolitik für unser Land. Dazu sei eine halbjährige Rechenschaftslegung über den Staatshaushalt und die Devisenwirtschaft auf realer Grundlage notwendig. Alternative Energie müsse im Bereich der Ökologie stärker genutzt werden. An einem »Runden Tisch« soll eine grundlegende Umgestaltung des Leipziger Südraumes erörtert werden. Für die Region Halle und Leipzig, so sieht das Papier weiter vor, ist ein Umweltplan zu erarbeiten, der die schonende Nutzung aller Naturgüter sichert. Für alle wirtschaftlichen und politischen Entscheidungen in diesem Raum habe die ökologische Sanierung Vorrang.

Recht, Rechtsordnung und Rechtssicherheit sowie Volksbildung sind ein weiterer Themenkreis der »Postulate«. Dabei dürfe die Demokratisierung nicht an der Armee vorbeigehen. Unabhängige Gerichte und unabhängige Richter müßten die Durchsetzung der Demokratisierung erreichen. Dazu gehöre die erforderliche Rehabilitierung und Wiedergutmachung von durch politische Verfolgung Betroffenen.

Für die Künste gelte, wie auch Kombinate müßten Künstler und Institutionen Anteil an den von ihnen erzielten Devisen haben. Strategische Überlegungen erfordere auch der Bereich des Gesundheitswesens. Öffentliche Diskussionen – und dies wird in allen Themen des Papiers deutlich – ist die einzige Grundlage für Entscheidungsfindungen. Natürlich ging es in der Pressekonferenz nicht nur um jene, nur in kurzen Zügen skizzierten Postulate. Zu nah sind noch die Ereignisse des 9. Oktober. Die Frage stand, gab es einen Schießbefehl. Dazu Roland Wötzel: »Ich habe von einem Schießbefehl nichts gewußt. Aber mir war klar, daß es bei einer Auseinandersetzung zum Schlimmsten kommen kann. Deshalb haben wir uns mit Prof. Masur verständigt.« Die Konferenz drohte dann zu platzen, als Kurt Masur auf die Wahrheit drang. Nicht die Genossen seien es gewesen, die ihn telefonisch verständigt hätten, sondern er habe sie angerufen. Und Dr. Peter Zimmermann: »Wir wollen keine Schauprozesse, eine lückenlose Aufklärung jedoch ist notwendig.« So wird zu klären sein, wer tatsächlich was wußte oder veranlaßte.

A. Günther
Sächsisches Tageblatt, 18./19. 11., S. 8

Erste öffentliche Kundgebung des Neuen Forum auf dem Dimitroffplatz

Leipzig (LVZ)

18. November

»Ein Traum ist Wirklichkeit geworden; es ist die erste Kundgebung des Neuen Forum, obwohl es uns erst seit zwei Monaten gibt.« – Damit eröffnete der Sprecher des NF Dirk-Michael Grötzsch am vergangenen Sonnabend auf dem Dimitroffplatz die Kundgebung zu Versammlungs-, Vereinigungs- und Pressefreiheit, zu der nach Schätzungen des Neuen Forums etwa 10 000 Leipziger gekommen waren. [Anmerkung der Herausgeber: nach Angaben von *Neues Deutschland* und *Junge Welt* 30 000, laut *Sächsisches Tageblatt* 50 000.]

»Wir fordern Pressefreiheit«, so Dirk-Michael Grötzsch, »die es den vielfältigen Initiativen ermöglicht, öffentlich wirksam zu werden. Und wir wollen heute auch versuchen, einige Antworten auf die Fragen zu finden, was will das Neue Forum?« Daß es Sozialismus will, einen völlig neuen, dem Volk zugewandten, das wurde bei der knapp dreistündigen Kundgebung unter freiem Himmel, bei prächtigem Sonnenschein, offenbar.

»Sachsen war einst ein blühendes Land«, »DDR – lieber Rot als Rechts«, »Für eine Vereinigung der Linken«, »SED, nimm deinen Hut und geh«, »Ernst Thälmann wäre stolz auf uns«, »Wir vergessen Plagwitz nie – Reichelt auf die Deponie« – so einige der originellen und widersprüchlichen Losungen auf Plakaten.

Noch sitze die stalinistische Vergangenheit in unseren Knochen, noch gebe es viele Apparatschiks, sagte NF-Sprecher Edgar Dusdal, aber wir hätten die Chance, das alles von uns zu werfen. »Nutzen wir diese historische Stunde des Auf- und Umbruchs. Langsam lernen wir den aufrechten Gang, doch damit wir nicht ins Leere laufen und uns wieder im Privaten verlieren, brauchen wir neue Vereinigungen, neue Parteien, neue freie Gewerkschaften, neue Jugendverbände.«

Zustimmung und Applaus, als Hausfrau Eva Günther von der Regierung forderte, auch die Kaderakten in den Reißwolf zu werfen, denn sie haben so manchen seelisch, moralisch und physisch kaputtgemacht. Sie bat um Vernunft und Verständnis für ehemalige DDR-Bürger, die wieder zurückkehren. Denn schon oft habe sie von Mitbürgern gehört, daß Rückkehrern keine Wohnung, kein Geld gegeben werden sollte. »Aber wir brauchen die Menschen hier bei uns.« Dazu lautstark Sprechchöre »Wir sind das Volk.«

Gedanken zum Nachdenken, so wollte Rentnerin Inge Berndt ihre Ansprache verstanden wissen.

…[Anmerkung der Herausgeber: Die Auslassungen kennzeichnen Reden, die im Anschluß in längeren Auszügen oder vollständig wiedergegeben werden.]

Eine Entschließung, die das Große Rundfunkorchester Leipzig vorigen Mittwoch verabschiedet hatte, machte dessen Chefdirigent Horst Neumann öffentlich. Petra Lux, Sprecherin des NF, sprach über drei existentielle Probleme an der Schwelle zum nächsten Jahrhundert: Rüstung, Umwelt, Gegensatz zwischen erster und dritter Welt. Ost und West haben diese Krise verschuldet, und auch der Fakt, daß die Hälfte der Menschheit, die Frauen, ganz offensichtlich von Politik ausgeschlossen wurde. Der Aufbruch habe Null-Zukunft, wenn diese Praxis beibehalten würde. Sie stimme traurig, daß auch im Neuen Forum die Initiativen vorwiegend von Männern getragen würden.

Für eine Koalition der Vernunft über weltanschauliche Grenzen hinweg sprach sich Wolfgang Tiedke, Chefredakteur der LVZ seit vergangenen Donnerstag, aus. »Damit sie zustande kommt, müssen sich alle darüber verständigen. Ohne Massenmedien aber ist keine Verständigung möglich. Die LVZ wird für eine sozialistische Erneuerung des Landes Partei ergreifen, den kulturvollen Meinungsstreit befördern. Die LVZ will und wird eine Zeitung für alle sein.«

Meinungsfreiheit sei erst gegeben, erklärte das Mitglied der Vorläufigen Redaktionsgruppe des Neuen Forums Reinhard Bohse, wenn wir eigene Rundfunk- und Fernsehprogramme gestalten, Vervielfältigungsgeräte einführen und nutzen können, wenn alle Medien öffentlich kontrolliert werden.

Dorothea Hering, Kulturwissenschaftlerin, Hausfrau und Mutter von vier Kindern, begrüßt die Entscheidung des Volkes für Mündigkeit. Veränderungen über die Reisefreiheit, über die jetzt große Freude herrsche, habe das Volk errungen, Montag für Montag. Zugleich machte die Rednerin darauf aufmerksam, daß es sich bei den jetzt und in nächster Zukunft errungenen Veränderungen lediglich um Normalitäten handele, Entscheidungen, die alle betreffen, dürften nicht einigen wenigen überlassen werden. Mit dem heutigen Tag beginne eine Aktion für die Wiedereinführung des 1968 aus der Verfassung gestrichenen Volksentscheids.

Er habe das Reden nicht gelernt, aber er wolle es versuchen, sagte der Arbeiter Frank Fleischer zu Beginn seiner Ausführungen. Niemand dürfe die Rechte der Volkskammer und der Verfassung einschränken. Deshalb seien all jene, die die Rechte der Volkskammer eingeschränkt haben, verfassungsfeindlich. Abgeordnete, die ihren Verpflichtungen nicht nachgekommen sind, könnten laut Gesetz abgelöst werden. Jetzt sei dazu die Zeit. Auch die Volkskammer müsse sich der Vertrauensfrage stellen.

Als Vertreter des »Demokratischen Aufbruchs« machte der Leipziger Arzt Josef Kesting darauf aufmerksam, daß die jetzt bekanntgewordenen Zahlen und Fakten über Umwelt, Wirtschaft und den Städteverfall nur die Spitze des Eisbergs darstellen. Der wirkliche Dialog habe noch nicht begonnen, da er nur unter gleichberechtigten Partnern geführt werden könne. Davon sei man jedoch noch weit entfernt. Über Bürgerinnen und Bürger gesammelte Daten müßten kontrollierbar gelöscht werden.

Eine Spionageabwehr sei vielleicht nötig, das massenhafte, gegenseitige Denunzieren jedoch menschenfeindlich. Der Redner forderte Offenlegung der Personalstärke, des Hausbesitzes und der materiellen Mittel der Staatssicherheit in Leipzig.

Nach einem Song der Liedermacherin Christa Mihm ergriff Jochen Läßig, Sprecher des Neuen Forum Leipzig, das Wort...

Harte Kritik an den ungerechtfertigten Privilegien – wie Ferienhäuser und mehrfacher Autobesitz – des Vorsitzenden des Rates des Bezirkes Leipzig, Rolf Opitz, übte ein von Dirk-Michael Grötzsch verlesener und an ihn gerichteter Brief eines Herrn Reichel. Dem, so der Redner, werde nachgegangen. Sein Befremden über den Auftritt von Rolf Opitz auf der jüngsten Bezirkstagssitzung, der unakzeptabel gewesen sei, brachte Dirk-Michael Grötzsch abschließend zum Ausdruck.

Der Schriftsteller Reinhard Bernhof verlas einen Brief des ehemaligen Leipziger Schriftstellers Erich Loest, den das Neue Forum eingeladen hatte. Loest betonte darin, daß er noch immer seinen gültigen DDR-Paß besitze, aber noch keine Antwort auf seinen Visa-Antrag erhalten hat. Er würde gern eine Lesung im Leipziger Schauspielhaus übernehmen.

Cornelia Matzke von der Fraueninitiative des Neuen Forum brachte ähnliche Forderungen wie schon Petra Lux vor. Herr Camilli vom vorläufigen Vorstand der SDP erinnerte an sozialdemokratische Traditionen, wendete sich gegen die Vereinigung der Arbeiterparteien 1946 und verurteilte die gewaltsame Beendigung des »Prager Frühlings« 1968 unter Beteiligung der NVA. In diesem Zusammenhang schlug er vor, zu einer Montagsdemo Alexander Dubček nach Leipzig einzuladen. Er warnte vor jeder Form von Streiks und sagte: »Damit würden wir uns selber in den Abgrund stürzen.«

Lutz Graf von der Vereinigten Linken erinnerte daran, daß Kapitalisten darüber nachdenken, wie sie die DDR wieder »aufpäppeln« würden, und warnte davor. Er forderte einen »Runden Tisch« mit westlichen Konzernen, der Regierung und den Werktätigen. »Lassen wir uns nicht von McDonalds, Coca-Cola und Mickymouse kaufen!« verlangte er. Nicht auf einen Erlöser dürfe man warten, sondern alles selbst in die Hand nehmen: »Wir brauchen keine Rederepublik! Wir brauchen eine Räterepublik!« Daran würden die revolutionären Kräfte in der SED zu messen sein. Er plädierte für Schutz von Ausländern und konsequenten Antifaschismus, für ein Zusammengehen mit der progressiven Basis der SED und gegen Wiedervereinigung mit der BRD. Unser neuer Staat könne nicht mit jenem alten vereinigt werden.

Der Sprecher der »Initiative für Frieden und Menschenrechte« nannte Fälle von politischen Gefangenen, die u. a. im Zusammenhang mit ihrem Auftreten gegen die jüngsten Kommunalwahlen verurteilt wurden. Der parteilose Lehrer Hanspeter Köhler meinte in seiner Freude über die Demonstration: »Das hat dieser Platz vor dem Dimitroff-Museum lange nicht mehr erlebt.« (Offensichtlich hatte er keine Kenntnis von der öffentlichen Demonstration exakt eine Woche vorher an gleicher Stelle durch die SED.) Er bekannte sich ganz klar zum Sozialismus und mahnte, keine Zeit zu verlieren.

Im Namen der Rockmusiker schlug Wolfgang Schubert vor, Leipzig zur Hauptstadt der DDR zu machen und bald einen Sternmarsch nach Wandlitz durchzuführen. Die Rocker wollen im Januar eine Tournee durch die Republik organisieren und am 8., einem Montag, in Leipzig auftreten. Für mehr Aufmerksamkeit für die Probleme der Behinderten plädierte Günter Jehn. Jürgen Tallig teilte mit, eine Untersuchung über Wahlfälschung am 5. Mai liege bei allen Redaktionen Leipziger Zeitungen vor. Bei den MNN habe es wenigstens eine öffentliche Erklärung eines Redakteurs dazu gegeben, aber der Chefredakteur habe entschieden, die Zeit sei nicht reif, das Material bleibe in der Schublade. Deshalb müßten noch einmal unabhängige Medien gefordert werden. (Was das ist, erklärte er leider nicht, denn unabhängige Medien gibt es nirgends in der ganzen Welt, ob sie nun vom Herausgeber oder vom Besitzer abhängen.) An alle, die die DDR verlassen haben, appellierte er: »Wir brauchen euch.«

Spontan schlug einer dem neuen LVZ-Chefredakteur vor, die LVZ möge ab Montag nur noch im Umfang der bisherigen Kirchenblätter erscheinen. (Ob unsere Leser das heute gut fänden, steht zu bezweifeln.)

Mike Hocquél meinte, solange es keine neuen Wahlen gebe, bleibe man mißtrauisch. Frank Teichmann appellierte gegen Gewalt auf dem Prager Wenzelsplatz und erklärte sich mit den dort Verhafteten solidarisch. Dr. Schreiber sprach als Fachmann über die Leipziger Luft und nannte den neuen, alten Umweltminister Dr. Reichelt als einen Hauptverantwortlichen dafür. Der Arbeiter Manfred Bär sagte: ... Der auch LVZ-Lesern sicherlich als Autor bekannte Wolfgang Hocquél beschrieb eindringlich den schlimmen Bauzustand der Stadt und kündigte für den 6. und 7. Januar eine Volks-Baukonferenz an. Die zu diesem Zeitpunkt durch den Frost schon dezimierte Menge reagierte empört auf die Information, daß Stadtrat Fischer der Veranstaltung jede Hilfe zugesichert hatte, nun aber für die Installation von Technik dem Neuen Forum 15 000 Mark in Rechnung stellen wolle.

Christa Mihm stimmte abschließend zum gemeinsamen »We shall

overcome« an und äußerte die Hoffnung, daß wir bald deutsche Lieder haben. (Wir bitten die Redner um Verständnis, wenn ihre Namen aufgrund der akustischen Übertragung nicht exakt wiedergegeben worden sind.)

Leipziger Volkszeitung, 20. 11., S. 1/2

Rede von Inge Berndt, Auszug:

»...und wir müssen es lernen, auch wenn uns kein Gesetz verpflichten kann – nur jeder selbst kann sich frei verpflichten zum Fragen, zu stets offenem Fragen. Und frei verpflichten zu politischer Bildung, und politische Bildung, das ist das Hauptproblem der Demokratie... Eine Möglichkeit für politische Bildung ist die Meinungsfreiheit, für deren gesetzliche Sicherung wir hier sind. Sie kann uns nicht gewährt werden, denn sie ist unser Recht, ein Menschenrecht, das zum Grundrecht werden muß... Zur Meinungsfreiheit, die unser Recht und unsere Pflicht ist, gehört zweierlei: die Mühe und der Mut, eine eigene Meinung zu finden und zu haben. Wie leicht kuschelt man sich doch in die Meinung der Mehrheit oder einer Elitegruppe. Aber dann »Stille Nacht« über die Menschheit, »alles schläft«. Mit der eigenen Meinung an den Schlaf der Welt zu rühren, das ist etwas für jeden einzelnen von uns... Unabdingbar gehört zur Meinungsfreiheit die Achtung, der Respekt, ja sogar die Ehrfurcht vor der begründeten Meinung des anderen. Auch dann – und gerade dann – wenn sie unserer eigenen Meinung widerspricht. Es ist ein Verbrechen gegen die von uns geforderte Meinungsfreiheit, wenn wir dem anderen nicht zuhören, sondern pfeifen oder brüllen, was gegen SED-Menschen geschehen ist. Denn damit ist dasselbe getan, was die SED-Diktatur uns angetan hatte: den anderen mundtot zu machen. Aber wir wollen, wir dürfen, wir sollen nicht sein, wie die SED war... Und das heißt, eine begründete Meinung zu haben und die begründete Meinung des anderen anzuhören. Wenn wir das nicht können, wenn wir das nicht lernen, geht die Freiheit zum Teufel, wo sie nicht hingehört. Denn die Freiheit gehört zu uns...«

Rede von Jochen Läßig, Neues Forum Leipzig

Liebe Freunde des »Neuen Forum«, liebe Bürgerinnen und Bürger aus Leipzig und Umgebung!
Sehr große Hoffnung wird auf unsere Vereinigung gesetzt. Und wir hoffen auch, daß wir etwas frischen Wind in das politische Leben dieses Landes bringen, das zuletzt nur noch durch Greise verwaltet wurde, das zuletzt so undurchschaubar war, daß Amtsmißbrauch und Korruption an der Tagesordnung waren. Vieles hat sich in den letzten zwei Monaten, seit das Neue Forum existiert, verändert. Einige Normalitäten sind auch in unserem Land wiederhergestellt. Wie in allen demokratischen Ländern ist es möglich geworden, durch Demonstration seinem Willen Ausdruck zu verleihen. Es ist möglich geworden, seine Meinung frei zu äußern, und nicht zuletzt können wir endlich als freie Menschen unser Land verlassen und zurückkommen. Dem Staatssklaventum ist ein Ende gesetzt! Diese Rechte haben wir, die Demonstranten und die Mitglieder aller oppositionellen Gruppierungen, dem Staat und der Partei abgetrotzt. Die Welt blickt mit Bewunderung auf uns. Unser Leipzig wird gar mancherorts als Heldenstadt gefeiert. Vielen Dank euch allen, die ihr mit uns gekämpft habt!
Die sogenannte Wende scheint unumkehrbar geworden zu sein. Doch erlaubt mir auch ein paar kritische Anmerkungen zur Entwicklung unseres Landes. Mir persönlich geht das hier alles etwas zu schnell. Viele Genossen haben ihre Fahne bereits wieder nach dem Winde gedreht. Die Blockparteien beginnen schon mit dem Wahlkampf, und keiner kann sich erinnern, daß er gestern noch eine Stütze des stalinistischen Unterdrückungsapparates war. Viele derer, die uns, die wir für Freiheit kämpften, gestern noch hinter Gitter gebracht haben, die am 9. Oktober unser aller Leben zur Disposition gestellt haben, spielen sich jetzt als die größten Reformer auf. Da ist etwas faul. Nun gut, nennen wir sie beim Namen. Die zweifelhafte Geschichte eines Herrn Schabowski, jahrelang Chefredakteur des *Neuen Deutschland,* oder eines Herrn Krenz, Sicherheitsbeauftragter, Wahlfälscher und Freund des chinesischen Terrors, sind hinlänglich bekannt. Aber wir müssen wachsam sein. Achten wir auch auf die Randfiguren, die sich jetzt in den Vordergrund spielen, etwa auf unseren Herrn Professor Gerlach, ehemals Bürgermeister der Stadt Leipzig, jahrelanger Kampfgefährte der SED; er sitzt jetzt schon mit den Monopolherren an einem Tisch und verhandelt über den Ausverkauf unseres Landes. Das ist Opportunismus übelster Sorte. Volk der DDR, sei wachsam! Diesen Herren dürfen wir auf keinen Fall die Führung in eine neue Zukunft überlassen. Unser Land befindet sich in einer komplizierten Situation. Die offenen Grenzen werden uns nicht nur Segnungen bescheren. Die politische Lage scheint zwar ent-

spannt, und viele wenden sich schon wieder ab von unserem Kampf
für Freiheit. Sie denken, wir haben es geschafft. Viele widmen sich
schon wieder ganz anderen Dinge. Sie kümmern sich ums Geld, ums
Westgeld. Schachergeschäfte werden vorbereitet. Der Ausverkauf
unseres Landes steht ins Haus, und unsere Regierung schläft. Sie hielt
es bisher nicht für notwendig, Maßnahmen gegen den drohenden
Ausverkauf einzuleiten. Es gibt keine ausreichenden Zollbestimmun-
gen. Die Konvertierbarkeit unserer Währung steht noch nicht einmal
zur Debatte, so daß wohl weitere wertvolle Arbeitskräfte eine An-
stellung im Westen bevorzugen werden. Wir fordern die Regierung
auf, hier so schnell als möglich Maßnahmen zu treffen, die sie mit allen oppositionellen Kräften abzustimmen hat. Die Grenzen sind offen. Das ist selbstverständlich in Ordnung so, und das wurde höchste
Zeit. Doch wir ziehen als Bettler in den Westen. Das ist entwürdi-
gend. Wir fordern die Bereitstellung aller Devisen für den Reiseverkehr, die nicht für den Aufbau unserer Wirtschaft eingesetzt werden.
Sie können folgendermaßen gewonnen werden: Alle westlichen
Staatslimousinen sind zu verkaufen und durch einheimische Fahrzeuge zu ersetzen. Jeder Funktionär, auch auf der höchsten Ebene,
erhält die gleiche Menge an Devisen wie jeder Bürger. Bereits gehor-
tetes Geld ist der Bevölkerung zuzuführen. Alle Devisen für Repräsentation, für Privatluxus der Funktionäre, für Sportfeste und ähnliche Dinge sind ersatzlos zu streichen. Der Leistungssport hat sich
selbst zu tragen. Keine Devisen für Staatssicherheit und Militär! Die
Unterstützung der DKP hat zu unterbleiben.

Liebe Bürgerinnen und Bürger! Wir brauchen uns freilich auch nicht
einzubilden, daß wir uns aus eigenen Kräften aus dem Sumpf ziehen
können, den uns die SED hinterlassen hat. Wir brauchen Unterstützung, auch aus dem Westen. Aber wir wollen keinen Konkurs. Wir
wollen nicht durch einen finanzkräftigen Partner einfach aufgekauft
werden. Die Betriebe, der Grund und Boden gehören endlich in die
Hände des Volkes, der arbeitenden Menschen. Wir dürfen diesen Besitz, der uns zusteht, nicht einfach verscheuern lassen. Die SED hat
durch ihre Kaderpolitik sich alle wirtschaftlichen Schlüsselpositionen
angeeignet. Obwohl die moralische Integrität dieser Partei inzwischen sehr zweifelhaft geworden ist, liegt noch alle Macht in ihren
Händen. Sie kann in dieser Umbruchsituation sich erneut unrechtmä-
ßige Vorteile verschaffen. Deshalb gehören alle höheren Funktionäre
unter die Kontrolle des Volkes.

Auf der Leipziger Montagsdemonstration wurden schon Rufe laut:
Neues Forum an die Macht! Eine Organisation, die zwei Monate alt
ist, kann dieser Forderung leider nicht so schnell nachkommen. Wir
haben die letzten 10 bis 20 Jahre geschlafen und keine Opposition
etabliert, die kompetent genug wäre, die Führung zu übernehmen. Es

geht also vorläufig nur um Mitregieren, um Machtbeteiligung und um Kontrolle.

Liebe Bürgerinnen und Bürger! Die Zeit rennt uns davon. Trotzdem dürfen wir nicht überstürzt handeln. Uns ist nicht geholfen, wenn die SED so schnell als möglich zugrunde gerichtet wird und sie uns in ihrem Fall mit in die Tiefe zieht. Wir müssen auch darauf achten, daß wir nicht irgendeinem Volksverführer blind folgen. In sehr mühevollen Geburtswehen versucht das »Neue Forum« heute, demokratische Strukturen aufzubauen, basisdemokratische Strukturen, denn wir wollen keine Bonzenpartei werden. Für uns alle ist Demokratie etwas sehr Ungewohntes. Wir haben in 40 Jahren keine Gelegenheit gehabt, sie zu erlernen. Demokratie heißt zuerst, sich seiner eigenen Meinung, der eigenen Interessen bewußt zu werden und sie zu vertreten. Demokratie heißt dann, die eigene Meinung mit anderen zu konfrontieren und im fairen Streit eine gemeinsame Position zu finden, die in reale Politik umgesetzt werden kann. Dafür Raum zu geben, fühlt sich das »Neue Forum« verpflichtet. Keiner wird ausgeschlossen, ganz gleich, welcher Weltanschauung, ganz gleich, welcher Partei oder Gruppierung er angehört.

Bürger, unterstützt das »Neue Forum« und beteiligt euch selbst aktiv an der Umgestaltung unseres Landes!

Rede von Manfred Bär

Arbeiter, parteilos, 50 Jahre

Ich bin stolz, daß ich gebürtiger Leipziger bin. Ich bin stolz, daß ihr trotz Reiseverlockungen alle wieder hier erschienen seid. Ja, es ist schon eine große Freude, die langersehnte Öffnung der Grenzen. Wem verdanken wir es? Nur uns selbst.

Liebe Leipziger, bitte seid mir nicht böse, es ist nicht nur eure Kundgebung, es ist die Kundgebung des Bezirkes, und nicht nur das. Wir haben zum Beispiel viele Gäste aus Thüringen. Ich weiß, daß seit dem 9. Oktober ständig Kämpfer für Demokratie und Freiheit aus den Bezirken Gera an unserer Seite demonstrierten, also schon in der Zeit, als wir Gera noch als rot erklärten. Vor wenigen Wochen wurden diese Freunde unserer Demo noch von Partei, Gemeinde und Betrieben ausfindig gemacht und registriert. Heute schämen sich schon die, die noch nicht dabei waren. Zum Glück haben die Geraer ihre Situation erkannt und ihren Fürsten, ehemaliger Oberfeldwebel und HJ-Gefolgschaftsführer, Herbert Ziegenhahn gestürzt.

[Anmerkung der Herausgeber: Ziegenhahn war 1. Sekretär der Bezirksleitung Gera der SED; er mußte am 2. 11. zurücktreten.] Bei dieser Aktion ist auch herausgekommen, daß er Tausende Dollar bei einem Spanienurlaub verpraßt hat. Und wir bekommen zur Zeit 15 DM. Eine Schande für die SED! Nun weiß ich auch, warum sich führende SED-Bonzen erschießen. Mit welchem Recht sind Parteibonzen in den Kreis- und Bezirksleitungen Pistolenträger? Haben sie schon immer gewußt, daß sie noch nie das Vertrauen des Volkes hatten? Freie Wahlen, die wir bald erkämpft haben, werden meine Worte bestätigen.

Meine Forderungen: 1. Auflösung der Kampfgruppen! 2. Abschaffung des gesamten Militärs! 2a. Dazu gehört auch der Rückzug unserer Freunde, ich sage heute: Freunde. Denn ohne ihre Zurückhaltung könnten wir nicht um unsere Freiheit und Demokratie kämpfen. 3. Stasi in die Volkswirtschaft!

Meine Wünsche: 1. Vielleicht kann sich recht bald die SED in ihre Bestandteile KPD und SPD auflösen. Wir Arbeiter brauchen die SPD in der Zukunft.

2. Mögen das Neue Forum und die SPD Wahlsieger werden, damit wir einen echten Sieg der Demokratie und Freiheit erringen!

3. Vielleicht geht dann unser aller geheimer Wunsch – ich muß sagen: fast aller –, die Einheit Deutschlands, schneller in Erfüllung, als wir heute bereit sind zu glauben!

Die letzten Wochen beweisen: Was das Volk will, erreicht es!

Das könnte mein Schlußwort gewesen sein, aber ich habe noch ein

Anliegen: Bitte denkt an meine Worte, wenn ihr Köpfe rollen laßt. Auch ich rufe: SED – das tut weh! Ich meine dabei die Führungsrolle, aber nicht in jedem Falle die Menschen, die stolz oder nicht stolz ihr Parteiabzeichen tragen. Bitte entscheidet selbst, wer zur Zeit und später in der Lage ist, uns zu regieren. Ich selbst weiß, daß unser Bürgermeister in Markranstädt mehr für die Stadt und Bevölkerung getan hat als alle seine Vorgänger zusammen. Ich weiß, daß mein Betriebsleiter in Altenburg immer ein offenes Ohr für seine Kollegen hatte und immer das Machbare erreicht hat. Und ich kenne noch sehr viele SED-Männer, die heute noch mein Vertrauen haben. Es tut also nicht immer weh, die SED. Auf den Menschen kommt es an.

Junge Menschen! Bitte behaltet bei unserer Montags-Volksdemo vor dem Stasi-Komplex eure Nerven. Die Macht des Volkes ist groß, aber zur Zeit fürchte ich noch die Macht des Stasi und des Militärs. Ich wünsche uns weiterhin eine erfolgreiche, aber unbedingt gewaltlose Revolution. Ich danke euch.

Im Anschluß an die Rede von Manfred Bär verschafft sich eine empörte junge Frau Platz am Mikrofon, sie ruft:
Nee, Entschuldigung, mich hat eben was furchtbar aufgeregt! Diejenigen, die hier schreien bei Wiedervereinigung Hurra, die sollen sich mal vorstellen, was das heißt, wenn wir ein 11. Bundesland der BRD wären! Seid ihr denn alle verrückt geworden?!

Am Nachmittag des 18. 11.: Im academixer-Keller veranstaltet der Bezirksverband Bildender Künstler eine Kunstauktion zugunsten des Neuen Forums und weiterer neuer politischer Gruppierungen.

18. November: Erste genehmigte Kundgebung ▷
des Neuen Forum

GEORGI DIMITROFF - MUSEUM

SD
P
JETZT
SO KANN ES NICHT
WEITERGEHEN
FREIE WAHLEN WOLLEN
WIR SEHEN
SED - ADE
Mit Herz und Verstand
Deutschland einig Vaterland

Die Gespräche

Prof. Dr. h. c. Kurt Masur, Gewandhauskapellmeister

Neues Forum: Sie haben im Oktober eine Schallplattenproduktion abgesagt mit der Begründung: »Unser Beruf kann nicht nur mit Pflichtbewußtsein allein erledigt werden...« Könnten Sie die Stimmung beschreiben, in der sich das Orchester befand? Ist das Orchester, um es einmal so zu formulieren, inzwischen wieder »arbeitsfähig«?

Prof. Kurt Masur: Um Ihre letzte Frage zuerst zu beantworten: Ja. Wir werden Anfang Januar Beethovens 9. Sinfonie aufnehmen. Aber ich muß Sie etwas präzisieren. Wenn Konzerte angesagt waren und wir das Gefühl hatten, die Menschen brauchen diese Konzerte, waren wir immer animiert, so gut als möglich zu spielen. Und das ist uns auch gelungen. Die Anforderungen, die im lebendigen Musizieren an uns gestellt wurden, die konnten wir sehr gut erfüllen.

In den Septembertagen haben wir – wie alle Menschen dieser Stadt – das Geschehen um die Nikolaikirche sehr bewußt beobachtet. An den Montagabenden oder wenn die Kollegen den Platz überquerten, um zur Aufnahme zu kommen. Je mehr Polizei aufgefahren wurde, um so mehr waren wir gestört. Die Kollegen waren belastet. In dieser Situation haben wir die »Eroica« aufgenommen. Und als wir sie damals anhörten, sind wir zu dem Schluß gekommen: Es geht nicht, im Augenblick können wir nicht. Ich habe mir die Aufnahme seitdem nicht wieder angehört. Vielleicht werde ich das in einem Vierteljahr tun, und vielleicht werde ich feststellen, daß sie etwas Besonderes an sich hat – so daß wir uns entschließen, sie doch auf Platte pressen zu lassen.

Aber bei allem, was danach kam, war deutlich zu spüren, wie die Konzentrationsfähigkeit der Musiker nachließ, weil jeder von uns belastet war. Einige hatten Kinder, die bei den Friedensgebeten dabei waren, danach auf die Straße gingen. Die Angst vor der Konfrontation wuchs. Man kann künstlerisch keine Höchstleistungen erreichen mit Disziplin. Man muß fähig sein, von innen heraus eine Leistung vorzubereiten – das war angesichts dieser Vorgänge unmöglich für mich, für das Orchester.

Neues Forum: Am 2. Oktober äußerten Sie in der ARD, befragt nach dem Vorgehen der Sicherheitskräfte: »Ich schäme mich.« Wie ist das im Gewandhaus aufgenommen worden?

Prof. Kurt Masur: Als ich am nächsten Morgen das Haus betrat, warteten meine Mitarbeiter am Eingang auf mich. Wir hatten eine Vollversammlung, auf der das Orchester und alle Mitarbeiter eindeutig den Standpunkt bezogen: Wir stehen hinter Masur. Wir möchten in dieser Richtung zur Diskussion beitragen. Eine entsprechende Resolution wurde verabschiedet. Die Massenflucht und die zugespitzte Lage in Leipzig hatten ja zu diesem Zeitpunkt schon beträchtlich Unruhe geschaffen.

Neues Forum: Waren dies auch die Gründe für Sie, sich am 9. Oktober mit Dr. Kurt Meyer in Verbindung zu setzen und die Initiative für den Aufruf der »Leipziger Sechs« zu ergreifen, eine letztlich politische Initiative?

Prof. Kurt Masur: Ich bin ein Mensch, der, wenn er eine Notwendigkeit erkannt hat, diesen Weg konsequent weiter geht. Das galt in diesem Fall auch. Aber ganz ehrlich gesagt, Politiker bin ich nur wider Willen – aus der Erkenntnis heraus, daß ich den schönsten Beruf habe, den man haben kann in dieser Zeit. Aber die Vorgänge in Leipzig und im ganzen Land haben mich einfach gefordert – da ich einer von denen bin, denen man in der Stadt nachsagt, einen gewissen Einfluß, eine gewisse Glaubwürdigkeit zu besitzen. Ich mußte versuchen, das zu tun, was jeder andere in meiner Position auch getan hätte. Es war sozusagen ein humanitärer Akt des Augenblicks. In diesem Moment war gar nicht abzusehen, was sich daraus in der Zukunft entwickeln würde, die Ereignisse überstürzten sich.

Dazu kam: Diese Stadt Leipzig ist mir mehr und mehr ans Herz gewachsen durch die Menschen, die hier leben. Sie müssen sich nur die grauen Häuser anschauen, die Luft atmen, um zu wissen, daß jemand, der hier lebt, andere Werte gesucht haben muß und auch gefunden – sonst würde er nicht hier leben. Das ist für mich so nahe geworden, daß es ein großer Verlust gewesen wäre, diese zweite Heimat Leipzig zu verlieren.

Ein Schweizer Journalist stellte mir vor kurzem die kuriose Frage, warum sich ein Künstler überhaupt mit Politik beschäftige. Ich sagte ihm, da müsse er bei Beethoven, bei Schostakowitsch usw. zu fragen beginnen. Und: Wer in unserem Lande lebte, ganz gleich, welchen Berufes, hat sich notabene mit Politik beschäftigen müssen. Auch deshalb hatten die Leipziger Demonstrationen eine so hohe Qualität.

Neues Forum: Sind Sie mit Egon Krenz im reinen, der nach dem 9. Oktober den friedlichen Verlauf der Demonstration als sein Verdienst in Anspruch nahm?

Prof. Kurt Masur: Wieso? Ich war mit ihm immer im reinen, weil wir immer verschiedener Meinung waren. Ich kann dazu nur folgendes sagen: Wir sechs haben erst begonnen, uns zur Wehr zu setzen, als man es so darstellte, als ob wir uns – ferngesteuert von Egon Krenz – darum bemüht hätten, diese Demonstration zu beeinflussen. Krenz hat nachweisbar erst ja gesagt, als die entscheidenden Dinge schon geschehen waren – zwischen 19.15 Uhr und 19.30 Uhr gab es ein Telefonat mit der SED-Bezirksleitung. Egon Krenz war am 9. Oktober nicht hier, dafür hatten wir Weltniveau in den Sicherheitskräften.

Neues Forum: Der Aufruf vom 9. Oktober plädierte für Gewaltfreiheit und für den Dialog über einen erneuerten Sozialismus. Fühlen Sie sich da heute noch in die Pflicht genommen?

Prof. Kurt Masur: Als dieser Aufruf kam, war das Wort »Sozialismus« noch nicht in diesem Maß verbraucht, in dem es inzwischen verbraucht ist. Ich denke, es gibt eine ganze Reihe von Wörtern, die eine enorme Bedeutungswandlung durchgemacht haben. Das Wort »Sozialismus« kann man nicht mehr verwenden, ohne daran erinnert zu werden, was unter diesem Namen alles geschehen ist. Im Namen dieses Wortes fand der Betrug eines Volkes statt – all jener, die darunter einmal ein gemeinsames Leben, ein gemeinsames Wollen verstanden haben und die die Hoffnung hatten, daß dieses Ziel es wert sei, dafür erst einmal zu schuften. Dieser Betrug ist, glaube ich, das Schlimmste, was uns passiert ist, und was mich so betroffen machte, war das Vorgaukeln der Notwendigkeit einer Mauer und der Anspruch, dieses sozialistische Lager habe allein das moralische Recht, in der Welt eine Führungsrolle zu spielen. Das ist alles null und nichtig geworden.

Aber eines ist dennoch klar: Der Bewußtseinswandel in unserem Land begann mit Gorbatschow, der im Mutterland des Sozialismus eine Revolution einleitete. Er wird in die Geschichte eingehen als geistiger Vater all der Vorgänge, die gegenwärtig in Europa stattfinden.

Neues Forum: Wie beurteilen Sie die Demonstrationen in Leipzig jetzt, wie den vielfach geäußerten Vorwurf des Rechtsrucks?

Prof. Kurt Masur: Sie wissen, daß ich nie versucht habe, diese Tendenzen leichtfertig beiseite zu schieben. Aber ich bin der Meinung, daß dieser plötzliche Fokus auf eine sogenannte Rechte oder auf einen Neofaschismus eine Überbewertung darstellt. Es waren bei der letzten Demonstration am 18. Dezember, die dem Gedenken an die Opfer der zurückliegenden Zeit gewidmet war, ungefähr 150000 Menschen, die den Vorschlag zum Schweigemarsch angenommen haben. Und es gab eine Gruppe von maximal 100 Menschen, die ich nicht rechts ansiedele, die ungeduldiger sind als andere und einer schnellen Vereinigung beider deutscher Staaten zustreben. Wenn man das überbewertet, züchtet man sich ein Potential, das stört.

Wir sollten eine Demokratie hier nicht scheitern lassen wegen ein paar Menschen, die anderer Meinung sind. Dafür muß man sich nicht die Köpfe einschlagen. Das ist die Gefahr, die ich sehe: Haarspalterei in dieser Frage. Daß Menschen, die sich deutscher Nation und Herkunft fühlen, in einer angemessenen Form zusammenleben wollen, halte ich für eine natürliche Sache. Man muß natürlich überlegen, was man von unsrer Seite einbringen kann, und daran ist zu arbeiten. Und man muß deutlich sagen: Wir wollen kein »großdeutsches Reich«!

Neues Forum: Sehen Sie andere Gefahren?

Prof. Kurt Masur: Ja. Wir haben im zurückliegenden Herbst einen Prozeß gehabt, der gezeigt hat, daß die Menschen zu viel mehr fähig sind, als man ihnen zutraute. Das ist die eine Seite. Aber die andere, und das ist eine Gefahr, ist die, daß jetzt die Geschickteren die Oberhand gewinnen und daß noch vorhandene Werte, zum Beispiel der große Idealismus, verlorengehen.

Weder unser Finanzministerium noch unsere Wirtschaftsführung sind in der Lage, über die wirkliche Situation zu informieren, geschweige denn zu sagen, wie es weitergehen soll. Uns überrollen die Ereignisse genauso wie zuvor. Ich sehe noch keinen in unserer Führungsspitze, der die Kühnheit besitzt, weit genug vorauszudenken. Wir laufen den Dingen hinterher.

Neues Forum: In den zurückliegenden Wochen haben Sie zahlreiche Gespräche mit westlichen Politikern gehabt, u. a. waren François Mitterand, Hans-Dietrich Genscher, Kurt Biedenkopf hier zu Gast, sie sprachen mit Hans-Jochen Vogel. Was war Ihr Anliegen in diesen Gesprächen?

Prof. Kurt Masur: Ich habe immer versucht zu erklären, daß ich kein Politiker bin und mich nicht als solcher fühle. Es war lediglich so, daß ich aufgrund der Gespräche am Karl-Marx-Platz, aufgrund der vielen Begegnungen mit jungen Leuten vom Neuen Forum, von anderen Organisationen, aus den Kirchen, glaubte, doch einen gewissen Einblick zu haben in das Denken und Fühlen der Menschen in dieser Stadt. Das war es auch, was all diese Politiker besonders interessierte. Sie wollten die Vorgänge hier verstehen, sie wollten wissen, welche Hoffnungen es gibt.

Ich habe allen meinen Eindruck vermittelt, daß jede unrealistische Äußerung über eine schnelle Vereinigung uns mehr schadet als nützt, weil sie einige Menschen bei uns betrunken macht.

Meine Bitte war, uns zu helfen. Aber so, daß wir nach einer bestimmten Zeit sagen können: Uns ist zwar geholfen worden, aber wir haben daraus etwas gemacht. Dann wird man die Würde nicht verlieren.

Neues Forum: Ihre Sympathien für das Neue Forum sind bekannt. Woher rühren sie?

Prof. Kurt Masur: Was mich fasziniert, das sind die jungen Leute, die mit einem bereits erstaunlichen Überblick und einer großen Selbstlosigkeit arbeiten. Was vom Neuen Forum geleistet worden ist in der Phase der Auseinandersetzung, auch im Bewahren der Gewaltlosigkeit der Demonstrationen, das hat mir großen Respekt abverlangt. Ich vertrete die Auffassung, daß Vereinigungen wie das Neue Forum, die keine Partei werden wollen, durch das neue Wahlgesetz die Chance bekommen, Einzelpersonen für die Parlamente in unserem Land vorzuschlagen und zu wählen. Das bunte Parteiensystem ist nicht der Weisheit letzter Schluß. Jedes Nachmachen würde uns in die Lage versetzen, daß wir etwas nachvollziehen, mit dem wir nicht umzugehen verstehen. Wir könnten eine bessere Demokratie werden als die andere – wenn wir nur kühn genug sind.

Ich habe einen Wunsch: All diese neuen Gruppierungen müssen sich im klaren darüber sein, daß die noch bestehende SED aufgrund der jahrzehntelangen Bevorzugung der Genossen über ein großes personelles Potential verfügt. Gegenüber dieser etablierten Partei sollten wir vor der Wahl in der Opposition eine Gemeinsamkeit in den großen Zielen finden. Damit wir dann zwei Kräfte haben, von denen die eine eine Regierung bilden kann, die andere eine starke Opposition. Wenn es nicht gelingt, das durchzusetzen, sehe ich für eine demokratische Entwicklung in unserem Land keine Chance.

Leipzig, 29. 12. 1989

Bernd-Lutz Lange, Kabarettist

<u>Neues Forum:</u> Wie haben Sie die Entwicklung seit Mitte des Jahres in Leipzig beobachtet?

<u>Bernd-Lutz Lange:</u> Ich hab' mir lange vor dem 9. Oktober Sorgen gemacht über die Zuspitzung der Situation. Ich war montags Augenzeuge, mit welcher Härte man an der Nikolaikirche vorging. Schon, als es sich noch um einen kleinen Kreis von Demonstranten handelte, stand die Gewalt, die Staatsmacht, vor der Kirche. Am Anfang rief die Mehrheit ja noch »Wir wollen raus!«. Das drehte sich nach und nach, bis dann die Mehrheit rief »Wir bleiben hier!« – nachdem viele weg waren. Interessant war, wie das Sympathiefeld um die Kirche von Woche zu Woche gewachsen ist. Wie dort immer mehr Leute standen und warteten, bis die Türen gegen 18.00 Uhr aufgingen und jene herauskamen, denen ihre Sympathie galt. Vor kurzem bestätigte während eines Forums ein Mann, wie das funktionierte. Er sagte, er sei zwar Atheist, aber er habe dort gestanden und die Kirche angehimmelt – für ihn war es das Größte, daß die Leute den Mut hatten.

<u>Neues Forum:</u> Diese Entwicklung war für Sie der Anlaß, sich am Aufruf vom 9. Oktober zu beteiligen?

<u>Bernd-Lutz Lange:</u> Dazu kommt, ich hab' durch meinen Beruf immer mal Gelegenheit, mit Funktionären zu sprechen, mit Leuten aus der Bezirksleitung der SED. Dort gab es die Meinung: Die dort in der Kirche sind, die wollen mit niemandem reden. Die sind so verbohrt, mit denen ist kein Gespräch möglich. Ich weiß nicht, wie diese Meinung zustande kam. Ich denke, daß sowohl die Staatssicherheit als auch Psychologen, die man befragte, die Parteileitung in dieser Haltung bestärkten. Sicher war auch Selbstschutz der Genossen dabei. Man verließ sich darauf, was andere sagten, und bildete sich keine eigene Meinung. Ich selbst war Augenzeuge, wie ein Staatsanwalt Dr. Wötzel über einen Verhafteten informierte, der alkoholabhängig war. Solche Beispiele reichten für die Kriminalisierung der Demonstranten. Man berief sich auf Gesetze, die es zuließen, diese Aktionen als staatsfeindlich zu interpretieren.

Neues Forum: Dennoch haben Sie Vermittlung gesucht. Was ließ Sie hoffen, daß Verständigung überhaupt möglich sei?

Bernd-Lutz Lange: Ich hab' Ende August im Grassimuseum das erstemal den Vorläufer eines solchen Forums erlebt, wie wir sie jetzt praktizieren. Anläßlich einer Ausstellung von Leipziger Fotografen. Dort ist es zu einer offenen, ehrlichen, kontroversen Diskussion gekommen, vor allem mit dem Stadtrat für Umweltschutz, mit dem Chefarchitekten. Dort spürte ich, wie viele kluge Leute es eigentlich in dieser Stadt noch gibt. Man hatte ja immer die Angst, daß die meisten Unbequemen schon gegangen sind. Die Leute waren besorgt, engagiert, sachlich. Das hat mir Mut gemacht.

Neues Forum: Mitte September versuchten Sie dann, ein ähnliches Forum zu organisieren...

Bernd-Lutz Lange: Ich hatte, da ich parteilos bin und auch zu einer Kirchengemeinde gehöre, Genossen der Bezirksleitung vorgeschlagen, zu vermitteln. Ich stellte mir vor, beispielsweise den Hörsaal 19 zu nutzen – eine Hälfte für Mitglieder der SED, die andere Hälfte für Gruppen aus der Kirche. Und dann könnte dort ein Forum stattfinden, bei dem man ehrlich versucht, miteinander zu reden, und vielleicht feststellt, die anderen sind auch Menschen. Am 8. September schlug ich das in der Bezirksleitung vor – Dr. Roland Wötzel und Arnulf Eichhorn waren sehr dafür. Auch sie waren in Sorge. Die Umweltschutzgruppe an der Thomaskirche war sofort einverstanden, innerkirchlich zu informieren.

Die Veranstaltung ist dann nicht zustande gekommen. Es gab inzwischen das Neue Forum, das vom Innenministerium mit dem Verdikt der Staatsfeindlichkeit belegt worden war. Und die Funktionäre hatten Angst, sie würden mit einer solchen Veranstaltung das Neue Forum anerkennen. Sie sagten, sie könnten zwar mit Herrn Müller reden, nicht aber mit Herrn Müller vom Neuen Forum.

Neues Forum: Im Kabarett ist eines Ihrer Lieblingsthemen die Berichterstattung der Medien. Ein Wort bitte zur Rolle der Presse vor dem 9. Oktober.

Bernd-Lutz Lange: Ich sehe es so, daß die LVZ die Revolution mit ausgelöst hat. Das wußte sie aber nicht. Es ging ja dann – kurz vor dem 9. Oktober – bis zur Androhung von Gewalt. Die LVZ hat so lange gehetzt, bis der letzte gemütliche Sachse gesagt hat: »So nich! Awer nu grade!« Viele hatten am 9. Oktober Angst, vor allem durch die in der LVZ veröffentlichte Drohung des Kampfgruppenkommandeurs verursacht. Aber trotzdem sind die Leipziger zur Demonstration gegangen.

Neues Forum: Zum 9. Oktober. Wie kam es zu Ihrer Beteiligung am Aufruf?

Bernd-Lutz Lange: Ich muß da etwas voranstellen. Mit Roland Wöt-

zel, den ich schon lange kenne und als Menschen schätze; auch wenn
wir politisch und weltanschaulich sehr unterschiedliche Ansichten
haben, blieb ich im Gespräch. Am Sonntag rief er mich an. Ich sagte
ihm am Telefon: Es ist in diesem Land immer so, daß man mit Verspätung recht bekommt. '68 demonstrierte ich gegen den Abriß der Uni-
versitätskirche. Wer damals dagegen war, galt auch als staatsfeindli-
ches Element. Nach wenigen Jahren gab man uns recht, aber es
nützte uns nichts mehr. Und so ist es heute wieder. Die Menschen
wollen ihr Recht aber heute, sie wollen jetzt ein besseres, demokrati-
scheres Land. Roland Wötzel hatte auch mit großer Sorge die Ereignisse am 7. und 8. Oktober verfolgt. Wir wollten irgend etwas unternehmen und vereinbarten, daß ich Montag nach 14.00 Uhr anrufe.

Neues Forum: Was wollten Sie unternehmen?

Bernd-Lutz Lange: Ihm schwebte vor, in die Nikolaikirche zu gehen,
dort die Leute anzusprechen. Ich war für eine genehmigte Demonstration. Montag, 14.00 Uhr, rief ich bei ihm an. Er sagte mir, er
würde bei mir vorbeikommen. Gegen 14.45 Uhr kam er und sagte,
daß wir einen Aufruf verfassen würden. Außer ihm die Sekretäre Dr.
Meyer und Pommert, Prof. Masur, Dr. Zimmermann und ich. Wir
fuhren zu Masur, dort kamen wir kurz nach 15.00 Uhr an. Ein paar
Floskeln wechselten hin und her, weil Wötzel noch telefonierte. Ich
kann mich kaum noch erinnern, wie die Zimmereinrichtung war, so
groß war die Anspannung.

Neues Forum: Sie verfaßten den Aufruf gemeinsam?

Bernd-Lutz Lange: Wir haben uns gesagt, wir müssen eine sehr persönliche Form finden, um die Leute anzusprechen. Beide Seiten – Demonstranten wie Einsatzkräfte. Masur hatte schon entsprechende
Gedanken parat, und dann formulierten wir gemeinsam. Ich hab' den
Schriftführer gemacht. Gegen 16.30 Uhr fuhren wir in die Stadt. In
drei Autos: Jochen Pommert und Dr. Kurt Meyer in einem, Dr. Roland Wötzel mit mir, Dr. Peter Zimmermann mit Prof. Kurt Masur. Es
war Berufsverkehr, wegen der bevorstehenden Demonstration mehr
Betrieb als sonst. Die Aufregung erhöhte sich, weil vor unserem Auto
ein alter Skoda kaputtging, dann vor Masurs Auto ein Fahrschulwa-
gen nicht weiterkam.

Dann sind wir ins Gewandhaus. Ich tippte den Aufruf ab. Zimmermann sagte: »Das mußt du nur einmal abtippen, die haben doch hier
Kopiergeräte.« Ich: »Du weißt ja, wie's ist in der DDR, dann funktioniert das Ding nicht. Ich mache es mit Durchschlägen.« An das Ab-
lichtungsgerät war dann tatsächlich nicht heranzukommen.

Dann lasen wir den Aufruf noch einmal gemeinsam, akzeptierten.
Zimmermann lief mit den Durchschlägen in die Kirchen.

Inzwischen war ein Mitarbeiter des Senders Leipzig eingetroffen.
Masur sprach den Text auf Band, der dann über Stadtfunk gesendet

wurde. Wir verabredeten uns für eine Zeit zwischen 19.15 und 19.30 Uhr.

In der großen Hoffnung, daß unser Aufruf bei beiden Seiten etwas bewirkt, ging ich hinaus auf den Karl-Marx-Platz. Als wir das Gewandhaus verließen, hatten wir das Versprechen der Funktionäre, die Einsatzkräfte würden sich zurückhalten.

Neues Forum: Wie erlebten Sie die Demonstration?

Bernd-Lutz Lange: Am Neumarkt sah ich das Polizeiaufgebot. Aber ich sah auch, daß schon Gespräche im Gange waren. Das war neu an diesem Montag, daß die Menschen anfingen, mit den Einsatzkräften zu diskutieren. Die Hunde zerrten zwar an ihren Leinen und bellten, aber man redete miteinander.

Zwischen 19.15 und 19.30 Uhr trafen wir uns im Gewandhaus und waren sehr erleichtert, daß nichts passiert war. Als letzter kam Zimmermann, er war noch in Sorge wegen der Situation an der »Runden Ecke«.

Neues Forum: Führen Sie den friedlichen Verlauf der Demonstration auf diesen Aufruf zurück?

Bernd-Lutz Lange: Letztlich, denke ich, ist es der großen Zahl und der Besonnenheit der Leipziger zu danken, daß es nicht zur Konfrontation kam. Die 70 000 disziplinierten Demonstranten vom 9. Oktober konnte man selbst in Berlin nun nicht mehr als die Konterrevolution diskreditieren. In der DDR begann ein neuer Zeitabschnitt.

Das Gespräch führte Grit Hartmann am 29. 11. 1989

Dr. Kurt Meyer,
Sekretär der SED-Bezirksleitung

Neues Forum: Sie sind seit drei Jahren in der Bezirksleitung verantwortlich für Kultur. Deshalb die Frage: Wie erklären Sie sich aus dem sozialen, aus dem kulturellen Umfeld der Stadt, daß es gerade in Leipzig zuerst zu einer solchen Protestbewegung für Demokratie gekommen ist?

Dr. Kurt Meyer: Ich glaube nicht, daß die Antwort zu suchen ist in der Mentalität der Leipziger, in der Mentalität der Sachsen. Eine wichtige Ursache sehe ich darin, daß diese Stadt über Jahre, Jahrzehnte in ihrer kommunalen und infrastrukturellen Entwicklung sehr vernachlässigt worden ist. So daß sich hier, deutlicher als andernorts, Widersprüche im objektiven und subjektiven Lebensbereich dieser doch immerhin noch über 500 000 Menschen, die subjektiv fleißig gearbeitet haben, die zweimal jährlich die Messe bestritten haben und die, wie meine alte Mutter, in der Illusion lebten, es würde nach einer guten Messe auch für Leipzig etwas übrigbleiben. Aber unter diesem dirigistisch-zentralistischen System war das Gegenteil zutreffend – die Stadt hatte durch die Messen keinerlei Vorteil. Also, die Widersprüche stellten sich in Leipzig weitaus drastischer und plastischer dar, ohne zu unterschätzen, daß die allgemeinen politischen und gesellschaftlichen Spannungen natürlich auch andernorts wirkten. In Leipzig aber werden sie anfaßbar, erlebbar, ganz konkret für den Bürger.

Neues Forum: Wie schätzen Sie die Rolle der Kunst, der Künstler bei der Beförderung dieser Bewegung ein?

Dr. Kurt Meyer: Ja, da gibt es so etwas wie ein positives Widerspruchserlebnis. In Leipzig hat sich über Jahre hinweg eine sehr kritische Atmosphäre entwickelt, die in hohem Maße durch Intellektuelle, vor allem aber durch Künstler beeinflußt worden ist. Ich erinnere an die beiden Leipziger Kabaretts, die seit langem mit ihren Programmen auf die Lösung der Widersprüche und damit natürlich auf eine politische Wende hingearbeitet haben.

Ich erinnere an das, was sich seit acht, neun Jahren am Schauspielhaus tut. 1982 habe ich als Außenstehender miterlebt, wie die FDJ nach ihrer Kulturkonferenz Volker Brauns »Schmitten« absetzen wollte. Es gab Leute, die dazu nicht bereit waren. In Leipzig brachte man Schatrow, Bulgakow, Aitmatow auf die Bühne. Viele Schriftsteller haben auf Änderungen gedrängt. Nehmen Sie Heiduczeks »Tod am Meer« und die unverständliche Entscheidung, es nicht wieder aufzulegen bis zum letzten Jahr. Solche kulturpolitischen Dummheiten haben zur Verschärfung der Widersprüche beigetragen. Kampagnen, wie die zwischen 1979 und 1981 gegen Erich Loest, konnte die intellektuelle Szene nicht wegstecken, wenn sie sich selbst treu bleiben wollte.

Neues Forum: Zumindest in den letzten drei Jahren waren Sie in diese Gegensätze eingebunden. Inwieweit hat das Ihre Haltung gegenüber der gesellschaftlichen Entwicklung im Land beeinflußt?

Dr. Kurt Meyer: Ich habe in letzter Zeit viele Gespräche mit Künstlern gehabt. Auf die Dauer konnte ich mich ihren Argumentationen nicht verschließen. Im Gegenteil, ich hab' mich immer mehr dafür geöffnet und vielleicht auch versucht, den vorhandenen Spielraum zu nutzen, um Widersprüche offen benennen zu lassen. In diesem Zusammenhang wurden wir natürlich regelmäßig, mindestens jährlich auf der Frühjahrsmesse, befragt, wie lange wir die Konterrevolution auf den Leipziger Bühnen noch dulden. Das war natürlich ein ausgesprochener Unsinn. Genauso ein Unsinn wie der, daß man die Menschen, die auf die Straße gingen, zur Konterrevolution machte.

Neues Forum: War das schon immer Ihre Haltung dazu, oder wie hat sie sich entwickelt?

Dr. Kurt Meyer: Sie ist befördert worden durch die Massenfluchten im Sommer. Ich sagte mir: Das kann doch nicht wahr sein, da verlassen Tausende junger Menschen unser Land, und wir tun so, als ginge uns das nichts an, als hätten wir keine Schuld. Anfang September sprach ich auf einer Beratung der Kulturkommission des Politbüros, zu der auch 80 führende Künstler eingeladen waren. Ich habe dort meine Sorge sehr deutlich artikuliert, meine Sorge um drei Dinge. Ich sprach zur Dialog- und Konsensfähigkeit unserer Partei nach innen und außen, ich sprach zum Bezirkstag in Leipzig, der sich mit Volksbildungsfragen beschäftigte und nicht ein Wort fand zu unserer Schuld an der Massenflucht. Und ich sagte zu Hager, daß das Politbüro die Situation in Leipzig falsch einschätze, wenn es meine, dort sei die Konterrevolution auf der Straße. Es sind Menschen, die ihre demokratischen Freiheiten einklagen. So etwas könne man nicht mit Mitteln der Sicherheit lösen, sondern nur politisch – und zwar durch Lösungen, die die Regierung anbieten müsse.

Das einzige, was man antwortete: Die Partei habe schon weitaus schwierigere Fragen gemeistert.

Die Retourkutsche kam am nächsten Tag in Form eines Anrufes der damaligen Frau Minister Honecker. Sie fragte, was meine Bemerkungen zum Bezirkstag sollten usw. Am Ende mußte ich eine Stellungnahme abgeben. Ich erzähle das nicht, um in einer billigen Art und Weise Schuld zuzuweisen, aber das alles hat immer wieder dazu beigetragen, uns zu verunsichern.

Aber: Seit diesen Sommermonaten war für mich klar: Die Einschätzung, wie sie gegenüber den Menschen auf der Straße getroffen wird, die stimmt nicht. Sie haben ihre Rechte angemeldet, ihre Forderungen eingeklagt.

Neues Forum: Ich erfuhr von einem Mitglied der Kampfgruppen Ähnliches. Allerdings hatte dort der ehemalige amtierende 1. Sekretär der Bezirksleitung, Helmut Hackenberg, bereits im September orientiert, man werde am 7. Oktober »Nägel mit Köpfen machen«. Offensichtlich gab es sehr große Widersprüche innerhalb des Sekretariats?

Dr. Kurt Meyer: Die Widersprüche gab es vor dem 9. Oktober, und sie nahmen danach an Schärfe zu. Aber eines muß ich zu Hackenberg sagen: Er hat vor dem 9. Oktober, am 9. Oktober gegenüber den Sicherheitskräften immer wieder auf Besonnenheit gedrängt. Er hat die – im nachhinein – vielleicht unmöglichsten Konstellationen entwickelt, beispielsweise Genossen zum Diskutieren in die Kirche geschickt, aber mit der ehrlichen Absicht, einen friedlichen Konsens zu finden. Ich denke, auch bei ihm hatte ein Umdenkungsprozeß eingesetzt. Als ich am 9. Oktober aus dem Gewandhaus in die Bezirksleitung zurückkam, erlebte ich, wie er am Telefon mit den Militärs sprach und immer wieder sagte: Zieht die Kräfte zurück, zieht sie noch weiter zurück, versucht alles, es friedlich zu machen…

Neues Forum: Wie ist es zu Ihrer Beteiligung am Aufruf vom 9. Oktober gekommen? Könnten Sie den Ablauf an diesem Tag schildern?

Dr. Kurt Meyer: Kurt Masur und ich kennen uns gut. Wir sind voll füreinander berechenbar. Das ist für Vertrauen ganz wichtig; es hat mit Verläßlichkeit zu tun. Wir hatten uns bereits am 6. Oktober in der Hochschule für Musik getroffen, wo Masur Ehrensenator wurde. Danach tauschten wir uns über die politische Lage aus und stimmten überein in der großen Sorge, die wir uns um die Zuspitzung der Situation in Leipzig machten. Am 9. Oktober rief mich Masur etwa 13.45 Uhr an und bezog sich auf dieses Gespräch. Er sagte: »Lassen Sie uns gemeinsam darüber nachdenken, was man tun kann, um heute abend das Schlimmste zu verhindern.« Ich entgegnete, ich hätte die gleichen Befürchtungen und sagte, daß ich zurückrufen würde. Dann ging ich zu Helmut Hackenberg, informierte ihn von diesem Gespräch, von unserer Sorge und Angst. Dort befand sich auch Jochen Pommert. Wir beide waren uns einig, man müsse alles tun, um jene, die gewillt sind, zu einer friedlichen Lösung zusammenzuführen. Mit dieser, sagen wir, Legitimation, ging ich zurück in mein Arbeitszimmer und traf auf dem Gang Roland Wötzel, der am gleichen Tag mit Dr. Peter Zimmermann und Bernd-Lutz Lange Kontakt hatte. Wötzel und ich wußten um gemeinsame Positionen, und ich wußte, daß bei Jochen Pommert ein großer Umdenkungsprozeß eingesetzt hatte. Ich sagte, ich würde Masur anrufen, um ihm ein Gespräch vorzuschlagen. Pommert sagte zu mir und Wötzel: »Wir sind uns doch klar darüber, was das für uns drei heißt – Parteiausschluß, denn die Parteiführung sieht die Massen auf der Straße als Konterrevolution an, und wir drei stellen uns auf diese Seite.« Wir waren uns einig, daß man trotzdem nicht länger zögern dürfe. Ich rief Masur zu Hause an. Wir schlugen vor, zu dritt bei ihm vorbeizukommen, Bernd-Lutz Lange und Dr. Peter Zimmermann mitzubringen. Er war sofort einverstanden.

Bei Masur waren wir uns einig, daß man sofort handeln müsse, und zwar in drei Grundrichtungen. Erstens: Wir wollten mit einem Appell für Besonnenheit an die Menschen dieser Stadt herantreten, Besonnenheit von allen Seiten. Aber wir meinten auch, man müsse weiter gehen. Was man uns in der alten Parteiführung sehr übelnahm, war die Tatsache, daß wir uns zweitens für freiheitliche Meinungsäußerung über die Weiterführung des Sozialismus in unserem Land aussprachen. Damit gestanden wir natürlich ein, daß wir die nicht ermöglicht haben bisher. Drittens forderten wir den Dialog nicht nur für unseren Bezirk, sondern auch mit der Regierung. Das legte man uns drei Sekretären als eine Überschreitung unserer Kompetenzen aus.

Roland Wötzel traf dann die entsprechenden Vorkehrungen, daß der Stadtfunk unseren Aufruf sendete. Und aus dem Gewandhaus hatten wir noch einmal telefonischen Kontakt mit Helmut Hackenberg. Er wies die Sicherheitskräfte an, Peter Zimmermann, der den Aufruf in die Kirchen brachte, den Kordon passieren zu lassen. Insofern wußte man in der Bezirksleitung vom Aufruf, auch wenn die Meinung vorherrschte, es sei falsch, daß wir Sekretäre uns beteiligen.

Aber: Wir haben das nicht als Heldentat angesehen. Die seit Wochen auf der Straße waren, das sind die wirklichen Helden.

<u>Neues Forum</u>: Wie ist der Aufruf dem Einsatzleiter übermittelt worden?

<u>Dr. Kurt Meyer</u>: Das weiß ich nicht, wir drei hatten mit ihm keinen Kontakt. Die Sicherheitskräfte haben wohl zuerst davon auf der Straße erfahren, wie die Bürger auch.

<u>Neues Forum</u>: Brauchten Sie nach dem 9. Oktober Rückendeckung? Wer gab sie Ihnen?

<u>Dr. Kurt Meyer</u>: Wenn man in einer so unsicheren Situation ist, freut man sich über jeden Freund. Masur hatte uns am Nachmittag versi-

chert, er wolle mit aller Konsequenz auftreten, wenn man etwas gegen uns unternehme. Er war bereit, bis zur Niederlegung seines Dirigats zu gehen, um vor der Weltöffentlichkeit deutlich zu machen: Das lassen wir uns nicht mehr gefallen. In dieser Nacht kam ich etwa um 0.15 Uhr nach Hause. Meine Frau hatte in der ARD von unserem Aufruf gehört und wartete ganz aufgeregt. Sie kannte meine Sorge über Wochen. Ich war nervlich so fertig, daß mir die Tränen kamen, als ich im Sessel saß. Ich sagte: Weißt du, ich hab' das gute Gefühl, endlich etwas ganz Wichtiges getan zu haben, für das ich mich nicht schämen muß. Mag jetzt kommen, was will.

Es gab Anrufe, vom Stadtrat Uwe Fischer, von Bernhard Heisig, von Werner Tübke. Sie alle sagten, sie stünden zu uns, egal, was kommt. Diese Solidarität hat Mut gemacht.

Neues Forum: Wie war die Reaktion von seiten der Parteiführung? Es gab Gerüchte, Sie seien Ihrer Ämter enthoben worden für einige Tage. Es hieß zuerst, Egon Krenz habe eine chinesische Lösung verhindert. Letzteres ist ja inzwischen widerlegt...

Dr. Kurt Meyer: Wir fuhren am 9. Oktober zu dritt aus dem Gewandhaus in die Bezirksleitung. Dort erlebten wir ein Telefonat mit, das Hackenberg mit Krenz führte – so gegen 19.30 Uhr. Krenz erkundigte sich nach der Lage in Leipzig, Helmut Hackenberg sagte ihm, es liefe gewaltfrei. Von unserer Aktion wurde ihm da noch nichts erzählt.

Dann fuhren wir noch einmal ins Gewandhaus und waren bis etwa 20.00 Uhr bei Kurt Masur. Anschließend gingen wir kurz auf die Straße, sind dann wieder in die Bezirksleitung gefahren.

Die Grundposition war etwa so: Helmut Hackenberg meinte, unser Alleingang wäre nicht gut gewesen – entweder hätte das ganze Sekretariat handeln müssen oder keiner. Wir entgegneten, das Sekretariat könne sich morgen früh an unsere Seite stellen – beispielsweise, indem man den Aufruf in der LVZ druckt, unterschrieben auch vom gesamten Sekretariat.

Nachts 1.15 Uhr erhielt ich einen Anruf, daß ich um 7.00 Uhr in der Bezirksleitung zu sein hätte, es sei eine Sekretariatssitzung anberaumt. Als ich hinkam, war Genosse Hackenberg da, die Genossen Wötzel und Pommert. Hackenberg informierte uns, er müsse nach Berlin ins Politbüro, und wir hätten jeder eine Stellungnahme zu unserem Verhalten abzugeben. Ich machte deutlich, daß ich mir über die Tragweite dessen, was ich getan habe, im klaren sei, daß ich nichts zu bedauern hätte und bereit sei, die Konsequenzen zu tragen. Das war auch der Tenor der Stellungnahmen der anderen beiden. Ich hatte die Absicht, an diesem 10. Oktober nach Berlin zu fahren, um dem damaligen Kulturminister Hans-Joachim Hoffmann zum 60. Geburtstag zu gratulieren. Das war nicht möglich, weil Genosse Hak-

kenberg uns bat, in der Bezirksleitung anwesend zu sein, damit er uns
telefonisch erreichen könne.

Neues Forum: Was wissen Sie über den Verlauf dieser Sitzung?

Dr. Kurt Meyer: Wie das während der Sitzung am 10. und 11. Oktober im einzelnen abgelaufen ist, weiß ich nicht. Da müßte man in die
Protokolle Einsicht nehmen können. Es würde mich selbst brennend
interessieren, wer sich in diesem Politbüro an unsere Seite gestellt
hat. Ich kann mir vorstellen, daß Schabowski, Krenz, Lorenz, Eberlein dazu eine integere Haltung hatten. Aber ich weiß auch, daß es bei
Honecker, Mückenberger, Mittag usw. andere Auffassungen gab.
Wir wußten nicht, welche Linie sich durchsetzen würde. Unsere Ämter behielten wir. Vielleicht war der politische Hintergrund schon so,
daß man sich das nicht mehr erlauben konnte.

Helmut Hackenberg kam aus Berlin zurück mit der allgemeinen Aufforderung, die Auseinandersetzung mit uns weiterzuführen, und mit
der Bemerkung, man müsse uns ja nicht gleich den Kopf abreißen.
Aber man hat uns über Wochen vorgeworfen, wir hätten das Sekretariat gespalten, die Sicherheitskräfte verunsichert am 9. Oktober. Ich
habe mich dann darum bemüht, den Dialog mitzubefördern. Masur
und ich hatten uns vorgenommen, am 22. Oktober mit den Gewand-
haus-Gesprächen zu beginnen. Wir luden Vertreter der Stadt, andere
Mitglieder des Sekretariats ein, stießen damit auf Ablehnung. Man
billigte weder unseren Aufruf noch den Dialog. Am 23./24. sagte man
uns: Was habt ihr nun davon? Ihr habt euch da vorn auf die Anklage-
bank gesetzt und euch von den Leuten die Dinge um die Ohren hauen
lassen müssen! Wir sagten: Damit beginnt es, daß wir in der Lage sein
müssen, die Wahrheit auszuhalten.

Neues Forum: Darf ich Sie nach Ihren Plänen fragen?

Dr. Kurt Meyer: Wenn wir endgültig mit der stalinistischen Vergangenheit in unserer Partei Schluß machen wollen, wenn wir beginnen
wollen, einen wirklichen, einen demokratischen Sozialismus aufzubauen, dann brauchen wir neue Strukturen, neue Inhalte, neue Personen. Das ist heute meine Überzeugung. Deshalb werde ich, wenn
die Parteiwahlen stattfinden, nicht wieder kandidieren.

Hier müssen junge, unverbrauchte Leute ran. Es wird viel Arbeit zu
leisten sein, auf allen Gebieten. Dort sehe ich auch die Möglichkeit
der – wie man sagt – Wiedergutmachung. Ich hoffe, daß ich die Möglichkeit bekomme, wieder in meinem alten Beruf arbeiten zu können.
Ich möchte gern wieder Deutsch und Geschichte unterrichten. Eine
Geschichte, die realistisch ist, ohne Schönfärberei oder weiße Flek-
ken. Denn ich bin nicht beteiligt gewesen am 9. Oktober, um zuzulas-
sen, daß die Wahrheit wieder verboten wird.

Das Gespräch führte Grit Hartmann am 15. 12. 1989

Dr. Peter Zimmermann, Theologe

Neues Forum: Friedensgebete in der Nikolaikirche werden bereits seit 1982, seit der Zeit, in der es um die weitere Aufrüstung mit Raketen zuerst in Westeuropa, danach in den Staaten des Warschauer Paktes ging, gehalten. Wo sehen Sie als Theologe die Gründe für die wachsende Anziehungskraft der Friedensgebete in diesem Jahr?

Dr. Peter Zimmermann: Ich denke nicht, daß es sich um eine »Anziehungskraft« handelt. Die Friedensgebete, die von immer neu sich bildenden Gruppen getragen wurden, die waren da. Und als in der DDR die gesellschaftlichen Fragen so brisant wurden, daß man irgendwo darüber reden mußte, war die Montagsversammlung 17.00 Uhr in der Nikolaikirche der einzige Ort, wo Öffentlichkeit dafür war.

So wurden die Startvorstellungen – sich zu beschäftigen mit Fragen des Weltfriedens, des individuellen Beitrags von Christen zur Abrüstung und die beiden anderen Themen, internationale Gerechtigkeit und Ökologie – mehr und mehr zurückgedrängt. Ich denke, nicht die Friedensgebete haben die Menschen in die Kirche gezogen. Jene, die mit der DDR unzufrieden waren – am Anfang vor allem Gruppen, die Veränderung hier wollten – sind eingewandert, weil montags dieser Treffpunkt war von Leuten, die sehr frei, sehr unabhängig versucht haben, politische Fragen neu zu bedenken. Mit der von der DDR-Regierung in Bewegung gesetzten Ausreisewelle hat sich dann dieses Montagsgebet angeboten für diejenigen, die raus wollten. Das waren nicht die Leute, die politisch verfolgt waren oder rausgedrängt wurden, sondern solche, die einfach weg wollten. Vom Frühjahr diesen Jahres bis zum 4. September ist das Friedensgebet eine Ausreiseversammlung gewesen.

Neues Forum: Es gab dann unterschiedliche Reaktionen innerhalb der Kirche, es hieß auch: »Die Kirche ist für alle da, aber nicht für alles...«

Dr. Peter Zimmermann: Erst als wir gemerkt haben, mit denen kann man fast nicht mehr reden, sie wollen raus, und weil sie sich woanders nicht versammeln können, um ihren Wunsch kollektiv zum Aus-

druck zu bringen, kommen sie in die Kirche – erst dann sind solche
Faustregeln zu hören gewesen. Das geht natürlich nicht. Man kann
nicht sagen: Kommt rein, aber was ihr denkt, und was ihr sagen wollt,
das habt ihr vor der Kirche abzuliefern. Als viele einsahen, daß mit
dieser Regel, die Kirche sei nicht für alles da, kein vernünftiges Gespräch zu führen ist und die Überwältigung der Friedensgebete durch
dieses Ausreise-Thema erkennbar wurde, kam die nächste Formulie-
rung: Wir bitten alle, bleibt im Lande. Wir wollen das Land so verändern, daß es keinen Grund mehr gibt, wegzugehen.
Auf dieses Gesprächsangebot konnte die Mehrheit schon nicht mehr
eingehen. Nach der Bundessynode im vergangenen Herbst hab' ich
selbst versucht, zu erklären, warum für Christen in diesem Land das
Weggehen keine Möglichkeit ist: »Die Aussage, hier ändert sich
nichts, ist ein unchristlicher Satz.« Das sagte ich so gegen 800 bis
1000 schweigende Menschen. Man hatte auf Durchgang geschaltet.
Neues Forum: Wie erklären Sie sich die Wandlung der Sprechchöre
vom »Wir wollen raus!« zum »Wir bleiben hier!«?
Dr. Peter Zimmermann: Da muß man zwei Dinge sehen. Wir haben
in den DDR-Kirchen einen konziliaren Prozeß geführt, der im Fe-
bruar 1989 zu ersten schriftlich festgehaltenen Ergebnissen geführt
hat. Im grundlegenden Dokument gibt es diesen Satz: »Wir wollen
eine Suchbewegung nach einer Neugestaltung des Sozialismus unter
den Bedingungen der DDR beginnen.« So etwas braucht Zeit, ehe es
umgesetzt wird. Ich denke, daß die Sommerpause mit den entsetzli-
chen optischen und akustischen Erfahrungen der Massenflucht über
Ungarn viele zum Nachdenken gebracht hat, die sich dann sagten:
Hier kann man nicht mit Katastrophenseelsorge agieren, sondern
hier muß man zu Inhalten zurückkommen. Diese Schockerfahrung
hat viele Menschen zur Sache zurückgebracht. Da waren der Wille
und die Absicht, sich politisch zu artikulieren.
Am 4. September hat es eine kleine Gruppe von jungen Leuten gegeben, die am Rand stand und versucht hat, zu rufen: »Wir bleiben
hier!« gegen das »Wir wollen raus!«. Viele noch unbeteiligte Zu-
schauer und jene, die in der Demonstration waren und auch nicht
raus wollten, hörten das. Es war ein Signal. Am Montag darauf über-
tönte der Ruf »Wir bleiben hier!« alles andere. Er kam zusammen mit
einem sehr üblen Polizeieinsatz. Das Angebot »Wir bleiben hier!«
und die Reaktion von seiten der Staatsmacht haben unsere Spannungen ganz besonders deutlich gemacht. »Wir bleiben hier!« – gegen
die Massenfluchten und die Ignoranz der Führung gerichtet – wurde
als Drohung empfunden. »Wir bleiben hier!« – das hieß, wir wollen
Veränderungen, damit niemand mehr weggeht. Daß die, die das gerufen haben, verprügelt wurden und zugeführt wie die, die raus wollten, war eine fürchterliche Erfahrung. Die politisch Verantwortlichen

zeigten damit, daß man mit Leuten, die die DDR verlassen möchten, viel besser zurechtkommt als mit denen, die sich hier für Veränderungen engagieren wollen.

Damit war das Programm klar. Wer einmal gerufen hatte »Wir bleiben hier!«, der hatte sich verpflichtet und konnte nicht mehr zurück. Nach diesem 11. September hätte als politische Antwort kommen sollen, was wir jetzt, ein Vierteljahr danach, haben. Da man aber mit militärischen Mitteln reagierte, eskalierten die Spannungen. Und so war es nur folgerichtig – man kann es in der Polizeiberichterstattung der LVZ und der anderen Tageszeitungen nachlesen –, daß die Demonstranten als Rowdies, antisozialistische Elemente bezeichnet wurden und es zum Schluß hieß, man würde Waffen einsetzen.

Neues Forum: Inwieweit war diese Bewegung von Inhalten, die die Kirche vermittelte, beeinflußt?

Dr. Peter Zimmermann: Die Veränderung im Montagsgebet war für mich nicht so nachdrücklich erlebbar wie der Umschwung der Meinungen auf der Straße. Um die Kirche versammelten sich sehr viel mehr Menschen als in der Kirche. Das hat, denke ich, auch die Probleme, die wir heute haben, gebracht. Die Kirche konnte nur einen kleinen Teil der Menschen verpflichtend ansprechen. Was an inhaltlichen Positionen angeboten wurde, erreichte die meisten nicht. Da man sich nach dem Gebet gemeinsam der Schutzpolizei zu erwehren hatte, ist man nicht zu dem gekommen, was meine Hoffnung war – sich während des Spaziergangs für Erneuerung über das zu unterhalten, was denn nun eigentlich das politische Programm sei.

Die Menschen haben dann versucht, diese Losung »Wir bleiben hier!« politisch zu qualifizieren. Da bot sich eine Übersetzung in die Forderung »Neues Forum zulassen!« an. Das stand für die Forderung nach einer anderen Politik.

Neues Forum: War Ihnen die Reaktion der SED-Führung des Bezirkes auf die Friedensgebete und ihr Umfeld bekannt?

Dr. Peter Zimmermann: Ja, denn Gespräche um politische Fragen, punktuelle Zusammenarbeit mit Dr. Roland Wötzel und Jochen Pommert hat es über Jahre hinweg gegeben. Ich arbeite an der Uni, Wötzel war in der Bezirksleitung verantwortlich für Wissenschaft. Ich war in der CDU engagiert, in der Nationalen Front. Über Arbeitsgremien, auch über die Christliche Friedenskonferenz, bin ich mit den politisch Verantwortlichen – das waren ja nur SED-Funktionäre – über unsere Probleme ins Gespräch gekommen. Es stand immer wieder nur die Forderung: Schafft die Friedensgebete ab, dann gehen auch die Menschen weg! Ich hab' versucht zu vermitteln, daß die Bewegung um die Nikolaikirche nur Symptom für eine Krankheit war, und daß, wenn man das Stück abschneidet, nicht die Krankheit verschwindet.

Am 7. Oktober gab ich dann eine Auszeichnung zurück – mit Brief an Honecker und Durchschlag an die LVZ, ich war also auffällig geworden. In der Hochdrucksituation dieser Tage führte dies dazu, daß ich am späten Mittag des 9. Oktober einen Anruf von Dr. Wötzel bekam. Er wollte sich mit mir treffen in der Innenstadt. Dann gab es einen zweiten Anruf, ob ich bereit wäre, ihn zu einer anderen Zeit an einem anderen Ort zu treffen. Und schließlich kam der dritte und letzte Anruf, ob ich bereit wäre, zu einer anderen Zeit an einem anderen Ort mit anderen mich zu treffen. Das war kurz vor 15.00 Uhr die Bitte, ich möge mit zu Masur kommen. Zwischen 15.30 und 16.30 Uhr entstand unser Aufruf.

Dann fuhren wir in die Stadt. Kurz vor 17.00 Uhr bin ich aus dem Gewandhaus losgelaufen, um die vier Kopien in die Kirchen, in denen die Friedensgebete stattfanden, zu bringen. Ein Mitglied des Neuen Forum hat mir den Aufruf an der Nikolaikirche abgenommen und ihn in die Michaeliskirche am Nordplatz gebracht.

<u>Neues Forum:</u> Wie waren die Reaktionen in den Kirchen?

<u>Dr. Peter Zimmermann:</u> Von der Nikolaikirche kann ich wenig sagen. Ich hab drei vorn sitzenden Pastoren gesagt, das sei eine politische Erklärung, die – so war das Versprechen der drei Sekretäre – abgedeckt wird durch entsprechendes Verhalten der Einsatzkräfte. Sie müsse am Ende des Gebets mit allem Nachdruck verlesen werden. Die drei haben mich ungläubig angeschaut. Aber der Text wurde verlesen.

In der Thomaskirche kam mir Superintendent Richter entgegen. Seine Reaktion: »Wenn Sie's nicht gebracht hätten und Wötzels Namen nicht draufstünde, würde ich denken, das ist ein ganz übler Witz.« Eine verständliche Antwort in dieser angespannten Situation.

In der Reformierten Kirche traf ich einige meiner Studenten. Sie hatten bereits am Vormittag ein Friedensgebet gehalten. Ich gab ihnen den Text, daraufhin zeigten sie mir eine Selbstverpflichtung aller kirchlichen Gruppen, zur Gewaltlosigkeit beizutragen.

Die Pfarrer nahmen den Aufruf ernst. Und es gab ein weiteres Angebot vom Sächsischen Landesbischof Hempel, der innerkirchlich zur Gewaltlosigkeit verpflichtet hat.

Dann lief ich zum Nordplatz. Als ich auf die Kirche zukam, hörte ich einen riesigen Beifall. Er galt unserem Aufruf.

Dann bin ich wieder in die Stadt, sah, wie der Demonstrationszug begann, sah, wie Polizei zum erstenmal nur den Verkehr regelte, wie am Schwanenteich Leute mit Kampfgruppen-Angehörigen redeten. Ich sah, wie einige ihre Helme absetzten, die Schilde weglegten, die Knüppel darauf und heraustraten, sich zum Gespräch anboten. Das war die erste großartige Erfahrung.

Ich lief weiter durch die Stadt. Als der Demonstrationszug vor dem Stasi-Gebäude stehenblieb, ergriff mich Panik. Denn ich kam von hinten, bekam mit, unter welch unwahrscheinlichem Druck auch diese Seite steht. Hier kamen all die Pfiffe und Rufe an. Mir war klar, wie gefährlich eine solche Situation ist.

Etwa 19.45 Uhr trafen wir sechs uns noch einmal im Gewandhaus. Wir bestätigten uns, den Montag gewonnen zu haben. Daß Masur noch ein Konzert hatte, erfuhr ich erst zu diesem Zeitpunkt.

Neues Forum: Nach wie vor ist unklar, ob es einen Schießbefehl von zentraler Ebene gab. Welche Chance hätte der Aufruf gehabt, das zu verhindern?

Dr. Peter Zimmermann: Ich denke, daß der Aufruf zünden konnte, lag wesentlich an der moralischen Autorität von Masur. Wer aufmerksam zuhörte, hat vielleicht registriert, da sind noch drei SED-Funktionäre, einer, der für Intellektuelle steht, der Lange, und da ist noch einer, der steht für Kirche. Diese Kombination im Angebot machte es akzeptabel – für die Demonstranten, für die Einsatzkräfte. Wenn eine der Seiten in dieser Sicherheitspartnerschaft, die so geschlossen wurde, es nicht akzeptiert hätte, dann wäre es schiefgegangen. Aber es muß aufgeklärt werden, welcher Befehl von wo kam. Obwohl: Die Aussagen, die wir von Bereitschaftspolizisten aus Leipzig haben, belegen, daß es eines Schießbefehls nicht bedurft hätte. Eine politische, psychische Konditionierung, die die Konterrevolution erwartet und den Waffeneinsatz nicht ausdrücklich ausschließt – die läßt es jedem frei. Nach dem Motto: Erlaubt ist, was nicht verboten ist. Ich selbst erlebte am 7. Oktober, wie ein Bereitschaftspolizist auf die Frage, wann er denn seinem Hund den Maulkorb abnehmen würde, antwortete: »Na, wenn's enge wird.« Da können wir nur von Glück reden, daß es offensichtlich in Leipzig Polizisten gab, die anders agierten als jene am Vortag in Dresden und Berlin.

Neues Forum: Ich denke, das hängt auch mit der über Wochen gehenden, für Polizisten ebenfalls nachzuvollziehenden Entwicklung zusammen – vom »Wir wollen raus!« zum »Wir bleiben hier!«...

Dr. Peter Zimmermann: Das ist das eine. Das andere ist, man hatte von beginnender Verständigung in Dresden gehört. Und das dritte war die nochmals neue Qualität mit der Losung, die ich am 9. Oktober zum erstenmal hörte: »Wir sind das Volk!«. Das war eine andere Ansprache, das Angebot für die, die in Uniform gegenüberstanden. »Wir sind das Volk!« hieß gleichzeitig »Reiht euch ein!«.

Von diesen Angeboten der Oktoberdemonstration ist heute so gut wie nichts mehr zu hören. Das macht mich betroffen. Ich hätte nicht gedacht, daß Zehntausende, die so schnell zum politischen Bewußtsein ihrer eigenen Möglichkeiten gelangt sind, es so schnell wieder abschalten. »Wir sind das Volk!« wird jenen entgegengesetzt, die für einen eigenen Weg dieses Landes sind und nicht für bedingungslosen Anschluß.

Da sind wir sechs, glaube ich, im Wort. Wir haben, und zwar nicht als Propagandatrick, sondern aus ehrlicher Überzeugung, gesagt: Wir wollen über die sozialistische Erneuerung in diesem Land reden.

<u>Neues Forum:</u> Was wäre der insbesondere von Christen in diesen Prozeß einzubringende Beitrag?

<u>Dr. Peter Zimmermann:</u> Da sind drei Punkte ganz wichtig. Das ist einmal diese Einsicht, die gerade Christen in Deutschland in diesem Jahrhundert in einem schmerzhaften Prozeß haben lernen müssen: Daß man aus der Geschichte nicht herauskann. Damit ist eine Richtung angegeben, wie Politik in beiden deutschen Staaten, in Europa sich vollziehen sollte. Das zweite Kriterium: Gesellschaftliche, politische Entwicklungen sind zu messen daran, wieviel Menschlichkeit sie zuwege bringen. Dieser Begriff ist allerdings mit neuer Wirklichkeit zu füllen. Ich verstehe viele, die erklären, sie seien immer nur betrogen worden, und die jetzt endlich ihr Leistungsvermögen ausschöpfen und dafür einen Porsche fahren wollen. Nur, wenn ich das unter dem genannten Gesichtspunkt überdenke, dann weiß ich, daß dieses »Ich leiste was, ich leiste mir was« – unglücklicherweise eine Losung bei uns – auf Kosten der Mitmenschlichkeit gegen andere geht.

Der dritte Punkt: Mitmenschlichkeit muß weltweit bedacht werden. Über den internationalen Verbund der Christen kann das eingebracht werden. Ich hoffe, daß Christen alles, was sich jetzt abspielt, unter diesen drei Gesichtspunkten befragen werden. Ich glaube, gegenwärtig diskutieren wir zu sehr um Personen und Institutionen. Das ist zu verstehen aus den Erfahrungen der Menschen hier. Aber es birgt die Gefahr, sich damit zufriedenzugeben. Die erste Frage ist doch: Wie Demokratie jetzt, in den nächsten Monaten, in den nächsten zwei Jahren?

Das Gespräch führte Grit Hartmann am 14. 12. 1989

17. November: Internationale Pressekonferenz im Gewandhaus. ▷
Die »Leipziger Sechs«, Dr. Kurt Meyer, Dr. Peter Zimmermann,
Prof. Kurt Masur, Dr. Roland Wötzel, Jochen Pommert
und Bernd-Lutz Lange (von rechts), stellen die
»Leipziger Postulate« vor.

Der Leipziger Herbst war »draußen«

Katrin Hattenhauer ist 21 Jahre alt, Theologie-Studentin. Während der Demonstration am Montag, dem 11. September, wurde sie »zugeführt«. Sie verbrachte fünf Wochen in Untersuchungshaft.

Neues Forum: Die »Zuführung« am 11. September war für dich nicht die erste. Würdest du beschreiben, wie du lebst, was dich bewegt hat im letzten Jahr, warum du mehrmals »zugeführt« wurdest?

Katrin Hattenhauer: Ich bin zur Zeit im Freijahr, das heißt, ich hab' mein Studium unterbrochen, nehme als Gasthörer an Vorlesungen des theologischen Seminars teil. Ich male und mache Straßenmusik. Im Winter bin ich mit meinen Flöten unterwegs, im Sommer will ich wieder mit der Gitarre losziehen. Daß ich im Moment so lebe, hat viel mit Spaß zu tun – ein Lebensgefühl. Du stehst in der Passage, machst Musik, und es kommt etwas zurück von den Leuten.

Die Entwicklung in Leipzig hab' ich seit über einem Jahr mitbekommen. Es lief aber bis zu diesem Herbst immer darauf hinaus, daß sich ein paar Freaks fanden, die zusammen etwas unternommen und sich auch irgendwo aneinander festgehalten haben. Über ein Jahr lang haben wir in dieser Stadt einfach 'ne Menge Spaß gemacht, und wenn ich mir überlege, weshalb wir »zugeführt« wurden, Geldstrafen bekamen, weshalb ich dann in den Knast gekommen bin – dann war das letzten Endes nichts weiter als Spaß. Diese Freude hat sich auf die Straße und auf die Leute hier übertragen lassen. Das ist ein Lebensgefühl, das so ein Staat wie dieser nicht dulden konnte.

Neues Forum: Wann wurdest du zum erstenmal »zugeführt«?

Katrin Hattenhauer: Das liegt nun schon über ein Jahr zurück. Der Grund war eine Plakataktion gegen die Einschränkung der Kirchenpresse. Es lief meistens so ab: Morgens klopft es, und du weißt, du hast den ganzen Tag mit unfreundlichen Menschen zu tun. Mehrere Leute stehen da und bitten dich, irgendwohin mitzukommen. Dann folgen endlose Gespräche, eine Litanei von Fragen. Irgendwann, nach Stunden, darf man wieder gehen.

Dann haben wir zur 88er Dokumentarfilmwoche vor dem »Capitol«
Luftballons steigen lassen, auf denen die verbotenen sowjetischen
Filme standen. Ein anderer Grund war, daß wir anläßlich des Luxem-
burg/Liebknecht-Gedenktages zu einer Demonstration für Men-
schenrechte aufgerufen haben. Das war im Januar. Dann gab es die
»Zuführungen« während des Straßenmusikfestivals im Juni. Wer
Musik machte, also die Leute auf der Straße erreichte, Lebensfreude
rüberbrachte – vor dem hatte man Angst. Zu bestimmten Anlässen –
Wahltag, 13. August – hatten wir Hausarrest.
Die eine Seite war die, daß wir immer wieder Lebensfreude in uns
hatten, uns das Recht nahmen, so zu leben, wie wir es uns vorstellen.
Aber auf der anderen Seite wuchs natürlich die Angst. Überstehen
konnten wir das nur, weil wir zusammengewohnt haben, uns aneinander festhalten konnten und weil wir einen großen Freundeskreis im
In- und Ausland hatten, der uns immer wieder geholfen hat.
Neues Forum: Was passierte am 11. September?
Katrin Hattenhauer: Am Montag zuvor hatte ich mit einer anderen
Frau ein Plakat gehalten: »Für ein offenes Land mit freien Menschen.« Das war wohl der unmittelbare Anlaß, weshalb ich am 11.
»zugeführt« wurde. Am 11. September war eigentlich nach dem Friedensgebet die Luft raus. Ich wollte nach Hause gehen. Doch man pro-
vozierte die Demonstration, indem man für weit über 1000 Menschen, die aus der Kirche kamen, nur einen schmalen Weg ließ. Alles
andere war abgesperrt. Es war nicht mehr möglich, zur Seite auszu-
weichen – gegen Leute, die das versucht haben, wurde Gewalt ange-
wendet. An einer Seite wurden Hunde eingesetzt, man hörte Schrek-
kensrufe. Und dann brach natürlich eine Panik aus. Und du wirst wütend, glaubst, du mußt denen etwas entgegensetzen, und du gehst
halt nicht so schnell, wie du gehen sollst. Die Demonstration war
dann ein einziger großer Viehtrieb. Die Leute wurden hin und her getrieben. Wenn du stehengeblieben bist, wurdest du geschnappt. Ich
merkte nur, wie neben mir zwei Leute weggezerrt wurden. Dann
wickelte sich so ein Mensch meine Haare dreimal ums Handgelenk,
und ich fand mich auf dem Lastwagen wieder. So schnell kann man
gar nicht gucken.
Der Zivile, der mich ablieferte, konnte sich auf einen kleinen Zettel
einen Strich machen für mich. Vier oder fünf hatte er schon. Ich weiß
nicht, ob das für diese Leute ein Spielchen war oder eine Wette, oder
ob die dafür eine Prämie bekommen haben.
Neues Forum: Wieviel Leute waren auf dem Wagen? Wo wurdet ihr
hingebracht?
Katrin Hattenhauer: Auf dem Wagen waren acht oder neun Leute.
Man fuhr uns in die Dimitroffstraße. Dort waren wir etwa 50 in einem
großen Raum. Wir wurden einzeln zu Vernehmungen abgeführt. Ei-

ner wurde etwa acht Stunden vernommen, bei anderen war es nach einer Stunde erledigt.

Neues Forum: Wie lief es bei dir? Was fragte man dich?

Katrin Hattenhauer: Ich hab' einfach nur dagesessen und geschwiegen. Ich glaube, das ist das beste, was man machen kann, wenn man mit Leuten zu tun hat, die einem nichts Gutes wollen. In diesem Hause ist das der beste Schutz. Der Vernehmer stellte Rechtfertigungsfragen, also, er fragte, um die »Zuführung« zu rechtfertigen. Es wurde wie eine Straftat abgehandelt: Wann waren Sie an der Kirche? Zu welcher Uhrzeit haben Sie die Kirche verlassen? Was wollten Sie dort?

Neues Forum: Hat dein Vernehmer sich vorgestellt?

Katrin Hattenhauer: Dazu ist er nicht verpflichtet. Er sagte »Ministerium für Staatssicherheit«. Mehr braucht er nicht zu sagen.
Da ich schwieg, wurde bei jeder Frage ein Strich gemacht. Dann saßen wir uns etwa zwei Stunden gegenüber. Er las und ich auch – »Alexis Sorbas«. Ich hatte den Eindruck, er hatte selbst keine große Lust. Er fragte mich dann irgendwann über seine Geige aus. Er sagte, er hätte ein Schildchen unten an der Geige, auf dem stünde »Stradivari«. Worauf ich ihm erklärte, wenn es wirklich eine »Stradivari« sei, bräuchte er nicht mehr zu arbeiten. Worauf er sich gefreut hat …

Neues Forum: Was geschah nach den Vernehmungen?

Katrin Hattenhauer: Nachts wurden wir in eine Turnhalle nach Paunsdorf gefahren. Dort verbrachten wir auf Matten, in großer Kälte, die Nacht – die Frauen im Geräteraum, die Männer in der Halle. In der Frühe rief man dann die ersten auf – wir dachten, wir kommen jetzt alle raus. Die meisten bekamen dann auch Geldstrafen zwischen 1000 und 5000 Mark. Von 104 »Zugeführten« war etwa ein Dutzend übrig. Gegen Mittag fuhr man uns in die Dimitroffstraße in die U-Haft und sperrte uns in Zellen. Ich hab' gedacht: Das ist Schocktherapie, in 24 Stunden bist du wieder draußen. Aber es wurde 18.00 Uhr, es wurde 20.00 Uhr. Ich verlangte dann, entlassen zu werden oder den Haftbefehl zu sehen. Worauf man mir den Haftbefehl zeigte. Wegen »Zusammenrottung« sei ich vorläufig festgenommen, ein Ermittlungsverfahren laufe gegen mich und man erkunde, ob ich eine Haftstrafe bekommen würde – das stand drin.
Weil ich von Anfang an die Aussage verweigert hab' und nichts unterschrieben hatte, mußte ich dann leider in die Isolation. Das gibt es ja bei uns angeblich nicht. Isolation heißt Einzelhaft, dir wird die Post verweigert, du bekommst keinen »Freihof«. »Freihof« – das ist so eine gekachelte Zelle, wo man durch den Stacheldraht ein Stückchen Himmel sehen kann.

Neues Forum: Was hast du dabei empfunden?

Katrin Hattenhauer: Ich hab' die konkrete Hoffnung gehabt, es kann nicht lange dauern. So etwas könne eigentlich nicht lange dauern. Das können sie nicht machen; für das, was du getan hast, können sie dich nicht einsperren. Aber so eine konkrete Hoffnung, die macht einen kaputt, die muß man ablegen. Dort hab' ich verstanden, daß es konkrete Hoffnungen gibt, die einen zerstören können.

Neues Forum: Woran hast du dich später festgehalten?

Katrin Hattenhauer: An einer anderen Art von Hoffnung. Ich hab' gehofft, daß es irgendwann einmal vorbei ist. Es ist so: Man kommt an einen Punkt, wo man das Gefängnisleben lebt. Das ist der Punkt, an dem man keine Angst mehr hat oder, besser, mit ihr fertig zu werden lernt. Wovor sollte man auch Angst haben? Wenn man diese Station erreicht hat. Man kann dann das Gefängnisleben leben und doch das System im Knast nicht akzeptieren.

Ich wußte nach ungefähr zwei Wochen, ich würde damit klarkommen – egal, wie lange es dauert. Wenn man sich bestimmten Dingen nicht anpaßt – das Gesicht nicht zur Wand dreht, auf dem Bett sitzenbleibt beim Schließgeräusch –, dann geht es einem mit sich selbst ganz gut. Du darfst nicht pfeifen, nicht singen und nicht lachen. Das steht sogar in der Hausordnung, und das war bezeichnend für diesen Staat. Aber: Wenn dir nach Pfeifen ist, solltest du halt pfeifen. Klar, geht da das Guckloch auf, aber dann geht es eben auf.

Am Anfang gab es für solche Verweigerungen auch Arrest, aber irgendwann akzeptieren die dich. Notgedrungen, denn Dauerarrest ist nicht gängig.

Neues Forum: Was bedeutet Arrest?

Katrin Hattenhauer: Das ist so eine ganz winzige Zelle, in der man sich nicht hinsetzen kann. Die wird dann zugeschlossen, und wenn nach Stunden die Tür aufgeht, fällst du fast hinterher.

Neues Forum: Ist gegen dich ein Verfahren eröffnet worden?

Katrin Hattenhauer: Nein. Man kann bis zu drei Monaten in U-Haft sitzen. Wenn es der Staatsanwalt beantragt, wird es um nochmals drei Monate verlängert. Sicher wäre das genehmigt worden. Da ich die Aussage verweigert hatte, bekam ich keinen Strafbefehl, im Gegensatz zu anderen, die nach ein, zwei Wochen einen hatten. Man hielt mir dann all die Sachen vor, die ich in über einem Jahr mit ein paar Leuten zusammen unternommen hatte. Man sagte: »Da ihr doch sonst immer so viel von Würde redet, wäre es nicht würdevoller, wenn Sie Ihre Unterschrift jetzt geben, um mit Würde ausgewiesen zu werden?«

Neues Forum: Man wollte dich ausweisen?

Katrin Hattenhauer: Ja, darum ging es letztendlich. Man sagte, es wäre würdevoller, selbst gleich zu unterschreiben, bevor es jemand anderes tut.

Neues Forum: Wie lange warst du in Einzelhaft?

Katrin Hattenhauer: Die Einzelhaft wurde nach fast zwei Wochen aufgehoben. Ich war dann für eine Woche mit einer Frau in der Zelle, die hatte die Sonne im Gesicht, Ilona. Wir haben uns die Zeit so leicht machen können, daß wir innerlich den Knast verlassen haben. Sie hat sich dann meiner Aussageverweigerung angeschlossen, und deshalb kam ich wieder in Einzelhaft. Auch wenn die Wachen dort gefühlsmäßig nichts mitbekommen, aber sie bemerken durchaus, wenn es zwei Menschen gutgeht. Auch wenn sie es nicht verstehen können, so empfinden sie das doch als Gefahr.

Dann war ich wieder allein, für zwei Tage bekam ich eine Frau im Übergang – sie war wegen Fluchtversuchs für ein Jahr und acht Monate verurteilt worden.

Neues Forum: Hast du von dem, was sich »draußen« abspielte, gewußt?

Katrin Hattenhauer: Unser Rechtsanwalt, Wolfgang Schnur, erzählte uns, was läuft. Er konnte aber nur einmal zu uns. Er hatte Straffreiheit gefordert, diesen Prozeß für unrechtmäßig erklärt.

Nach zwei/drei Wochen sagte man uns, Herr Schnur sei schwer erkrankt, und wir müßten uns einen anderen Anwalt nehmen. Man zeigte jedem einzelnen einen Brief mit Kopf der Anwaltskanzlei Schnur.

Man schob uns einen Anwalt unter. Dieser Mann namens Winkler machte sich zum Werkzeug der Staatsanwaltschaft – er war ein Anwalt, der Ausreisen behandelte. Uns wurde es so dargestellt, als ob Schnur mit diesem Mann unsere Verteidigung abgesprochen hätte und daß dieser Mensch eine Hilfeleistung für uns sei.

In Wahrheit war Wolfgang Schnur nur für zwei Tage krank und hatte nie vermelden lassen, daß er seine Mandanten abgeben wolle. Er hatte nie mit Rechtsanwalt Winkler gesprochen.

Neues Forum: Gab es andere Wege, von »draußen« zu hören?

Katrin Hattenhauer: Ja, durch die interne Nachrichtenübermittlung, das Klopfalphabet. Wenn ein Inhaftierter Kontakt zur Außenwelt hatte – durch Anwalt oder durch Besuch, der einmal monatlich gestattet war. Es ist faszinierend, wie dort in der Unterdrückung ein System funktioniert gegen ein anderes System. Dort begreift man, daß kein System so gut ist, daß man es nicht durch ein anderes ersetzen kann. Es gehen da Sprüche um – zum Beispiel »Jeder Zustand verliert seinen Schrecken mit der Dauer«. Das begreifen die Leute dort auch zusammen. So hab' ich von den vielen Flüchtlingen erfahren. Und es kamen immer nur zwei Wörter durch, von denen wir uns einiges erhofft hatten: Blumen und Kerzen vor der Nikolaikirche.

Erst später bekamen wir mit, daß die Demonstranten dort unsere Entlassung forderten.

Neues Forum: Ab wann hast du gehofft, entlassen zu werden?

Katrin Hattenhauer: Ich hab' das eigentlich bis zum letzten Moment nicht geglaubt. Am 9. Oktober drangen zum erstenmal die Schallwellen von der Demonstration zu uns. Es gab dann eine regelrechte »Knastrevolte«. Überall klopfte man, sprang auf den Betten herum. Und natürlich hingen alle mit Zahnputzbechern an der Wand, um irgend etwas zu verstehen. Man trommelte an die Wände, es wurde gelacht. Und es war das erste Mal, daß die Wärter die Luken nicht öffneten.

Da haben wir gehofft: Es geht auf keinen Fall so weiter. Aber ich hatte für mich selbst die Angst, daß man – je rasanter es »draußen« geht – um so schneller gegen uns arbeitet. Noch an dem Morgen, als wir dann plötzlich unsere Sachen packen mußten, dachte ich, man wolle uns über die Grenze abschieben. Das war am Freitag, dem 13. Oktober.

Neues Forum: Was sagte man dir bei der Entlassung?

Katrin Hattenhauer: Nichts. Nur, daß das Ermittlungsverfahren eingestellt sei. Nichts weiter.

Neues Forum: Wie hast du dich gefühlt?

Katrin Hattenhauer: Ich konnte es echt nicht fassen, als das große Tor aufging. Du stehst dann plötzlich auf der Straße, auf der du gar nicht mehr zu stehen gehofft hast. Wir haben gestanden und gewartet, wer noch rauskommt. Es wurden immer mehr. Freunde kamen, mit denen wir zur Nikolaikirche gingen, wo wir die ganzen Blumen für uns gesehen haben. Das war schon irgendwie ergreifend – eine Zeit zu sehen, die man nicht erlebt hat. Oder die man ganz anders erlebt hat.

Neues Forum: Wie denkst du jetzt über diese Zeit? Möchtest du, daß die Verantwortlichen bestraft werden?

Katrin Hattenhauer: Das Schlimmste, was einem dort passiert, ist, daß sich der Haß der Wärter auf dich überträgt. Ich hab' dort begriffen: Gefängnis ist niemals gut, weil es niemanden besser macht. Es macht auch die Situation nicht besser. Deshalb möchte ich nicht, daß Leute ins Gefängnis gehen.

Sie könnten sich nützlich machen, indem sie zum Beispiel Kinderspielzeug bauen – hoffentlich nicht so phantasielos, wie sie ihre Politik gemacht haben.

Ein System, das so gut funktionierte und es geschafft hat, die Leute nicht nur vom Ausland, sondern auch im Land voneinander zu trennen – das ist doch von der Mehrheit getragen worden. Das sollten die Leute kapieren, die heute »Rache« wollen. Es waren nicht 15 Leute, sondern 15 Millionen, die Angst gehabt haben, die sich auch haben betrügen lassen.

Mit Katrin Hattenhauer sprach Grit Hartmann
am 5. Januar 1990

Chronik eines Aufbruchs

Der Protest verschafft sich landesweit Gehör

10. September
- Aufruf des Neuen Forum

19. September
- In 11 der 14 DDR-Bezirke wird die Tätigkeit des NF angemeldet.

21. September
- Der Minister des Inneren teilt über ADN mit, das NF sei verfassungs- und staatsfeindlich. Den Aufruf haben unterdessen 3000 Menschen unterschrieben.

25. September
- Im Ministerium des Inneren wird B. Bohley und J. Seidel mitgeteilt, daß »der Antrag auf Zulassung der Vereinigung abgelehnt wird«. Begründung: Es bestehe keine gesellschaftliche Notwendigkeit für eine derartige Vereinigung.
- Leipzig: Zwischen 6000 und 8000 Menschen demonstrieren erstmals über einen Teil des Rings der Messestadt.

30. September
- Demo auf dem Arnstädter Marktplatz mit 800 Teilnehmern.

2. Oktober
- Leipzig: über 10000 Demonstranten auf dem Ring.

3. Oktober
- Rechtsanwalt Dr. Gysi verfaßt im Auftrag von B. Bohley und J. Seidel eine Eingabe gegen die Hauptabteilung Innere Angelegenheiten beim Ministerium des Inneren.
- Dresden: Nach Schließung der ČSSR-Grenze versammeln sich mehrere tausend Menschen auf dem Hauptbahnhof.

Aus demselben Grund kommt es in mehreren Städten (Ruhla, Seebach, Eisenach…) zu Arbeitsniederlegungen.

4. Oktober

- Dresden: Um den Hauptbahnhof sind abends ca. 10 000 Menschen versammelt (Reisende, Ausreisewillige, Schaulustige). Von Sicherheitskräften werden Schlagstöcke und Wasserwerfer eingesetzt. Ca. 200 Personen werfen Pflastersteine auf Bahnhofsgebäude, Bahnhofsvorplatz und Polizisten.
Polizeifahrzeuge werden beschädigt, Polizisten werfen Steine zurück, Tränengas wird eingesetzt.

5. Oktober

- Dresden: erneute gewalttätige Auseinandersetzungen zwischen Demonstranten und Sicherheitskräften.
- Magdeburg: Demonstration mit 800 Teilnehmern, 250 Zuführungen.

7. Oktober

- Dresden: ca. 30 000 Demonstranten werden durch brutale Vorgehensweise der Sicherheitskräfte auseinandergetrieben.
- Magdeburg: Demonstration mit 500 Teilnehmern, ca. 80 Zuführungen.
- Leipzig: 10 000 Demonstranten, gewaltsame Auflösung.
- Plauen: 10 000 Demonstranten, gewaltsame Auflösung.
- Karl-Marx-Stadt: 1000 Demonstranten, gewaltsame Auflösung.
- Potsdam: Demonstrationen mit ca. 3000 Teilnehmern.
- Lindow (Bez. Potsdam): mehrere hundert Demonstranten, gewaltsame Auflösung.
- Arnstadt: 600 Demonstranten, gewaltsame Auflösung.
- Berlin: Tausende Demonstranten, gewaltsame Auflösung.
- Schwante: Gründung der Sozialdemokratischen Partei (SDP).

8. Oktober

- Dresden: Demonstration mit Sitzstreik (ca. 5000 Teilnehmer) wurde nach Gesprächszusage vom Rat der Stadt friedlich abgebrochen.
- Leipzig, Michaeliskirche: erste öffentliche Veranstaltung des Neuen Forum.
- Berlin: Tausende Demonstranten, gewaltsame Auflösung.

9. Oktober

- Dresden: erstes Gespräch zwischen 20 Vertretern der Demonstranten und staatlichen Vertretern.

- Halle: Schweigesitzen mit 2000 Teilnehmern, gewaltsame Auflösung.
- Leipzig: Demonstration von fast 100 000 Menschen, Gesprächsangebot der »Sechs von Leipzig« wird in Kirchen und über den Stadtfunk verlesen.
- Magdeburg: Demo mehrerer tausend Menschen.

10. Oktober
- Ilmenau: Demo in der Innenstadt, Zuführungen.
- Nordhausen: zum wiederholten Male Demo.

16. Oktober
- Leipzig: ca. 120 000 Demonstranten.
- Demos auch in Dresden, Halle, Magdeburg, Potsdam.

18. Oktober
- Greifswald: Demo mit 1000 Teilnehmern.
- Neubrandenburg: Demo mit 10 000 Teilnehmern.
- Frankfurt/Oder: Versammlung des NF, Podiumsgespräch mit Vertretern der SED, LDPD, CDU und NF.
- Suhl: Versammlung des NF mit 1300 Teilnehmern.

19. Oktober
- Zeulenroda: Demo mit 3000 Teilnehmern.
- Erfurt: Schweigemarsch mit 300 Teilnehmern.
- Rostock: Demo mit 10 000 Teilnehmern.
- Halle: In der Nacht zum 20. 10. wurden mehrere Vertreter des NF für mehrere Stunden zugeführt; ihnen wurde die Kontaktaufnahme mit Leipziger Vertretern des NF untersagt.

20. Oktober
- Gotha: Demo mit 6000 Teilnehmern.

21. Oktober
- Plauen: Demo mit 50 000 Teilnehmern.

22. Oktober
- Rostock: Demo mit 18 000 Teilnehmern.
- Schöneiche: Gespräch zwischen Vertretern des NF und dem Vorsitzenden der Ortsparteileitung der SED, bei dem ein verborgenes Aufzeichnungsgerät entdeckt wurde.

23. Oktober
- Zwickau: Demo mit 15 000 Teilnehmern.

- Stralsund: Demo mit 4000 Teilnehmern.
- Schwerin: Nachdem das NF zur Demo um 17.00 Uhr aufgerufen hatte, wurde vom »Demokratischen Block und der Bezirksleitung der SED« zu einer Kundgebung zum selben Zeitpunkt und Ort aufgerufen. Als die Kundgebung begann, zogen 50 000 der ca. 50 500 Teilnehmer durch die Stadt, bis die Kundgebung beendet war.
- Halle: zum wiederholten Male Demo, diesmal mit 10 000 Teilnehmern.
- Leipzig: Demo mit 250 000 Teilnehmern.
- Magdeburg: Demo mit 30 000 Teilnehmern.

24. Oktober
- Demmin: Demo mit 500 Teilnehmern.
- Anklam: Demo mit 4000 Teilnehmern.
- Meißen: Demo mit 7000 Teilnehmern.

25. Oktober
- Jena: Demo mit 10 000 Teilnehmern.
- Greifswald: Demo mit 6000 Teilnehmern.
- Neubrandenburg: Demo mit 25 000 Teilnehmern.

26. Oktober
- Erfurt: Demo mit 30 000 Teilnehmern.
- In Hagenow, Boizenburg, Wittenberg Veranstaltungen des NF mit je mehr als 1000 Teilnehmern.

27. Oktober
- Friedrichsroda: Demo mit 1000 Teilnehmern.
- Gotha: Demo mit 3000 Teilnehmern.
- Güstrow: Veranstaltung des NF, Demo mit 15 000 Teilnehmern.
- Teterow: Lichterkette durch die Stadt zum VPKA, 3500 Teilnehmer.

28. Oktober
- Plauen: Demo mit 50 000 Teilnehmern.
- Halle: 50 Frauen demonstrieren mit ihren Kindern für Gewaltfreiheit.

29. Oktober
- Freiberg: Schweigemarsch mit 3000 Teilnehmern.
- Waren: Vierte Veranstaltung des NF; jetzt jeden Sonntag in gemieteter Turnhalle.

30. Oktober
- Jena: Demo mit 12000 Teilnehmern.
- Schwerin: Demo mit 80000 Teilnehmern.
- Leipzig: Demo mit 300000 Teilnehmern.
- Magedeburg: Demo mit 50000 Teilnehmern bei Regen und Wind.
- Halle: von SED geplante Demo »Rote Fahnen gegen weiße Kerzen« fällt wegen mangelnder Beteiligung aus.

31. Oktober
- Stralsund: Demo mit 5000 Teilnehmern.

1. November
- Markneukirchen: zum wiederholten Male Demo mit 6000 Teilnehmern.
- Königswusterhausen: Vom NF angemeldete Demo wurde genehmigt, an der Spitze des aus 1500 Teilnehmern bestehenden Demonstrationszuges wird ein Transparent »Ich als SED-Mitglied fordere die Anerkennung der Opposition« getragen.
- Ilmenau: Schweigemarsch mit 20000 Teilnehmern.

PS:
- Die Demos und andere Aktivitäten dauerten bei Redaktionsschluß (7. 11.) noch an.
- Wir konnten nicht alles erfassen. Die vielen Fürbittandachten und die Gespräche, die es in einer Reihe von Städten zwischen Neuem Forum und dem Staat gab, mußten aus Platzgründen unberücksichtigt bleiben.
- Auch die Aktivitäten gegen das Neue Forum – Zuführungen, innerparteiliche »Informationsblätter« der SED – können hier nur benannt werden.

Wir danken dem unermüdlichen Berliner Kontakttelefon für seine Arbeit, die u. a. auch das Entstehen dieser Chronik ermöglichte.

Anmerkung der Herausgeber: Die obige Zusammenstellung, geringfügig ergänzt, ist der in Berlin erschienenen Zeitung *neues forum* 1/1989 entnommen.

Acht Wochen
DDR-Geschichte

Eine Chronik vom 25. 9. bis 18. 11. 89 im Spiegel zentraler DDR-Medien

Am Tag der ersten großen Leipziger Herbstdemonstration, die die revolutionäre Entwicklung einleitet, zeigt die offizielle DDR noch ihr altes Gesicht:

25. September

- Die in China eingetroffene Partei- und Staatsdelegation der DDR beginnt in Peking »politische Gespräche«. Es werden die »Gemeinsamkeit der Interessen der Volksrepublik China und der DDR« und die »bedeutsamen Erfolge« Chinas gewürdigt, die »für die ganze Welt von großer Ausstrahlung sind und die Anziehungskraft des Sozialismus unter Beweis stellen«. Der Leiter der chinesischen Abordnung, Quiao Shi, hebt »besonders die Unterstützung und das Verständnis der Genossen in der DDR für Chinas Haltung bei der Niederschlagung des konterrevolutionären Aufruhrs« hervor.
- In Berlin empfängt der FDGB-Vorsitzende Harry Tisch, zwei Monate später des Amtsmißbrauchs überführt und am 3. 12. verhaftet, eine ägyptische Gewerkschaftsdelegation, die er »über die erfolgreiche Politik der DDR zum Wohle der Werktätigen informiert«.
- Im umweltverseuchten Leipzig preist der Minister für Umweltschutz und Wasserwirtschaft der DDR, Dr. Hans Reichelt, gegenüber der dänischen Umweltministerin Lone Dybkjaer »die umfangreichen Maßnahmen, die in der DDR schon seit Jahren zur Abwasserbehandlung, zur Rückhaltung und Rückgewinnung von Wasserschadstoffen verwirklicht werden«, die »Anstrengungen der DDR-Landwirtschaft bei der Steigerung der Hektarerträge unter Berücksichtigung der ökologischen Erfordernisse«, den »Schutz des Oberflächenwassers« und »die Minderung des Ausstoßes von Schwefeldioxid und Stickoxiden«.
- Das *Neue Deutschland* berichtet auf Seite 2 von einer »Willenskundgebung mit Gerhard Müller«, die von Vertretern der Intelligenz in Weimar veranstaltet wurde. Es handelt sich um den 1. SED-Bezirkssekretär Gerhard Müller, der acht Wochen später

im selben Organ als Privilegierter enthüllt und am 2. 12. verhaftet werden wird, der zur persönlichen Bereicherung 1,8 Millionen Mark Baukosten verwendete und für sich und seinesgleichen ein 1800-Hektar-Jagdgebiet beanspruchte.

26. September

- Die DDR-Partei- und Staatsdelegation setzt in Peking die politischen Gespräche in »Übereinstimmung in den Grundfragen des sozialistischen Aufbaus« fort. Delegationsleiter Egon Krenz, der am 18. 10. Honecker ablösen, am 3. 12. aber bereits wieder stürzen wird, unterstreicht, daß »die VR China und die DDR die gleichen gesellschaftlichen Ziele verfolgen«.

- Ministerpräsident Willi Stoph – am 17. 11. wird er von seinen Ämtern entbunden, am 8. 12. verhaftet werden – empfängt die dänische Umweltministerin Lone Dybkjaer in Berlin. Aufgrund der Gespräche mit Reichelt und Stoph erklärt die Ministerin vor der Presse, daß »die DDR viel Verständnis für Umweltprobleme hat« und »vor allem in der Landwirtschaft ökologische Erfordernisse berücksichtigt«. Sie »würdigt« insgesamt die »Stellung der DDR zu Umweltfragen«.

- In der Berichterstattung über die »Übergabe der Ehrenbanner an beste Kollektive im Wettbewerb« kommen auf einer ND-Ganzseite vier ZK-Mitglieder zu Wort: Günther Kleiber, Hans-Joachim Böhme, Heinz Keßler und Günter Schabowski. Alle vier sind nach wenigen Wochen nicht mehr im Amt.

- Von der Leipziger Montagsdemonstration berichtet keine zentrale DDR-Zeitung wie auch am Vorabend kein Funkmedium.

27. September

- Die DDR-Partei- und Staatsdelegation in China besucht die Provinz Sichuan. Sie will sich dort »mit Errungenschaften der chinesischen Werktätigen bekanntmachen« und informiert sich »darüber, wie die Strategie und Taktik der KP Chinas in der Provinz verwirklicht wird«.

28. September

- Der Minister für Staatssicherheit der DDR, Erich Mielke, übergibt im Ministerium für Staatssicherheit Ehrenbanner. In einer längeren Ansprache betont er die »weitere Erhöhung der Kampfkraft« und die »Verantwortung als Kommunisten und Tschekisten« für die »zu lösenden Probleme«. Mielke wird am 8. 12. nach Entbindung von seinen Ämtern verhaftet werden.

29. September

- Die DDR-Partei- und Staatsdelegation in China ist Gast in der Provinz Zhejiang. Delegationsleiter Erich Krenz betont, »es zeige sich auch hier, daß die Politik der Kommunisten eine Politik für die Menschen ist«.

- In der Berliner Staatsoper findet eine Festveranstaltung des ZK der SED, des Staatsrates, des Ministerrates und des Nationalrates der Nationalen Front »aus Anlaß des 40. Jahrestages der Gründung der Volksrepublik China« statt. Politbüromitglied Hermann Axen, gegen den nach Entbindung von seinen Ämtern der Generalstaatsanwalt der DDR am 8. 12. ein Ermittlungsverfahren einleiten wird, erinnert in seiner Ansprache daran, daß »im Frühjahr dieses Jahres« bei dem »langvorbereiteten, konterrevolutionären Aufruhr in Peking« »unsere Partei, unser Staat und unser Volk eine klare internationalistische Haltung bezogen hat«. In seiner Erwiderungsrede sagt Botschafter Zhang Dake unter »starkem Beifall«: »Wir danken für das Verständnis und die Unterstützung, die die DDR der Volksrepublik China bei der Niederschlagung des konterrevolutionären Aufruhrs in Peking gewährt hat.«

- Heinz Kamnitzer, der am 28. 1. 1988 in einer scharfen Polemik im *Neuen Deutschland* eine Demonstration junger DDR-Bürger unter Verwendung des Luxemburg-Zitats »Freiheit ist immer die Freiheit der Andersdenkenden« als Sakrileg bezeichnet hatte, veröffentlicht unter Anspielung auf die Rede des Westberliner Bürgermeisters Reuter unter dem Titel und mit dem mehrfachen pathetischen Ruf »Schaut auf diesen Staat« eine Apologie auf die DDR. Er wird in vier Wochen, was er nicht ahnt, nicht mehr Präsident des P.E.N.-Zentrums der DDR sein.

- Der Generalsekretär des ZK der SED und der Vorsitzende des Ministerrates senden ein Gruß- und Glückwunschtelegramm an den Generalsekretär des ZK der KP Chinas, den Präsidenten der VR China, den Ministerpräsidenten des Staatsrates und an den Vorsitzenden des Ständigen Ausschusses des Nationalen Volkskongresses der VR China.

30. September

- Im liberaldemokratischen *Morgen* erscheint der als sensationell angesehene Gerlach-Artikel zum 100. Geburtstag von Ossietzkys mit den aktuellen Hauptgedanken: »Die öffentliche Selbstdarstellung unseres Landes und seine Wirklichkeit klaffen weit auseinander.« Problematische Entwicklungen in Ungarn und Polen einerseits und in China und Rumänien andererseits würden »öffentlich weitgehend ignoriert«. Gerlach kritisiert die fehlende »Widerspiegelung von Widersprüchen in der DDR in den Medien und Volksvertretungen«, »Widerrede ist nicht Widerstand.« Er sieht einen »Verlust an Glaubwürdigkeit«; politisches Vertrauen erwachse nur »im öffentlichen Dialog«.

- Abends wird in der Prager Botschaft der BRD die Ausreisemöglichkeit verkündet. Wolfang Meyer, Sprecher des DDR-Außenministeriums, teilt mit, »daß die sich in dieser Botschaft rechtswidrig aufhaltenden Personen aus der DDR mit Zügen der Deutschen Reichsbahn über das Territorium der DDR in die BRD ausgewiesen werden«, »da diese Menschen keinen Platz mehr im normalen gesellschaftlichen Prozeß gefunden hätten«. Die DDR-Regierung verbinde damit »die Hoffnung, daß auch seitens der Regierung der BRD Schlußfolgerungen für den normalen, den internationalen Gepflogenheiten entsprechenden Betrieb gezogen werden«. (Die Zahl der abgeschobenen DDR-Bürger wird in den DDR-Medien nicht genannt.)

1. Oktober

- DDR-Delegationsleiter Egon Krenz überbringt dem Vorsitzenden der Militärkommission des ZK der KP Chinas (der für den »himmlischen Frieden« zuständig ist) persönliche Grüße Erich Honekkers. Er betont noch einmal die »gegenseitige Solidarität«. Auch gegenüber dem KP-Chef Jiang Zemin und dem Ministerpräsidenten Li Peng bringt er noch einmal »die feste Verbundenheit zum Ausdruck«. In einem Pekinger Park sagt Krenz schließlich: »Uns vereinen gleiche Ideale.«

2. Oktober

- In Berlin trifft eine chinesische Partei- und Regierungsdelegation ein, empfangen von Politbüromitglied Erich Kleiber. In einem Toast beim Essen für die chinesische Delegation betont Kleiber, die DDR und China gingen »von gleichen Positionen und Erwartungen aus. In diesem Sinne waren auch die kürzlichen Ereignisse in China eine gemeinsame Lehre«. Kleiber versichert den Chinesen »nochmals die unverbrüchliche Solidarität von Partei, Regierung und Volk der DDR«. Es wird die letzte offizielle Amtshandlung sein. Gegen Kleiber, der am 8. 11. noch zur Wahl ins Politbüro stehen wird, wird am 8. 12. ein Ermittlungsverfahren wegen schwerer Schädigung der Volkswirtschaft eingeleitet werden.
- Erich Honecker, dessen politische Karriere am 18. 10. jäh enden und gegen den am 8. 12. schließlich ein Ermittlungsverfahren eingeleitet werden wird, empfängt den englischen Multimillionär Robert Maxwell, der bereits die Honeckersche Autobiographie »Aus meinem Leben« gedruckt hatte, nun die »Information GDR« verlegen wird und die »hohen Verdienste« Honeckers preist. Derselbe Maxwell kauft einen Monat später, am 1. 11., zu 40 Prozent die ungarische Regierungszeitung *Magyar Hirlap*.
- In einem groß aufgemachten Aufruf auf ihrer ersten Seite bringt das Zentralorgan der FDJ *Junge Welt* eine Würdigung auf die Person Honeckers.

3. Oktober

- Der paß- und visafreie Verkehr zwischen der DDR und der ČSSR wird »zeitweilig ausgesetzt«.

- In Berlin findet im Festsaal des Hauses des Zentralkomitees ein Treffen »antifaschistischer Widerstandskämpfer und Aktivisten der ersten Stunde« statt. Honecker spricht vom gewaltigen Aufstieg der DDR »in politischer, ökonomischer, sozialer und geistig-kultureller Hinsicht« und betont die »Sicherheit und Geborgenheit« in diesem Staat. Im Präsidium der Veranstaltung sitzen von Axen über Honecker bis Tisch 25 führende Genossen, die wenige Wochen später alle entmachtet sind.
- In der sowjetischen Botschaft in Berlin findet für die Mitglieder des Politbüros und des ZK unter Leitung von Günter Mittag eine »feierliche Veranstaltung« statt. Mittag betont die »Lebenskraft« und die »historische Perspektive« des Sozialismus in der DDR. Zwei Monate später, am 2. 12., wird der Generalstaatsanwalt der DDR gegen Mittag Haftbefehl erwirken.

- Auf Beschluß der DDR-Regierung sind die erneut in die Prager Botschaft der BRD geflüchteten DDR-Bürger erneut über das Gebiet der DDR »in die BRD abgeschoben worden«. (Die Zahl wird nicht genannt.)
- In Dresden kommt es zu »Ausschreitungen« von »Rowdys«, die am Besteigen der aus der ČSSR über Dresden in die BRD fahrenden Ausreisezüge gehindert werden. Das Motiv für den »marodierenden Mob« wird auch in einer späteren Mitteilung am 9. 10. noch nicht genannt.

4. Oktober

- In Berlin-Friedrichsfelde wird am Vormittag die Ehrung antifaschistischer Kämpfer zelebriert. An der Spitze »schreiten« Honecker, Stoph und Sindermann. Von den weiter genannten 13 führenden Genossen sind nach fünf Wochen nur noch zwei nicht entmachtet.
- Günter Mittag empfängt zusammen mit Günther Kleiber und Gerhard Schürer im Beisein von Gerhard Beil und Günther Wischofsky im Haus des Zentralkomitees in Berlin nochmals die chinesische Partei- und Regierungsdelegation. Mittag betont als »tragfähiges Fundament« für die weitere Zusammenarbeit »grundlegende Gemeinsamkeiten der gesellschaftlichen Entwicklung auf dem Wege des Sozialismus« und würdigt »besonders die eindeutige und klare Position der VR China und ihrer kommunistischen Partei«.
- Im Großen Festsaal des Staatsrates in Berlin werden »verdienstvolle Persönlichkeiten und Kollektive« mit »höchsten staatlichen Auszeichnungen geehrt«. Ministerpräsident Stoph hält die Ansprache. Er hebt unter anderem den Aufbau der DDR als »eines weltweit geachteten, stabilen und dynamischen Staates«, die »mo-

5. Oktober

derne, leistungsfähige Volkswirtschaft« und die »hochstehende Wissenschaft und Kultur« hervor. Die DDR sei ein Staat, der besonders auch »Sicherheit und Geborgenheit« biete.

- Verschwiegen wird, daß der Dresdner Regisseur Wolfgang Engel die Annahme des Nationalpreises verweigert hat. Er ist an der berühmten Resolution der Dresdner Schauspieler beteiligt, die am nächsten Abend erstmals in Dresden vorgetragen wird.

6. Oktober

- An den »Ehrentribünen« in der Berliner Karl-Marx-Allee marschieren am Vortag des 40. Jahrestages der DDR in militärischem Drill Truppen an Erich Honecker und seinen »Gästen« vorbei. Zum anschließenden Vorbeizug der Panzer und Raketenwerfer ertönen die Melodien »Brüder, zur Sonne, zur Freiheit« und die des einstigen Andreas-Hofer-Marsches.

- Im »Berliner Palast der Republik« findet eine Festveranstaltung zum 40. Jahrestag der DDR statt. Die lange, glorifizierende Bilanz Honeckers, die kein einziges Wort über real existierende Probleme enthält, gipfelt in Sentenzen wie »Vorwärts immer, rückwärts nimmer« und »Den Sozialismus in seinem Lauf halten weder Ochs noch Esel auf«. Gorbatschows Rede ist höflich.

- Honecker trifft sich mit anderen Partei- und Staatsführern, die aus Anlaß des 40. Jahrestages in Berlin sind. Im *Neuen Deutschland* wird nur dem Gespräch mit Ceauşescu, und zwar gleich mit 100 Zeilen, Raum gegeben. Honecker preist den »hohen Stand der Freundschaft und kameradschaftlichen Zusammenarbeit zwischen beiden Parteien, Staaten und Völkern«.

- In einem gigantischen Fackelzug defilieren am Abend über 100 000 FDJler, die aus der ganze Republik antransportiert wurden, Unter den Linden an den »Ehrengästen« (auf der »Ehrentribüne«) vorbei, in deren Mitte Erich Honecker und Gorbatschow stehen.

- In Dresden wird nach der Vorstellung die zu diesem Zeitpunkt kühne Resolution der Schauspieler vorgetragen. Die Resolution faßt die geistig-gesellschaftliche Situation in der DDR in wenigen, scharf und knapp formulierten Sätzen zusammen. Sie hat Signalwirkung.

7. Oktober

- In Berlin treffen Erich Honecker und Michail Gorbatschow zu einem »ausführlichen Meinungsaustausch« zusammen, über den in den Medien oberflächlich und substanzlos berichtet wird.

- Gorbatschows Satz an westliche Journalisten: »Wer zu spät kommt, den bestraft das Leben« findet sich in der gesamten DDR-Berichterstattung nicht.

- An verschiedenen Orten der DDR kommt es zu »Störungen« der Volksfeste, aus Anlaß des 40. Jahrestages. In Berlin »rotten« sich »Randalierer« und »randalierender Mob« zusammen, die jedoch (nach triumphierender Berichterstattung in der FDJ-Zeitung *Junge Welt*), »als Arbeiter auftauchten, in Uniformen der Kampfgruppen«, »schnell die Beine in die Hand nahmen«.

9. Oktober

- Im Haus des Zentralkomitees empfängt Erich Honecker den stellvertretenden Ministerpräsidenten des Staatsrates der VR China, Yao Yilin, und eine chinesische Regierungsdelegation. Es wird »die volle Übereinstimmung in den wichtigsten Lebensfragen« festgestellt. Honecker lobt die Erfolge der »chinesischen Revolution«, die »die Anziehungskraft des Sozialismus unter Beweis gestellt haben«. Die Gesprächspartner ziehen gemeinsam »eine grundsätzliche Lehre aus dem konterrevolutionären Aufruhr in Peking«.
- Erich Honecker empfängt als Staatsratsvorsitzender den Generalsekretär des ZK der Jemenitischen Sozialistischen Partei. Nordjemen und Südjemen werden, was in DDR-Meldungen unerwähnt bleibt, im nächsten Monat Wiedervereinigungsverhandlungen führen.
- Die *Junge Welt* veröffentlicht als erstes Zentralorgan ein Foto von »Randalierern«, die sich laut Berichterstattung »zusammenrotteten« und deren »Rädelsführer« festgenommen wurden.

10. Oktober

- Das *Neue Deutschland* veröffentlicht auf zwei vollen Seiten »Stimmen« gegen die »Störenfriede«, »Rowdys«, »Randalierer«, »Kriminellen«, in denen »harte Strafen« gefordert werden.
- Die Presseabteilung des Ministeriums des Innern nimmt zu »Verleumdungen über den Einsatz der Volkspolizei« Stellung: Da es zu »Störungen der öffentlichen Ordnung und Sicherheit gekommen« war, hatte die VP wiederholt »zur Auflösung ungesetzlicher Zusammenrottungen« aufgerufen. Der Einsatz der Sicherheitskräfte war wegen der Vergeblichkeit des Aufrufes »zur Wiederherstellung von Ruhe und Ordnung unumgänglich«. Außerdem sei »nachgewiesen, daß westliche Korrespondenten zu den Organisatoren und Aufwieglern gehörten«, die »den Unruhestiftern Rückhalt und konkrete Anleitung zum Handeln« gaben.
- In der *Jungen Welt* wird erstmals, und zwar von der FDJ-Leitung des Friedrichstadt-Palastes, aufgefordert, über Probleme und Widersprüche zu reden und die Fluchtbewegung und ihre Ursachen nicht länger zu ignorieren. Die berüchtigte Menthol-Story (im *Neuen Deutschland* vom 21. 9. 1989) wird erstmals öffentlich und entschieden bezweifelt.

11. Oktober

- 48 Stunden nach der entscheidenden Leipziger Demonstration verkünden die Funkmedien eine Erklärung des Politbüros des ZK der SED. Neben Allgemeinplätzen wird zur Fluchtwelle gesagt: »Der Sozialismus braucht jeden. Gerade deshalb läßt es uns nicht gleichgültig, wenn sich Menschen, die hier arbeiteten und lebten, von unserer Deutschen Demokratischen Republik losgesagt haben.« »Die Ursachen für ihren Schritt mögen vielfältig sein. Wir müssen und werden sie auch bei uns suchen.« Von Reformen im eigenen Land ist noch nicht die Rede. Im Gegenteil, für die BRD wird »die eigene Reformbedürftigkeit« hervorgehoben. Gebraucht werde ein besseres Angebot, lebensverbundener Journalismus, Reisemöglichkeit und gesunde Umwelt. »Die Probleme der weiteren Entwicklung des Sozialismus in der DDR lösen wir selbst – im sachlichen Dialog.« »Wer verantwortungslos Ruhe und Ordnung stört«, betreibt des Gegners »Geschäft«. »Wir sagen offen, daß wir gegen Vorschläge und Demonstrationen sind, hinter denen die Absicht steckt, Menschen irrezuführen.« Zur Frage neuer Parteien und Vereinigungen wird gesagt: »Wir haben für eine Diskussion alle erforderlichen Formen und Foren.« »Der Sozialismus auf deutschem Boden steht nicht zur Disposition.« Mit dem Stichwort »Dialog«, das bereits Gerlach in seiner Ossietzky-Rede vorangezeigt hatte, beginnt die Reihe organisierter Dialoge in der DDR, in die der Volkszorn kanalisiert werden soll.
- Das FDJ-Zentralorgan *Junge Welt* bringt in seiner Berlin-Ausgabe (in der DDR am 13. 10.) ein ganzseitiges demagogisch-dümmliches Pamphlet gegen Rolf Henrich Buch »Der Vormundschaftliche Staat«.
- Die Ablehnung von Demonstrationen ist im zentralen Journalismus noch allgemein, aber gemildert: »Man kann über alles reden, nur nicht auf der Straße«, schreibt die *Junge Welt*.

12. Oktober

- Kurt Hager erklärt in Moskau vor dem DDR-Fernsehen, der Sozialismus werde in der DDR »weiter erstarken« und »vollkommener« werden.

13. Oktober

- Im Haus des SED-Zentralkomitees in Berlin findet eine Beratung Erich Honeckers mit den im »demokratischen Block« verankerten Parteien statt: Gerlach, Götting, Homann, Maleuda. Honecker informiert über die vorgestrige Politbürositzung. Zur Fluchtproblematik sagt er, es lasse »niemanden gleichgültig, wenn sich Bürger, aus welchen Gründen auch immer, von unserem Land lossagen«. Die Vorsitzenden der Blockparteien erklären sich nachdrücklich für den Sozialismus; sie werden »mit allen Bürgern die Volksaussprache über die Gestaltung der entwickelten sozialistischen Ge-

sellschaft aktiv führen«. Honecker selbst wird am 18. 10. entmachtet, und am 8. 12. wird gegen ihn ein Ermittlungsverfahren
wegen schwerer Schädigung der Volkswirtschaft »durch Korruption und Amtsmißbrauch« eingeleitet werden. Götting und Homann werden am 2. 11. zurücktreten; gegen Götting wird am
8. 12. ein Ermittlungsverfahren wegen »finanzieller Manipulation
zum Nachteil des sozialistischen Eigentums« eingeleitet werden,
und Homann wird am 10. 12. aus der NDPD ausgeschlossen werden.

- Das *Neue Deutschland* veröffentlicht die bereits mit dem 4. 10.
datierte »Erklärung des Präsidiums der Akademie der Künste der
DDR«, in der es unter anderem heißt: »Der Sozialismus ist für die
Menschen da.« Und: »Wo behördliche Entscheidung nicht begründet werden und die Anonymität waltet, entsteht ein ohn-
mächtiges Bewußtsein der Bevormundung, das in direkten Gegensatz zu dem propagierten Bild des mündigen Staatsbürgers gerät.«

- In der Gewerkschaftszeitung *Tribüne* setzt der FDGB-Vorsitzende
Harry Tisch in einem Brief das Wort Reformen immer noch in Anführungszeichen. Tisch kann »eine wirklich gute Bilanz ziehen«.
An dem »Fundament eines guten Hauses der Arbeiter-und-Bau-
ern-Macht« »dürfen wir nicht rütteln lassen«. Tisch tritt 18 Tage
später zurück, und am 24. 11. wird im *Neuen Deutschland*, das
den Brief nachdruckte, Tisch als feudaler Gastgeber und Herr über
6000 Hektar, exklusive Gebäude mit entsprechendem Interieur,
mit Fuhrpark, gebahnten Sonderwegen und mit Domestiken enthüllt. Am 3. 12. wird seine Verhaftung erfolgen.

14. Oktober

- Wie ADN mitteilt, werden die ausreisewilligen DDR-Bürger in
Warschau »in kürzest möglicher Frist« nach Ausstellung »entsprechender Dokumente« in »die BRD ausreisen« können. (Die Zahl
wird nicht genannt.)

15. Oktober

- In Berlin trifft auf Einladung des FDGB-Vorsitzenden Harry Tisch
eine »Delegation des Allchinesischen Gewerkschaftsbundes«
ein.

16. Oktober

- In Berlin empfängt Günter Mittag als stellvertretender Staatsratsvorsitzender den österreichischen Wirtschaftsminister Dr. Gerhard Schlüssel, dem er »die weitere stabile Entwicklung der Volkswirtschaft« der DDR und »ihre hohe Leistungskraft« preist. Dies
ist seine letzte öffentliche Amtshandlung. Zwei Tage später wird
Mittag aus dem Politbüro ausgeschlossen werden.
- Politbüromitglied Erich Mückenberger empfängt in Berlin als Vor-

sitzender der Zentralen Parteikontrollkommission der SED eine Delegation der KP Chinas, die von einem Mitglied des Ständigen Ausschusses der Disziplinarkommission beim ZK der KP Chinas geleitet wird. Dies ist seine letzte öffentliche Amtshandlung. Zwei Tage später wird Mückenberger mit dem gesamten Politbüro zurücktreten.

- Die stellvertretende FDBG-Vorsitzende Johanna Töpfer empfängt in Berlin eine Delegation des Allchinesischen Gewerkschaftsbundes, die mehrere Tage in der DDR weilen wird.

- Erstmals seit der Dialog-Kampagne diskutierten Bezirkssekretäre in Betrieben mit Arbeitern: in Berlin Günter Schabowski und in Erfurt Gerhard Müller (der am 23. 11. im *Neuen Deutschland* als Privatherr über eine Baukapazität von 1,8 Millionen Mark enthüllt werden wird).

- Im FDJ-Zentralorgan *Junge Welt* fordert das 86jährige ZK-Mitglied Bernhard Quandt in einem großen Beitrag: »Nichts zerreden lassen!«, der Gegner hat uns nur »eine Niederlage beigebracht«. Die Partei brauche sich jedoch nicht dem Volke zu stellen, denn: »Sie ist fest im Volk verwurzelt.«

- Der Chefredakteur der *Jungen Welt,* Schütt, inszeniert in seinem Blatt mit dem FDGB-Vorsitzenden Harry Tisch ein großes Gespräch; in dem sie letztmals in alter Weise über die Gewerkschaften reden.

- Die *Aktuelle Kamera* bringt ein erstes Interview mit dem Generalstaatsanwalt zu Übergriffen der Sicherheitskräfte.

- Erstmals wird in der *Aktuellen Kamera* und am nächsten Tag in den Zeitungen eine neutrale, zwei Sätze umfassende Meldung über die große Demonstration in Leipzig gebracht.

17. Oktober
- Das FDJ-Zentralorgan druckt einen groß aufgemachten tendenziösen Beitrag über die Dresdner »Randalierer« vom 4. 10.

18. Oktober
- Erich Honecker tritt auf Beschluß der 9. Tagung des ZK der SED, faktisch aber unter dem Druck der »150 000 von Leipzig« (Christoph Hein) zurück. Egon Krenz wird auf Vorschlag des Politbüros zum Generalsekretär gewählt. Offiziell entbindet die 9. Tagung Erich Honecker »aus gesundheitlichen Gründen von seinen Funktionen« (wobei sie für die Entbindung aus den Staatsfunktionen gar nicht berechtigt ist), nämlich »der Funktion des Generalsekretärs des ZK der SED«, »als Mitglied des Politbüros des ZK der SED«, »vom Amt des Vorsitzenden des Staatsrates« und »von der Funktion des Vorsitzenden des Nationalen Verteidigungsrates«. Entsprechend Honeckers Vorschlag soll das ZK der Volkskammer den Vorschlag unterbreiten, Krenz auch »zum Vorsitzenden des

Staatsrates der DDR und zum Vorsitzenden des Nationalen Verteidigungsrates der DDR zu wählen«. Das ZK beschließt, Günter Mittag und Joachim Herrmann von ihren Funktionen als Mitglied des Politbüros und Sekretär des ZK zu »entbinden«.

- Erich Honecker sieht in einer von den Medien verbreiteten »Erklärung« die 40 Jahre DDR als »Krönung« seines »eigenen Wirkens als Kommunist«. Gegen Honecker wird am 8. 12. ein Verfahren wegen Amtsmißbrauch, Korruption und schwerer Schädigung der Volkswirtschaft eingeleitet werden.
- In einem Kommentar des *Neuen Deutschland* wird eingestanden, es seien »auf wichtigen Gebieten des gesellschaftlichen Lebens Reformen geboten«.
- Mit einwöchiger Verspätung veröffentlicht das FDJ-Zentralorgan *Junge Welt* die kritische »Erklärung des Komitees für Unterhaltungskunst der DDR« vom 11. Oktober. Die geforderte Veröffentlichung der in der gesamten DDR Aufsehen erregenden Resolution der Unterhaltungskünstler vom 18. 9., die bei Veranstaltungen verlesen wurde, bleibt weiterhin aus.
- Egon Krenz richtet sich mit seiner Ansprache an die 9. Tagung des ZK der SED zugleich an die gesamte Bevölkerung der DDR. Zunächst sei es ihm ein »Bedürfnis«, Erich Honecker »herzlich zu danken für seine Arbeit«; der Dank »wird die bleibende Hochachtung sein«: »Wir sind überzeugt, daß unsere Partei auch künftig auf dich bauen wird.« In der Rede formuliert Krenz vage Richtlinien, keine konkreten Aufgaben. Viel gemeinsame Arbeit sei notwendig, aber es gebe Grund zum »Optimismus«, der »resultiert aus dem Wissen von der Unabwendbarkeit des Sieges des Sozialismus«, wobei ihn die 2,3 Millionen SED-Mitglieder bestärkten. Die Parteiführung habe »in den vergangenen Monaten die gesellschaftliche Entwicklung in unserem Lande in ihrem Wesen nicht real genug eingeschätzt«. Aber die Tagung wird »eine Wende einleiten«.
- Nach den Worten von Krenz und den Beschlüssen der 9. ZK-Tagung soll der nächste (XII.) Parteitag 1990 stattfinden.

19. Oktober

- Auf Antrag der SED-Fraktion beschließt das Volkskammer-Präsidium die Einberufung der Volkskammer für den 24. 10.
- Der SED-Generalsekretär Krenz trifft sich mit Bischof Dr. Werner Leich, dem Vorsitzenden der Konferenz der Evangelischen Kirchen in der DDR, auf Schloß Hubertusstock zu einem seit längerem verabredeten »offenen, freimütigen Dialog«.
- Der Ministerrat der DDR befaßt sich mit der 9. Tagung des ZK der SED und beauftragt den Minister des Inneren mit einem »Gesetzentwurf über Reisen von Bürgern der DDR ins Ausland«.

- Im Gemeindezentrum von Berlin-Lichtenberg findet eine Pressekonferenz zu den Polizeieinsätzen am 7. und 8. 10. statt.

20. Oktober
- Die DDR-Regierung entscheidet »in Übereinstimmung mit der Regierung der VR Polen«, den DDR-Bürgern, die sich in Warschaus BRD-Botschaft aufhalten, durch die DDR-Botschaft die Genehmigung für die ständige Ausreise in die BRD zu erteilen.
- Der Minister für Post- und Fernmeldewesen Rudolph Schulze teilt mit, daß der *Sputnik* wieder in den Zeitungsvertrieb kommt.

21. Oktober
- Mit Teilnehmern einer »nicht genehmigten Demonstration« diskutiert in Berlin erstmals Politbüromitglied Günter Schabowski auf der Straße. Schabowski spricht am Abend vor Journalisten von einem »Dialog, der nach der 9. Tagung des ZK bei uns in Gang gekommen ist«.

22. Oktober
- Generalsekretär Krenz empfängt den Generalsekretär der KP Vietnams. Der vietnamesische Gast würdigt den Aufbau der DDR »unter der Führung von Erich Honecker«, der vor fünf Tagen entmachtet wurde.
- Das Präsidium des Komitees für Unterhaltungskunst berät mit Kurt Hager über aktuelle Probleme. In dem Gespräch erklärt sich Hager gegen das Neue Forum, weil es die führende Rolle der Partei nicht anerkenne.
- Christa Wolf erklärt sich im Zentralorgan der FDJ *Junge Welt* scharf gegen den Ton »der Demagogie, der sich von einer Journalistengeneration auf die nächste zu vererben scheint« (in Erwiderung auf das Pamphlet gegen Rolf Henrichs Buch »Der Vormundschaftliche Staat«).
- In Schwerin organisiert der 1. Bezirkssekretär Ziegner eine obskure Kundgebung mit mehr als 40 000 Teilnehmern. Es wird die letzte dieser Art in der DDR während der neuen Periode sein. Ziegner wird am 4. 11. zum Rücktritt gezwungen.

24. Oktober
- In Berlin wählt die Volkskammer auf ihrer 10. Tagung Egon Krenz zum Vorsitzenden des Staatsrates und Vorsitzenden des Nationalen Verteidigungsrates der DDR. Es gibt für die erste Funktion 26 Gegenstimmen und 26 Enthaltungen, für die zweite 8 Gegenstimmen und 8 Enthaltungen.
- In einer Erklärung vor der Volkskammer dankt Egon Krenz »Erich Honecker für sein politisches Wirken und wünscht ihm Gesundheit und Wohlergehen«.
- Generalsekretär Krenz informiert das Politbüro »über die aktuelle Lage in der DDR nach der 9. Tagung des Zentralkomitees«.

- Volksbildungsministerin Margot Honecker empfängt in Berlin ihre tschechoslowakische Amtskollegin. Dies wird ihre letzte offizielle Amtshandlung sein.
- LDPD-Vorsitzender Gerlach empfängt den FDP-Politiker Wolfgang Mischnick.
- Der Vorstand des Verbandes der Film- und Fernsehschaffenden übergibt ADN ein Kommuniqué mit Forderungen nach grundsätzlichen Änderungen in Film und Fernsehen, u. a. nach Veröffentlichung der Einschaltquoten und Rehabilitierung Jankas.

25. Oktober

- Egon Krenz empfängt als Staatsratsvorsitzender den FDP-Politiker Wolfgang Mischnick.
- Die DDR-Regierung entscheidet, DDR-Bürgern, die sich wiederum in die Prager BRD-Botschaft begeben haben, in Übereinstimmung mit der tschechoslowakischen Regierung direkt »in ein Drittland« die Ausreise zu erteilen.
- Der Präsident der Volkspolizei Berlin, Generalleutnant Rausch, nimmt zu den »nicht genehmigten Demonstrationen in den vergangenen Tagen in der DDR-Hauptstadt« Stellung. Er erklärt, daß »Ordnung und Sicherheit erheblich beeinträchtigt wurden«. »Die Straße sei ungeeignet für den Dialog«, denn »ein militant-harter Kern« habe jedes Dialogangebot abgelehnt und »rücksichtslos den öffentlichen Verkehr zeitweilig lahmgelegt«. Der Eskalation und Verhärtung von Positionen auf der Straße müsse »mit allen gesetzlichen Mitteln entgegengetreten werden«.
- Der DDR-Kulturminister teilt in Düsseldorf mit, daß die 9. Tagung des Politbüros beschlossen hat, die Absage der zweiwöchigen Kulturpräsentation des Landes Nordrhein-Westfalen in Leipzig wieder aufzuheben.
- Die Mitglieder des Rates der Vorsitzenden der Kollegien der Rechtsanwälte geben eine Erklärung ab, in der sie detaillierte Rechtsreformen vorschlagen: neues Wahlgesetz, Änderung des Strafrechts, neue Strafprozeßordnung, neues Verwaltungsrecht und VP-Gesetz, Überarbeitung des Steuerrechts.
- Das Präsidium des Verbandes der Journalisten fordert ein Mediengesetz.
- Günter Schabowski behauptet in einem Interview mit den ARD-Tagesthemen: »Die DDR braucht sich in ihrer Entwicklung nicht erst zu einem sozialistischen Rechtsstaat hinzuwenden, sie weist bereits entscheidende Elemente in dieser Hinsicht auf.«

26. Oktober

- Erstes Telefonat von Egon Krenz mit Helmut Kohl. Es bestehe Interesse an einer Weiterentwicklung der Beziehungen. Die DDR habe zwar eine Wende vollzogen, aber sie bleibe sozialistisch.

- Der DDR-Ministerrat faßt Beschlüsse zum zusätzlichen Import von technischen Konsumgütern und Lebensmitteln und kündigt Maßnahmen zur Verbesserung der Versorgungstransporte an.
- Ministerpräsident Willi Stoph empfängt die Ministerin für Schulwesen, Jugend- und Körpererziehung der ČSSR, Hana Šynková.
- Ministerpräsident Willi Stoph erhält durch das Präsidium des Obersten Sowjet den »Orden der Oktoberrevolution«. Stoph wird am 7. 11. als Ministerpräsident und am 8. 11. als Mitglied des Politbüros zurücktreten. Einen Monat danach, am 8. 12., wird gegen ihn ein Ermittlungsverfahren wegen schwerer Schädigung der Volkswirtschaft und persönlicher Bereicherung eingeleitet werden.
- In einem Kommentar unter dem Titel »Wir brauchen den Dialog, wir brauchen kein Gebrüll« zieht im *Neuen Deutschland* der stellvertretende Chefredakteur Hajo Herbell gegen die Berliner Demonstranten zu Felde. Im Namen »besorgter« Bürger fragt er, »wann endlich Schluß sein werde mit diesen schweren Störungen von Ruhe und Ordnung«. »Die stundenlangen Demonstrationen und das Gebrüll« seien nicht die Umstände, »unter denen man den Dialog weiterführen kann«. Die Gesellschaft werde durch Demonstrationen »zusätzlich unter Spannungen gesetzt«.

27. Oktober

- Laut Mitteilung des Innenministeriums der DDR wird »die zeitweilige Aussetzung des paß- und visafreien Verkehrs nach der ČSSR ab 1. November 1989 aufgehoben«.
- Der DDR-Staatsrat erläßt eine sofortige Amnestie für alle Personen, die bis zu diesem Tag »Straftaten des ungesetzlichen Grenzübertrittes begangen haben, die darauf gerichtet waren, die Ausreise aus der DDR widerrechtlich durchzusetzen« sowie »Straftaten gegen die staatliche und öffentliche Ordnung im Zusammenhang mit demonstrativen Ansammlungen begangen haben«.
- ADN meldet, daß die UdSSR-Staatsbank den nichtkommerziellen Rubelkurs 10:1 abwertet.

28. Oktober

- In einem ganzseitigen Gespräch im *Neuen Deutschland* versuchen der stellvertretende Kulturminister Klaus Höpcke und der Journalist Dr. Harald Wessel, der seinerzeit gegen den antistalinistischen Sowjetfilm »Reue« scharf polemisiert hatte, eine späte geistigideologische Wende zu vollziehen und sich insbesondere bei Christa Wolf anzubiedern.
- In einer Fernsehsendung erklärt FDGB-Vorsitzender Harry Tisch, er werde am 30. 10. die Vertrauensfrage stellen.
- In Berlin findet die erste Lesung des unter Ulbricht langjährig eingekerkerten Walter Janka statt.

- In Prag findet erstmals nach langer Zeit eine (»nicht genehmigte«) Demonstration statt. Zum 71. Jahrestag der Gründung der ersten tschechoslowakischen Republik verlangen Tausende den Rücktritt der Regierung, bis schließlich »Sicherheitskräfte« die »Ansammlung« vom Wenzelsplatz »konsequent abdrücken«. 355 Personen werden festgenommen, drei »Ordnungskräfte« und »sieben Demonstranten« wurden verletzt.
- Am Abend findet in der Berliner Erlöserkirche eine Gemeinschaftsaktion unter dem Titel »Wider den Schlaf der Vernunft« statt.

29. Oktober

- Auf Einladung von Konsistorialpräsident Manfred Stolpe kommt es in Berlin zu einem Gespräch zwischen den Oberbürgermeistern Walter Momper und Erhard Krack, Politbüromitglied Günter Schabowski und Generalsuperintendent Dr. Günter Krusche.

30. Oktober

- Die Pressestelle des Ministeriums des Inneren teilt mit, daß sie den Einspruch gegen die Nichtzulassung des Neuen Forums überprüfen wird.
- In einer »Wortmeldung der Leitung des Ministeriums für Volksbildung« werden die Ergebnisse des IX. Pädagogischen Kongresses weiter als Grundlage für die Volksbildung bezeichnet und »mit aller Entschiedenheit« Versuche zurückgewiesen, »alle ungelösten Probleme der Schule und den Lehrern anzulasten«. Dies geschieht 12 Tage nach dem Sturz von Erich Honecker und 10 Tage nach dem Rücktrittsgesuch von Margot Honecker, das erst am 2. 11. bekanntgegeben wird.
- Der FDGB-Bundesvorstand vertagt auf seiner 10. Tagung die Vertrauensfrage von Harry Tisch auf den 17. 11. In einer Stellungnahme erklärt sich der FDGB zu einer künftig »unabhängigen Gewerkschaft«, die »das Vertrauen aller Mitglieder wiedergewinnen« will.
- Die FDGB-Gästehäuser in Warnemünde und Schmöckwitz werden ab 1. 12. dem FDGB-Feriendienst übergeben.
- In Magdeburg werden erstmals in der DDR – ohne Anweisung durch den Umweltminister – Umweltdaten veröffentlicht.
- Unter dem Druck der Demonstrationen besonders in Leipzig (Sprechchöre: »Schnitzler in den Tagebau!«) verabschiedet sich Karl Eduard von Schnitzler in 2:43 Minuten nach der 1518. Folge des »Schwarzen Kanals«. Er wollte der Parteiführung »an anderer Stelle« dienen. Statt des »Schwarzen Kanals« erscheint die aufsehenerregende kritische Reportage »Ist Leipzig noch zu retten?«.

31. Oktober

- Das Politbüro des ZK der SED berät in seiner Sitzung die aktuelle politische Lage und legt allgemeine Richtlinien fest. Es wird dabei der »Einsatz einer Regierungskommission zur weiteren Entwicklung der Stadt Leipzig« beschlossen.
- Die im Oktober 1988 relegierten Schüler der EOS »Carl von Ossietzky« können auf Wunsch ihre Ausbildung fortsetzen.
- Das Innenministerium der DDR will den Einspruch gegen die Nichtzulassung des Neuen Forums überprüfen.

1. November

- In Moskau kommt es zu einer »völligen Übereinstimmung beim Treffen Michail Gorbatschow – Egon Krenz«. Krenz betont: »Die Vorhutrolle der SED ist in der Verfassung verankert.« »Die Wende wird dazu beitragen, den Sozialismus auf deutschem Boden *noch* stärker zu machen.« »Es handelt sich um einen wirklich revolutionären Prozeß.« »Alles, was sich in der DDR vollzogen hat, ist das Ergebnis der Arbeit des Politbüros und des Zentralkomitees unserer Partei.« »Viele Demonstranten sind auf der Straße, um zu bekunden, daß sie für eine Erneuerung des Sozialismus eintreten.« »Die SED hat die Kraft gehabt, diese Wende selbst herbeizuführen.« »Zur Politik gehört auch Anständigkeit, und zur Anständigkeit zähle ich auch nicht, gewissermaßen Erich Honecker für alles verantwortlich zu machen, was vorher war.« »Wenn wir den Sozialismus in unserem Lande *noch* attraktiver machen, dann gibt es überhaupt keinen Zweifel, daß das Vertrauen zurückgewonnen wird.« »Ich bin der Überzeugung, daß der Sozialismus die bessere, die wirkliche Alternative zur anderen Gesellschaftsordnung ist.« »Bezüglich der Haltung zu den Ereignissen von 1968 gibt es nichts zu revidieren.« (Vier Wochen später wird, nach ersten Forderungen in der DDR und massiven öffentlichen Protesten, auch der Einmarsch der Warschauer Vertragsstaaten in die ČSSR verurteilt werden.) – »Was die Wiedervereinigung betrifft, so steht diese Frage nicht auf der Tagesordnung.« »Es gibt nichts wiederzuvereinen und nichts zu vereinigen.«
- In Berlin empfängt Außenhandelsminister Dr. Gerhard Beil den EG-Vizepräsidenten Dr. Martin Bangemann.
- Die *Berliner Zeitung* enthüllt als erste die persönliche Bereicherung durch einen Funktionär, den Amtsmißbrauch durch den Vorsitzenden der IG Metall im FDGB-Zentralvorstand Gerhard Nennstiel, der sich im Rahmen der FDJ-Initiative Berlin ein komfortables Haus mit bundesdeutschen Fenstern und zweistöckigem Wintergarten errichten ließ. Nennstiel hatte am 12. 9., dem Tag nach der Massenflucht aus Ungarn, im *Neuen Deutschland* einen Durchhalteartikel veröffentlicht mit dem Satz: »Wir lassen uns von unserem bewährten Weg nicht abbringen.«

- ADN meldet den Rücktritt Nennstiels nach dem von der *Berliner Zeitung* enthüllten Amtsmißbrauch.
- Ab 1. 11. ist wieder paß- und visafreier Verkehr in die ČSSR möglich.

2. November

- In Berlin beginnt ein dreitägiger Kongreß der Philosophen mit 300 Teilnehmern.
- Egon Krenz besucht den polnischen Präsidenten Wojciech Jaruzelski und den Ministerpräsidenten Tadeusz Mazowiecki.
- Der Ministerrat tritt zusammen und erörtert die kritische politisch-ökonomische Lage der DDR. Er entbindet den »Minister für Volksbildung« Margot Honecker auf deren Bitte vom 20. 10. von ihrer Funktion und dankt ihr »für ihre langjährige und verantwortungsvolle Arbeit als Mitglied des Ministerrates und Minister für Volksbildung«. Der Ministerrat behandelt den Entwurf eines Reisegesetzes, beschließt die Bildung einer Kommission zur Ausarbeitung des Entwurfs eines Mediengesetzes sowie die Einsetzung eines Regierungssprechers. Ferner wird eine »Verordnung über die Umweltdaten« beschlossen, mit der zugleich das Wort »Smog« offiziell im DDR-Wortschatz erscheint. In der Verordnung werden Kriterien für Smogstufen, Smoggefährdungsgebiete und Maßnahmen gegen Smogsituationen festgelegt.
- Auf der 10. Tagung des FDGB-Bundesvorstandes erklärt der bisherige Vorsitzende Harry Tisch seinen Rücktritt. Neue Vorsitzende wird Annelis Kimmel, die mitsamt dem Bundesvorstand bereits am 8. 12. wieder zurücktreten wird.
- Der Vorsitzende der NDPD, Prof. Heinrich Homann, tritt zurück.
- Der Vorsitzende der CDU, Gerald Götting, tritt zurück. Am 8. 12. wird gegen ihn, unter Vorwurf finanzieller Manipulationen zum Nachteil sozialistischen Eigentums, ein Ermittlungsverfahren eingeleitet werden.
- Der 1. Sekretär der SED-Bezirksleitung Suhl, Hans Albrecht, tritt zurück. Nachfolger wird Peter Pechauf. Gegen Albrecht wird am 2. 12. Haftbefehl vollstreckt werden.
- Das Sekretariat des Zentralvorstandes der LDPD fordert den Rücktritt der gesamten Regierung und die sofortige Einberufung der Volkskammer.
- Das FDJ-Zentralorgan *Junge Welt* druckt noch die Forderung eines Geraer Bezirkstagsmitgliedes ab: »Wir dürfen den demokratischen Zentralismus nicht aufgeben.«

3. November

- In Berlin empfängt am Vormittag Hermann Axen als Politbüromitglied den Vorsitzenden des Zentralkomitees der Demokratischen

Partei Polens und betont gemeinsam mit ihm die Notwendigkeit der Vertiefung der Beziehungen DDR–Polen.

- In einer Ansprache über die Funkmedien wendet sich Egon Krenz an die Bürger der DDR. Ausgehend von der Feststellung: »Die politische Wende, die wir eingeleitet haben, erfaßt inzwischen alle Bereiche«, plädiert er für wahrheitsgetreue Information, für Meinungsvielfalt und Toleranz, schlägt einen Verfassungsgerichtshof, Verwaltungsgesetz, Vereinigungsgesetz, eine Reform des Bildungswesens vor und wendet sich gegen »übertriebene Repräsentation und Inanspruchnahme von Sonderrechten«.
  Einige Politbüromitglieder haben »zum Ausdruck gebracht«, »jüngeren Kräften Platz zu machen«: Hermann Axen, Kurt Hager, Erich Mielke, Erich Mückenberger, Alfred Neumann.
- Der Präsident des Verbandes der Komponisten und Musikwissenschaftler, Wolfgang Lesser, erklärt seinen Rücktritt.
- Der Oberbürgermeister von Leipzig, Dr. Bernd Seidel, erklärt als erster Bürgermeister nach der neuesten politischen Entwicklung seinen Rücktritt.
- Der Vorsitzende des Zentralvorstandes der Gewerkschaft Kunst im FDGB, Dr. Herbert Bischoff, erklärt seinen Rücktritt.
- Die DDR stellt in Prag Urkunden über die Entlassung aus der Staatsbürgerschaft der DDR aus. Die ČSSR ermöglicht eine direkte Ausreise ehemaliger DDR-Bürger in die BRD.
- Auf dem Philosophenkongreß in Berlin fordert Prof. Dr. Manfred Buhr, »die Bevormundung des Denkens durch eine Minderheit in Zukunft zu verhindern«. Die Philosophie darf »keine Magd der Politiker« mehr sein.

4. November

- Alle DDR-Bürger in der Prager Botschaft der BRD haben das Land bis 17.00 Uhr in Richtung BRD verlassen. Ab sofort dürfen alle in der ČSSR weilenden DDR-Bürger in Richtung BRD unter bloßer Vorlage des Ausweises ausreisen.
- Ab sofort werden gemäß dem stellvertretenden DDR-Innenminister Dieter Winderlich Anträge auf ständige Ausreise aus der DDR »unbürokratisch und schnell entschieden«.
- In Berlin findet auf Initiative der Künstler-Verbände die erste genehmigte Großdemonstration in der DDR statt. Auf einem anschließenden Meeting versammeln sich etwa 500 000 Menschen, 29 Personen ergreifen das Wort.
- Der 1. Sekretär der SED-Bezirksleitung Schwerin, Heinz Ziegner, tritt zurück. Nachfolger wird Dr. Hans-Jürgen Audehm.

5. November

- Der 1. Sekretär der SED-Bezirksleitung Leipzig, Horst Schumann, tritt zurück. Nachfolger wird Roland Wötzel.

6. November

- Der Entwurf zum »Gesetz über Reisen von Bürgern der Deutschen Demokratischen Republik in das Ausland (Reisegesetz)« wird in der DDR-Presse veröffentlicht. Er wird auf entschiedene Kritik stoßen.
- Die Leitung der »Messe der Meister von Morgen« teilt mit, daß die Schau wegen ihres hohen Aufwandes um eine Woche verkürzt wird.
- Der Staatssekretär für Berufsausbildung, Bodo Weidemann, fordert in einem Pressegespräch eine Neufassung des Bildungsgesetzes. Das Fach Staatsbürgerkunde soll nur noch bis 1. 9. 1990 geführt, die Zensuren sollen hinfällig werden.
- Anläßlich des 72. Jahrestages der Oktoberrevolution findet in der Berliner Staatsoper eine gemeinsame Festveranstaltung des ZK der SED, des Staatsrates, des Ministerrates und des Nationalrates der Nationalen Front statt. Die Festansprache hält Politbüromitglied Werner Krolikowski, gegen den einen Monat später, am 8. 12., der Generalstaatsanwalt der DDR ein Ermittlungsverfahren einleiten wird.

7. November

- Der Ministerrat der DDR beschließt, geschlossen zurückzutreten. Er nimmt die Geschäfte bis zur Abberufung durch die Volkskammer weiter wahr.
- Das Politbüro des ZK der SED faßt einen geheimgebliebenen Beschluß, alle seit 1960 über Wandlitz gefällten Beschlüsse aufzuheben; der Beschluß wird erst im *Neuen Deutschland* vom 29. 11. mitgeteilt. Das ermöglicht das Beseiteschaffen aller hochwertigen Devisenwaren auf Transportfahrzeugen, bevor Staatsanwalt, Medien und Öffentlichkeit Einblick nehmen können.
- Günter Hartmann wird zum neuen Vorsitzenden der NDPD gewählt.
- Dr. Kurt Blecha wird mit sofortiger Wirkung als Leiter des Presseamtes beim Vorsitzenden des Ministerrates abgelöst.
- Wolfgang Meyer wird in das neue Amt eines Pressesprechers der Regierung eingesetzt und zugleich Leiter des Presseamtes beim Vorsitzenden des Ministerrates.
- Der Minister für Allgemeinen Maschinen-, Landmaschinen- und Fahrzeugbau, Gerhard Trautenhahn, gibt für den Zeitraum bis Ende 1989 eine Exportsenkung von 10000 Kfz des Typs »Wartburg« bekannt.

8. November

- Beginn der 10. Tagung des ZK der SED. Das bisherige Politbüro (Axen, Hager, Krolikowski, Mielke, Mückenberger, Neumann, Sindermann, Stoph, Tisch) tritt geschlossen zurück. (Gegen Axen, Krolikowski, Mielke, Mückenberger und Stoph wird einen Monat später, am 8. 12., ein Ermittlungsverfahren wegen schwerer Schädigung der Volkswirtschaft und persönlicher Bereicherung eingeleitet werden. Tisch wird am 2. 12. wegen schwerer Schädigung des Volkseigentums und der Volkswirtschaft verhaftet werden.) – Egon Krenz wird einstimmig als Generalsekretär bestätigt. Neue Mitglieder des Politbüros sind Hans-Joachim Böhme, Werner Eberlein, Wolfgang Herger, Werner Jarowinsky, Heinz Keßler, Siegfried Lorenz, Hans Modrow, Wolfgang Rauchfuß, Günter Schabowski, Gerhard Schürer. Neue Kandidaten des Politbüros: Johannes Chemnitzer, Inge Lange, Margarete Müller, Günter Sieber, Werner Walde, Hans-Joachim Willerding. Neue Sekretäre sind: Johannes Chemnitzer, Wolfgang Herger, Inge Lange, Siegfried Lorenz, Wolfgang Rauchfuß, Günter Schabowski, Günter Sieber, Hans-Joachim Willerding.

Leiter der Kommission Kultur beim ZK wird Klaus Höpcke, Leiter der Kommission Wissenschaft und Bildung beim ZK ist Gregor Schirmer (die Funktionen sind neu geschaffen).

Horst Dohlus, Günther Kleiber und Gerhard Müller stehen noch zur Wahl, erhalten aber nicht die notwendige Stimmenzahl. Gerhard Müller wird am 2. 12., Günther Kleiber am 8. 12. verhaftet werden.

Das ZK beschließt, Hans Modrow als Vorsitzenden des Ministerrates vorzuschlagen.

- Der stellvertretende Vorsitzende der LDPD, Hans-Dieter Raspe, fordert den Verzicht auf die führende Rolle der SED, denn die Partei habe die DDR »an den Rand des Abgrunds der staatlichen Existenz« geführt.

- Auf der Pressekonferenz in Berlin zum 1. Tag des ZK-Plenums antwortet Günter Schabowski zur Führungsrolle der SED, sie sei »die stärkste politische Partei der DDR«. Zur Frage der umgehenden Vertretung von Frauen in höchsten Funktionen erklärt er, es müßten »erst Rahmenbedingungen für solche Funktionen« geschaffen werden.

- Vor dem ZK-Gebäude versammeln sich Genossen zu einer Kundgebung, um das Ergebnis der ZK-Sitzung zu erfahren, das ihnen Schabowski bekanntgibt. Einer von ihnen fordert erfolglos, für das arme Leipzig zu spenden, er sei mit 50 Mark sofort dabei. Einer der kritisch auftretenden Genossen, ein Gregor Gysi, wird in Kürze von sich reden machen; seine Äußerungen bleiben – bei Wiedergabe von elf anderen – im *Neuen Deutschland* unerwähnt.

- Das Ministerium des Inneren teilt mit, daß die Anmeldung des Neuen Forums bestätigt ist. Die staatliche Anerkennung werde jedoch erst nach Einreichung der Gründungsdokumente ausgesprochen, sofern diese innerhalb von 3 Monaten vorliegen und der Verfassung entsprechen.

- Der stellvertretende Bauminister schlägt die kurzfristige Rückkehr der Bauarbeiter in Berlin in ihre Heimatbezirke vor (1985 waren 15600 Auswärtige in Berlin tätig).
- Das Ministerium für Staatssicherheit beschließt: 385 Angehörige des Ministeriums gehen in die Volkswirtschaft.
- Christa Wolf appelliert über die *Aktuelle Kamera* an die DDR-Bürger: »Fassen Sie Vertrauen!« Sie mahnt in einem von 12 Personen verfaßten und unterzeichneten Appell zum Bleiben in der DDR.

- Auf einer Pressekonferenz in Berlin gibt Günter Schabowski zu, daß die 10. Tagung des ZK auf Grund »vieler Fragen und Zweifel der Mitglieder« zustande gekommen ist.
- Der Ministerrat beschließt ohne rechte Kenntnis von Günter Schabowski (wie sich auf der Pressekonferenz herausstellt) die *sofortige* Reise- und Ausreisemöglichkeit für alle DDR-Bürger nach allen Ländern. Für die Reise genügt einstweilen ein Stempeleindruck im Personalausweis, sofern die Bürger nach der BRD oder Berlin (West) reisen wollen. An diesem bevorstehenden Wochenende werden ca. 3 Millionen DDR-Bürger nach Berlin (West) und in die BRD reisen.
- Für den 15. bis 17. 12 beruft das ZK der SED die 4. Parteikonferenz ein mit dem Ziel, »die Aufgaben zur weiteren Vorbereitung des XII. Parteitages zu beraten«.
- In China ist der vor kurzem brüderlich umarmte Deng Xiaoping vom Vorsitz der Zentralen Militärkommission des ZK zurückgetreten.
- Der am Vortag ins ZK-Politbüro gewählte Hans-Joachim Böhme wird in Halle von seiner Funktion als 1. SED-Bezirkssekretär abgewählt.
- Der am Vortag als Kandidat des Politbüros gewählte und auf der anschließenden Pressekonferenz vom beisitzenden ZK-Mitglied Marianne Weinhauer aus Cottbus gepriesene Werner Walde wird in Cottbus als 1. SED-Bezirkssekretär abgewählt.
- Der am Vortag als Kandidat des Politbüros gewählte Johannes Chemnitzer wird in Neubrandenburg in seiner Funktion als 1. SED-Bezirkssekretär abgewählt.
- Das Präsidium der Volkskammer tritt zusammen und fordert gemäß Antrag »von Fraktionen« eine Plenartagung für bereits den 12. 11.
- Auf der 10. Tagung des ZK der SED gesteht Innenminister Dickel ein, daß es »entgegen allen Befehlen und Anweisungen« bei der

9. November

»Zuführung und Verwahrung« »Befugnisüberschreitungen« bzw. »Übergriffe« gegeben hat.

- In Leipzig eröffnet Johannes Rau die erste große Kulturpräsentation der BRD, die bis zum 22. 11. dauern soll.
- Das DDR-Fernsehen teilt mit, daß künftig wöchentlich die Einschaltquoten bekanntgegeben werden sollen.
- Namhafte Ärzte fordern in einer an ADN übergebenen Erklärung »die Gründung eines Verbandes der Ärzte und Zahnärzte der DDR«.

10. November

- Das ZK der SED entbindet aufgrund der Proteste bzw. der Abwahl durch die Basis die erst am 8. 11. gewählten Mitglieder und Kandidaten Hans-Joachim Böhme, Johannes Chemnitzer, Werner Walde und Inge Lange wieder von ihrer Funktion. Für die Sekretäre Chemnitzer und Lange wird Helmut Semmelmann gewählt.

  Günter Mittag und Joachim Herrmann werden aus dem ZK ausgeschlossen. Zugleich wird die Zentrale Parteikontrollkommission beauftragt, »das Verhalten und die Fehlleistungen des Genossen Günter Mittag zu untersuchen und gegen weitere Genossen, die gegen das Statut der Partei verstoßen haben, entsprechende Maßnahmen einzuleiten«. Ferner wird das Politbüro vom ZK mit der Bildung einer Kommission beauftragt, »die die Ursachen und die persönlichen Verantwortlichkeiten für die gegenwärtige ökonomische Situation in der DDR untersucht«. Schließlich wird dem ZK ein »Aktionsprogramm« der SED vorgelegt, das wie das Referat von Krenz auf der 10. Tagung »als Grundlage für die Vorbereitung der 4. Parteikonferenz, die zum 15. bis 17. Dezember in Berlin einberufen wurde«, gilt.

- Das vom ZK gebilligte »Aktionsprogramm der SED« wird über die Funkmedien verkündet. In ihm wird einleitend der Druck der »friedlichen Massenproteste« und das »konstruktive Wirken kirchlicher Kreise« sowie der »wachsende Druck der Basis« als Ursache für das Aufbrechen »erstarrter politischer Strukturen« eingestanden. Die SED ist für »eine demokratische Koalitionsregierung«, »ein Gesetz über Vereinigungsfreiheit«, »ein Gesetz über Versammlungsfreiheit«, »ein Wahlgesetz« mit einem »Wahlrecht, das freie, allgemeine, demokratische und geheime Wahlen gewährleistet«, »eine Veränderung des Strafrechts«, »die Abschaffung aller Sonderregelungen und Vergünstigungen, die nicht durch Leistungen gerechtfertigt werden«, »einen tiefgreifenden Wandel in der Informations- und Medienpolitik«, der sich in einem »Mediengesetz« widerspiegeln soll, »eine grundsätzliche Änderung der Wirtschaftspolitik«, einen realen Plan 1990, den Abzug der Baukollektive aus Berlin nach Fertigstellung der begonnenen Bauten, die vorrangige Instandhaltung von Wohnungen vor der Modernisierung und noch vor dem Neubau, die Überprüfung der Militärdoktrin, »Rechtsstaatlichkeit«, »ein neues Rentengesetz«, »Verminderung der Umweltbelastung« und rückhaltlose Information über »die ökologische Situation unseres Landes«, »ökonomische Eigenständigkeit der LPG und Kooperationen«, Beseitigungen der »Hemmnisse« in Handwerk und Gewerbe, »eine den Eigenheiten der Künste gemäße Kulturpolitik«, »künstlerische Freiheit und Eigenverantwortung der Kunst- und Kulturschaffenden«, »eine neue Konzeption für die Entwicklung der Wissenschaften«, »eine Reform im Bildungswesen«, eine »neue Jugendpolitik«, Entflechtung von Partei und Staat, »mehr Aufmerksamkeit« für die »Persönlichkeitsentwicklung der Frau« und »freie und unabhängige Gewerkschaften«.

- Nach der Tagung kommt es im Lustgarten zu einer Kundgebung von etwa 150 000 Genossen und Kandidaten. Es sprechen 15 Redner mit teils kritischen, meist aber im alten Sinne kämpferischen Standpunkten. Es erschallen »Hochrufe im alten Parteitagsstil auf die neue Parteiführung« (Czechowski).
- Generalstaatsanwalt Günter Wendland schlägt vor, »einen zeitweiligen Ausschuß der Volkskammer der DDR zur Untersuchung von Fällen der Korruption und des Funktionsmißbrauchs einzusetzen«.
- Lothar de Maizière wird Vorsitzender der CDU.
- Gemäß der *Berliner Zeitung* erfuhr Postminister Rudolph Schulze vom Verbot des *Sputnik*, das er erlassen haben soll, erst duch das *Neue Deutschland*.
- In Berlin findet eine Sitzung der Untersuchungskommission für VP-Übergriffe am 7. und 8. 10. statt.
- 1. Internationale Pressekonferenz des Neuen Forum in Berlin.
- Auf Weisung des Ministers für Nationale Verteidigung werden die in den nächsten 4 Wochen vorgesehenen Einberufungen zum Reservedienst eingestellt.
- In Bulgarien tritt Todor Shiwkow als Generalsekretär und Mitglied des Politbüros des ZK der Kommunistischen Partei zurück. Petyr Mladenow wird neuer Generalsekretär des Zentralkomitees der BKP. Shiwkow hatte noch während seiner Amtszeit Reformen angekündigt. Dies wird nicht verhindern, daß er nach vier Wochen aus der Bulgarischen Kommunistischen Partei ausgeschlossen werden wird.

- Der 1. Sekretär der SED-Bezirksleitung Erfurt, Gerhard Müller, der sich 13 Tage später in einem Artikel des *Neuen Deutschland*

11. November

als Amtsbereicherer mit 1,8 Millionen Mark herausstellen wird, tritt zurück. Nachfolger wird Prof. Dr. Herbert Kroker.

- Neuer 1. Sekretär der SED-Bezirksleitung Halle wird Roland Claus.
- Neuer Sekretär der SED-Bezirksleitung Karl-Marx-Stadt wird Dr. Norbert Kutscher. Sein Vorgänger Siegfried Lorenz wurde »aufgrund seiner Wahl zum Sekretär des ZK entbunden«.
- In Berlin wird die Christlich-Demokratische Jugend gegründet.
- Staatsratsvorsitzender Egon Krenz telefoniert zum zweitenmal mit Bundeskanzler Helmut Kohl. Egon Krenz betont in diesem Zusammenhang, »daß die Wiedervereinigung nicht auf der Tagesordnung steht«.
- DDR-Zeitungen mit Ausnahme des *Neuen Deutschland* bringen die ersten Reportagen über DDR-Besucher in West-Berlin und in der BRD.

12. November

- Der 1. Sekretär der SED-Bezirksleitung Rostock, Ernst Timm, ist mit dem gesamten Sekretariat zurückgetreten. Neuer 1. Sekretär wird Ulrich Peck.
- Neuer 1. Sekretär der SED-Bezirksleitung Magdeburg ist Werner Pohl. Sein Vorgänger Werner Eberlein war als Vorsitzender der Zentralen Parteikontrollkommission gewählt worden.
- Unter dem Druck der Parteibasis sieht sich das Politbüro des ZK der SED gezwungen, dem ZK die Umwandlung der für Dezember kurzfristig anberaumten Parteikonferenz in einen außerordentlichen Parteitag vorzuschlagen.
- In Berlin treffen sich die beiden Oberbürgermeister Walter Momper und Erhard Krack.
- Bundespräsident Richard von Weizsäcker drückt in Berlin DDR-Grenzsoldaten die Hand.

13. November

- Auf ihrer 11. Tagung wählt die DDR-Volkskammer im zweiten Wahlgang Dr. Günther Maleuda (DBD) zu ihrem Präsidenten. Er setzt sich gegen Prof. Manfred Gerlach (LDPD) durch, Stellvertreter wird Werner Jarowinsky (SED).

  Als neuer Vorsitzender des Ministerrates wird Dr. Hans Modrow, bisher 1. Sekretär der SED-Bezirksleitung Dresden, gewählt. Modrow hatte noch am 25. 9., vier Stunden vor der ersten Herbstdemonstration in Leipzig, die den revolutionären Umgestaltungsprozeß einleitete, auf einer Pressekonferenz in Stuttgart die Notwendigkeit aktueller Reformationen in der DDR verneint; die DDR betreibe »seit ihrer Existenz eine Politik der Reformen«. Dagegen habe »die BRD viele Reformen nachzuholen«.

  Es wird beschlossen, einen zeitweiligen Volkskammerausschuß zu bilden, der sich mit »Fällen des Amtsmißbrauchs, der Korruption, der ungerechtfertigten persönlichen Bereicherung und anderer gesetzeswidriger Handlungen« befaßt. Am 4. 12. wird zum selben Zweck eine Kommission der DDR-Regierung und von »Vertretern gesellschaftlicher Gruppen und Parteien« gebildet werden.

- Die neuen Reiseregelungen gelten auch für Angehörige und Zivilbeschäftigte der VP und des MdI, teilt das MdI mit.
- Neuer 1. Sekretär der SED-Bezirksleitung Cottbus wird Wolfgang Thiel. Nach dem am 9. 11. zurückgetretenen 1. Sekretär Werner Walde treten jetzt alle Mitglieder des Sekretariats zurück.
- DDR-Kurzbesucher brauchen für Schweden auf Beschluß der Einreisebehörde kein Visum mehr.
- In Halle wird der 40-Millionen-Prachtbau der SED künftig »Begegnungsstätte der Kunst und Politik« sein. Dies ist die erste Abgabe eines SED-Gebäudes.
- Nach Mitteilung des Ministeriums des Inneren wird die »Sperrzone« im Grenzgebiet zur BRD aufgehoben. Damit entfallen die bisherigen Genehmigungen für Einreise und Aufenthalt. Die volkswirtschaftliche Nutzung des »Schutzstreifens« wird in Abstimmung mit den jeweils zuständigen Grenztruppenkommandeuren erfolgen. Die Kennzeichnung des Grenzgebietes wird reduziert. In Berlin werden Wohn- und Wirtschaftsgebiete im »Grenzgebiet« aus den bisherigen Genehmigungen ausgenommen. Die Seegewässer werden in der bisherigen 12-Meilen-Zone für den Sportbootverkehr freigegeben.
- Die 11. Tagung des ZK der SED beschließt am späten Abend gemäß der Politbüroempfehlung nun doch die Einberufung eines außerordentlichen Parteitages anstelle einer Parteikonferenz. Damit wird der entsprechende Beschluß des ZK vom 9. 11. geändert. Neue Tagesordnungspunkte sind der Bericht der Zentralen Revisionskommission der SED, die Wahl eines neuen ZK und einer neuen Zentralen Revisionskommission der SED. Der Parteitag soll vom 15. bis 17. 12. stattfinden. Abermals auf Druck der Parteibasis wird am 5. 12. die Einberufung eines Sonderparteitages bereits für den 8. 12. beschlossen werden; auch die Tagesordnung wird sich ändern.
- Auf der 11. Tagung der Volkskammer tritt zutage, daß der Staat eine Schuldenlast von 130 Milliarden DDR-Mark hat (die Summe wird nicht insgesamt genannt, sie ergibt sich durch Addition von an verschiedenen Stellen genannten Posten). Die Verschuldung in konvertierbarer Währung bleibt vorerst »geheime Verschlußsache«. Es wird zugegeben, daß der Kurs der DDR-Mark zur D-Mark – im Widerspruch zu den im *Neuen Deutschland* bis vor kurzem

veröffentlichten amtlichen Kurstabellen – faktisch bereits 1970 2,4:1 betrug und jetzt auf 4,4:1 abgesunken ist.

- Wie die Pressestelle des Generalstaatsanwalts mitteilt, »sind die wegen Störungen der Volksfeste am 7. Oktober sowie im Zusammenhang mit gesetzwidrigen Ansammlungen festgenommenen Personen aus der Haft entlassen worden«. 11 Personen sind wegen »Brandstiftung, Plünderung und Gewalttätigkeiten sowie Aufwiegelung zu Gewalttaten« noch in Untersuchungshaft; es handelt sich hier um »überwiegend vorbestrafte Personen«.

14. November

- Neuer 1. Sekretär der Bezirksleitung Berlin wird – für Günter Schabowski – Heinz Albrecht.
- Neuer 1. Sekretär der Bezirksleitung Neubrandenburg wird Wolfgang Herrmann.
- Im Berliner Studiotheater »bat« werden unter dem Titel »Szenen aus dem Havelland« erstmals zwei Einakter des Autors Václav Havel in einer szenischen Lesung vorgestellt. In der ČSSR selbst ist Havel in diesen Tagen noch verboten.
- Die stellvertretende Vorsitzende des FDGB stellt in Berlin im Namen der Gewerkschaft die führende Rolle der SED in Frage.
- In Suhl werden die Verhandlungen über die exakten Ursachen des Gebirgsschlags im Kali-Werk »Werra« am 13. 3. 1989, der propagandistisch von der DDR genutzt worden war, aufgenommen.
- Im FDJ-Zentralorgan *Junge Welt* erscheint erstmals in einer Überschrift ohne distanzierende Anführung das Wort Mauer; die Forderung »Die Mauer muß weg« war noch 7 Wochen vorher, am 23./24. 9., in einem scharfen Grundsatzbeitrag als »staatsfeindlich« bezeichnet worden.

15. November

- Neuer 1. Sekretär der SED-Bezirksleitung Dresden wird, als Nachfolger des nunmehrigen Ministerpräsidenten Modrow, Prof. Dr. Hansjoachim Hahn.
- Die bisherige 1. Sekretärin (nach amtlicher Sprachregelung »Bezirkssekretär«) der SED-Bezirksleitung Frankfurt/Oder, Christa Zellmer, die erste und einzige Frau unter allen bisher in solcher Funktion in der DDR Tätigen, ist, wie das gesamte Bezirkssekretariat, zurückgetreten. Neuer 1. Sekretär wird Bernd Meier.
- Der bisherige 1. Sekretär der SED-Bezirksleitung Potsdam, Günther Jahn, ist mit dem gesamten Bezirkssekretariat zurückgetreten. Neuer 1. Sekretär wird Heinz Vietze.
- Der Generalstaatsanwalt der DDR, Günter Wendland, hat die Kassation des von Ulbricht bewirkten Urteils gegen den Spanienkämpfer und späteren Leiter des Aufbau-Verlages Walter Janka beantragt.

- Alle personengebundenen Jagdgebiete sowie Sonderjagdgebiete für »Organe« der Bezirke und Kreise, privilegiert für die SED, und Sonderregelungen für bestimmte Personen in bestehenden Jagdgebieten werden sofort aufgelöst bzw. aufgehoben. Bestehen bleibt lediglich das staatliche Jagdgebiet Märkisch Buchholz für akkreditierte Diplomaten und Johannismühle für das Oberkommando der sowjetischen Truppen.
- Die LDPD-Fraktion kündigt an, auf der 12. Volkskammertagung am 17. 11. eine »Gesetzesvorlage zur Änderung der gültigen Verfassung einzubringen«, die die Beseitigung des Führungsanspruchs der SED zum Ziel hat. Die Aufhebung wird jedoch erst auf der Tagung am 1. 12. erfolgen.
- Die neue Reiseregelung ist nach Mitteilung des Ministeriums für Staatssicherheit auch für Staatssicherheitsangehörige gültig; Einschränkungen »dienen ausschließlich ihrem Schutz vor juristischen Übergriffen«.
- Das Präsidium der Gesellschaft für Deutsch-Sowjetische Freundschaft bestätigt den schriftlich mitgeteilten Rücktritt Erich Mükkenbergers als Vorsitzenden. Es wird eine Konzeption zur Erneuerung der Gesellschaft beraten.
- Das *Neue Deutschland* hat einen neuen Chefredakteur und neue Redakteure. Chefredakteur Horst Naumann und die stellvertretenden Chefredakteure Hajo Herbell, Alfred Kobs, Werner Micke und Harald Wessel scheiden aus der Redaktion aus, ebenso die Kollegiumsmitglieder Heins Jakubowski und Otto Luck; Sander Drobela, bisher stellvertretender Chefredakteur, wird ins Kollegium zurückversetzt.
- Das Ministerium für Nationale Verteidigung hat nach Konsultation mit den sowjetischen Streitkräften in der DDR die Flüge an Sonn- und Feiertagen eingestellt und samstags auf 7.00 bis 15.00 Uhr beschränkt. In den Wintermonaten besteht nachts (22.00 bis 6.00 Uhr) auch montags bis freitags Flugverbot.

16. November

- Die Vorsitzende des DFD, Ilse Thiele, tritt zurück. Neue Vorsitzende wird Eva Rohmann.
- Ab sofort genügt nach Mitteilung des Außenministeriums für die Reise von DDR-Bürgern aus der ČSSR nach der BRD, nach Ungarn, Bulgarien und Rumänien die Vorlage des Personalausweises mit Visum. Damit werden zugleich die Regelungen vom 3. 11. für die Weiterreise in die BRD (mit bloßem Personalausweis) aufgehoben.
- Das Sekretariat der SED-Bezirksleitung Leipzig erklärt 11 Tage nach dem Rücktritt und der Neuwahl seines 1. Sekretärs ebenfalls seinen Rücktritt. Es wird neu gewählt.

- Das Sekretariat der SED-Bezirksleitung Neubrandenburg erklärt zwei Tage nach dem Rücktritt und der Neuwahl seines 1. Sekretärs ebenfalls seinen Rücktritt. Es wird ein vorläufiges Arbeitssekretariat gebildet.
- Präsidium und Zentralvorstand des Verbandes der bildenden Künstler treten zurück.
- Michail Gorbatschow betont im sowjetischen Fernsehen: »Wir begrüßen, was in der DDR geschieht.«
- Die *Aktuelle Kamera* bringt erstmals einen Hinweis auf das Begrüßungsgeld (wobei das Wort im Schriftbild ohne Anführung erscheint). Mit dem Foto der in West-Berlin zuständigen Senatorin wird darauf verwiesen, daß das Geld auf jeden Fall bis Jahresende gezahlt wird.
- In Korea einigen sich, der *Jungen Welt* zufolge, Südkorea und die KDVR für die Asienspiele 1990 auf den Namen »Korea« für eine gemeinsame Mannschaft; über die Flagge war bereits vorher Einigung erzielt worden.

17. November

- Am ersten Tag der 12. Volkskammertagung in Berlin trägt Ministerpräsident Hans Modrow seine Regierungserklärung vor; das Volk wolle »einen guten Sozialismus«. Statt bisher 45 Ministern sollen der Regierung nur noch 27 Minister und ein Regierungssprecher angehören. Vier Minister, darunter Umweltminister Hans Reichelt, sollen in ihren Ämtern bleiben. Die SED-Fraktion schlägt vor, Hager, Krolikowski, Sindermann, Stoph »von ihren Ämtern im Staatsrat zu entbinden«. Der ehemalige CDU-Vorsitzende Gerald Götting tritt als stellvertretender Staatsratsvorsitzender zurück und wird als Volkskammerabgeordneter abberufen. Der ehemalige NDPD-Vorsitzende Heinrich Homann tritt als stellvertretender Staatsratsvorsitzender zurück. Peter Moreth (LDPD) wird wegen seiner künftigen Funktion als Minister als Staatsratsmitglied abberufen. Als Staatsratsmitglieder werden Manfred Mühlmann (NDPD) und Gerhard Lindner (LDPD) neu gewählt.
- Egon Krenz betont gegenüber internationalen Journalisten: »Wir machen eine friedliche Revolution.« Zur Schuldfrage sagt er: »Nicht die einfachen Genossen tragen die Schuld für diese Situation. Diese Schuld trägt die Parteiführung.« In einem Fernsehinterview vor internationalen Journalisten verspricht er: »Weder in Leipzig noch an irgendeinem Ort der DDR sollten Demonstrationen durch die Sicherheitskräfte behindert werden.«
- USA-Präsident Bush begrüßt in einem Brief an Krenz die Grenzöffnung, die »zum historischen Prozeß der europäischen Aussöhnung beitragen« werde, der »die Sicherheit aller erhöht«.

- ADN meldet, daß ČSSR-Staatspräsident Gustav Husák und KP-Generalsekretär Miloš Jakeš Egon Krenz für den 21. 11. zu »einem Arbeitsbesuch« nach Prag eingeladen haben. Zu diesem Besuch wird es wegen der revolutionären Situation, die sich noch am gleichen Tag in Prag andeutet, nicht kommen.
- Der Zentralvorstand des Verbandes der Journalisten beschließt die Einberufung eines außerordentlichen Verbandskongresses für den 25. und 26. 1.1990 nach Berlin.
- Der bis 12. 11. als 1. Sekretär der SED-Bezirksleitung Rostock fungierende Ernst Timm legt sein Volkskammermandat nieder.
- Der Rektor der Parteihochschule beim ZK der SED, Prof. Kurt Tiedke, wird abberufen.
- Dresdens Oberbürgermeister Wolfgang Berghofer weilt beim Europarat in Straßburg. Der Europarat ist nach Aussage seiner Präsidentin Cathérine Lalumiére »an engeren Beziehungen zur DDR« interessiert.
- In Karl-Marx-Stadt nimmt erstmals eine Fraktion – die der LDPD – nicht an der Sitzung des »Demokratischen Blocks« teil, weil »dieses Gremium nicht mehr den Anforderungen der Zeit gerecht wird«.
- Erstmals teilt eine zentrale Zeitung – die *Junge Welt* – den im Zusammenhang mit den aktuellen politischen Ereignissen stehenden Selbstmord eines Funktionärs mit; es handelt sich um den ehemaligen 1. Sekretär der Kreisleitung Perleberg, Gerhard Uhe.
- In Prag kommt es zur ersten größeren Demonstration seit 1968. 15000 setzen sich gegen Einparteienherrschaft und für Havel und die Charta 77 ein. Sie werden von der Polizei mit Tränengas, Schlagstöcken und Hunden, Panzerfahrzeugen und Lkw auseinandergetrieben. 24 Demonstranten und 7 Angehörige der Sicherheitskräfte werden verletzt. Die Demonstration leitet eine Entwicklung ein, die schon binnen einer Woche zum zweimaligen Austausch des ZK, nach 10 Tagen zum ersten Generalstreik, nach 12 Tagen zur Streichung der führenden Rolle der kommunistischen Partei aus der Verfassung und nach 15 Tagen zu dem Beschluß führt, in der Tschechoslowakei bald die Marktwirtschaft einzuführen. Nach Aussagen von Bürgern aus den nord-, west- und südböhmischen Gebieten haben nicht zuletzt die Fernsehberichte von Demonstrationen namentlich aus Leipzig zu dieser revolutionären Krise geführt. Der Demonstration war eine kleinere am Vortag vor der rumänischen Botschaft vorausgegangen, die sich gegen die Verhältnisse in Rumänien richtete.

- Am zweiten Tag der Volkskammertagung werden die Minister gewählt. Die SED hat ohne Befragung der FDJ-Fraktion deren Kan-

18. November

didaten Dr. Wilfried Poßner als Minister für Bildung und Jugend wieder zurückgezogen und Prof. Dr. Hans-Heinz Emons als Minister für dieses Ressort vorgeschlagen. Einschließlich des Ministerpräsidenten sind in der Regierung die Parteien wie folgt vertreten: 17 SED (60%), 4 LDPD, 3 CDU, 2 NDPD, 2 DBD.

- Egon Krenz spricht sich gegenüber der ungarischen Zeitung *Népszabadság* »für eine gedeihliche Entwicklung der Beziehungen zwischen Ungarn und der DDR aus«. Noch unmittelbar nach der Öffnung der ungarischen Grenzen gegenüber Österreich hatten die Ungarn nach den Schlagzeilen und ganzseitigen Agitationen des *Neuen Deutschland* »Menschenhandel« gegen »Silberlinge« getrieben. Was die Frage der Wiedervereinigung betreffe, so sollten sich »unsere Enkel und Urenkel« damit beschäftigen; auch in einem Interview mit dem US-Fernsehen am gleichen Tag wendet er sich »gegen Spekulationen, daß die Öffnung der deutsch-deutschen Grenzen eines Tages zur Wiedervereinigung der beiden deutschen Staaten führen könne«.
- Im SED-Zentralorgan *Neues Deutschland* erscheint erstmals ein DDR-Interview mit dem Regierenden Bürgermeister von Berlin (West), Walter Momper.
- Seit der Gewährung von weitgehenden Reisemöglichkeiten in die BRD und Berlin (West) sind über 50 Grenzübergänge neu eingerichtet worden.
- In Bulgarien protestieren erstmals 50 000 Menschen für ein freigewähltes Parlament, für »Pluralismus und Demokratie« »ohne Parteidiktatur«.

Erarbeitung der Chronik: Dr. Josef Kurz
Anführungszeichen bezeichnen ausschließlich authentische Zitate und Titel

Redaktionsschluß: 8. 12. 1989

Abkürzungen und Worterklärungen

Abt. Inneres   Dienststelle des Ministeriums des Inneren

academixer   politisches Kabarett in Leipzig

ADN   Allgemeiner Deutscher Nachrichtendienst

Aktuelle Kamera   Nachrichtensendung des DDR-Fernsehens

APO   Abteilungsparteiorganisation der SED, in Einrichtungen mit mehr als 100 Parteimitgliedern

Babelsberger Hochschule   Hochschule für Film und Fernsehen

BDVP   Bezirksdirektion der Volkspolizei

Bepo   Bereitschaftspolizei/Bereitschaftspolizist

BGL   Betriebsgewerkschaftsleitung

Blechbüchse   umgangssprachliche Bezeichnung für das Leipziger Konsument-Warenhaus

CDU   Christlich-Demokratische Union

DBD   Demokratische Bauernpartei Deutschlands

Demokratischer Block   Zusammenschluß der Parteien SED, LDPD, NDPD, CDU und DBD

FDGB   Freier Deutscher Gewerkschaftsbund, Dachorganisation der Industriegewerkschaften

FDJ   Freie Deutsche Jugend, staatliche Jugendorganisation

Junge Welt   überregionale Tageszeitung, Organ des Zentralrats der FDJ

KMU   Karl-Marx-Universität Leipzig

Konsument   Warenhaus in der Leipziger Innenstadt

LDPD   Liberal-Demokratische Partei Deutschlands

Leipziger Volkszeitung Tageszeitung, Organ der Bezirksleitung Leipzigs der SED

LKW Lastkraftwagen

LO kleiner Lastkraftwagen

LPG Landwirtschaftliche Produktionsgenossenschaft

LVB Leipziger Verkehrsbetriebe

LVZ Leipziger Volkszeitung

MdI Ministerium des Inneren

Menthol-Story am 21. 9. 89 im ND erschienenes manipuliertes Interview, in dem »berichtet« wird, wie ein DDR-Mitropa-Kellner in Budapest mit einer Mentholzigarette betäubt und nach Wien verschleppt wurde.

Merkur Interhotel in Leipzig

Mitteldeutsche Neueste Nachrichten regionale Tageszeitung der NDPD

MNN Mitteldeutsche Neueste Nachrichten

Morgen, Der überregionale Tageszeitung der LDPD

Nationale Front Vereinigung der in Parteien und gesellschaftlichen Massenorganisationen organisierten Kräfte und der politisch nicht organisierten Kräfte unter Führung der SED

NDPD National-Demokratische Partei Deutschlands

Neues Deutschland größte überregionale Tageszeitung der DDR, Organ des Zentralkomitees der SED

NF Neues Forum

NVA Nationale Volksarmee

OBM Oberbürgermeister

PKW Personenkraftwagen

Runde Ecke umgangssprachliche Bezeichnung für das größte Gebäude des Ministeriums für Staatssicherheit in Leipzig

Sächsisches Tageblatt regionale Tageszeitung der LDPD

SB-Gaststätte Selbstbedienungsgaststätte

Schupo Schutzpolizei/Schutzpolizist

Schwarzer Kanal wöchentliche Sendung des DDR-Fernsehens, in der aus dem Kontext gerissene kurze Ausschnitte aus Sendungen des ARD und ZDF in zynisch-demagogischer Weise kommentiert wurden, Chefkommentator: Karl Eduard von Schnitzler

SED Sozialistische Einheitspartei Deutschlands

Sputnik Sowjetische Monatszeitschrift (Readers Digest der sowjetischen Presse)

Stadtpfeiffer Gaststätte, direkt am Leipziger Karl-Marx-Platz gelegen

Stasi Ministerium für Staatssicherheit bzw. Mitarbeiter desselben

SU Sowjetunion

Trabi Trabant (Autotyp)

Trapo Transportpolizei/Transportpolizist

Union regionale Tageszeitung der CDU

VP Volkspolizei

VPKA Volkspolizeikreisamt

Zuführung Festnahme ohne Haftbefehl, regulär muß nach 24 Stunden Haftbefehl vorliegen oder die zugeführte Person entlassen werden

ZK Zentralkomitee der SED

»Demo-Bilder« Leipziger Fotografen in der Messehof-Passage

Bildnachweis

Holger Ahrens: S. 268/269
Johannes Beleites: S. 38, 54, 55 (2), 56/57
Uwe Frauendorf: S. 34, 35 (3), 36/37, 130, 175, 178/179
Gerhard Gäbler: S. 25, 28, 73, 97, 149, 150, 151, 174, 177, 212,
    218, 237 (2), 246, 247
Klaus-Dieter Gloger: S. 180
Volkmar Heinz: S. 72, 76, 215, 219
Bernd Heinze: S. 114, 128, 129
Matthias Hoch: S. 22, 23 (3), 148, 150, 177, 180, 202, 218,
    244/245, 249, 251, 270, 346 und Umschlag-Vorderseite
Gerhard Hopf: S. 202, 213, 216/217, 248, 251
Martin Jehnichen: S. 74 (2), 75 (2)
Harald Kirschner: S. 176 (2), 214, 215 und Umschlag-Rückseite
Sieghard Liebe: S. 24, 214
Josef Liedke: S. 96, 146/147
Martin Naumann: S. 77, 97, 128, 165, 250, 270
Uwe Pullwitz: S. 98/99, 149, 165, 236
Evelyn Richter: S. 126 (2), 127
Michael Scheffler: S. 20 (2), 21
Hans-Christian Schink: S. 76
Karin Wiekhorst: S. 148

Dietrich Boddin: Kartenskizze, S. 30
adn-Zentralbild: S. 294/295

ERSCHEINT *ab 31. Januar* WÖCHENTLICH

LEIPZIGER

DIE ANDERE ZEITUNG

Kurz nach dem 9.Oktober 1989 erschien in Leipzig das erste Informationsblatt "Neues Forum Leipzig" .Die Redaktion dieses kleinen Blattes hat sich weiterentwickelt und im Dezember 1989 den unabhängigen FORUM Verlag Leipzig gegründet.

Dieser Verlag gibt eine Wochenzeitung für die Region Leipzig heraus, deren erste Nummer als unabhängige Leipziger Zeitung am 31. Januar 1990 erscheint.

"Die Leipziger Andere Zeitung" möchte Sie umfassend auf 16 Seiten ohne parteipolitische Bindung über Leipzig und darüber hinaus informieren. Unsere Redaktion in der Gleisstraße 11, 7031 Leipzig, steht auch Ihren Beiträgen offen.

Unsere Zeitung ist ab 1.Februar an Ihrem Zeitungskiosk in Leipzig erhältlich.

FORUM VERLAG LEIPZIG